家具市场新营销
新时代·新思维·新战法

陶涛 主编　　陈星艳　欧阳周洲 副主编

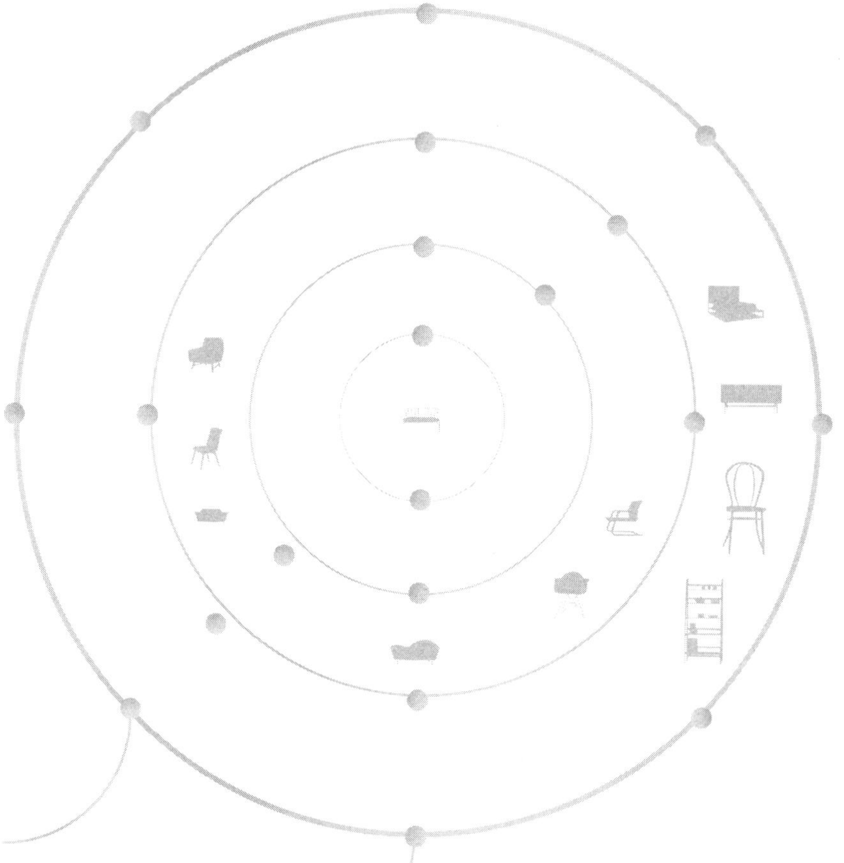

化学工业出版社
·北京·

内容提要

在新时代，以新思维，创新战法！本书紧紧围绕我国家具市场现状，针对家具市场旧营销的短板和痛点，从产品策略、定价策略、渠道策略、促销策略、计划与组织、家具实体门店管理等角度逐一提出破解方案，讲述家具市场新营销方略。同时，创造性地提出了新经济时代下家具市场上的多种具有变革意义的营销理念，并从传统家具企业转型升级的角度讨论了如何科学运用这些新的营销方式，旨在为正在遭受冲击的传统家具企业和家具门店寻求摆脱惯性、突破壁垒、涅槃重生、再创佳绩的手段。

本书贴近时代、贴近实战，不仅适用于家具市场管理者与基层工作者，同时对家具及室内装饰、家居用品、地产、汽车、服装行业的广大市场工作者也具有较高的参考价值。此外，本书还可作为各类院校家具设计与制造、木材科学与工程、市场营销、企业管理、环境艺术设计、工业设计等相关专业的教材。

图书在版编目（CIP）数据

家具市场新营销：新时代·新思维·新战法/陶涛主编．—北京：化学工业出版社，2020.10
ISBN 978-7-122-37551-3

Ⅰ.①家⋯　Ⅱ.①陶⋯　Ⅲ.①家具-市场营销学　Ⅳ.①F768.5

中国版本图书馆CIP数据核字（2020）第153034号

责任编辑：王　斌　邹　宁　　　　　　　装帧设计：王晓宇
责任校对：王鹏飞

出版发行：化学工业出版社（北京市东城区青年湖南街13号　邮政编码100011）
印　　装：大厂聚鑫印刷有限责任公司
710mm×1000mm　1/16　印张20　字数456千字　2020年9月北京第1版第1次印刷

购书咨询：010-64518888　　　　　　　　售后服务：010-64518899
网　　址：http://www.cip.com.cn
凡购买本书，如有缺损质量问题，本社销售中心负责调换。

定　　价：98.00元　　　　　　　　　　　　　　　　版权所有　违者必究

前 言

我国家具产业经历四十余年的建设、发展和改革，已经进入到买方主导、供过于求的新常态。国家层面供给侧改革的步伐逐渐加快，经济结构调整已经步入深水区，粗放式发展的传统家具企业在利润日趋微薄的大环境下正面临严峻的市场挑战。伴随着以大数据、云计算、人工智能为代表的新技术取得长足进步并深度赋能各行各业，市场已经进入了大变革的时代，新型基础设施建设正以摧枯拉朽的姿态对传统行业进行颠覆与重构。在历经数千年发展的家具行业，数字化设计、智能制造、新零售等一系列新概念、新模式、新平台正在引发产业链各个环节的巨变。

在风起云涌的当下，技术革命深刻改变了人们的生活习惯与消费行为，家具市场营销正面临着引流难度大、渠道碎片化、遭遇跨界打劫、降维打击、去中介化等严峻形势，个性化、智能化、场景化、数字化、网络化已经成为家具市场营销发展的主要方向，新理念、新模式与新业态层出不穷。本书名为**"新营销"**，是相对于**"旧营销"**而言的。旧营销实质上是以企业营销部门为中心，以将现有产品销售出去为目的的市场活动，其背后的逻辑是生产推动营销，生产部门能够生产什么，营销部门就去销售什么，导致客户需求被压制。**在当前数智互联的时代背景下，旧营销的"数据荒漠"现象十分突出，呈现出无用户数据、无交易数据、无关系数据的"三无"与低质量、低效率、低关联度的"三低"特征。这是新常态下许多家具企业举步维艰的主要原因。**

本书论述的"新"营销强调真正意义上的以人为本，以客户为中心。借助新技术强化与客户之间的相互交流，同时通过大数据、云计算、人工智能技术全程采集客户寻找、研究、体验产品过程中的各项行为数据，挖掘、分析、跟踪客户需求，并通过有界面、能表达、可采集、可挖掘的方式实现与客户的相互交流，把客户需求始终放在第一位，优化家具企业营销管理体系，实现产供销全产业链的优化，进而推动、拉动家具企业实现持续盈利。

本书讲述的"新"营销关注数据驱动，线上线下融合发展。 在新营销的思维中，互联网是助力传统家具门店再次腾飞的引擎，通过线上驱动，线上与线下互为补充，在全面数字化的基础上，实现全渠道、全链路的互联互通。基于广袤的数据资源和先进的智能制造技术来优化家具企业的管理体系，精准而敏捷地调控市场营销活动，这对于推动实现我国家具行业供给侧改革、家具产业结构优化与传统企业转型升级的成功具有重要意义。

在新时代，以新思维，创新战法。 本书紧紧围绕我国家具市场现状，针对家具市场旧营销的短板和痛点，分八个章节提出破解方案，讲述家具市场新营销方略。具体介绍如下。

第1章，家具市场营销概述。 介绍了家具市场与家具的市场营销，并就当前国内家具市场与市场营销的现状进行了分析，对家具市场营销的环境因素进行了阐述。

第2章，产品策略。 从产品的整体概念出发，结合实际阐释了家具企业产品组合的分析方法与基本策略，总结了家具新产品开发的基本原则，以期推动家具企业制定以客户为核心的产品策略。

第3章，定价策略。 讲述了家具企业定价的有关概念，并归纳了家具产品定价的三类主要方法、八种定价策略与定价的基本程序，指导家具企业科学精准定价。

第4章，渠道策略。 通过对分销渠道、终端营销渠道的分析，概括了家具行业当前最主要的几种渠道策略,并总结出家具产品分销渠道设计与管理的科学方法,指导家具企业灵活运用各种渠道来应对新形势下的市场营销。

第 5 章,促销策略。结合家具市场实际以及当前促销的新变化,讲述了家具企业的人员推销、销售促进、广告、公共关系等几种基本促销策略,为家具企业科学选择促销组合提供依据。

第 6 章,计划与组织。通过对市场一线经验的总结与提炼,归纳制定出符合家具企业定位的市场营销计划并推动计划的落地实施,建立符合家具企业需求的市场营销组织具体方法,推动家具企业实现科学管理。

第 7 章,家具实体门店管理。针对传统家具企业的线下门店,从门店选址、形象管理、产品管理、营销管理、客户管理、服务管理、团队管理七个方面全面论述了家具门店在互联网大潮之下管理新思维与新方法,并提供了大量富有参考价值的管理手段,指导实体家具门店转型升级。

第 8 章,家具市场营销的新方向。创造性地提出了新经济时代下家具市场上的多种具有变革意义的营销新思维,并从传统家具企业转型升级的角度讨论了如何科学运用这些新的营销方式,旨在为正在遭受冲击的传统家具企业和家具门店寻求摆脱惯性、突破壁垒、涅槃重生、再创佳绩的手段。

本书针对广大家具市场从业工作者的工作实际,融合了理论指导、管理方法、实操技巧、创新模式与典型案例,具有很强的现实指导意义。本书至少可给予读者两方面的帮助:一方面,读者通过阅读与思考能够获得可供自身参考的具体行动方案;另一方面,促使身处大变革时代的家具人冷静思考,不断创新思维和战法,通过规范化的管理、标准化的服务、个性化的产品和数字化的运营打造特色营销,做好市场管理与服务工作。本书贴近时代、贴近实战,不仅适用于家具市场管理者与基层工作者,同时对全体家具人，以及室内装饰、家居用品、地产、汽车、服装行业的广大市场工作者也具有较高的参考价值。此外，本书还可作为各类院校家具设计与制造、木材科学与工程、市场营销、企业管理、环境艺术设计、工业设计等相关专业的教材。

本书由中南林业科技大学家具研究所所长、硕士生导师陶涛博士后组织编写，并担任主编，由中南林业科技大学陈星艳博士、博士研究生欧阳周洲担任副主编，硕士研究生王思航、王迅、郑小蓉、陈一涟、钱筱楠、曾盼盼、刘宇轩参与了本书编写后期的图文处理工作。

家具市场日新月异、与时俱进，本书的推出期望能够起到抛砖引玉的作用，推动家具产业获得更高水平、更高质量与更高层次的科学发展，实现广大家具企业持续盈利、基业长青！限于编著者的水平和经验，书中不足之处在所难免，恳请广大读者予以批评指正，不胜感谢。

陶涛

二〇二〇年七月

目录

001　1　家具市场营销概述

1.1　市场与家具市场　/ 002
　　1.1.1　市场　/ 002
　　1.1.2　家具市场　/ 003
　　1.1.3　国内家具市场基本情况　/ 004

1.2　家具市场营销　/ 005
　　1.2.1　市场营销的概念　/ 005
　　1.2.2　市场营销的重要性　/ 006
　　1.2.3　国内家具市场营销基本情况　/ 007

1.3　家具市场营销环境　/ 016
　　1.3.1　市场营销环境的概念　/ 017
　　1.3.2　家具市场营销宏观环境　/ 018
　　1.3.3　家具市场营销微观环境　/ 022

031　2　产品策略

2.1　家具产品　/ 032
　　2.1.1　产品的整体概念　/ 032
　　2.1.2　家具产品概述　/ 033

2.2　家具产品组合　/ 039
　　2.2.1　家具产品组合的基本概念　/ 039
　　2.2.2　家具产品组合的构成因素　/ 041
　　2.2.3　产品组合分析　/ 042
　　2.2.4　家具产品组合的基本策略　/ 045

2.3 家具新产品开发策略 / 046
    2.3.1 家具新产品开发的基本概念 / 046
    2.3.2 家具新产品开发的基本原则 / 048

050　3 定价策略

3.1 家具产品的定价 / 051
    3.1.1 产品定价的概念 / 051
    3.1.2 产品定价的目标 / 052
    3.1.3 影响家具产品定价的因素 / 054

3.2 家具营销定价的方法 / 055
    3.2.1 成本导向定价 / 055
    3.2.2 需求导向定价 / 057
    3.2.3 竞争导向定价 / 057

3.3 家具营销定价的策略 / 058
    3.3.1 新产品的定价策略 / 058
    3.3.2 产品生命周期定价策略 / 058
    3.3.3 折扣定价的策略 / 059
    3.3.4 心理定价的策略 / 060
    3.3.5 产品组合定价策略 / 060
    3.3.6 差异化定价策略 / 061
    3.3.7 分级定价策略 / 062
    3.3.8 线上线下配合定价策略 / 063

3.4 家具企业定价的程序 / 064

067　4 渠道策略

4.1 家具分销渠道 / 068
    4.1.1 分销渠道的含义与职能 / 068
    4.1.2 家具渠道商 / 069
    4.1.3 家具分销渠道的特点与发展趋势 / 071

4.2 家具产品分销渠道的基本类型与模式 / 072
    4.2.1 家具分销渠道的基本类型 / 072

    4.2.2 家具分销渠道的常规模式 / 073

  4.3 家具产品的终端营销渠道 / 074

    4.3.1 家具店铺 / 074

    4.3.2 家具展会 / 077

    4.3.3 家具终端分销 / 080

  4.4 家具产品营销渠道的策略 / 087

    4.4.1 影响家具产品分销渠道选择的因素 / 087

    4.4.2 分销渠道设计的步骤 / 089

  4.5 家具产品营销渠道的管理 / 091

    4.5.1 家具产品渠道商的选择 / 091

    4.5.2 家具产品分销渠道的支持 / 092

    4.5.3 家具产品分销渠道的冲突 / 093

096 5 促销策略

  5.1 促销与促销组合 / 097

    5.1.1 促销 / 097

    5.1.2 促销组合 / 097

    5.1.3 影响家具产品促销组合的因素 / 098

  5.2 人员推销 / 099

    5.2.1 人员推销的概念 / 099

    5.2.2 人员推销的特点 / 100

    5.2.3 人员推销的策略 / 101

  5.3 销售促进 / 102

    5.3.1 销售促进的概念 / 102

    5.3.2 销售促进的特点 / 102

    5.3.3 开展销售促进的步骤 / 103

    5.3.4 销售促进活动方案的制定 / 103

  5.4 广告策略 / 108

    5.4.1 广告的概念 / 108

    5.4.2 广告媒体 / 109

    5.4.3 广告计划的制定 / 111

    5.4.4 广告效果的测定 / 112

5.5 公共关系 / 113
    5.5.1 公共关系的概念 / 113
    5.5.2 公共关系的特征 / 114
    5.5.3 公共关系的活动方式 / 114
    5.5.4 公共关系的实施 / 115

117　6　计划与组织

6.1 家具市场营销计划 / 118
    6.1.1 家具市场营销工作总结 / 118
    6.1.2 家具市场营销计划内容 / 126
    6.1.3 制定市场营销计划的常见问题 / 130
    6.1.4 家具市场营销计划的有效执行 / 133

6.2 家具市场营销组织 / 134
    6.2.1 市场营销组织的发展 / 135
    6.2.2 家具市场营销组织的形式 / 136
    6.2.3 家具市场营销组织的设计 / 139

141　7　家具实体门店管理

7.1 家具门店选址 / 142

7.2 家具门店形象管理 / 143
    7.2.1 家具门店的外部形象 / 143
    7.2.2 家具门店的内部装修 / 145
    7.2.3 家具门店的氛围营造 / 146
    7.2.4 家具门店的卫生管理 / 149

7.3 家具门店产品管理 / 150
    7.3.1 家具门店产品结构分析 / 150
    7.3.2 家具门店产品采购管理 / 152
    7.3.3 家具门店产品验收管理 / 155
    7.3.4 家具门店产品库存管理 / 155
    7.3.5 家具门店产品盘点管理 / 158
    7.3.6 家具门店滞销品的处理 / 160

7.4 家具门店营销管理 / 161

　　7.4.1　门店销售计划的制定 / 161
　　7.4.2　家具门店业绩的影响指标 / 167
　　7.4.3　家具门店的促销活动 / 168

7.5 家具门店客户管理 / 171

　　7.5.1　建立和完善客户档案 / 171
　　7.5.2　开发客户资源的主要途径 / 176
　　7.5.3　重点客户的开发与维护 / 177

7.6 家具门店服务管理 / 179

　　7.6.1　家具门店服务的标准化 / 179
　　7.6.2　家具门店售前服务管理 / 193
　　7.6.3　家具门店精准成交管理 / 201
　　7.6.4　家具门店售中服务管理 / 210
　　7.6.5　家具门店售后服务管理 / 214

7.7 家具门店团队管理 / 222

　　7.7.1　家具门店的人员架构 / 222
　　7.7.2　家具门店的人员招聘 / 231
　　7.7.3　家具门店的人员绩效考核 / 235
　　7.7.4　家具门店员工的激励 / 246
　　7.7.5　家具门店人员的培训 / 247
　　7.7.6　家具门店人员的冲突 / 250
　　7.7.7　家具门店人员的离职 / 251

8　家具市场营销的新方向

8.1 体验式营销 / 255

　　8.1.1　体验式营销的基本理念 / 255
　　8.1.2　陈列展示的体验式营销 / 256
　　8.1.3　营销过程的体验式营销 / 260

8.2 个性化营销 / 262

　　8.2.1　个性化营销的基本理念 / 262
　　8.2.2　个性化营销的实施 / 263
　　8.2.3　家具企业的个性化营销 / 264

8.3 文化营销 / 266
    8.3.1 文化营销的基本理念 / 266
    8.3.2 家具文化营销的表现形式 / 266

8.4 跨界营销 / 267
    8.4.1 跨界营销的基本理念 / 267
    8.4.2 家具产品的跨界营销 / 268

8.5 社群营销 / 271
    8.5.1 社群营销的基本理念 / 271
    8.5.2 家具行业的社群营销 / 272

8.6 爆品营销 / 275
    8.6.1 爆品营销的基本理念 / 275
    8.6.2 家具领域的爆品营销 / 276

8.7 电子商务 / 279
    8.7.1 电子商务的基本理念 / 279
    8.7.2 家具行业B2C电商 / 280
    8.7.3 家具行业O2O电商 / 283

8.8 新媒体营销 / 287
    8.8.1 新媒体营销的基本理念 / 287
    8.8.2 新媒体营销的特点 / 288
    8.8.3 家具产品的新媒体营销形式 / 288

8.9 全渠道营销 / 294
    8.9.1 全渠道营销的基本理念 / 294
    8.9.2 家具的全渠道营销 / 295

8.10 大数据营销 / 297
    8.10.1 大数据营销的基本理念 / 297
    8.10.2 家具大数据营销 / 298

8.11 人工智能营销 / 303
    8.11.1 人工智能营销的基本理念 / 303
    8.11.2 家具的人工智能营销 / 303

参考文献

1 家具市场营销概述

1.1
市场与家具市场

1.2
家具市场营销

1.3
家具市场营销环境

在大变革的时代下，以信息技术为代表的新兴技术，不断颠覆一个又一个传统行业，推动市场需求的大幅升级。作为传统行业的典型代表，家具行业也正在经受着巨大的挑战，伴随着各大家具企业响应"中国制造2025"的号召，大数据、云计算、智能制造等一系列先进技术正在对家具行业的各个环节产生深远的影响。随着供给侧改革的逐步落地，家具行业未来的发展模式将呈现出前所未有的特点。

随着与互联网技术共同成长起来的90后、00后逐渐走上历史的舞台，与传统家具消费观念截然不同的消费理念逐步成为家具市场的主流，引发了家具行业消费模式的剧变。在这样的背景下，家具市场上出现了一些新的发展趋势，如何抓住新一代消费群体的消费需求，把握家具市场营销的发展脉络，就成为了家具企业在新时代下生存和发展的关键。要想在新形势下获得长足的发展，家具企业首先要重新建立起对家具市场营销的基本认识。

1.1 市场与家具市场

市场是市场营销的前提，任何市场营销活动都是建立在市场这一基础之上的商业活动，没有市场也就谈不上市场营销。因此，要厘清新时代下的家具市场营销，还是要从重新理解"市场"和"家具市场"这两个概念开始。

1.1.1 市场

1.1.1.1 市场的定义

"市场"这一概念历史悠久，几千年前中国古代典籍《周易》中就对这一概念进行过总结："日中为市，致天下之民，聚天下之货，交易而退，各得其所。"这是古代先民对于"市场"这一概念最为朴素的描述。伴随着社会经济和科学技术的不断发展，市场已经突破了时间、地点、规模、品种、展示空间的局限。建立在计算机信息技术、高效的物流配送体系基础之上的电子商务，将市场这一概念发展到全球、全时段、全品类、多种展示和营销方式于一体的复杂形式。

狭义的市场，就是商品交换的场所。广义的市场是一定时间、地点、条件下商品交换关系的总和，是不同的商品生产者之间经济关系的体现。买方和卖方是市场的两大组成部分，买方决定商品的需求，而卖方决定商品的供给。市场的形成首先要求买方对于商品具有需求，卖方拥有能够满足买方需求的商品；其次要求买方具备同卖方进行交换的资源；最后，交易过程中还包括各种附加条件，如时间、地点、价格、服务等。

从经济学的角度来看，市场建立在社会分工和商品生产的基础之上，是以价值规律为基础的复杂而有规律的物物交换关系。这种关系是商品内在矛盾的表现，是供求关系的总和，本质上是人与人之间的关系。在这种交换关系中，买卖双方起主导作用，而中间商、广告传媒、金融、物流、工商管理等起到辅助作用，推动这种交换关系高效而有序地运行。在交换的过程中，商品流是核心，同时伴随有资金流和信息流。

从管理学的角度来看，市场是供需双方在共同认可的条件下所进行的商品或劳务的交换活动。著名营销学家菲利普·科特勒认为："市场是一切具有特定欲望和需求并且愿意和能够以交换来满足这些需求的现实的和潜在的客户集合"。

1.1.1.2　市场的构成

不论市场以何种形式出现，都是由现实或潜在的消费者组成。现实的消费者是指既有购买的欲望，又有与之相匹配的购买能力的人或组织；潜在的消费者是指有购买欲望但暂时不具有与之匹配的购买能力，或者拥有购买能力但暂时没有购买欲望的人或组织。

市场本质上是由三个主要因素构成，即：

$$市场 = 消费者 + 购买力 + 购买欲望$$

消费者是市场形成的基础。市场行为的目的是满足消费者的需要；消费者的多少直接决定市场容量的大小，购买者的状况影响市场需求的内容和结构。

购买力是消费者支付货币购买商品或服务的实际能力。消费者的需求需要通过支付货币来换取，有支付能力的需求才有意义。因此，在消费者条件一定的情况下，购买力决定了市场容量的大小。

购买欲望是指消费者购买商品的愿望、要求和动机。购买欲望是消费者将潜在的购买力转变为现实的购买力的重要条件。缺乏购买欲望，即便拥有了足够的消费者和购买力，也无法实现商品交换，也就不能形成市场。

消费者、购买力和购买欲望三个条件相互联系，相互制约，共同构成和影响现实的市场，决定了市场的规模和容量。

1.1.1.3　市场的分类

市场可以按照不同的标准进行分类。

按照市场出现的时间长短，可以划分为传统市场和新兴市场。

按照商品的性质，可以划分为物质产品市场、服务市场、金融市场、劳动力市场、技术市场等。

按照商品的用途，可以划分为生活资料市场和生产资料市场。

按照竞争程度，可以划分为完全竞争市场、寡头垄断市场、垄断竞争市场和完全垄断市场。

按照交换关系时限，可以划分为现货市场和期货市场。

按照流通区域，可以划分为国内市场和国际市场。

1.1.2　家具市场

1.1.2.1　家具市场的定义与特点

家具市场就是以家具这一特定的产品作为商品进行交易的市场。

家具市场具有一般市场的共性特征，也有一些与其他市场区别开来的特殊之处。

① 家具市场是一个主要以家具这一有形的产品作为交易对象的市场，其交易的内容围绕实实在在的家具成品、零部件、原材料以及配套服务展开，内容比较具体。

② 家具市场是一个以满足人们日常生活需要为主的生活资料市场，市场需求旺盛。家具与汽车、服装、食品一道被列为国际贸易长盛不衰的四大消费品，从这一角度来看，家具市场只会不断地推陈出新，而不会消亡。

③ 家具市场是一个传统市场，经历数千年的发展，市场模式已经相对成熟和固化，从另一角度来看，要在此基础上进行创新，难度也比较大。

1.1.2.2 家具市场的分类

家具市场是一个商品类型范畴，在家具市场的范畴中，可以进一步细分：

① 按照购买商品的目的，可以划分为以家具成品为商品面向个人的消费者市场、以家具原辅材料和零部件为商品面向家具制造企业的生产者市场、以大宗家具成品为商品面向家具流通企业的中间商市场和面向政府、机构和企业的组织市场。

② 按照商品流通环节的批量大小，可以划分为家具批发市场和家具零售市场。

③ 按照场所的不同，可以划分为线上的虚拟家具市场与线下的实体家具市场。

④ 按照交易的商品是否有物质实体，可以划分为有形的家具及配套产品市场和无形的家具服务市场等。

此外，在不同的领域，对于家具市场还存在一些不同的细分方式，在此不一一列举。

1.1.3 国内家具市场基本情况

在后金融危机时代世界家具市场容量日趋饱和与企业过剩生产能力较快增长之间不平衡的背景下，世界市场竞争将不再局限在以产品及生产能力为主的企业竞争，而是发展到以满足消费者需求为基础的生产系统间的竞争，这就要求企业能够快速生产出能够满足消费者需求并且低价优质的产品，从而赢得竞争。当前，国内家具产业面向国际与国内的两个市场均已由卖方市场变为买方市场，产能过剩导致市场竞争日益激烈，类似电器行业的微利时代已经来临。家具市场竞争加剧的因素主要体现在以下几个方面。

（1）对交货期的要求越来越高

终端消费者对家具产品的交付时间要求越来越苛刻。这一变化的直接反映就是竞争主要因素的变化。20世纪90年代的家具企业间竞争的主要因素是成本，进入21世纪以后，竞争的主要因素转变为质量，21世纪的10年代以后竞争的主要因素转变为时间。家具企业应着力培育快速而准确的供货能力，缩短产品交货时间，提高对客户需求的响应速度。

（2）家具产品品种激增且需求变化大

家具产品的品种增加因消费者个性化和多样化需求而变得越来越突出，企业为了更好地满足其要求，便不断推出新的品种，从而造成原材料采购、生产计划控制、库存管理越来越复杂。与此同时，产品品种需求很不稳定，同一种产品在不同的时期以及不同的产品在同一个时期的市场需求变化很大。

（3）家具市场价格战愈演愈烈

在家具行业总体上不属于高新技术行业，家具产品也非垄断产品，准入门槛较低的前提下，当前家具产品同质化现象较严重，家具企业数量多且实力较均衡，家具市场增长速度放缓，部分家具企业在生产和流通环节的战略投入加大，家具产品价格受上游供应链价格影响增大等迹象表明，今后一段时间内家具市场价格战将会愈演愈烈，家具制造企业的唯一出路是在降低运营成本、控制在制品及成品库存、提高产品质量和资源利用率上下功夫，以增加获利空间。

(4）消费者对家具产品和服务的期望越来越高

消费者已不满足于从市场上买到标准化生产的产品，他们希望得到个性化产品与服务。传统的家具企业标准化生产方式是"一对多"的关系，即企业开发出一种产品，然后组织规模化大批量生产，用一种标准产品满足不同消费者的需求；现在的企业必须具有根据每一位消费者的特别要求设计制造产品的能力，即所谓的"一对一（One-to-One）"的定制化服务，这种服务最突出的优势就是在产品的设计之初就实现了产品的客户化。

(5）家具产品生命周期（Product Life Cycle）越来越短

家具产品市场化开发能力在加速提升，导致新产品的开发周期大大缩短。与此对应的是家具产品的生命周期缩短，更新换代速度加快，家具产品生命周期（市场留存时间）已由过去的10年左右逐渐缩短到目前的2～3年。由于产品在市场上存留时间大大缩短了，推出新产品可获利时间也愈来愈短，这给企业造成巨大压力。纵观广东每年春季和秋季举办的三大家具展览会，总能看到我国家具行业数百家骨干企业参展的身影，无论经济环境恶劣与否，中国家具展会依然盛况空前，高潮迭起。

综上所述，家具企业如果能快速、准确地捕捉客户的需求，能以最快的速度、最低的成本生产出高质量的、满足客户个性化需求的产品，必将在很大程度上提升企业的竞争力，从而为企业和社会创造更大的财富。

1.2 家具市场营销

市场营销是研究企业在市场上的经营活动的一门科学，是企业市场活动的核心。家具市场营销就是市场营销在家具行业的具体体现，由于家具产品的特点而具有了与其他行业市场营销所不同的特点。

1.2.1 市场营销的概念

市场营销，简单的理解就是把潜在需求变为现实需求的过程，在满足他人需求的同时实现自身的盈利。

市场营销的定义是伴随着社会经济不断发展的，学界对市场营销定义比较权威的当属美国市场营销协会（AMA）。在不同的时间阶段，AMA及其前身美国全国营销与广告教师协会分别对市场营销进行了多次定义（表1.1）。AMA对市场营销最新的定义是：市场营销是在创造、沟通、传播和交换产品中，为顾客、客户、合作伙伴以及整个社会带来价值的一系列活动、过程和体系。

表1.1 美国市场营销协会（AMA）及其前身在不同时期对市场营销的定义

时间	定义
1935年	将产品和服务从生产者传送至消费者的商业活动
1960年	引导产品和服务从供应商向消费者流动的商业活动

续表

时间	定义
1985年	对创意、产品和服务进行构思、定价、分销和促销,并通过交换来满足个人和组织的需要的规划与执行过程
2004年	采用企业与利益相关者都可获利的方式,为顾客创造、沟通和传递价值并管理顾客关系的组织功能和一系列过程
2007年	市场营销是创造、沟通、传递、交换对顾客、客户、合作伙伴和整个社会具有价值的供应物的一系列活动、制度、组织和过程
2013年	市场营销是在创造、沟通、传播和交换产品中,为顾客、客户、合作伙伴以及整个社会带来价值的一系列活动、过程和体系

除了AMA以外,著名市场营销学家菲利普·科特勒(Philip Kotler)对市场营销的定义也受到了人们的广泛认可:通过创造和交换产品及价值,从而使个人或群体满足需要和欲望的一种社会过程和管理过程。

从这些定义中可以发现,市场营销包含五个重点:
① 市场营销的目的是满足人或组织的需求和欲望;
② 市场营销的基础是交换,这一过程要求主动寻找机会满足双方需求或欲望;
③ 交换的过程是否能顺利进行,取决于卖方创造的产品价值满足买方需求的程度和交换过程中的管理水准;
④ 市场营销不仅仅包括产品和服务,还包括思想;
⑤ 市场营销不只是营利性的活动,还包括非营利性活动。

1.2.2 市场营销的重要性

科学技术带来了社会经济的巨大发展,也引发了人们生活方方面面的变革。在经济全球化的大趋势下,社会竞争变得更加复杂而激烈,这种竞争带来的挑战已经不再局限于微观的企业,也同样给宏观的区域经济和国家综合实力带来了考验。在这样复杂的经济环境下,市场营销的重要性对于微观企业和宏观经济都显得尤为突出。

1.2.2.1 对于企业的重要性

(1)帮助企业树立正确的营销价值观

满足消费者的欲望或需求是商品价值得以实现的根本,市场营销以满足需要为宗旨,引导企业树立正确的营销观念,面向市场来组织生产和流通过程,基于消费者的痛点来创造价值,从而实现市场营销各方参与者的共赢。

(2)帮助企业正确决策

企业是否能够在激烈的竞争中生存下来并逐步发展壮大,取决于企业的决策是否与市场相适应。市场营销能够帮助企业准确判断消费者的需求,了解竞争对手的动态,全面认识社会经济和自然环境,从而客观分析自身的条件,为企业在产品开发、定价、促销、渠道建设等方面进行科学决策提供依据。

（3）帮助企业开拓市场

企业开展市场营销的目的，就是通过分析和挖掘消费者的现实需求和潜在需求，从而寻找市场机会，开发满足消费者需求的产品，确定适宜的价格，构建分销渠道体系，适当运用促销手段，获得更大的市场份额，从而获取更多的利益。

1.2.2.2 对于社会的重要性

（1）市场营销推动了社会经济的高速发展

市场营销以满足消费者的需求为核心，鼓励生产者和经营者在不断创造和让渡价值的同时获得自身的发展，这一过程丰富了人们的物质生活，客观上带来了社会总价值的增长，对经济总量的提高起到了重要推动作用。

（2）市场营销扩大了市场的空间

通过市场营销活动，一批又一批新产品、新服务、新观念不断为人们所认知，加速推动了消费者生活、工作方式的变革，对于刺激消费、扩大内需、缓解人民日益增长的物质需求与落后生产力之间的矛盾具有重要意义。

（3）市场营销推动了科学技术的发展

为了满足消费者不断涌现的新需求，新产品的研发必然要对生产力提出更高的要求。科学技术是第一生产力，不断推陈出新的新产品、新服务和新观念，拉动了科学技术的发展。

（4）市场营销带动了第三产业的发展

伴随着市场营销的规模快速拓展、社会分工的进一步细化、行业专业化程度的不断提高，与市场营销直接配套的战略咨询、人力资源、物流配送、财务管理、法律服务、金融服务等第三产业得到了长足发展，一方面提供了大量就业岗位，促进了社会有序运行，另一方面创造了巨大的经济效益，进一步推动了社会经济的快速发展。

（5）市场营销促进了社会可持续发展

市场营销强调有序经营、与环境协调发展，其倡导的绿色营销理念对推动社会可持续发展具有重要意义。

1.2.3　国内家具市场营销基本情况

国内家具市场营销经历了十余年的爆发式增长，随着整个社会经济的结构调整、大家居产业的整体下行的趋势以及家具出口环境的日益恶化，整个行业都在经历一场前所未有的大调整、大变革。

数据显示，截至2019年底，国内家具行业规模以上企业6410家，全年累计完成营业收入7117.16亿元，同比仅增长1.48%（图1.1）；其中亏损的家具企业数量有902家，占比达14.10%；累计利润总额462.73亿元，同比增长10.81%，平均利润率仅为6.50%；累计产量89698.45万件，同比下降1.36%；全行业累计出口560.93亿美元，同比增长0.96%；累计进口27.6亿美元，同比下降16.10%。受新冠肺炎疫情的影响，家具市场营销的各项指标更是一路下行，2020年第一季度家具行业营业收入1176.92亿元，同比下降23.73%；累计利润总额40.06亿元，同比下降47.84%，平均利润率3.40%；累计产量

16717.45万件，同比下降22.99%；累计出口102.08亿美元，同比下降20.77%；累计进口5.71亿美元，同比下降17.27%。

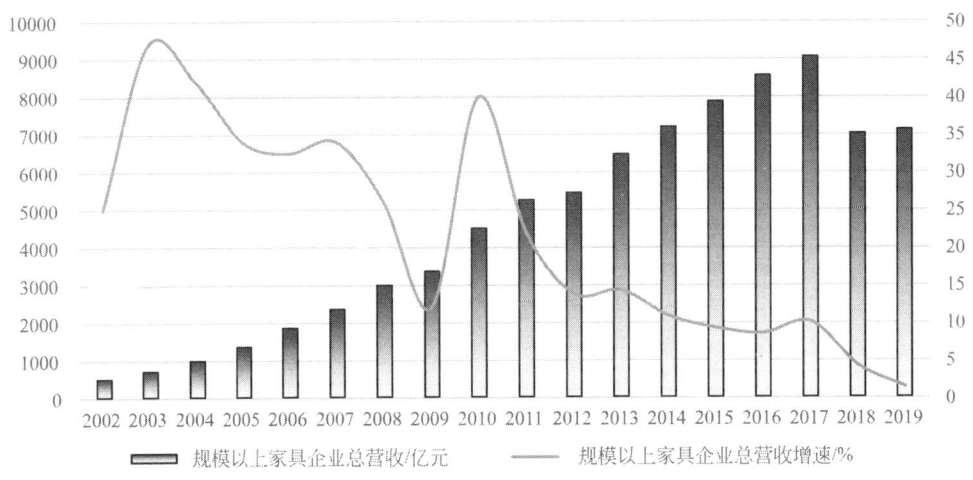

图1.1 2002年以来规模以上家具企业总营收及增速情况
（数据来源：中国家具协会）

2019年新增涉家具上市企业仅2家。相关年报显示，已上市的23家涉家具企业，实现总营收1091.26亿元，净利润160.86亿元，大部分上市家具企业2019年的增速也在放缓，有四家企业利润增速为负；排除家具流通领域的三家上市企业，其余20家家具上市企业中利润率不足10%的占到一半（表1.2）。

表1.2 涉家具上市企业2019年营收情况表

上市企业	营收/亿元	同比增长	净利润/亿元	同比增长	利润率	备注
红星美凯龙	164.69	15.66%	44.80	0.05%	27.20%	流通领域
欧派家居	135.33	17.59%	18.39	17.02%	13.59%	
顾家家居	110.94	20.95%	11.61	17.37%	10.47%	
居然之家	90.85	7.94%	31.26	60.08%	34.41%	流通领域
索菲亚	76.86	5.13%	10.77	12.34%	14.01%	
尚品宅配	72.61	9.26%	5.28	10.76%	7.27%	
美克家居	55.88	6.21%	4.64	2.76%	8.30%	
宜华生活	52.44	−29.15%	−1.85	−147.92%	−3.53%	
喜临门	48.71	15.68%	3.80	186.80%	7.80%	
曲美家居	42.79	47.99%	0.82	239.09%	1.92%	
志邦家居	29.62	21.75%	3.29	20.72%	11.11%	

续表

上市企业	营收/亿元	同比增长	净利润/亿元	同比增长	利润率	备注
恒林股份	29.04	25.28%	2.43	42.38%	8.37%	
麒盛科技	25.29	5.78%	3.95	34.91%	15.62%	
永艺股份	24.50	1.63%	1.81	74.50%	7.39%	
好莱客	22.25	4.34%	3.65	-4.63%	16.40%	
金牌橱柜	21.25	24.90%	2.42	15.37%	11.39%	
江山欧派	20.27	57.98%	2.61	71.11%	12.88%	
富森美	16.19	13.96%	8.01	8.97%	49.47%	流通领域
皮阿诺	14.71	32.53%	1.75	23.33%	11.90%	
我乐家居	13.32	23.10%	1.54	51.24%	11.56%	
中源家居	10.70	20.45%	0.34	−59.76%	3.18%	
顶固集创	9.30	11.93%	0.78	1.80%	8.39%	
亚振家居	3.72	−10.72%	−1.24	—	−33.33%	
合计	1091.26	15.22%	160.86	14.41%	14.74%	

具体到家具产品、消费者、企业和商业模式上，基本情况如下。

1.2.3.1 产品情况

（1）家具风格

多元化的趋势依然占主导地位，各种主流家具风格都占有一定的市场份额。但各种不同风格的家具产品占比却有着明显的变化。新中式风格（图1.2）在传统文化复兴和原创设计兴起的大背景下得到了长足的发展，市场份额大幅上升；北欧风格（图1.3）的家具产品依然深受年轻群体的喜爱，占有较大的比重；各种不同家具风格都向轻奢和极简的方向发展；传统美式、法式宫廷等造型比较复杂、尺寸较大的家具产品占比呈逐年下降趋势。

图1.2 新中式风格家具

图1.3 北欧风格家具

（2）家具功能方面

随着小户型住宅的普及，家具产品也朝着小型化、多功能方向发展。家具产品的体量逐步缩小（图1.4），过于复杂、厚重的家具产品市场占有率大幅下降；收纳、折叠功能成为各类家具销售过程中的主要卖点；变形家具（图1.5）因其对空间的功能多样化的贡献而受到关注，然而价格和寿命问题导致这类家具叫好不叫座；信息技术的快速发展也推动了家具产品的升级，市场上出现了一批"智能家具"（图1.6～图1.8），但目前仍处于探索阶段，功能堆砌现象严重，娱乐性大于实用性，如何与智能家居系统进行融合是此类家具企业需要重点思考的课题。

图1.4 小型化的家具产品

图 1.5 变形家具

 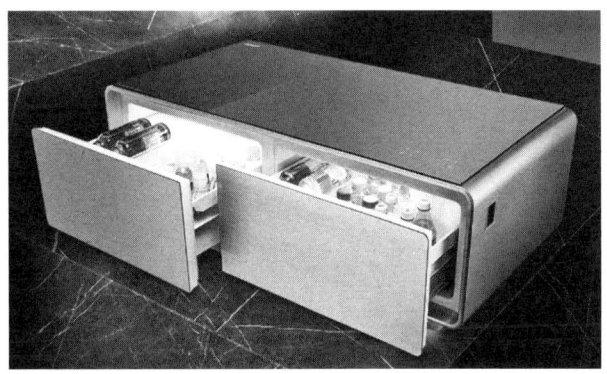

图 1.6 智能鞋柜　　　　　图 1.7 智能茶几

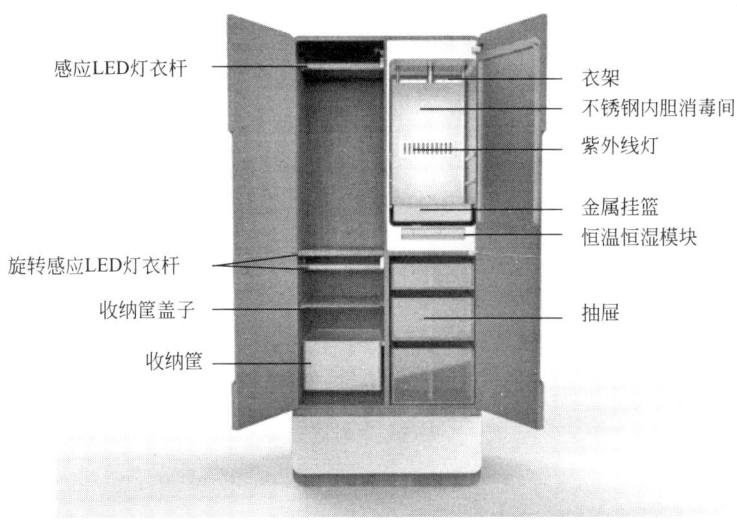

图 1.8 智能衣柜

（3）家具材料方面

实木依然是国内家具消费者最为喜爱的家具材质，但材种的丰富度得到了大大提升，橡胶木、松木、白蜡木的应用最为广泛，乌金木（图1.9）、黑胡桃木（图1.10）成为消费者的"新宠"；随着人造板材工艺的改良和封边工艺的优化，板式家具也逐渐被消费者接受；新中式风格的流行以及各种风格的轻奢化，推动了金属尤其是铜部件在民用家具领域的应用（图1.11），其他金属材料的应用主要集中在现代风格家具产品以及酒店、办公等公用家具中；高分子有机物主要应用于复古产品的雕花以及一些简易家具；家具设计师对各种家具新材料在家具中的应用进行了大量探索（图1.12），但目前尚未形成主流趋势。

（4）家具工艺方面

随着消费者对于室内空气质量的重视，以及国家对于家具生产过程中环保要求的不断提高，倒逼家具企业重视工艺的改良，在这种趋势之下，水性涂料、低甲醛释放胶黏剂以及各种环保材料的应用范围越来越广；木材干燥工艺的改进，推动了实木家具产品造型、

图1.9　乌金木家具

图1.10　黑胡桃木家具

图1.11　大量应用铜装饰的新中式家具

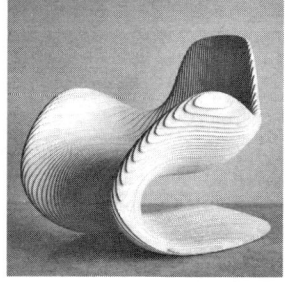

图1.12　新材料在家具领域的应用

结构的丰富多彩，一些以前难以做到的大幅面、纤薄的实木产品（图 1.13）出现在市场上；家具五金工艺的改良与创新，为家具结构创新与品质的优化带来了机遇；榫卯结构仍然是国内家具消费者最为青睐的家具结构，并且消费者还关注榫卯结构的后期处理的精细化程度；大型家具企业生产线的进一步完善，柔性化生产能力的进一步提高，推动了定制家具的进一步发展。

（5）家具设计方面

家具产品研发已经由以生产为核心转向以消费者需求为核心，以人为本是研发设计的主要理念；信息技术的发展推动了家具设计工具和方法的革新，参数化设计、智能设计等新思路为家具设计注入了新鲜血液；随着人们审美水平和精神追求的不断提高，家具的艺术性受到人们的追捧，小批量生产的原创家具产品（图 1.14 和图 1.15）逐渐兴起，涌现出一批活跃的年轻原创设计师。

1.2.3.2 消费者情况

（1）消费群体的更替

随着 80 后、90 后逐渐形成购买力，新一代的年轻人已经逐步成为家具市场的主要消费群体。这些成长于改革开放后中国经济飞速发展时代的年轻人，相比其他年龄层次的消费者更加崇尚个性、厌恶同质化；对生活的品质要求高，希望获得良好的服务和体验；追求时尚，善于接受新科技、新理念、新模式带来的全新产品体验。

（2）消费观念的进化

随着人们物质生活逐步富足，精神上的需求越来越丰富，这就引起了消费观念的改变。消费者选购家具产品不再只重视材质、功能和价格，也不再片面地追求排场，而是将产品的环保性、舒适性、协调性和美观性放在同等重要的位置上，注重健康、和谐的生活环境。社会大众整体的消费观念正在向

图 1.13 改良实木拼板工艺制造的大而薄的乌金木桌面

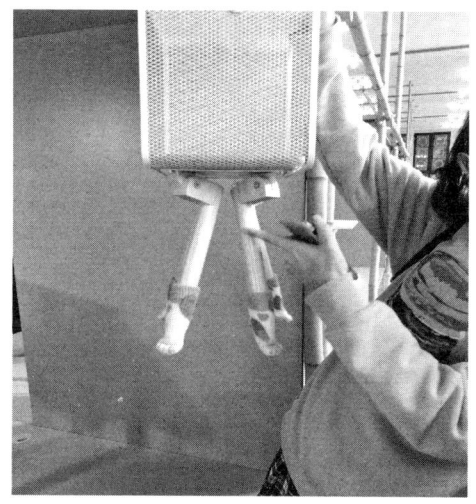

图 1.14 某新锐设计师的原创作品

图 1.15 原创流水茶台

着更深层次的理性方向发展。

（3）消费习惯的变革

不断革新的互联网技术深刻地改变了人们生活的方方面面，也对人们的家具消费习惯产生了颠覆式的影响。消费者获取家具产品信息的渠道不再局限于传统的媒体和推销，购买家具的渠道也不仅仅只有实体的家具门店，多样化的选择根本性地改变了消费者在市场营销中的地位。传统家具门店的竞争对手不仅包括其他类似的门店，还需要从各种家具电商、新模式的围攻中求得生存。在这样的背景下，以消费者为中心的经营理念逐渐替代了传统的以产品为中心的经营理念。

（4）消费需求的升级

物质的充裕促进了消费者对于高品质家具产品的渴求，传统家具产品已经越来越难以满足人们日益深化的消费需求。依据马斯洛需求层次理论来分析，家具消费者对于家具产品的需求已经从基本的生理需求和安全需求向更深层次的社交需求、尊重需求和自我实现的需求方向升级。在以消费者为中心的时代背景下，家具企业就不得不从消费者的角度出发，从产品的造型设计、个性定制、功能优化等方面来满足这些高层次的消费需求。

1.2.3.3　企业营销情况

（1）传统门店客流锐减

线上虚拟经济的蓬勃发展给家具消费者带来了不一样的体验；与此同时，家具消费者获得相关信息的通路呈爆发式增长，渠道"碎片化"成为了不可避免的趋势；此外，上游企业还在不断截流家具客流。在三者共同影响之下，消费者不必总是前往实体的家具门店进行了解和沟通，甚至于完全脱离实体的家具门店就能完成整个交易过程。于是，不论是何种经营模式、哪一个品牌的家具门店，都呈现出门可罗雀的现状。自然客流这一概念在当前的家具门店运营中占比已经越来越低，"坐店等客"的时代已经一去不复返，"引流"已经成为每一个传统门店都要重点研究的课题。

（2）产品同质化现象严重

家具行业的门槛比较低，对于知识产权的保护力度不足，产品设计、原材料供给、生产工艺以及商业模式方面都很难形成绝对的竞争壁垒，因此国内家具市场上一旦出现了某种具有热销潜质的产品，各路家具企业往往呈现出"一拥而上"的局面，争相仿制、山寨，以至于产品最初的研发设计企业往往陷入其他企业的恶性竞争中，甚至连研发成本都无法收回。这种局面泯灭了大量原创企业的创作热情。因此，市场上所能见到的同种风格的家具产品大多大同小异，毫无特点可言。可想而知，以当前家具市场竞争的激烈程度，许多家具企业不得不贴身肉搏打价格战，才能维持自身的生存。

（3）低端产品过剩，高端产能不足

国内六千多家家具企业中，80%以上是规模不大的中小型家具企业，总体上看，这些企业往往不具有较强的核心竞争力，只能生产低附加值的家具产品。伴随着消费者期望的不断提高，这些低端的家具产品很难满足不断深化的消费者需求；另一方面，与日益增长的中高端消费需求相匹配的中高端产品的产能却明显不足，众多消费者的消费需求无法得到满足。这种供求失衡的状态引起了家具市场营销资源的巨大浪费，并带来了一系列商家与消费者之间的矛盾冲突。

（4）行业利润整体偏低

产品的低端同质化与长期的价格战造成了家具行业利润率的整体下滑，平均不足10%的利润率造成了家具企业抗风险能力的严重不足，并且无力在产品研发和改进工艺方面大力投入，只能采用低端走量的方式来维持生计，这就形成了恶性循环。为了企业的生存，某些中小家具企业走上偷税漏税、剽窃山寨、假冒伪劣的经营道路，加剧了整个行业的混乱。

（5）品牌影响力低

长期以来，人们对家具产品的关注度低，家具产品的耐消品特征决定了购买家具的频次也很低，因此家具企业在品牌推广方面存在先天的劣势。此外，家具产品的品牌对于产品品质、服务水平的影响以及家具品牌给消费者带来的满足还不够明显，因此即使在行业内具有重要影响力的家具品牌，在整个市场上的影响力也非常有限。不足的品牌影响力一方面使得家具产品的品牌附加值难以提升，同时也弱化了大型家具企业的核心竞争力。

（6）外销家具企业大面积转内销

我国家具工业体系的产量和规模一直以来位居全球第一，这些产能除了供应国内家具市场以外，还有相当大的一部分用于出口。我国家具在世界代工生产（OEM，Original Equipment Manufacturing）形式的家具贸易中具备最强的国际竞争实力。美国是我国家具产业最大的海外市场，对美出口额占我国家具总出口额的三成以上。随着近年来中美经贸摩擦的不断加剧，国内家具出口企业受到了很大的冲击，许多家具企业不得不将剩余的产能转向内销产品以度过寒冬。这些出口家具企业的转产内销产品虽然在款式、规格上需要进行一些调整，但在规模化、成本控制方面这些企业具有明显的优势，这就对本就竞争激烈的国内中低端家具市场形成了新的冲击。

（7）定制家具企业强势崛起

伴随着家具企业信息化程度的不断提高，柔性生产、智能制造技术的广泛应用，为家具企业根据消费者的个性化需求定制家具产品，达到家具空间最大化利用的目的提供了可能。定制家具产品迎合了当前主流消费群体的关键需求，因此定制家具企业也是高歌猛进，在短短十年的时间里孕育出了国内家具市场上超过三分之一的上市企业。以这些企业为龙头，定制家具从最初的橱柜定制发展到全屋定制，并进一步向整装定制方向迈进，同时拉动了整个家具市场朝着定制化的方向进步，也推动了一大批传统家具企业向定制家具转型升级。

（8）其他行业的跨界打劫

国内家具市场规模不断扩大，并且仍然处于加快增长阶段，然而传统家具企业的市场营销工作却面临着越来越大的压力，这些不断扩大的市场实际上是被从互联网行业、地产行业、装修行业转型而来的家具企业夺走了。在分散布局向集中布局转变、成本优势向自主创新转变、数量规模向成本效益转变、单纯制造向复合发展转变、纯门店营销向电商进而无界零售转变的大趋势下，粗放式经营的家具企业固守在传统的家具圈子之中，而这些来自其他行业、具备先进技术与商业思维的新家具人正在重构家具行业，他们不但截取了传统家具门店的流量，变革了传统家具企业的生产方式，还打破了传统家具经营的固有模式,深刻改变了整个家具行业的发展轨迹。传统家具企业在这类跨界打劫面前显得十分弱小。

1.2.3.4 商业模式情况

(1)传统实体门店模式

当前国内家具市场上占比重最大的商业模式,依然是以家具渠道商为核心的线下实体门店模式,通过省级总代理、市级代理、家具门店层层分销,实现了家具产品在全国市场上的流通。然而在互联网时代下,这种传统的商业模式占比正在逐年下滑。

(2)B2C(Business to Consumer)电商模式

以 B2C 电商为代表的一批家具企业,利用电子商务的优势,跳过众多传统家具分销渠道的中间环节,以明显低于传统家具门店营销的成本和售价,面向全国消费者开展市场营销活动。经过十余年的发展,这种模式已经基本成熟,并形成了完善的配套服务,市场份额处于稳定增长阶段,但目前 B2C 电商销售的主要是小件、廉价的中低端家具产品,对于高价值、定制化产品的销售能力还不足。

(3)O2O(Online to Offline)模式

B2C 电商模式在家具领域始终存在不可回避的短板,主要体现在客户体验与本地化服务上。为了从根本上补齐这些短板,通过 O2O 模式打通线上虚拟店铺与线下实体门店就成为了许多家具电商的发展方向。这种模式要求纯电商的家具企业在线下开设"体验店",为消费者提供家具产品实物的展示和体验,并借助这些门店来开展家具产品的送货安装和售后服务工作。O2O 模式不仅为处于瓶颈的家具电商指明了道路,还为许多陷入困境的传统家具企业和实体家具门店找到了出路。在 O2O 模式的指导下,家具电商开始走向线下,传统家具企业也开始布局线上。随着技术的进一步发展以及新的商业理念被提出,家具 O2O 模式又进一步向着 OAO、家具新零售的方向发展。这一模式对于家具行业的商业模式升级具有重要的指导意义,不论是互联网企业还是家具企业,都在对此进行深入的探索,也取得了许多可喜的成效。

上述三类商业模式,是当前家具领域最为常见的营销模式,但并不是当前家具领域仅有的营销模式。在这些模式之外,随着新的商业逻辑不断地被提出,许多新的家具商业模式也在实践中进行摸索,有的企业探索家具共享模式,分离家具产品的所有权与使用权;有的企业寻求通过社交的方式来推动家具产品的市场营销;有的家具企业直接将家具陈列空间安排在已经购买的消费者家中,实现轻资产运营……这些新模式给传统的家具行业带来了活力,不论最终的成效如何,都将对家具行业的市场营销起到不可磨灭的推动作用。

1.3 家具市场营销环境

任何一个家具企业的经营都必然处在一个由企业自身、其他组织、消费者和公众以及其他一些社会因素所构成的环境之中,这一环境就如同人赖以生存的自然环境,市场营销环境是家具企业生存的环境,也是家具企业营销活动的约束。市场营销环境是不断变化的，家具企业必须适应市场环境的变化才能够求得生存与发展。因此，全面认识家具市场营销的环境因素，对于家具企业审时度势、趋利避害具有重要意义。

1.3.1 市场营销环境的概念

市场营销环境是指影响企业市场营销活动的各种不可控制的因素。具体对于家具企业而言，市场营销环境就是影响和制约家具企业市场营销活动的各种内外部因素的集合。企业市场营销活动能否获得成功，取决于企业是否能够比较客观地认识其所面对的外部和内部条件，并制定正确的市场营销策略。

1.3.1.1 市场营销环境的特征

市场营销环境是一个多因素、多层次且不断变化的复合体，具有以下五个方面的特征。

（1）客观性

营销环境客观存在，并不以企业营销人员的意志为转移。不论企业是否能够认识，是否能够正确认识市场营销环境，这一因素始终存在，并且其对企业的影响是具有强制性的，企业无法脱离市场营销环境而存在。

（2）关联性

市场营销环境中的各种因素是相互影响、相互制约的，一个因素的变化往往会引起其他因素随之发生改变，从而引发整个市场环境的变化。企业的营销活动既存在单一环境因素的影响，也存在多个环境因素的共同制约。

（3）差异性

一方面，不同区域的社会、文化、人口、政治等因素存在很大差异，企业面对不同区域的市场就需要面对这些差异；另一方面，即使在相同环境因素下，不同企业内部的差异也会导致其对营销环境的认知产生差异，对某个企业是威胁的因素对另一个企业可能是机会。

（4）动态性

市场营销环境随着社会经济的发展而不断变化，对于市场营销环境的认识必须与时俱进，并针对环境的变化适时调整营销策略。

（5）复杂性

市场营销环境包括了一系列宏观和微观因素，这些因素之间的相互影响充满了各种不确定性，使得对环境变化结果的预期充满了不确定性。这些因素是复杂、多样且不可控制的，对于企业的营销决策而言，既蕴含了机会，也充满了挑战。

1.3.1.2 认识和分析市场营销环境的重要性

企业充分而客观地认识到市场营销环境的作用，并对其进行分析，是制定市场营销策略的重要基础。

① 市场营销环境是企业市场营销活动的立足点，企业以市场为导向开展营销活动，才能精确把握消费者的实际需求，为企业创造最大的经济效益；

② 市场营销环境分析是企业决策的依据，缺乏详尽的市场营销环境调研，企业的决

策就容易偏离市场实际；

③ 通过敏锐地洞察市场环境的变化，发现市场机会，规避市场风险，是企业创造竞争优势、扭转不利地位、在复杂而激烈的市场竞争中生存和发展的保障。

1.3.1.4 市场营销环境的分类

市场营销环境所涵盖的因素纷繁复杂，凡是能够影响企业市场营销活动的因素都是市场营销环境的组成部分，因此对这些因素进行科学划分的方式比较多。目前市场营销领域最有影响力的分类方式由菲利普·科特勒提出，他将企业的市场营销环境中的各种因素分为宏观环境因素和微观环境因素。

具体到家具行业，家具市场营销的宏观环境因素主要是消费者环境、经济环境、自然环境、技术环境、文化环境、政治法律环境等；家具市场营销的微观环境因素主要是家具产业链上下游方面的影响因素，包括家具企业自身、上下游企业、原辅材料供应商、渠道商、服务商、与家具企业平行的竞争对手、目标消费者群体、社会公众。

1.3.2 家具市场营销宏观环境

1.3.2.1 消费者环境

消费者环境是家具市场营销宏观环境的首要因素。市场由消费者、购买力和购买欲望组成，其中消费者是市场形成的第一要素。

（1）消费者规模

消费者的规模直接决定了家具市场的容量。根据国家统计局发布的数据，截至2019年底，中国大陆总人口数已达到14亿人，家具几乎是每一个人都需求的日常消费品，可见国内家具市场是巨大的。随着人口的快速增长以及人民生活水平的逐步提高，家具的消费模式也在不断发生深刻的变化，促进了市场规模的进一步扩大。

（2）消费者结构

消费者结构对家具的市场营销构成重要影响。消费者结构主要包括了年龄结构、性别结构、家庭结构、社会结构、民族结构等，每一个地区的消费者结构都存在差异，所以对应的需求也会存在区别。以年轻群体为主的市场，更注重家具产品的造型、价格因素，以老龄人口为主的市场更关注家具产品的材质、寿命；以女性决策为主的市场上，纤细柔美的小法式家具和清新自然的地中海风格家具销量占优，而男性消费者主导的市场上科技感强的现代风格家具和庄重大气的现代中式家具成为了销量的排头兵；单身家庭对于家具的要求不高，往往选择廉价好用的产品，而有子女的家庭通常会对儿童家具提出需求；农村消费者与城市消费者在消费观念上存在比较大的差别；少数民族比较集中的市场，需要家具产品具有一定的民族文化特征。

1.3.2.2 经济环境

经济环境是企业营销活动面临的外部社会经济条件，具体来讲就是社会购买力。影响购买力水平的主要因素是消费者收入、支出、储蓄和信贷等。

（1）消费者收入

消费者的收入是消费者从各种来源获得的全部收入，而收入的高低直接决定了消费者购买力的强弱。衡量一个区域消费者收入的指标包括人均收入、人均可支配收入以及人均可任意支配收入。

（2）消费者支出

消费者的支出会随着收入的变化而呈现相应的变化，支出的变化也就代表了消费结构的变化以及人们的生活水平。19世纪德国统计学家恩斯特·恩格尔（Ernst Engel）根据统计资料总结出一个规律：一个家庭收入越少，家庭收入中（或总支出中）用来购买食物的支出所占的比例就越大，随着家庭收入的增加，家庭收入中（或总支出中）用来购买食物的支出比例则会下降。依据这个规律，将家庭食物支出占总支出的比重称为恩格尔系数（Engel's Coefficient），这一指标是当前对消费结构比较好的反映：食物支出占总支出比重越大，恩格尔系数越高，生活水平越低；食物支出占总支出比重越小，恩格尔系数越低，生活水平越高。自改革开放以来，我国城镇和农村恩格尔系数均大致呈逐年下降趋势（图1.16），表明我国消费者生活水平正在逐步提高。

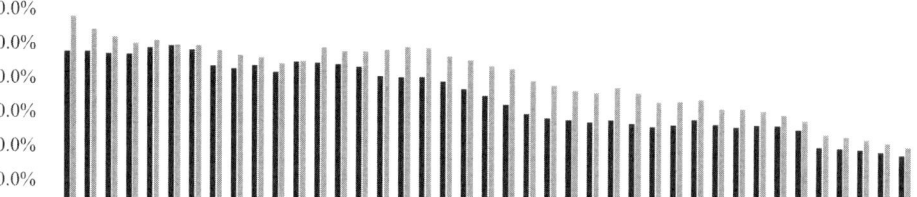

图1.16 1978～2019年我国城镇和农村的恩格尔系数

注：根据联合国粮农组织对恩格尔系数的划分标准，59%以上为绝对贫困，50%～59%为温饱，40%～49%为小康，30%～39%为富裕，30%以下为最富裕。图中数据根据国家统计局数据及网络数据整理。

（3）消费者储蓄

消费者储蓄是影响家具产品购买力的重要因素：当收入一定，储蓄越多就意味着现实的消费量越少，潜在的消费量越多；储蓄越少，则现实的消费量越多，潜在的消费量越少。当前家具消费者普遍选择一次性付清的消费模式，因此储蓄的多少是衡量消费者家具产品购买力的重要参考。一般而言，储蓄越多，购买家具的消费能力越强。

（4）消费者信贷

消费者信贷是消费者凭信用先取得产品的使用权，再按期归还贷款的行为。本质上看，这是消费者提前使用未来的收入。国外通过信贷购买耐用消费品的情况比较普遍，国内这种支付方式在购买房产、汽车、家电等方面比较常见，家具领域还比较少见。近年来，国内一些金融机构也推出了针对家具的分期付款产品，并且收获了一些效果。这种方式赋予了经济并不宽裕的年轻刚需群体购买超过自己现实购买力的家具的能力，从而将潜在需求转变为现实的消费行为。

1.3.2.3 自然环境

自然环境是企业赖以生存的基本环境,家具企业的生产经营活动与自然环境的相关性主要可以从自然资源和环境污染两个方面来讨论。

(1) 自然资源

从自然资源的角度来看,家具企业,尤其是木质家具企业所使用的原材料来源于自然。虽然木材是一种可再生资源,但由于长期以来不加节制的开采和砍伐,天然林资源已经锐减,并带来了一系列环境问题。国内消费者最为青睐的珍贵红木资源更是面临严重的短缺现象,降香黄檀(海南黄花梨)、檀香紫檀(小叶紫檀)等许多树种已经需要按克称重计价。为此,各国都出台了包括禁止原木出口在内的政策以保护森林资源。人工林资源虽然能够在短时间内再生,但其材质普遍劣于天然林,制作家具过程中会带来许多额外的成本。由此看来,家具企业正面临严峻的原材料危机。在这样的背景下,一些掌握了优质林木资源的家具企业就具有了市场营销的优势地位。

(2) 环境污染

从环境污染的角度来看:首先,家具企业的生产过程会产生大量有害气体、废水、粉尘和噪声,国内家具企业中占绝对多数的中小企业环保意识普遍较差,许多企业将这些污染物直接排放;其次,出于成本考虑,大部分家具产品中使用的胶黏剂、涂料等在使用过程中都存在甲醛、苯、TVOC 等有害气体释放,严重影响室内空气质量;最后,由于缺乏成体系的回收处理机制,家具产品在达到使用寿命后往往与其他物品混杂在一起弃置,形成了大量固体废弃物,也造成了资源的浪费。而那些采用环保材料进行生产,使用中没有有害物质释放,并且针对家具产品生命周期末期有所规划的企业就获得了市场营销的机会。

1.3.2.4 技术环境

科学技术是社会生产力最活跃的因素,科技环境不仅直接影响企业内部生产和经营,还与其他环境因素相互作用。新技术革命给家具企业的市场营销带来了机会,也使家具企业面临挑战。

(1) 新技术促进了家具产品与商业模式的升级

新技术对家具企业市场营销的影响首先体现在产品上,一批新技术被应用在家具产品中,使之具备了以前不曾具备的功能,形成了以前无法实现的造型,诞生了包括智能家具在内的一些新的家具品类。有的新产品还进一步改变了家具产品传统的营销模式,将家具企业与消费者深度连接在一起。

(2) 新技术引起了家具企业营销管理的进步

新技术革命是管理改革的动力,为家具企业改善经营、提高管理水平提供了物质基础。在以互联网为代表的新技术作用下,许多家具企业纷纷进行了信息化升级,OA、ERP、CRM 等一批与市场营销直接相关的系统被应用在家具企业的管理中,这些系统大大提高了家具企业市场营销活动的时效性、准确性和经济性,并且极大地挖掘了市场营销所能够触达的深度,为点对点的精准营销创造了可能。

(3) 新技术颠覆了家具行业的商业形态和消费习惯

随着新技术的发展,网店、O2O、新零售等一系列新模式不断颠覆家具行业的零售业态，在线设计、虚拟现实等新技术丰富了家具消费者的体验方式，移动支付给消费者带来了巨大的便利，社群营销开辟了市场营销的新道路。这些新兴技术已经深刻改变了家具消费者的消费习惯。

1.3.2.5 文化环境

市场营销的文化环境是指在一种社会形态下形成的被社会认同的价值、观念、信仰、道德、审美等。文化环境通过潜移默化地影响消费心理、消费习惯，从而间接影响市场营销。文化环境中的许多因素对家具的市场营销作用比较明显，主要包括审美观念、消费习惯、价值观念、教育水平、宗教信仰等。

（1）审美观念

审美观念通常来讲就是人们对好坏、美丑、善恶的评价。不同的时代、地区、民族、社会阶层以及个人都会有不同的审美标准，虽然这种审美表面上看是个人的观点，但实质上是一个时代或者一个社会趋势的普遍反映。从家具史中我们不难发现，家具本身就是人们审美观念的具体体现：明式家具反映的是简洁素雅、干净利落、匀称大方的审美观；巴洛克家具追求的是宏伟奔放、豪华富丽的审美观。当前的家具审美虽然呈现多元化的局面，但总体上还是向着简约、精致、典雅的方向发展。

（2）消费习惯

消费习惯是某一个地区、某一种环境下的人们经过长时间形成并沿袭固化下来的消费风尚。这些习惯是人们伦理道德、心理特征和行为方式的直接反映，不同消费习惯的消费者会有不同的避讳、信仰、道德、禁忌，对于家具产品的需求也存在差异。因此，市场营销也需要充分尊重消费者的消费习惯。

（3）价值观念

价值观念是基于人的一定的思维感官之上而作出的认知、理解、判断或抉择。不同文化背景下的消费者，其价值观念呈现比较大的差异。国外消费者能够接受实木家具不均匀的纹理和色差，做旧工艺在出口家具中也比较常见，而国内消费者通常希望实木家具的纹理和颜色能够整齐划一，这就是价值观不同的直观体现。

（4）教育水平

教育水平对消费者的消费行为和消费结构影响显著。受到过良好教育的消费者群体通常会关注家具产品内在的文化属性、艺术属性，提前了解家具的材质、工艺、环保性能，对于家具新产品、新技术的接受度也相对比较高，更加重视家具产品的配套服务；而受教育水平偏低的消费者主要关注点在于通俗易懂的外观形象、用材是否实在、耐用性如何，常常对新产品表示怀疑，对于后期的服务重视程度不高。所以在面对不同教育水平的消费者时应当采取不同的市场营销策略。

（5）宗教信仰

家具消费者的宗教信仰也会影响其消费行为。神学盛行的欧洲中世纪，宗教意味浓重的哥特式家具受到消费者的青睐，中国传统家具中也常常应用佛教中具有美好象征意义的装饰元素，一些少数民族消费者就希望家具上能够具有自己民族的精神图腾。

1.3.2.6 政治法律环境

政治法律环境因素是指企业经营活动所在国家的政治总体稳定性、宏观管理手段及政策的连续性、政府对组织发展及其作用所持的态度,以及由此制定的相关法律文件,主要包括政治环境和法律环境两项内容。

（1）政治环境

政治环境可以划分为国内和国际两个方面。国内政治环境是指党和政府的路线、方针、政策的制定与调整,例如政府推动家具产业转型升级、建立家具产业集群等。国际政治环境主要是指国际关系。近年来中美之间的贸易摩擦,就对一大批以出口为主要业务的国内家具企业的市场营销造成严重冲击,许多企业不得不转向内销,有的被迫关门。

（2）法律环境

法律环境是指由相关部门颁布实施的法律、法规、条例等,这些规章制度直接明确了企业可以做什么、不能做什么,对维护家具市场秩序、推动市场竞争平稳有序地开展起到了至关重要的作用,也对家具的市场营销提出了严格的要求。比较典型的案例包括新修订的《中华人民共和国广告法》明确禁止了一部分容易引起误导的词语在广告宣传中使用；许多城市加大了执法力度,打击《中华人民共和国刑法》规定的侵犯公民个人信息的行为,这就加速了长期以来只能通过购买个人信息来开展电话营销的家具企业被淘汰的步伐。

1.3.3 家具市场营销微观环境

1.3.3.1 家具企业

家具企业自身就是家具市场营销微观环境最重要的组成部分,从家具企业的市场营销部门角度来看,企业中其他部门的活动就是这一微观环境的主要影响因素。市场营销活动是企业最重要的商业行为,按照劳动分工原理建立起来的现代家具企业,不同部门行使着不同的职能,市场营销部门在开展活动中不可避免地会与其他部门产生一些矛盾冲突,影响营销活动的开展。

（1）研发部门

研发部门的工作目标是创造企业无形资产并将其转变为有形的产品,主要工作内容就是研究和开发新产品、新技术,为企业创造市场营销的对象。家具企业研发部门在开发新产品过程中需要进行市场调研、技术研发、产品设计、打样试制、新品评估等活动,这些环节就是为了确保所研发的产品和技术能够满足消费者的实际需求,并且为企业带来可能的盈利空间。家具行业是一个以产品为中心的制造业,产品是家具产业最核心的价值体现,也是家具企业的命脉。产品是否能够得到市场的积极响应,很大程度上取决于研发部门的工作效果。再好的营销策略,在面对不能满足消费者需求的产品时也是巧妇难为无米之炊。

（2）生产部门

生产部门承担着将家具原辅材料、零部件通过生产加工成为可以上市销售的商品的任务,到达消费者手中的家具产品实际上都是由企业的生产部门劳动的直接成果。一般情况下，生产部门的工艺水平、加工精度决定了家具产品是否能够经久耐用；生产部门的生产效率决定了家具企业的产能大小和产品的加工周期；生产线的管理水平和规模化程度决定了家具产品的生产成本进而影响售价。消费者对于家具产品的品质、交付周期、价格比较敏感，这些因素也就成为了生产部门关心的内容。

（3）采购部门

在社会大分工的时代背景下，一家企业几乎不可能独立完成全部的生产制造。对于一般的家具企业而言，生产家具所需的机械设备、原辅材料都需要外采，一些专业化程度比较高的家具企业甚至直接向其他企业购买家具半成品进行深加工，这些都需要企业的采购部门来完成。采购的物资价格是否合理、品质是否可靠关系到家具产品的售价和质量，进而对市场营销产生影响。

（4）信息部门

信息部门是企业信息化的排头兵，也是互联网时代下家具企业的"特种部队"。这一部门负责企业 IT 资产的管理，现代企业中较为常见的 OA、ERP、CRM 等管理平台以及智能制造系统的日常运维工作都需要信息部门来完成；同时往往还肩负了为家具企业挖掘商业情报、开展大数据分析的职能，为企业决策提供数据支撑。在互联网的大潮下，各行各业都受到了信息技术带来的革命，信息系统已经成为现代大中型企业的标配。在市场营销活动中，丰富的信息资源就意味着商机和优势，企业的信息化大大拓宽了信息的来源，促进了信息的流转，降低了沟通的成本，对营销活动的开展起到了重要的推动作用。然而大多数家具企业尚在转型过程之中，市场营销部门传统的经营理念和运营手段与互联网模式之间还存在许多亟待磨合之处。

（5）人力资源部门

人力资源是企业所拥有的用以制造产品和提供服务的人力，包括人的体力和智力，是企业生产经营的核心资源。人力资源部门负责企业人力资源规划、招聘、培训、绩效、薪酬和劳动关系等工作。家具企业的市场营销活动大量需要依赖人的主观能动性来完成，市场营销人员的能力一直以来都是制约家具企业市场营销的重要因素，综合能力强的市场营销人员往往是各大企业争抢的目标，人力资源部门如果能够通过努力招揽、留住高水平的市场营销人员并将其安排在恰当的工作岗位上，那么企业的市场营销将事半功倍。

（6）财务部门

财务部门是企业中具体从事财务管理工作的职能部门，是一个专业度较高的管理单位，承担企业资金管理、会计核算、成本控制、审计监督等工作。对内，财务部门汇聚了企业的所有数据，直接服务于企业最高管理层；对外，财务部门直接对接税务、工商、海关等政府机构，是国家重点监管的对象。对于市场营销部门而言，财务部门是最精确、可信度最高的信息来源，通常也是大中型家具企业，尤其是上市及拟上市家具企业合规经营的重要保障。然而，在严格的财务管理机制下，家具的市场营销活动的灵活性或多或少会受到影响，这一矛盾需要市场营销与财务部门建立有效的沟通机制来妥善解决。

（7）法务部门

法务部门是企业内部负责处理法律事务的部门。社会主义法治要求企业在国家法律法规框架内合法经营，激烈的市场竞争又迫使一些缺乏核心竞争力的企业通过不法手段谋取暴利。在家具领域，最为典型的表现就是产品设计上的抄袭剽窃，企业知识产权得不到充分尊重。在这种情况下，企业必须拿起法律武器来维护自身的合法利益。对于市场营销而言，法务部门有助于企业建立知识产权护城河，从专业角度审核合同文本，从而规避风险，在面临诉讼等事务时也有专业的人员进行安排而不必抽调市场营销力量。法务部门的存在是市场营销部门的定心丸，同时也是开展营销活动不能逾越的高压线。

（8）投融资部门

金融是家具企业发展到一定程度以后进一步扩大生产的必备工具，投融资部门就是在企业的这种需求之下应运而生的。这一部门主要负责与银行、证券等金融机构接洽，收集金融信息并展开分析，配合完成投资、融资、贷款、上市等。通过投融资活动，企业可以募集资金用于进一步的发展，也可以并购其他企业补全短板，还可以通过投资其他项目丰富企业产品体系，构建生态系统。市场营销部门借助投融资可以获得更加充足的活动经费，更好地满足消费者的实际需求。需要强调的是，金融应当建立在实体的基础之上，家具企业的投融资活动应当继续围绕家具这一实体基础来展开。由于通过金融手段能够比实体经营更快地获取大量资金，一些企业在壮大到这一层面后对于市场营销的重视程度就逐渐降低，工作重心放在金融领域，这就造成了泡沫，阻碍了市场营销的进一步发展。

家具企业是一个有机的整体，各个部门分工明确，在企业最高层的领导下共同向企业的经营目标奋斗。市场营销部门是家具企业最直接创造利润的部门，而由家具企业内部的其他部门所构成的营销环境对市场营销活动的影响都存在两面性，因此为了切实做好市场营销工作，达到企业的经营目标，家具企业决策者必须科学制定囊括所有部门的企业整体行动计划，准确传达企业的奋斗目标，而市场营销部门为了更高质量地完成营销活动，也必须与其他部门建立起有效的协调机制，以获得其他部门稳定的支持和保障。

1.3.3.2 上游产业

从系统论的角度来看，家具行业位于大家居产业链的中游，因此家具企业的市场营销首先会受到上游产业的影响和制约。这里的上游、中游和下游，简单地讲，可以认为就是消费者置业、居家的全过程按照时间顺序排列。家具行业的上游产业，主要指的是房地产业和装修业。

（1）*房地产业*

一直以来，房地产业都是支柱性产业，相比家具企业，房地产企业普遍拥有雄厚的实力，大家居产业由房地产业开端，可以说房地产业在大家居产业中占有绝对的统治地位。当前家具的终端消费者绝大多数都是为新房购置家具产品，因旧房改造而添置家具或纯粹的家具更新带来的家具需求在国内家具销售额中占比还比较低。这就引发了家具市场与房地产市场的强相关性，房地产市场发展到哪里，家具市场也就随之发展到哪里，房地产市场的兴衰也就直接导致了家具市场的起伏变化。随着近年来房地产业的持续低迷态势，房地产企业纷纷谋求转型升级，其中一部分企业就切入到家具行业之中，通过自建或收购家具企业开展降维打击，利用其在大家居产业中的统治地位直接将业主吸引到自己控制的家具品牌下成交，抢占传统家具企业的市场份额。传统家具企业在这样强大的对手面前显得十分羸弱，很多都陷入被动挨打的局面。

（2）装修业

近年来，由于年轻刚需购房群体工作压力和生活负担的沉重，同时全装修住宅在国内多地得到政策支持，装修企业或主动或被动地向下游侵蚀，推出囊括了精装修、家具、家电、软装于一体的套餐式服务。许多装修企业通过向家具工厂直采的方式控制成本，这样一来，家具企业就成为了装修企业的供应商，市场营销模式也就由面向个人消费者转变为面向组织消费者。在家具流通领域，终端门店原本依托设计师、装修企业开展的联动营销在源头就被掐断，其处境也就不难想象了。

总的来讲，随着社会经济的发展，市场因素也在动态变化，家具行业目前正承受着来自上游产业的巨大压力，家具企业的市场营销面临着前所未有的挑战。

1.3.3.3　下游产业

位于家具企业下游的主要是一些开展家政服务、维修保养、质量检测、环境治理、二手交易、回收利用等服务的企业。在大家居产业链中，上下游产业之间的影响是双向的，因此下游的这些企业同样对家具企业构成了影响。

在当前的市场环境下，购买家具产品时就关注家具污染治理、家具生命周期末端处理的消费者还比较少，因此下游企业对于家具市场营销的直接影响还比较有限。然而在消费者使用家具产品的过程中，这些企业对家具企业的影响就逐渐体现出来。家具产品在使用过程中出现磕碰、断裂、开裂、五金损坏等现象，消费者往往不具备修复的能力，需要专业的家具维修人员进行处理；一些价值较高、造型较为复杂的家具产品，往往对保养提出了较高的要求，这就给了一些家政企业提供家具保养服务的市场；家具产品所使用的涂料和胶黏剂中普遍存在甲醛、氨、苯、TVOCs等有害物质释放，是室内空气环境的主要污染源之一，在消费者越来越重视空气质量的时代下就衍生出了空气质量检测和治理的需求；家具产品在使用一段时间后就面临淘汰，需要专业的企业来处置这些旧的家具产品……种种诸如此类的消费者需求就延伸出了家具的下游产业。

下游产业虽然不直接影响到家具产品当次的销售，但却是家具产品客户体验的重要构成因素。家具是不是实木材质，维修时也许就能够判断；气味大、污染重也会严重影响客户的身体健康。这些下游服务很有可能改变消费者的使用感受和对产品的整体评价，进而影响消费者对家具品牌、门店和产品的口碑。伴随着社交媒体的快速发展，不良的口碑很容易在网民的群情激奋以及对手的推波助澜中迅速发酵，从而给家具企业的市场营销带来严重的危机，因此下游产业对家具市场营销的间接影响也日益受到家具企业的重视。

1.3.3.4　供应商

家具企业在生产经营过程中，需要由供应商提供的主要有机械设备、原辅材料、劳动力、能源等。

家具生产所需的机械设备属于生产资料，机械设备的好坏影响了家具产品的加工质量、使用寿命、生产效率以及生产过程中的安全性和环保性；原辅材料、家具零部件是生产对象，最终到达消费者手中的家具产品就是由这些原辅材料构成，也是影响产品品质的关键因素；劳动力是家具产品的生产者，劳动力的素质决定了家具产品的品质、成本与效率；能源是任何企业生产活动的基本保障，信息化时代下，家具企业所需的能源不仅仅包括我们常规所理解的石油、电力、天然气，还包括大数据资源。

供应商的供应能力直接影响家具企业满足消费者需求的能力，因此在家具企业寻找供应商时应当注意三个方面，从而降低由于供应商带来的不良市场环境因素。

（1）对供应商供应内容的要求

对于机械设备和原辅材料，应当选择产品质量过硬、价格合理、产能能够保障自身需求、交付及时、隐形成本较低的供应商；对于提供劳动力的劳务公司，则要求劳动力数量和素质达到企业的需求；家具企业对于能源的依赖度极高，应当确保供应的连续性，对于大数据这种特殊的能源，家具企业一方面需要搭建自己的数据获取渠道，另一方面需要与上下游企业打通数据，形成大数据流，以完善自身的数据体系，通过信息的不断流动产生更高的价值。

（2）对供应商自身实力的要求

对于需要长期开展合作的关键原辅材料供应商或劳务企业，在考虑其当前的供应情况的同时，还需要深入考虑这家供应商或劳务企业在其所在行业领域内的影响力、规模实力、资信状况、配合程度等方面因素。家具行业不是一个短平快的行业，家具生产主要零部件或劳动力资源的更换意味着巨大的隐性开支，因此能够长期确保品质和批量稳定供应，并且与家具企业配合度高的供应商才是最佳选择。

（3）对供应商可用数量的要求

从规避风险的角度来看，如果某种主要原辅材料或关键工种只有一个供应商，没有其他可以作为替代，在这种情况下一旦这家供应商因为某些政治或商业因素停止供应，或者因不可抗力导致失去供应能力，家具企业就将面临没有劳动对象而全面停摆的危机，这也就是人们常说的"鸡蛋放在一个篮子里"。因此从分散风险的角度考虑，在寻找供应商的过程中就需要考虑存在多个备用选择，以避免被一家供应商制约导致市场营销无法开展的局面。

1.3.3.5 渠道商

在当前的市场条件下，绝大多数家具企业面向全国市场开展营销活动需要依托渠道商来开展。

家具企业自身具有设计研发、生产加工方面的优势，但由于地理条件的限制，家具企业往往在市场营销过程中会面临对目标市场不了解、挖掘消费者的渠道有限、配套服务难以开展等多种问题，这就需要一个对当地市场非常熟悉、具有一定服务能力的本地化渠道商来协助家具企业开展市场营销，帮助其将产品推向市场。除此以外，现阶段渠道商对于家具企业的作用还体现在帮助家具企业开展市场调研、寻求潜在的市场机会以及分担可能的经营风险等。

对于大部分依托渠道商来开展市场营销的家具企业而言，渠道商就是家具企业的直接消费者，也是家具产品进入市场流通的关键推动力，渠道商的产品需求实质上就代表了终端消费者的产品需求。如果将家具的市场营销比作一场没有硝烟的"战争"，那么渠道商就是家具企业的"部队"，渠道商"作战"能力的强弱也会直接影响到家具企业开拓市场的步伐，家具企业就要为渠道商提供满足需求、品质过硬、价格合理的家具产品作为"弹药"，协助他们在市场上站稳脚跟并且发展壮大。渠道商对于自己青睐的家具产品，往往更加愿意与家具企业通力协作，维护良好的营销秩序，共同达成营销目标，而家具产品能否获得渠道商的普遍认可，也是家具企业预判产品销售情况的一项重要依据。

在国内家具市场上，渠道商是家具企业最重要的一支同盟军，正是由于渠道商的存在，在国内地理分布极其不均匀的家具企业可以将产品销售给任何地方的终端消费者，对于家具的市场营销活动起到了重要的推动作用。

1.3.3.6 服务商

随着社会分工的进一步细化，家具产业中的一些辅助工作逐步由更为专业的第三方企业来承担，例如物流仓储、安装售后、品牌推广、人力资源、财务管理、金融服务、咨询服务等。这些第三方企业提供的都是能够推动市场营销活动高效开展的配套服务，一般来讲，相比家具企业自己建立相关的部门，借助第三方企业的资源能够以更低的成本、更高的质量和更短的周期完成这些任务。

以物流仓储为例，这是家具分销渠道各个环节之间的纽带，过去需要家具企业或经销商自行组建运输车队、自建或租赁仓库，但由于家具产品周转率比较低，一般的家具企业自建的物流仓储系统很容易出现在销售淡季资源浪费，而旺季却满足不了需求的现象。从成本考虑，运输和仓储条件达不到家具产品的要求，而物流周期无法控制、运输途中磕碰断裂、多次转运重复劳动、家具仓库鼠患水灾等情况都有可能带来不必要的损失；运输和仓储需要专门的人员来进行管理调度，人工成本增加……以家具企业为主要服务对象的大件物流企业恰好能够通过专业化、规模化和系统化的运作，帮助家具企业克服这些困难，降低经营成本，有的物流企业甚至能够开展专业化的家具最后一公里配送、安装和售后服务，更进一步改善了客户体验，实现消费者、家具企业和物流企业的三赢。

从社会经济的角度来讲，专业化分工也有利于资源的优化配置，降低重复建设，提高社会运行的效率。这种将配套环节分配给专业第三方的模式将是家具行业市场营销未来的发展方向。

1.3.3.7 竞争对手

竞争是社会主义市场经济稳定发展最重要的机制，每一家企业都不可避免遭遇竞争，优胜劣汰、适者生存的竞争法则是市场营销前进的动力，家具企业要想立于不败之地就必须保持不断创新，保持对其他竞争对手的优势。

家具企业的竞争对手主要包括下面三种类型。

（1）现有的竞争对手

这类竞争对手主要是当前已经存在的对家具企业构成竞争的企业。消费者在入住前购置居家用品时的总预算通常是恒定的，家电、家纺、灯饰、日用百货等生产企业就构成了与家具企业的竞争关系，家具需要与这些产品竞争，从而取得更高的消费占比以及购买优先级；在消费者选购家具时，不同功能、风格、材质、款式、品牌的家具企业也相互构成竞争对手，家具企业需要让自己的产品更能满足消费者的需求，才能抢占市场份额。

这类竞争对手是当前已知的，其竞争行为是正在进行中的。

（2）潜在的竞争对手

潜在竞争对手是短期内有可能涉足本企业目前所在细分领域的其他家具企业，或者短期内有可能涉足家具的其他行业企业。

家具产品按照风格、适用人群、材质等可以划分成若干个细分类型，一个系列的产品通常会面向某一特定的细分类型，一般规模的家具企业通常只有能力主攻一部分类型的家具产品。然而，不同类型的家具产品随着市场环境的变化会呈现出此消彼长的状态，在特定的时期，总会有一些类型的产品受到消费者的欢迎，而另一部分产品则市场反馈不佳。这种情况下，就会有一些原本经营其他类型家具产品的企业或主动或被动地转而生产更受市场欢迎的家具产品。这种转产的难度不大，而且通常会集中企业的大量资源，给原本生产这一类型家具的企业带来很大的压力。

此外，由于家具制造的门槛相对比较低，许多其他行业的企业都可以利用其在自己所在领域的优势入局家具产业，比较典型的有房地产企业和装修企业利用其丰富的上游一手客户资源自建家具供应链、家电企业运用其电子方面的优势生产自动化变形家具、互联网企业基于其信息技术方面的专长打造智能家具产品等。这些对手对于家具企业而言通常是降维的、跨界的打击，可能当前还不成规模，但很有可能是未来的发展方向，甚至带来颠覆性的改变，家具企业如果不能尽早布局，可能就会面临无准备之仗。

（3）替代品的竞争对手

这类竞争对手主要是一些其他行业的企业，它们生产的产品可能在未来完全替代现在的某些产品。历史上这样的案例就包括了汽车取代马车，智能手机完全替代了寻呼机并部分替代了固定电话、个人电脑，微信基本替代了手机短信等。家具作为一种生活必需品没有整体被替代的可能，但某些功能的家具产品有可能被替代。洁具卫浴行业的发展让相对简陋的脸盆架失去了市场，灭蚊技术和纱窗的出现令架子床失去了其原有的实用意义，这些就是家具领域的例子。随着科技的飞速发展，某些品类的家具产品可能会走向消亡，以这些品类为主要产品的家具企业也就会面临严峻的挑战。

竞争对手的存在对于家具企业市场营销的影响是直接的、现实的、残酷的，家具企业在市场营销过程中必须要对可能的竞争对手进行充分研究，牢牢把握自身的竞争优势，构建商业壁垒，同时也要避免盲目扩大竞争对手的范围，导致失去焦点、分散精力。

1.3.3.8 消费者

消费的具体过程包括需求、购买和使用三个步骤，凡是处于其中任何一个或多个步骤的人都可以称之为消费者。消费者是家具企业市场营销活动的最终归宿，推动更多的消费者购买，是家具市场营销价值的体现。

按照家具消费者的需求特点和购买行为，可以将消费者划分为个人消费者（personal consumer）与组织消费者（organizational consumer）。

（1）个人消费者

个人消费者是为了满足个人或家庭生活需要而购买家具的消费者。这类消费者在市场上分布广泛，因为每一个人都是家具的使用者，所以可以认为所有人都是家具的个人消费者。

由于个人消费者的年龄、爱好、收入、地域、价值观念、风俗习惯、文化背景、宗教信仰、受教育程度等方面存在较大差异，因此具有不同特征的消费者对于家具风格、材质、尺寸、款式、功能、价格等特征具有不同的需求，存在多样性。

个人消费者在选购家具产品时所考虑的因素是层次分明的。首先应当满足基本的使用功能，在此基础之上才会依据自身的支付能力来考虑家具的艺术价值、品牌价值。由于个人消费者购买家具主要是供自己日常生活使用，因此购买的批量比较小，并且由于家具是一种高价值的耐用消费品，因此个人消费者的决策周期通常比较长，市场营销需要耗费的时间和精力相对来说也会比较多。当前市场条件下，个人消费者更倾向于将大部分家具产品一站式购齐，在主要家具敲定后，一些配套产品如梳妆台、挂衣架、角几、花架等很容易形成连带消费，消费者也乐意通过这种方式变相取得商家给予的优惠。因此，在市场营销过程中通过连带或者套餐的方式能够有效扩大客单值，拉动长尾产品的销售。

（2）组织消费者

组织消费者是为了满足组织的正常生产经营活动而购买家具的消费者，主要包括酒店、会所、影院、学校、医院、政府机关、企业等。这类消费者与个人消费者的主要差别在于它们购买家具产品的目的不是生活性消费，而是用于开展生产经营活动。

组织消费者的数量相比个人消费者来讲要少得多，但通常情况下单次采购的规模比较大，总价值比较高。组织消费者的采购主要依托人员推销的形式来开展，对于一些大宗采购项目，通常还要通过招标的形式进行。组织消费者更加倾向于从家具制造企业直接采购家具产品而不是通过渠道商。组织消费者的购买行为通常比个人消费者更加系统，采购过程也往往由具备家具专业知识的人员来负责。

1.3.3.9 社会公众

社会公众是对家具企业完成其目标的过程有实际或潜在影响的群体。主要包括影响家具企业获取资金的银行、保险公司、证券交易所等金融公众，影响企业声望和宣传能力的互联网平台、电视台、电台、报社等传媒公众，对企业直接进行监管的政府公众，协调群众利益的消协、环保组织等群众团体，由企业所在地居民组成的当地公众，企业内部员工组成的内部公众，以及由通过各种信息渠道链接在一起的普通百姓构成的一般公众。

家具企业的市场营销活动与社会公众之间存在千丝万缕的关系，良好的企业形象有助于家具企业获得社会公众的支持与信任，提高人们对企业的满意度和忠诚度，为企业营造相对宽松的成长环境。忽视了社会公众的作用，企业就容易陷入舆论危机，经营活动也会随之受到巨大影响。因此，具有一定实力、目光长远的家具企业通常会建立公共关系部门来维护企业与公众之间的良好关系，为企业高效的市场营销创造条件。

家具企业市场营销的微观环境，实质上形成了图1.17所示的以家具行业、家具产业链和大家居产业三个方向组成的三维立体结构：

供应商、家具企业、渠道商和服务商构成了家具的产业链条，实现了家具产品从原辅材料到消费者手中的全链路贯通；

家具企业与行业组织、竞争对手一起，构成了家具行业的基本构架，在不断竞争与配合中向前推进；

站在更高层次来看,家具产业又与其上下游的关联产业共同组成了大家居产业,打通了消费者从"置家"到"居家"的全部环节,并向着一站式服务的纵深方向发展。

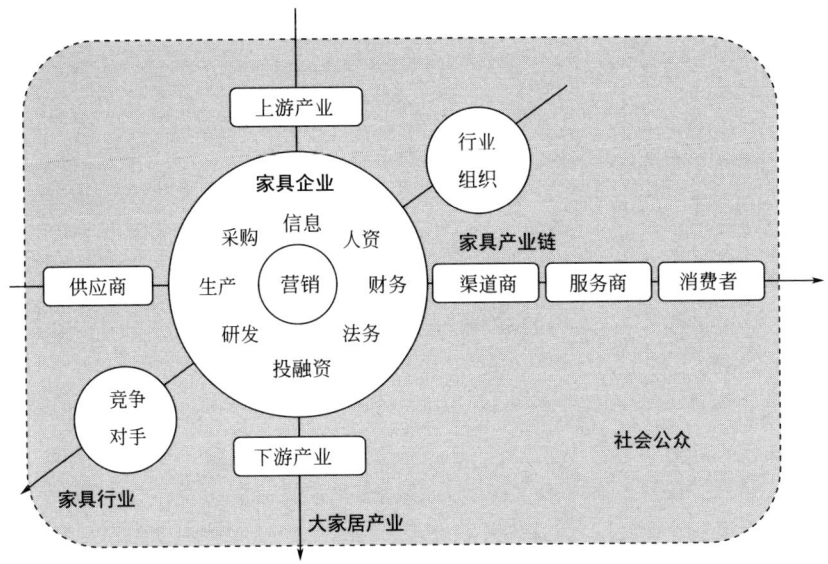

图1.17 家具企业微观环境的三维立体结构

2 产品策略

2.1
家具产品

2.2
家具产品组合

2.3
家具新产品开发策略

产品是一切企业对外输出的成果，是企业价值的核心体现，也是企业开展市场营销的根基。家具企业是以设计、生产和销售家具产品作为核心业务的营利性组织，家具产品是家具企业一切活动围绕的中心，是家具企业存在的意义，也是家具企业安身立命之本。家具企业市场营销成功的关键首先就是拥有好的产品，如果不重视产品，不制定合理的产品策略，就没有生命力，会很快消亡在残酷的市场竞争中。

2.1 家具产品

家具是一种典型的产品，也是家具企业一切市场营销活动围绕的核心。在深入研究家具产品策略之前，首先应当理解"产品"这一概念，然后对"家具产品"这一特殊的产品拥有一个准确的认识。

2.1.1 产品的整体概念

狭义的产品是指通过劳动而创造的有形物品。广义的产品是指任何能提供给市场，用于满足人们某种需要的事物，可以是有形的物品，也可以是服务、场所、组织、思想等。家具企业的产品绝大多数情况下就是指家具这一特定类型的产品，少数企业可能还经营与家具配套的其他产品，但不论企业所经营的产品是何种品类，有形或者无形，都一定是围绕家具这一核心展开的。

产品的整体概念包括核心产品、形式产品、期望产品、延伸产品和潜在产品五个层次，如图 2.1 所示。

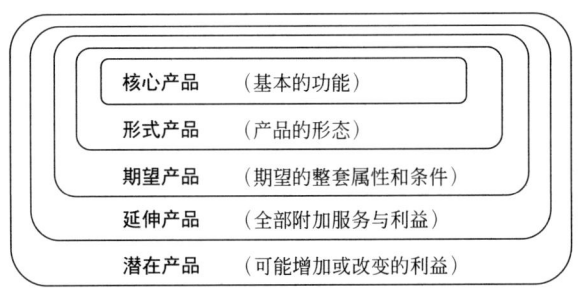

图 2.1　产品整体概念的五个层次

具体到家具产品上，可以对上述概念进行如下诠释。

（1）核心产品

核心产品是向消费者提供的基本功能，是消费者购买的本质。就家具来讲，消费者购买家具的本质是购买可供坐、卧、支撑和储藏的器具。比如购买床就是为了获取可供躺下睡觉的用品。购买衣柜就是为了给衣物寻找一个储存的空间等。消费者不是为了购买家具而购买，而是为了通过家具产品能够解决某些问题、获得某种需要的功能。家具的市场营销首先要充分发现家具产品所能满足的消费者需求的功能，从而向消费者推荐满足其需求的家具产品。

（2）形式产品

形式产品是核心产品所展示的外部特征，也就是市场上产品的具体形态。核心产品对于消费者而言是一个相对比较"虚"的概念，消费者需要的是"坐""卧""支撑"和"储藏"功能，但这些功能本身并不构成商品，这就有赖于借助形式产品将消费者的需求物化成为实实在在可以交易的商品。这一概念包括了家具产品的材质、造型、品牌、包装等内容。这些外部特征是消费者判断产品是否能够较好地满足其需要的依据，因此家具企业就需要从消费者的需求出发，将核心产品转变为形式产品。

（3）期望产品

期望产品是消费者期望得到的与产品密切相关的一整套属性和条件。不同的人对于满足同一核心需求的产品的期望存在较大差异。同样是满足"坐"这一核心功能，有的消费者需求比较单纯，可能一张凳子就能满足他的需求；有的可能需要放松背部肌肉，那么他可能会选择一把椅子；对于舒适度提出更高要求的消费者或许会选择沙发；一部分消费者还对坐具提出了新的要求，需要能有除了坐之外的其他功能，于是又出现了按摩椅……期望产品要求家具企业在设计、生产和销售家具产品大的过程中充分考虑消费者的利益，尽可能让消费者满意，从而提升品牌形象。如果所经营的产品与消费者的期望之间存在较大的落差，消费者就容易转而购买其他更能满足其期望的产品。

（4）延伸产品

延伸产品是指消费者在购买产品时所获得的全部附加服务和利益，可能是某种服务，也有可能是某种与所购买产品相关性比较强的产品。延伸产品的概念在家具行业中比较普遍：消费者支付给商家的费用并不只包括家具本身，通常还包括了家具产品从工厂到消费者指定地点的长途物流、短途配送、搬运安装以及售后服务的费用，有的商家还联合金融机构推出针对家具产品的信贷服务，对于价值较高的红木家具，商家可能还提供了鉴定服务等。虽然商家在大多数时候都会宣称这些配套服务是免费赠送，实际上由此产生的成本还是来源于消费者支付的款项。在家具产品同质化现象比较严重的现实情况下，要想在市场营销上取得突破，就必须从延伸产品的角度来思考，急消费者之所需，通过差异化的延伸产品来最大限度地满足消费者的需求。

（5）潜在产品

潜在产品是指产品有可能增加或发生改变的利益，这种利益通常是消费者在购买时尚未重视或者意识到的，而在未来能够满足其某种需求的价值。家具领域这样的案例屡见不鲜：有的消费者购买的沙发比较宽大，在床位紧张时偶尔可以用于满足躺下睡觉的需求；对于一些材质较为珍贵的家具产品，可能具有潜在的升值空间等。市场营销过程中应该对所经营的家具产品展开广泛的分析，以挖掘产品可能满足的潜在需求，同时帮助消费者正确认识家具产品的潜在价值，创造卖点。

2.1.2 家具产品概述

2.1.2.1 家具产品的概念

家具，又称家私，是日常生活中供人们坐、卧、支撑和储藏物品的一类器具。家具产品就是人们通过劳动创造出来，用于满足人们日常生活中坐、卧、支撑和储藏物品等需求的一类产品。

家具产品是材料、结构、造型和功能的统一。

（1）家具材料

家具是一种有形的产品，其成形依赖于材料的结合，消费者对于家具材料的重视程度非常高，甚至一些消费者非实木家具不买。常见的家具材料主要包括各种天然木材、人造板材、竹藤材料、金属、玻璃、塑料、纺织品、皮革、石材、涂料、胶黏剂等。

（2）家具结构

家具产品通常是多种材料、多个零部件的组合体。家具结构就是指家具各个部件之间的组合和连接方式，不同的家具材料和零部件之间需要通过不同的方式组合到一起，这样才能实现家具的功能。常见的家具结构有各类榫卯结构、框架结构、五金连接等。

（3）家具造型

家具造型主要是指家具产品的外观形式，是家具材质、结构和功能的直观表现。家具造型主要涉及的内容有形状、尺度、色彩、艺术元素等。通过对这些内容进行有机组合，就能够给人们带来一定的美感。经过了数千年的发展，家具产品在当代已经形成了多元化发展的格局，家具产品风格涵盖了传统中式、现代中式、新中式、美式、简美、法式、北欧、意式、日式、现代、地中海等十余种，这些不同风格的家具产品在市场上呈现此消彼长的状态。近几年来，随着人们对中华传统文化的认识不断加深，继承了传统中式家具意境但又在结构和造型上大幅简化的新中式家具成为了市场的主流。

（4）家具功能

功能是家具满足人们使用需求的能力。家具之所以称为家具，首先就要能够满足人们坐、卧、支撑、储藏物品中的某一项或几项需求，这是家具最基本的使用功能；其次，家具融合了材料、结构、工艺等因素，是加工技术的载体，因此具备了技术功能；再次，家具本身也是艺术的一种表现形式，作为室内空间的重要陈设物，能够对室内空间氛围的营造产生重要影响，这是家具的审美功能；最后，一些采用珍贵木材制作的家具产品，或者名家大师创作的家具作品，则具有收藏价值，有的还存在较大的升值空间，这是家具的经济功能。

2.1.2.2 家具产品的分类

家具产品经历了几千年的发展，已经形成了一个丰富多样的产品集合，从不同的维度，可以对家具产品进行多种方式的分类。

① 按照家具的基本功能，可以划分为椅凳类家具、床榻类家具、桌台类家具、柜类家具和分隔类家具；

② 按照家具的使用场所，可以划分为民用家具、公用家具、户外家具等，其中民用家具又可以分为玄关家具、客厅家具、餐厅家具、卧房家具、书房家具等（表2.1），公用家具又可以分为办公家具、酒店家具、学校家具、会所家具等；

③ 根据家具的不同品类，可以划分为沙发、茶几、电视柜、角几、床、床头柜、衣柜、梳妆台、斗柜、餐桌、餐椅、书桌、书柜等；

表2.1 民用家具产品与其一般使用环境

家具产品种类	使用环境
鞋柜、隔断、休闲椅、休闲几、花架等	玄关、阳台
沙发、茶几、边几、厅柜、书报架、电视柜、多用架等	客厅
床、床垫、衣柜、挂衣架、床头柜、梳妆台、梳妆椅、床尾凳等	卧室
餐桌、餐椅、餐边柜、吧台、吧凳、酒柜、餐车等	餐厅
书柜、书架、书桌、书椅等	书房
橱柜、浴室柜等	厨房、卫生间

④ 根据家具的材料，可以划分为木制家具、软体家具、竹藤家具、金属家具、塑料家具、玻璃家具、石材家具等，其中木制家具依据天然木材和人造板材的使用比例可以细分为实木家具、板木家具和板式家具，如果所用材料全部为国标规定的红木，则称之为红木家具，软体家具根据软包材质可以分为布艺家具和皮家具等；

⑤ 按照使用人群的不同，可以划分为儿童家具（图2.2）、成人家具、适老家具（图2.3）等。

图2.2 儿童家具　　　　图2.3 适老家具

除了上述这些分类以外，伴随着社会经济的快速发展和科学技术的不断进步，近年来一些新的家具类型也受到了市场的青睐，如定制家具、变形家具、折叠家具、电动家具、智能家具等。

2.1.2.3 家具产品的商品特征

（1）与生活工作息息相关

家具是人居环境重要的组成部分，与人们生活和工作联系十分密切。家具的美观性、实用性、环保性、安全性会直接对人的生理和心理构成重要影响，因此消费者普遍对于家具比较重视。随着人们物质生活水平的逐步提高，消费者对于家具的要求已经不再局限于"能不能用"，而更加重视"好不好用"，产品是否具有独特的文化内涵、是否符合人体工程学、是否存在有害物质释放、使用过程中是否安全等已经成为消费者选购家具的重要参考标准。

（2）耐用，高价，低购买频次

家具产品是典型的高价值耐用消费品，这类产品通常使用寿命长，家具产品的使用寿命少则三五年，多则十余年，部分红木家具产品甚至可以传世。这一特征使得消费者购买家具的频次比较低，消费者平时对于家具产品关注不足，存在认知空白。此外，家具产品往往价值比较高，成套的家具产品售价往往超过万元，对于家庭而言属于一笔较大的开支。基于这两个原因，消费者在选购家具产品过程中往往慎之又慎，需要经过多方比较和认真考虑，决策过程比较复杂。

（3）大件，沉重，标准化程度低

绝大多数家具产品（尤其是不可拆装的家具产品）都具有较大的体量，零部件往往由木材、金属、石材等高密度材料制造，因此比较沉重。家具产品及其零部件的标准化程度远远低于同为耐用消费品的家电、汽车等产品，包装形状各异的家具产品在运输和安装中存在许多困难，市场营销过程中需要经常面对产品磕碰损坏的客户投诉，以及高额的物流、安装和维修成本。

（4）所见非所得，交付周期长

常规家具产品运输、安装和陈列的不便以及定制化的需要客观上导致家具产品往往采用订单式销售，即消费者根据部分样品和产品图片选购家具并下单，再由工厂根据订单生产和送货安装，消费者实际得到的产品往往不是当初看到的那一件，所见非所得，实物与样品之间可能存在差异。由于工厂生产和物流过程带来了时间差，存在订货周期，多数情况下消费者不能即买即提，因此在一般营销过程中的售前、售后环节之间形成了比较特殊的售中环节，当前家具的订货周期普遍为15~30天，部分定制产品甚至长达90天，家具的市场营销在这段时间中面临一些新的挑战。

（5）配套服务与产品并重

大多数情况下，家具产品的交易会持续一段时间，资金的支付并不意味着交易的结束，消费者为家具产品所支付的价格也不仅仅包含产品本身，订单签订是真正意义上交易的开始，此后还有家具的送货、安装、售后等配套服务。耐用消费品领域，消费者对于产品的配套服务尤为关注，良好的服务通常能够避免许多因产品细微瑕疵带来的不良后果，形成良好的口碑，服务不到位就容易引发矛盾，造成退单、赔偿等损失。

2.1.2.4 家具产品的配套性

家具产品的配套性，通常体现在一个系列或一个套系的各种家具产品的造型之间具备相同的材质和色彩构成、相似的风格元素、相互呼应的造型设计以及不断延续的设计理念等方面。一个空间中需要安置的家具产品多种多样，如果这些产品的材质、风格等要素各不相同，在造型方面不存在某一方面的共同点，那么整个室内空间就会显得杂乱无章，这就严重影响了消费者生活氛围的营造。因此，消费者对于家具产品的需求往往是成套出现的，这也就要求家具企业在开发家具产品时重视家具产品的配套性。

配套性强的家具产品，摆放在一起就容易形成整体感，不仅能够令消费者更加清晰地领略家具产品的设计理念和美好寓意，而且能够营造和谐融洽的生活氛围。一个套系或者系列的家具产品如果具有良好的配套性，在市场营销过程中就很容易带动消费者产生连带消费，从而形成较高的客单值，为家具企业带来更好的效益。

家具产品的开发过程就应当融入配套性的思考，设计时要首先为这些产品创造一个艺术主题，将相应的设计元素融入每一件家具产品之中，也可以在某一件或若干件市场反馈非常好的家具产品的基础之上，取其经典元素进行延伸设计，形成能够与其形成良好配套效果的其他产品。总之，在家具产品的开发中，不仅仅要强调家具单品的艺术表现力，还要重视将多件家具产品组合起来所能够形成的整体效果。

以下是某家具企业在开发一个中式产品系列时对配套性的思考。

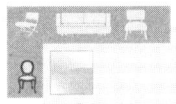

设计理念

以含蓄优雅的艺术魅力诠释中华五千年文化，将兼具中国风格、现代生活、现代风范和现代人文精神的现代中式风格家具奉献给伟大的时代，给世人呈现出一幅"世纪在扬帆，长风在破浪，辉煌再辉煌"的中华民族伟大复兴画卷。

"开元盛世"套系

中国古钱币中的铜钱是传统思想中财富的象征。开元通宝是中国历史昌盛时期的货币名称。它外圆内方，象征着中国人的忍辱负重和中规内敛。现在的中国是发展的中国，昌盛的中国。中国经济和科技的发展已向全世界证明，这个曾经积贫积弱的民族正在重新走向强盛，博大精深的中华文化正随着国家的富强而焕发出璀璨夺目的光辉，中国人民正在自豪地大步向前。

"祥云瑞气"套系

历史中的诗人往往对白云有过太多美好愿望的赋予，而祥瑞更是历朝皇帝最喜欢听的字眼。"祥云"的设计中透露着安宁、祥和，表达人们对"和谐、完美"的追求和对美好生活的向往。

"福享万年"套系

中国时代家具的造型元素之一是万字纹，"卍"是中国人追求幸福的诉求手法之一。"卍"在佛教中是福的意思，是福气和吉祥的象征。而它的名称——"万字纹"，又表明人们追求幸福要长久的想法。万字纹不断演变，曲曲折折，而在中国文化中，"万"是最大的数字，所以我们把对大家的祝愿融入在家具的设计之中，寓意是大家都"福享万年"。

2.1.2.5 家具产品生命周期

（1）产品生命周期的概念

产品生命周期（product life cycle，PLC），是指产品从准备进入市场开始到被淘汰退出市场为止的全部过程，即产品的流通寿命。这一概念最早由哈佛大学雷蒙德·弗农（Raymond Vernon）教授提出，是研究产品进入市场后的销售变化规律的重要理论。

产品生命周期是一个时间维度的概念,有的产品生命周期长,有的则比较短,生命周期的差异,对于产品的市场营销会产生重要影响。影响产品生命周期的因素主要包括以下四个方面。

① 产品类型。产品本身的类型是影响产品生命周期的最主要因素,不同类型的产品,其生命周期存在显著的不同。耐用消费品的生命周期长于快消品,高价值产品的生命周期长于低价值产品。

② 产品特点。产品的品质好坏、性能高低、功能多少等特点,也是决定产品生命周期的重要因素。品质好、性能高、功能丰富的产品,往往具有更长的生命周期。

③ 消费者需求。消费者的需求处于不断变化之中,随着时代的进步,消费者需求的改变越来越快,产品如果不能满足消费者更深层次的多样化需求,其生命周期就会迅速缩短直至退出市场。

④ 技术水平。技术水平的不断提高,大大缩短了产品的研发周期,也加速了新产品进入市场、旧产品退出市场的步伐,这也在客观上引起了产品生命周期的逐步缩短。

(2) 家具产品的生命周期

家具是一种典型的工业产品,任意一件家具产品都不可避免地会经历从上市到退市的生命周期,只是家具产品相比其他一些产品而言,其生命周期通常会比较长。

从家具市场营销的实际情况来看,以时间为横坐标,以销量为纵坐标,家具产品生命周期不同阶段的销量变化大致呈现出图 2.4 所示的情况。

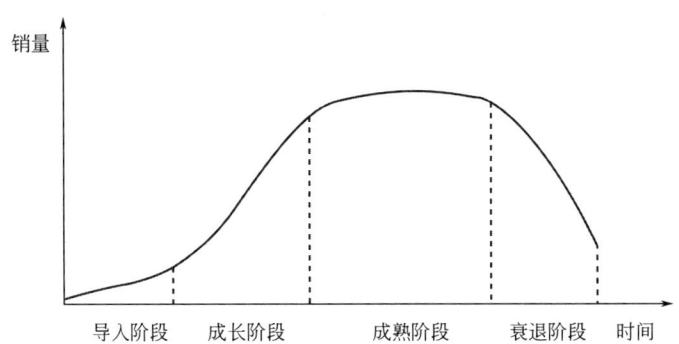

图 2.4　一般家具产品生命周期不同阶段的销量变化

从一般家具产品的生命周期曲线来看,可以将家具产品的生命周期划分为下列四个阶段。

① 导入阶段。即家具新产品的试销阶段。家具产品刚刚投放市场,消费者对于产品的认知还不足,产品本身也还存在较大的改进空间,批量化程度也还不高,因此销量不大,利润也比较微薄,产品甚至出现亏损。

② 成长阶段。家具新产品经过不断的改进以适应市场需求,消费者逐渐了解这一产品,随着生产规模的不断扩大,产品的成本和售价逐渐降低,这一产品逐渐被市场所接纳。这一阶段中,产品的销量迅速攀升,利润也不断增长,不仅收回了研发产品时投入的

资金，还产生了较高的利润。然而，其他企业也会发现这一产品有利可图，纷纷开始仿制，竞争也逐渐激烈起来。

③ 成熟阶段。经过一段时间的成长，产品的市场潜力逐渐被挖掘出来，市场需求趋于饱和，产品销量、销售额和利润的增长逐渐减缓，并逐步达到生命周期中的峰值。随着增量的趋缓以及更多竞品的投入市场，产品的竞争压力进一步加大，并逐步开始陷入价格战的局面，市场营销的成本上升，利润开始呈下降趋势。

④ 衰退阶段。伴随着科技的发展、消费者偏好的转移、市场竞争态势的改变，产品逐渐跟不上市场发展的需要，并且出现了一些替代产品，于是产品的销量迅速下降，价格战更加激烈。

在家具产品生命周期的不同阶段，家具企业的工作重心也不相同。

① 导入阶段，家具企业要通过试销尽快摸清市场需求，并加速推进产品的改良和规模化生产，实现产品的量产并投入市场。

② 成长阶段，家具企业要利用先发优势不断改进工艺、完善产品，尽快建立起竞争优势，从而应对不断出现的竞品。

③ 成熟阶段，面对激烈的竞争，家具企业首先要继续保持对产品的不断更新，同时做好品牌推广和配套服务工作，创造产品的附加值，并延长成熟阶段的时间，从而为企业创造更多的利润。

④ 衰退阶段，产品将很快被市场淘汰，这时家具企业就应当迅速而果断地做出决策，清理库存产品，并将更多的资源投入到新产品的研发中。

2.2 家具产品组合

家具产品的品类非常丰富，每一个消费者对于家具的需求都包含了若干种不同类型的单品，并且每一单品的购买量都不大，因此一个家具企业要满足消费者对于家具产品的需求，就不可能只生产和经营一种家具产品。一旦家具企业经营了多种不同的家具产品，就牵涉到家具产品组合的概念。

2.2.1 家具产品组合的基本概念

家具产品组合是指一个家具企业在一定时期内生产经营的各种不同家具产品的组合。由于家具产品的品种非常丰富，且任何产品都会经历"导入—成长—成熟—衰退"的生命周期，随着技术的不断进步、管理水平的不断提高以及消费者审美标准的不断演变，家具企业不可能一直经营同样的一些产品。当然，并不是经营的产品越多越好，家具企业应该生产和经营哪些产品才能实现效益的最大化，这些产品之间应该有些什么配合关系，这就是产品组合问题。

家具的产品组合，依据其包含的产品数量、产品间的差异大小，从小到大可以划分为产品单品、产品款式、产品套系和产品系列等四个概念（图2.5）。

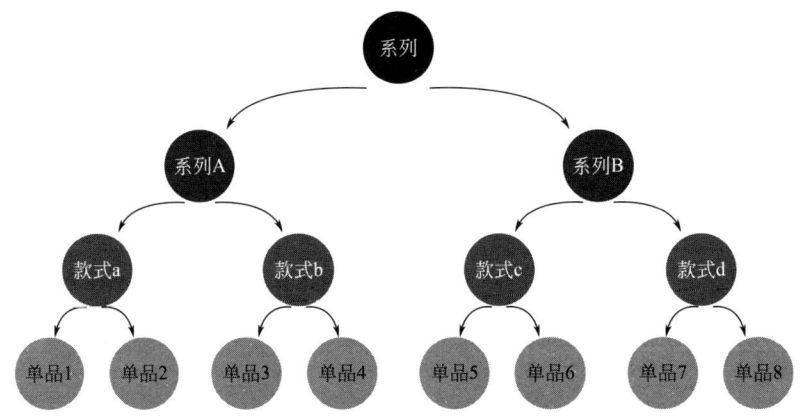

图 2.5　家具产品组合的四个层次

（1）产品单品

产品单品就是除生产时间和批次以外，所有工艺参数、造型元素均一致的产品的集合，是家具产品组合的最小单位。

（2）产品款式

产品款式是由若干个具有相同功能、相同造型的产品单品构成的集合。同一个产品款式的产品，只允许存在少数配置上的差异，如不同的规格尺寸、不同的材质颜色等。

（3）产品套系

产品套系是由若干不同的产品款式组成的集合。同一个套系的产品，一般材质、工艺、颜色、造型元素等方面存在很大的相似性。产品套系是家具设计的基本单位，一个套系中不同功能的家具产品只有1～2个款式。同一套系的产品直接搭配时常常能达到最佳的效果，不同套系的家具产品组合在一起时，即使总体上看比较和谐，细节上也经不起推敲。

（4）产品系列

产品系列是指由若干具有一定相似性的产品套系组成的产品集合。这一集合中的产品，通常都是围绕着同一个风格或者同一个主题来展开，在价格档次、分销渠道、生产工艺等方面存在较大的相似性。不同系列的家具产品之间存在显著的差异，非同一系列的家具产品一般不能混合搭配。产品系列也是家具企业拓展分销渠道的最小单位。

以国内某大型实木家具企业为例

该企业近年来推出了一个以中华传统文化为主要元素的现代中式实木家具系列——Z系列，采用胡桃木纯实木打造，面向40岁以上喜好中国传统风格的中高端消费群体。

这一系列有两百余件不同的家具产品，其中包括了"开元盛世""祥云瑞气""福享万年"三个不同的套系,"开元盛世"套系以铜钱作为主要的设计元素,"祥云瑞气"则将祥云图案贯穿始终,"福享万年"沿袭了许多佛教中寓意幸福吉祥的造型元素。

每一个套系中包含有数十件不同款式的家具产品,这些产品彼此之间在造型上存在很大的差异,普通消费者也能够一眼辨认出来。

每一件不同款式的产品,为了满足消费者的多样化需求,又具有多种不同的规格、软包形式等,例如Z-101款沙发,包括了单人位、两人位、三人位、转角位、贵妃位以及无扶手位等多种形式,每一种不同的形式又都包含了真皮和布艺两种材质的座包,其中真皮座包有三种颜色,布艺座包也有两种颜色,所以这一款沙发就包含了30个不同的单品。

2.2.2 家具产品组合的构成因素

家具产品组合主要有广度、长度、深度和关联性四个衡量指标。

（1）家具产品组合的广度

家具产品组合的广度是指家具企业同时经营的产品系列数量。家具企业为了能够迎合更多消费者的需求,增强企业自身的抗风险能力,同时也是为了充分利用现有的研发设计和生产销售资源,增强企业在市场上的竞争力,一般都会同时经营彼此之间存在某种共性的多个产品系列,这些系列之间的共性可能体现在类似的工艺、相同的设备、同一种材料等。例如一个小型实木家具企业运用现有的加工能力同时生产现代中式和北欧风格的两个系列产品；一些规模比较大的家具企业将产品系列扩大到定制家具、成品家具、木门、床垫等。

产品组合的广度彰显了企业的经营范围大小、实力的强弱以及抗风险能力,是充分配置企业资源的体现。然而,家具产品组合的广度并非越宽越好,脱离企业实际运营能力,盲目扩大产品系列将会带来管理成本的大幅增加,导致顾此失彼,缺乏重点。

（2）家具产品组合的长度

家具产品组合的长度是指家具企业不同款式的产品的总数量。例如某专营两厅家具的企业经营了不同的沙发10种、茶几8种、角几4种、电视柜6种、餐桌椅套装5种,那么这家企业经营的不同款式的产品就有33（10+8+4+6+5）种。

家具的产品组合长度相比其他类型的耐用消费品更长,一个系列的家具产品通常至少包含50~80种不同款式的产品（表2.2及图2.6）,一个中小型家具企业通常同时经营2~4个产品系列；而在同为经营耐用消费品的汽车、家电行业,能够同时经营这么多不同款式产品的企业一般都已经具有相当大的规模。

表2.2 某家具品牌单系列产品数量表

家具类型	客厅家具	卧室家具	餐厅家具	书房家具	玄关家具	合计
数量（款）	61	36	34	15	10	156

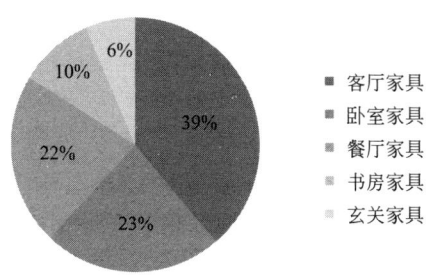

图2.6 某家具品牌单系列产品数量占比

产品组合的长度说明了这一个系列的产品的丰富程度，能够带给消费者更大的选择余地，但长度过长就会导致大量长尾产品的出现，不利于企业的规模化生产。

（3）家具产品组合的深度

家具产品组合的深度是指具体到某一款式家具产品中有多少件不同的单品。比如某款软体沙发同一款式可以选配布艺或者真皮，其中布艺有3种颜色可选，真皮有两种不同的工艺、每种工艺有12种颜色可选，那么这款沙发产品组合的深度就是27（3+12×2）。

家具产品组合的长度和深度反映了企业满足各个不同细分市场的程度。不同的配置方案能够使得家具产品满足消费者个性化的需求，但深度过大容易导致家具企业规模化程度降低，引发成本的上升和效率的下降，并且对于企业的生产管理和供应链整合能力将提出较高的要求。

（4）家具产品组合的关联性

家具产品组合的关联性指家具企业的各产品系列在设计资源、生产条件、分销渠道等方面的相关联程度。关联性较高的产品组合有利于企业的规模化生产，提高资源的利用率，充分发挥企业的优势。

上述四个指标与促进家具产品销售、提升家具企业营销活动的效益都有密切的关系。增加产品系列有利于发挥企业的潜力、开拓新的市场；对产品组合进行延长或加深，可以满足更多个性化的需要，覆盖更多的消费群体；加强产品线之间的一致性，可以帮助家具企业在市场营销领域实现互补，形成配套，提高营销活动的整体效益。

2.2.3 产品组合分析

由于市场需求和竞争形势不断变化，家具产品组合中的各种产品在市场上的地位必然会不断转化，一部分产品获得较快的发展，为企业贡献较高的利润；一部分产品逐步趋于衰退，给企业带来亏损。因此，产品组合状况直接关系到家具企业的销售额和利润水平，家具企业必须在产品组合形成以后，对产品组合及其未来销售额、利润水平的发展和影响进行系统客观的分析和评估，并决定是否新增或淘汰某些产品，以实现家具产品组合的优化。

2.2.3.1 产品系列的评估分析

以家具企业的产品系列评估与分析可以采用波士顿咨询集团创立的"市场增长率-相对市场占有率"矩阵或通用电气公司创立的"多因素业务组合"矩阵两种方法，来确定产品系列应当采用何种策略。

（1）波士顿矩阵法

该方法由波士顿咨询公司（BCG）首创，如图2.7所示，该矩阵图中的纵坐标表示市场增长率，横轴表示销售额情况。根据家具产品的特点和销售预期，设定一个相对市场占有率指标 a 和市场增长率指标 b，两个指标分别将横纵坐标划分为两个部分，于是形成了矩阵中的四个部分。将处于不同部分的业务单位分别称为问题类产品、明星类产品、金牛类产品和瘦狗类产品。

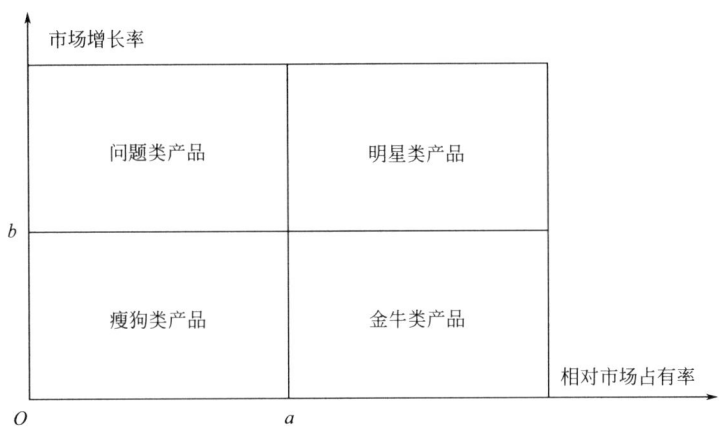

图 2.7 波士顿矩阵图

问题类产品：市场增长率较高但相对市场占有率较低，这类产品可能有发展前途，但需要投入大量的资金才能满足迅速增长的市场需求。这类产品之所以被称为"问题类"，是由于其发展前景不够明朗，市场占有率也许能得到大幅提高从而转变为明星类产品，也可能由于市场竞争过于激烈或市场需求变化太大，市场份额维持现状，因此这一类产品系列风险性较大，需谨慎决策。

明星类产品：市场增长率与相对市场占有率都较高，往往是同类产品中的领先者，是家具企业最具有发展潜力的产品。由于明星类产品的市场发展前景已经非常明显，必然会引起竞争对手的关注，因此企业必须继续进行大量的投入以求维持市场占有率的优势并继续保持产品的高增长率，击退竞争对手。这一阶段还不能为企业带来丰厚的利润，而当市场增长率放慢后，就会转变为金牛类产品，可以大量为企业创造利润。

金牛类产品：市场增长率较低，而相对市场占有率较高。较低的市场增长率表明市场已趋向成熟，对竞争对手的吸引力不大，所以企业不必再通过大量投资来维护自己的市场地位；较高的相对市场占有率表明企业在该产品上仍然保持着市场的领先地位，同时它能为企业带来大量的现金收入。金牛类产品是家具企业最能通过规模经济效益获取较高利润的产品，可以用金牛类产品的收入来支持明星类和问题类产品的发展。

瘦狗类产品：市场增长率和相对市场占有率都较低。这类产品缺乏优势，而且市场发展的潜力也不大，在竞争中处于劣势，对企业的发展意义不大，有的甚至是企业的包袱，因此企业应果断淘汰。

将家具企业的各个产品系列或单品在矩阵中进行定位，就可以分析产品组合是否合理健康。如果瘦狗类和问题类产品较多，而明星类和金牛类产品较少，则产品组合不合理，应进行调整。对于问题类产品，必须认真考虑是继续大量投资还是及早摆脱出来。对于很有发展前途的问题类产品，家具企业应支持其发展，扩大其市场占有率，使其尽快上升为明星类产品。如果家具企业缺乏明星类产品，企业就处于比较危险的境地，应当尽快改变这种状态。对于金牛类产品，家具企业要尽量维持其市场份额，以促使这些产品继续带来大量收入。家具企业需要特别注意瘦狗类产品是否还有存在的必要，如果市场增长率还有回升的潜力，则有保留的必要，否则，应尽快淘汰。

（2）GE矩阵法

该方法由通用电气公司（GE）首创，综合考虑了影响企业产品系列的多方面因素，并将这些因素归结为该产品系列的市场吸引力和企业在该系列方面的相对优势两个主要方面，构成产品组合矩阵，然后根据各产品系列在矩阵中的相应位置来对其进行评价。

如图2.8所示，每一产品系列都可以从市场吸引力和产品实力两方面进行衡量：市场吸引力包括生产规模、市场增长率、市场竞争程度、技术要求等因素，分为大、中、小三个等级；产品实力主要根据该产品系列的市场占有率、增长率、产品质量、品牌信誉、分销渠道、促销效率、生产能力和效率、单位成本、原材料供应保证、企业管理水平等，分为强、中、弱三个等级。由此，矩阵中出现了9个区域。其中左上角的1、2、4号区域，由于市场吸引力较高，产品实力也较强，家具企业一般应采取投资和发展的战略；左下角至右上角的对角线的三个区域（3、5、7号）的产品的总体吸引力处于中等状态，家具企业一般应采取维持的战略；右下角的三个区域（6、8、9号）为吸引力较低的产品，家具企业可以考虑对这些产品予以淘汰。

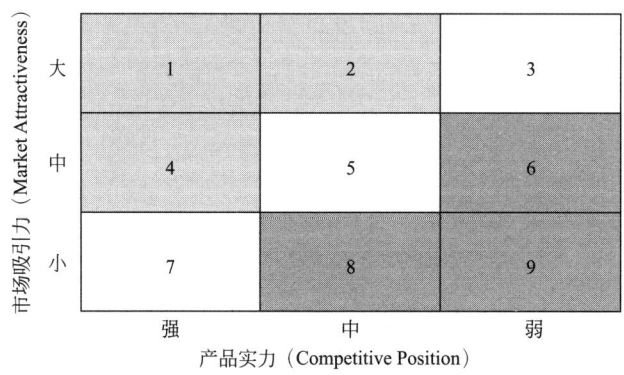

图2.8　GE矩阵图

2.2.3.2 家具产品款式的分析评价

家具产品的每一个款式对总销售额和利润的贡献是不同的，在一个产品系列的维度内，对所有不同产品款式的家具产品分别求出其销售额占比与利润占比，并以条形图的形式按照降序排列在同一张图内，可以非常直观地呈现出该系列的各种产品款式中，哪些产品是主要产品，哪些产品是次要产品。

如果主要产品突然受到竞争对手的打压，那么整个系列的销售额与利润就会受到严重影响；如果一个系列产品的销售额与利润高度集中在某一款或者少数几款产品上，就说明这一系列产品比较脆弱。

对于销售额与利润占比均处于末尾的产品款式，如果发展前景不大，且对产品的配套性意义不大，可以考虑淘汰这款产品，以将更多资源集中在其他产品的开发上。

如果某些产品款式销售额占比很高，但利润占比比较低，那么就应该思考对这些产品的定位是否准确，是否需要通过缩减产品成本、适当提高产品价格等手段来扩大该产品的利润占比。

一些产品可能会呈现销售额占比不高，但利润占比很高的情况，这时企业也需要冷静思考，研究出现这种情况的原因是什么，这些产品是否对其他产品的营销构成了负面影响，是否可以通过适当降低产品售价来推动产品销量的进一步提升，从而获得更高的利润。

2.2.4 家具产品组合的基本策略

家具产品组合策略是从家具产品组合的特点出发，依据市场实际，调整现有产品结构，寻求产品结构的最优化。其基本的策略主要包括扩大产品组合、精简产品组合、高端产品组合、走量产品组合四种。

（1）扩大产品组合策略

扩大产品组合策略是开拓产品组合的广度、延伸产品组合的长度和深度的一种策略。开拓产品组合的广度是指增添产品系列，扩大家具企业所经营产品的能满足的消费群体；延伸产品组合的长度和深度是指在一个系列的产品中扩充新的产品款式或者在一些产品款式中新增产品单品。在家具领域，具体可采用的方式包括：

① 新增不同配置、规格、颜色或材质的产品，并保持价格不变，如增加软体家具产品可选的面料种类和花色、改变实木家具涂装的颜色、建立多种柜类家具内部布局方案等；

② 在原产品的基础上通过品质的差异化实现价格的差异，如采用更廉价或者更珍贵的木材来制作同款家具产品、将原有产品中的五金件和装饰件进行升级、在不影响整体结构的情况下简化部分结构等；

③ 新增档次相同，但款式不同的新产品。

扩大产品组合的主要作用在于通过满足不同偏好的消费者多方面的需求，提高产品的市场占有率；完善家具产品系列，扩大经营规模；充分利用企业资源和剩余生产能力，提高经济效益；降低市场需求变动性的影响，分散市场风险。

（2）精简产品组合策略

精简产品组合策略是削减部分效益比较低的产品系列、套系、款式或单品，以便集中力量经营获利大的产品。在家具领域，具体可以采用的方式包括：

① 减少产品系列数量，淘汰不符合市场发展需求的产品系列，如依据当前市场流行趋势，精简部分销路不佳的经典美式、法式宫廷系列产品；

② 对产品系列中的部分产品套系、款式和单品进行整合或淘汰，减少长尾产品的数量，提高批量化程度，如淘汰家具产品系列中一些销量比较低的休闲椅、花架等产品。

缩减产品组合的主要意义在于集中资源和技术力量改进产品的品质，提升产品的体验感；使生产经营规模化，提高生产效率，降低生产成本；有利于家具企业向更明确的细分市场发展，减少资金占用，加速资金周转。

（3）高端产品组合策略

高端产品组合策略，就是增加高档次、高价格的产品系列或产品套系以满足更高层次消费群体的需求。对于家具产品，走高端路线可以选择如下途径：

① 采用更加贵重的材料、更为考究的工艺，或选用知名品牌或进口品牌零部件等来生产家具产品；

② 通过原创设计、手工制作、限量生产、品牌联名等方式提高家具产品的附加值。

高端产品容易为企业带来丰厚的利润，帮助企业树立高端的品牌形象，提高企业的市场地位，还有利于带动企业生产技术水平和管理水平的提高。然而，如果企业一贯以中低端产品的经营为主，在消费者心目中的品牌形象不会立刻转变，因此在高端产品推出初期的市场营销将会比较艰难，这就会占用大量的成本，影响资金周转并导致整体利润下滑，因此这一策略具有一定的风险。

（4）走量产品组合策略

走量产品组合策略，就是通过降低利润、降低档次或缩减成本的方式降低产品的价格，以扩大销量。具体到家具产品，为达到以价换量的目的，企业可以采用的方法主要有：

① 降低企业的单件产品利润，缩减分销渠道中间环节，从而降低产品的最终售价；

② 在保证产品正常使用寿命和安全性的基础上，将部分不可见的零部件更换为相对廉价的材料，或减少一些不重要的材料以降低原材料成本，但这种方式应特别注意不能以牺牲消费者知情权为代价，否则会引发企业和品牌的信任危机；

③ 优化工艺，通过更多的机械化大规模生产来减少人工的介入，从而压缩生产过程的成本，达到在利润率保持不变的前提下降低售价的目的。

走量产品能够借助较高的品牌形象吸引消费水平较低的客户慕名购买该品牌的低档产品；最大化利用企业生产能力，补充产品空白，增加销售总额，抢占市场。然而，虽然走量产品策略能在短时间内为企业带来大量销售额的增长与市场份额的增加，但如果在经营这些档次较低的产品时处理不当，就会影响企业原有产品的市场，有损原有的品牌形象。

2.3 家具新产品开发策略

2.3.1 家具新产品开发的基本概念

2.3.1.1 家具新产品的概念

家具新产品就是在结构、功能或形态上发生变化，并推向市场的家具产品。从家具市场营销的角度来看，只要在功能或形态上得到改进，与原有产品产生差异，不论任何一部分的创新与变革，只要为客户带来了新的利益，或者家具企业向市场提供过去未生产的产品，都可以称为新产品。新产品的概念是相对的，相对于一定的时间、地点和企业而言是新产品，并不意味着永远是新产品。

2.3.1.2 家具新产品的分类

家具新产品按其创新程度的不同，可以分为以下四个层次。

（1）全新产品

全新产品是指采用新的设计方案、新的工艺结构、新的材料制造的产品，或者具有新的功能的产品。这些产品通常是基于企业的实际生产能力和设计思想研发的全新产物，大部分构成因素都与之前的产品或者市场上已有的产品存在较大差异。

家具新产品的"新"绝大多数情况下体现在外观设计的创新，一个家具企业研发的全新产品与其他产品最大的差异一般都体现在家具的造型上。近年来，随着材料科学的不断发展以及可持续发展的绿色设计理念深入人心，一批在材料上进行创新，采用高分子材料、纸草、回收再利用材料制作的家具也不断涌现。

对于大多数家具企业而言，研发全新的家具产品是一项风险比较高的经营活动，开发出来的家具产品是否能够盈利，在投入市场之前是一个未知数，一旦开发的产品过于超前或者落后于时代，都有可能造成研发成本无法回收的困境。

（2）换代产品

换代产品是指在现有产品的基础上，部分采用新的设计元素、新的工艺结构、新的材料等，使得外观、结构或者性能出现了明显提高的产品。换代产品的概念有两个关键点：其一是换代产品并不是完全从无到有的创造，而是有一个当前的产品作为基础，在此之上进行创造；其二是具有明显的创新性，新产生的产品相比原来的产品在造型、结构上出现了明显的变化，或者性能上出现了明显的提升，这种差异已经足以将二者视为不同的产品。

对于家具企业来说，换代产品由于已经具有了一定的基础，所以研发活动相对全新产品更为简单，投入的资源也会相对较少，因此风险相对较低。

（3）改进产品

改进产品是对于现有产品的外观、结构、功能等方面加以改进，在某些特征上基于原产品进行了优化的产品。家具产品在推向市场一段时间后，往往会因为消费者的需求改变而出现不能很好满足消费者需求的情况，或者经过长期使用暴露出一些研发过程中未能发现的弊病，这时就需要对产品进行改进。改进产品通常在一些方面相对原产品大幅改善，但二者又不至于完全能区分开来作为两种产品。在家具领域，改进产品通常还会替代原产品上市销售。

产品的改进对企业各方面资源投入的要求不高，是产品上市一段时间之后的常规动作。

（4）仿制产品

仿制产品是指企业出于某种需要对国际或国内市场上已经出现的产品进行引进、模仿或逆向开发研制生产出的类似的产品。

一般来讲，仿制产品创新程度比较低，对于家具企业的资源投入要求也比较低，主要风险来源于知识产权方面。

2.3.1.3 家具新产品开发的意义

（1）推动家具企业的发展

任何家具产品都有其生命周期，因此持续的新产品的开发是家具企业稳定发展的重要前提，不断开发新产品，就能使家具企业的产品组合不断随着市场的变化而更新。当某些产品处在成熟期时，另一些新产品已开始向市场推出；当某些产品开始出现衰退时，另一些产品则进入快速成长期。这样，就能使家具企业的市场份额和总利润始终保持上升的势头，促进家具企业的成长。

（2）维持产品的竞争优势

家具企业的市场竞争力往往体现在其产品满足消费者需求的程度和领先性上。随着社会的不断进步，消费者的需求会不断发生变化，如果家具企业不能随着消费者需求的发展而更新产品，其原有的产品就会很快落伍，企业也会很快丧失其市场竞争力，迅速丢失市场份额。

2.3.2 家具新产品开发的基本原则

虽然新产品的开发是家具企业保持旺盛生命力的不竭源泉，但从市场实际情况来看，新产品开发的成功率却很低。许多家具新产品开发出来以后由于各种原因而不能被市场所接受，有的产品不仅不能达到预期的目标，甚至连研发和生产成本都无法收回。为了尽量降低开发新产品的风险，家具企业应当把握以下一些原则。

（1）满足需求的原则

无论开发什么样的家具产品，其根本的出发点和落脚点就是要满足目标消费群体的某些具体需求。因此，在开发时要开展充分的市场调研活动，了解目标消费群体，瞄准消费者的痛点，有的放矢地开展研发工作。

（2）创新的原则

创新是新产品最重要的特点，也是新产品之所以称之为"新"的原因。通过不断创新，使得产品具备了与众不同的功能、造型、性能，这样才能形成一定的特色，从而与其他产品形成差异，引领消费的趋势。

（3）紧跟时代的原则

开发的产品应该与当前社会经济和科学技术的发展、人们的认识水平和审美观念相匹配，紧跟时代发展的潮流。当前时代下，人们普遍认可绿色环保、多功能、可收纳、智能化等理念，家具企业的新产品就不能与这些理念背道而驰。过于超前的产品往往叫好不叫座，最终销量惨淡；过于落后的产品也不可能引起消费者的兴趣。

（4）结合自身实际的原则

新产品的开发必须结合家具企业现有的研发、生产和营销能力来进行。企业的科研水平必须能够达到新产品研发的相关要求，企业的生产能力要能够较好地满足新产品的工艺指标，新产品的整体定位、商业模式以及使用人群也应该尽量与当前的品牌形象、分销渠道以及目标消费群体重叠。这样，在新产品的市场营销中，企业才能够事半功倍。

(5) 遵循法律和道德的原则

无论开发什么样的新产品，都要受到相关法律法规和公序良俗的约束，任何新产品都不能有违法律法规和社会道德。只有符合国家政策、社会心理和社会主流价值观的产品才能够较快地开拓市场，否则，不仅新产品得不到成功，而且会影响品牌和企业的进一步发展。

3 定价策略

3.1 家具产品的定价

3.2 家具营销定价的方法

3.3 家具营销定价的策略

3.4 家具企业定价的程序

定价策略是互联网时代下的市场营销非常重要的组成部分，产品的价格不仅直接影响家具企业盈利目标的实现，还是市场竞争的重要手段。科技发展日益加快，产品的生命周期越来越短，家具企业没有充分的机会来修正定价策略的错误；消费者的需求处在不断变化过程中，企业必须及时调整价格策略；原材料和劳动力成本的上升，也给家具企业定价带来了困难。在这样的背景下，家具企业更是要重视对定价策略的研究。

3.1 家具产品的定价

3.1.1 产品定价的概念

3.1.1.1 价格

在现代社会的日常应用之中，价格一般指进行交易时，买方所需要付出的代价或付款。从营销领域来看，价格是商品同货币交换时单位商品量需要的货币的数量多少。对于家具企业而言，价格就是家具产品价值的货币表现。

价格是影响消费者购买的主要因素，只有当价格小于或等于消费者认为从购买产品或服务中所获得的利益时，价格才能被消费者接受。正因为价格是影响消费者购买行为的主要因素，所以价格也是企业开展市场竞争的主要手段。价格是营销组合中唯一能够创造收益的因素，也是最为灵活、见效最快的因素。价格直接影响着企业的利润水平，也直接体现了企业营销活动的效益。

3.1.1.2 定价

定价就是企业根据产品的成本、市场需求以及市场竞争状况等影响因素，为其产品制定适宜的价格，使其产品在保证企业利益的前提下最大限度地被市场接受的过程。

产品的定价既是一门科学，也是一门艺术，每一个家具企业都需要面对产品定价的课题。随着社会经济的发展和人民生活水平的提高，价格因素虽然目前已经不再是消费者对于家具产品接受程度的唯一标准，但仍然是消费者选购家具产品的重要参考依据。

3.1.1.3 家具产品的价格组成

家具价格虽然看起来是一个简单的数字，但隐藏在这个数字背后的是多个构成要素。研究家具产品的定价，首先需要了解家具产品的价格是由哪些部分组成的，它们之间存在什么样的关系。

一般来看，家具产品的价格组成可以用这样一个式子来表达：

$$家具产品价格 = 生产成本 + 流通成本 + 税金 + 利润$$

（1）生产成本

生产成本是家具在生产过程中所消耗生产资料的价值和劳动者为自己创造的价值的货币表现，主要包括制造家具产品所需的原材料成本、人工成本。生产成本是家具产品价格中最主要的部分，也是家具产品价格最低的经济界限。低于这个价格意味着家具企业各个环节全面亏损。

（2）流通成本

流通成本是家具产品从生产完成到交付消费者这一过程中所发生的一切劳动耗费的货币表现，涵盖了生产过程在流通领域内继续追加的物化劳动价值和商业劳动者为自己所创造价值的货币表现。其中，物化的劳动价值主要包含了家具产品的仓储、运输、搬运、安装、维保等生产性费用，这些成本追加在家具价格中并随着家具的销售得到补偿。商业劳动者为自己所创造的价值是与生产过程无关的、为实现家具价值所支出的劳动耗费的货币表现，如推广费用、活动费用、家具门店经营所需的租金、人工、水电等费用。这部分成本虽不增加家具价值，但却是家具行业社会再生产所必需的，由利润来补偿。

（3）税金

税金是国家通过税法，按照一定标准，强制性地向有纳税义务的单位和个人所征收的预算缴款，是国家财政收入的重要来源，具有强制性、固定性和无偿性。家具价格中的税金是国家依法征收的一部分销售收入，包括增值税、关税、城建税、教育费附加等。这些税金虽然由企业缴纳，但实际上是价格的一部分，最终由消费者来承担。

（4）利润

利润是企业通过经营活动获得的盈利，既是企业经营效果的综合反映，也是其最终成果的具体体现。在价格中其他要素不变的情况下，利润的大小与价格高低成正比，因此高价格可以使企业获得单件产品的高利润。但如果价格过高，会使家具的销售量减少，市场份额降低，企业通过这一产品获得的总利润下降，而且还会吸引其他企业进入家具市场，使市场竞争更加激烈。因此，高价可能会使家具企业总利润不上升反而下降。如果产品的价格不变，利润与价格的其他要素成反比。所以，企业可以通过降低生产成本和流通费用来增加企业的利润。这种方式不会因价格的上涨而使销量下降，也不会引起市场占有率的变化，是提高家具企业利润的有效途径。

3.1.2 产品定价的目标

由于价格对于企业的经营构成重要影响，确定产品的价格时就必须以企业的市场营销战略为依据。处于不同市场地位的企业，定价的目标也存在较大差异。总体上看，产品定价的目标主要包括以下三大类。

3.1.2.1 以利润为导向

以利润的高低作为企业的定价目标，主要包括短期利润最大化、预期收益率目标和适当利润三种类型。

（1）短期利润最大化目标

当企业处于有利的环境中时，可以抓住机会通过高价格的方式在短期内获得较大的利润。但这种方式要求产品的需求弹性比较小，高价格对销量影响不大，并且企业在竞争中处于优势地位，产品供不应求。此外，这样的定价还应该在国家相关法律法规的允许范围内。

（2）预期收益率目标

以预期收益率作为目标，就是明确企业的预期收益水平为投资额或销售额的某一百分比，产品定价就是在成本的基础上加入了这部分预期收益。采用这种方式的企业需要对产品价格、销量以及周期进行预估。预期收益率对使用资产创造利润的总体管理有效性进行衡量，预期收益率越高，企业的盈利性就越强。一般而言，综合实力比较雄厚的企业，以新产品、独家产品或者低价高质的标准化产品为主的家具企业多采用这种方式。

（3）适当利润目标

适当利润目标是与企业所面对风险水平相一致的利润水平，将这一利润作为定价的目标。这种定价目标一般通过在成本的基础上加成的方式来确定价格，使企业投资得到相应的收益。具体什么样的利润水平是"适当"的，取决于市场环境与家具企业的管理者、投资者。一般对于处于激烈竞争环境中的中小企业，由于对价格的控制能力比较弱，常常会采用这种方式；一些处于市场领导地位的家具企业为了排斥竞品，达到长期占领市场的目的，也有可能会采用这种方式。

3.1.2.2 以销售为导向

企业以巩固和提高市场占有率、维持或扩大销售为目标来确定价格。

（1）销售额最大化目标

家具企业在保证一定的利润水平的情况下，谋求销售额的最大化。销售收入的增加意味着企业产品的被认可程度、企业在市场中的竞争地位和企业的经营规模的增长，说明企业拥有较好的发展前景。但采用这种方式来定价时，需要平衡销售额与利润、市场占有率的关系，不能为了扩大销售额而牺牲了企业的利润和市场占有率。

（2）提高市场占有率目标

一般而言，企业的利润水平与市场占有率呈正相关关系，市场占有率提高，企业的利润也会增加。当市场占有率达到一定程度时，企业可以在一定程度上控制这一类产品的市场价格，从而获得市场的支配地位。要达到提高市场占有率的目标，企业首先要具备充足的货源和强大的生产能力，价格的下调要有一定的限度，同时还要与渠道商之间保持良好的关系，不能为了抢占市场而损害渠道商的利益。

3.1.2.3 以竞争为导向

以竞争为导向定价就是根据竞争者的价格进行定价。大多数家具企业对竞争者价格都很敏感，定价之前会多方搜集信息，把自己产品的质量、特点同竞争者的产品进行比较，然后进行抉择。这是一种比较容易实施的策略。

（1）维持企业生存目标

在家具企业处于行业产能过剩、经济萧条、竞争激烈的环境中，或者消费者需求发生改变而企业尚且没有跟上这种变化时，维持企业生存就有可能成为定价的目标。此时，企业常常不得不以较低的利润甚至于低于成本的价格来销售产品，目的就是为了能让企业渡过难关。维持企业生存为目标定价只能作为企业的短期定价目标，从长期来看，企业应当利用这段时间设法改变处境，否则就会面临退出市场的命运。

（2）稳定价格目标

稳定价格是一种为了保护自己、长期经营、巩固市场占有率的定价目标。通过稳定的价格来避免恶性竞争，降低企业经营风险，为企业带来较为稳定的收益。一般实力较为雄厚、在行业内处于领先地位的家具企业会采用这一定价目标。

（3）应付竞争目标

为了使用或避免产品在价格方面的竞争，一些中小型家具企业会以行业中对产品价格有支配作用的大型家具企业的价格作为参考，与之保持基本一致，从而避免竞争失败。

（4）竞争取胜目标

通过较低的定价使产品的销量迅速增长，从而扩大市场份额，战胜竞争对手。但以此为目标常常引发严重的价格战，造成两败俱伤的结果。

3.1.3 影响家具产品定价的因素

3.1.3.1 企业自身因素

（1）成本

成本是定价的基础，定价首先要覆盖成本。

成本包括固定成本和变动成本，固定成本是指在一定时期和业务量范围内，不受业务量的增减的影响而保持不变的成本，主要是企业的固定投资、机械设备折旧、人员的基本工资等；变动成本是支付给各种变动生产要素的费用，如购买原材料、能源消耗、人员提成等，这些成本随产量的变化而变化。产品的实际成本不能忽略固定成本，而应当通过总成本与总产量的比值来核算，这一成本是价格制定的下限，如果要获得利润，价格必须高于平均成本。

具体来看，如表3.1所示，分别以沙发、餐桌和床为例，同一家企业选择的原材料不同，产品的生产成本不同，定价也会出现较大差异。

表3.1　不同材质的沙发、餐桌、床价格对比表　　　　　单位：元

类别	材质	产品A	产品B	产品C	产品D	产品E	均价
沙发	实木	11227	31584	9645	10360	8759	14315
	板木	7231	10360	8631	6312	7275	7962
	板材	8560	7504	4828	4322	8361	6715
餐桌	实木	10473	11983	12928	6308	10294	10505
	板木	3496	6579	4524	4321	5104	4805
	板材	2129	1999	3553	1299	2999	2396
床	实木	19549	22586	8709	9374	11200	14284
	板木	6999	5158	5384	5555	5839	5787
	板材	7855	1999	3467	2399	5431	4230

（2）销量

企业的总利润是单件产品利润的总和。单件产品高利润并不意味着企业总体的高利润，企业的总利润还取决于产品的销量。高价格虽然能够带来单件产品的高利润，但常常会导致销量的下降。

（3）资金周转

通常，高价格的产品销售的速度比低价格的产品要慢，这就延缓了资金周转的速度；如果降低价格，就可以提高资金周转的速度，但会损失一部分可能的利润。从资金周转率的角度来看，在总投资保持不变的前提下，在同样长的一段时间里，资金周转速度越快，周转的次数越多，获取的总利润越高。同时，这就意味着单件产品的利润变薄，资金链趋紧，一旦市场出现不稳定因素，或者经营出现失误，企业的抗风险能力就会比较低。

3.1.3.2 市场供求状况

当市场供过于求时，为了稳定和提振销量，企业通常需要适当降低产品的价格；当市场供不应求时，企业可以适当提高价格，以获取更多的利润。

3.1.3.3 消费者

消费者是市场主体，价格必须要能够被目标消费群体所接受。因此，产品定价之前必须进行目标消费者分析，依据目标消费者的消费能力、对产品的期望以及需求程度来确定合适的价格。

产品刚进入市场时，市场需求程度高，竞争环境相对比较宽松，消费者对产品认知价值较高，定价可以相对提高；产品进入市场一段时间后，需求程度逐渐下降，竞品增多，这时就需要适当下调产品的价格。

3.1.3.4 产品生命周期

产品生命周期分为导入期、成长期、成熟期和衰退期四个阶段。产品所处的时期不同，其面临的市场状况也不相同，定价也不会相同。

新产品刚进入市场时，由于需要分摊高额的研发成本和市场投入，所以价格会比较高；随着市场逐步培育成熟，企业的生产成本随着产量的增加和技术的更新而降低，价格可以适当下降；进入衰退期的产品，由于企业需要尽快清理剩余原材料和成品库存，以加快回笼资金，产品的价格可能进一步下降。

3.1.3.5 政策法规

社会主义市场经济赋予了企业一定程度上的定价自由，但并不意味着企业能够完全自由地进行定价。社会主义市场经济体制下，国家政府会通过一系列的经济手段和法律手段对企业的经营行为进行强制干预，以调节物价，维持经济社会的平稳有序发展。家具企业的定价行为必须考虑政府的因素，不能超出法律法规所规定的框架。

3.2 家具营销定价的方法

3.2.1 成本导向定价

以家具产品的成本作为定价的基本依据，主要包括以下几种方法。

（1）成本加成法

成本加成法是在家具产品的单位成本上直接或按比例加上一定的费用和利润的定价方

法，其基本的计算方式为：

家具产品价格=家具产品平均成本+平均流通成本+税金+利润

或者：

家具产品价格=家具产品平均成本×（1+流通成本占比+税金占比+利润占比）

需要说明的是，这里的家具产品平均成本包含固定成本与变动成本，不能等同于家具生产商的生产成本或者渠道商的进货成本，还要分摊一部分固定成本。

流通成本指家具产品进入市场之后所产生的费用。对于家具的生产商，流通成本可能是开设展会、维护渠道所发生的费用；对于渠道商，流通成本可能是家具产品的仓储、运输、安装、售后等费用以及开设门店的成本。

税金是政府依法强制征收的金额。

利润是家具企业期望通过销售产品获得的盈利。

第一种算法相对比较精确，但需要对每一件不同的家具产品进行详细测算，工作量比较大，在实际经营过程中应用较少。

第二种算法中，流通成本占比、税金占比、利润占比是家具企业通过长期实践得来的数据折算出的流通成本、税金和利润与家具产品的生产成本或进货成本的比值。这是一种粗略但快捷的定价方式，应用较多，但需要前期积累大量的数据和经验。

（2）盈亏平衡法

盈亏平衡法是利用盈亏平衡点来定价的一种方法。盈亏平衡点又称保本点，企业产品销量达到此点时，可实现盈亏平衡（图3.1）。

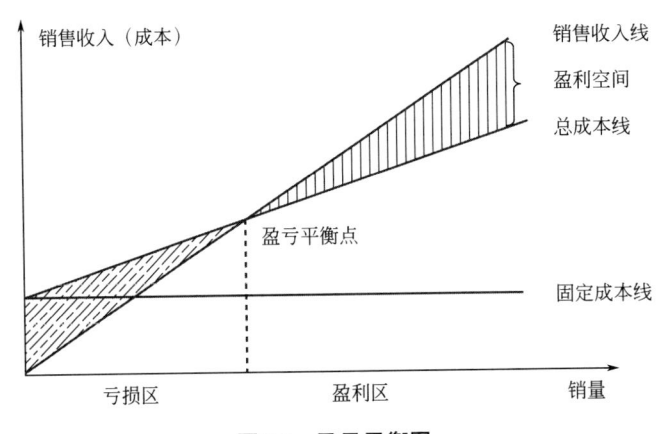

图3.1 盈亏平衡图

处于盈亏平衡点时，总销售收入 = 总成本

即：价格 × 销量 = 固定成本 + 单位变动成本 × 销量

经过数学变换可以得出：

产品价格=固定成本/销售量+单位变动成本

盈亏平衡法侧重于考虑成本的覆盖，当家具企业需要以生存作为主要目标时，或者产

品已经步入衰退期而新产品尚未成熟时可以采用这种方式，只要销量超过盈亏平衡点对应的销量，就能实现盈利。这一定价方法偏重于防守，或用于测算销量的下限，对于获取高额利润的意义不明显，在企业快速发展时期并不适用。

（3）目标收益法

目标收益法是根据企业计划的总产量或总销量测算出总的固定成本和可变成本，并加上目标利润来为产品定价的方式。这一方法比较容易分摊固定成本，主要应用于有明确的盈利目标或明确的产量的家具产品生产，一些众筹产品、限量产品可以采用。

3.2.2 需求导向定价

需求导向定价是以消费者的认知价值、需求程度及对价格的承受能力为依据，以市场占有率、品牌形象和最终利润为目标来确定产品价格，又称客户导向定价法、市场导向定价法。需求导向定价包括认知价值法、反向定价法。

（1）认知价值法

根据消费者的认知价值来定价。消费者对于产品的性能、质量、服务、品牌、包装等因素都有一定的认知，他们通常根据自己的认知来判断产品的价值水平，如果产品的定价低于或等于消费者心目中的价值水平，那么产品就容易销售出去。

采用这种方式来定价的要点在于提高消费者对产品价值的认知。企业可以通过差异化来突出产品的特色，搭配营销组合策略，塑造企业和品牌良好的形象，从而提高消费者对产品价值的认知。

（2）反向定价法

企业根据消费者的购买能力，确定市场零售价格，以此为基础，反推生产成本、流通成本及利润。这种定价方法主要不是考虑成本，而是重点考虑需求状况。

3.2.3 竞争导向定价

竞争导向定价是以竞品价格作为定价依据，根据竞争状况来确定和调整产品价格。

（1）随行就市法

即按照市场同类产品的平均价格来定价。以随行就市方法定价，既能够带来合理的平均利润，又不会破坏行业秩序，因而广泛被市场上不具有价格主导权的中小型家具企业采用。

（2）竞争参照法

竞争参照法是根据家具企业产品的实际情况，以及与竞品的差异来确定产品价格。如果家具企业处于领导者地位，拥有良好的品牌形象和优秀的市场营销能力，那么定价也应该相比其他产品更高，与其精品定位、稳定价格、维护市场形象的定价目标相一致。对于具有向领导者挑战的实力但缺乏品牌认知度的企业，则需要以更高的性能、更低的价格将看得见的优惠让利于消费者，以促进销售，扩大市场占有率。

（3）密封投标法

家具领域中的密封投标法主要用于组织市场的工程单业务。投标企业事先根据招标公告的内容，估计竞争者的报价，确定自己的投标价格，密封投标。企业投标报价一般要低于其他投标的竞争者，但也要考虑企业目标利润，所以较好的投标价格应为实现目标利润与较大中标概率两者之间的最佳均衡。

3.3 家具营销定价的策略

价格是影响家具企业利益和消费者购买与否的重要因素，合适的价格是家具企业充分调动渠道商的积极性、吸引消费者、战胜竞争对手、取得市场地位的关键。因此，制定科学的定价策略是家具企业市场营销过程中的一个重要工作。在确定产品的价格之前，企业必须审慎地考虑众多因素，使制定的价格能够为企业带来最大的竞争优势。家具的定价策略主要包括以下几种。

3.3.1 新产品的定价策略

（1）撇脂定价的策略

撇脂定价是指在新产品投入市场初期，将价格定得很高，以便在短时期内获得更多利润。这种定价策略得名于从牛奶中撇出奶油、取其精华。但这种策略要求产品的品质必须能够支持产品的高价格，并且要有足够多的意向消费者；批量较小的产品（如原创作品、限量产品等）不能由于难以规模化而导致生产成本抵消高价格所取得的利润；产品要具有足够高的竞争壁垒，竞争对手无法轻易进入该产品的市场并压下这一高价。

家具新产品刚上市时需求缺乏弹性，即使定价高，也依然具有比较旺盛的需求，这种高价格会使人们产生一种高档产品的印象，还具有降价以打击竞争者和扩大销售的空间。但是价格过高，丰厚的利润必然招来竞争对手加入，产品就有可能会失去部分市场。

（2）渗透定价的策略

渗透定价是在家具新产品上市初期，就将价格定得很低，以便消费者接受，进而迅速打开市场，扩大销量，提高市场占有率。较大的销量可以带动生产的规模化从而有效地降低成本，促使企业获得更多降价的空间和更高的利润。

对于需求弹性较大的家具产品，较低的价格可以迅速打开市场，有效阻止竞争者加入，有利于控制市场。但价格低会使投资回收期长，价格变化余地小，有一定的风险，适用于资金雄厚的大企业。

（3）合适定价的策略

合适定价策略是将新产品的价格定在既让客户满意、企业又能获得适当利润的一种比较合理的水平，是一种介于撇脂定价和渗透定价之间的定价策略。

此策略的特点是使用普遍、简便易行，能兼顾生产商、渠道商和消费者等多方利益。由于过多关注各方面利益，这种策略适用于较为稳定的产品。

3.3.2 产品生命周期定价策略

家具产品的生命周期包括导入期、成长期、成熟期和衰退期，根据家具产品生命周期各个阶段的特点，可以采取相应的定价策略。由于各种不同的家具产品的特性不同，各阶段定价要求也有所不同，大致可以分为以下五种类型。

（1）价格弹性较小的刚需家具产品

这类家具主要是指以沙发、茶几、餐桌椅、床等产品为代表的家具，属于家具产品系列中的主件、大件，不论一个消费者购买多少数量、多少价格的家具，这些类型的家具总是必不可少的。这类家具适宜采用均匀的价格策略，要兼顾企业和消费者利益，在导入期和衰退期可保本微利，在成长期和成熟期可以适当提高利润。

（2）价格弹性较大的非必需家具产品

主要是指能够提高生活质量、丰富生活色彩的家具，如休闲椅、摇椅、角几等，属于家具产品系列中的配套产品、长尾产品。这些类型的家具在导入期应将价格定得低一些，实行微利销售甚至贴本销售；进入成长期以后，可以适当提高价格；成熟期采取适当降价措施；在衰退期应进一步降价，使价格低于可销水平，以便迅速清理库存，回笼资金。

（3）生命周期较短、更新较快的时尚家具

这类家具主要包括目前市场上常见的外观新颖、价格低廉的一些应用于出租房、宿舍、展览馆等短期使用的家具。受时尚潮流的影响，这些产品通常短期内供不应求，所以在导入期和成长期应对其定高价；在成熟期和衰退期要以较大幅度削价，以免丧失时机，其损失可由前期的利润加以弥补。

（4）高税高利的家具产品

主要是指一些设计师原创产品、原装进口家具产品等。这类家具要求保持较高利润，但其价格也应与各阶段的平均成本变动相适应，保持阶梯形下降的价格水平。

（5）具有收藏价值的家具

具有收藏价值的家具主要涵盖了传统红木家具、珍稀材料制作的西方古典家具等。此类产品的生命周期非常长，并且在商品属性之外还存在收藏属性，因此其价格的策略完全不同于一般的家具产品，随着时间的增长，这些产品通常还具有较大的升值空间。

3.3.3　折扣定价的策略

在市场营销过程中，为了鼓励消费者尽快付款、扩大购买规模以及促进淡季的销售，企业常常以低于原价格的优惠价格将产品出售给消费者。在家具领域，开展折扣销售是一种普遍的行为，尤其在实体的家具门店，采用高标价、低折扣的方式进行营销已经是常态。家具市场营销所涉及的折扣有下列多种形式。

（1）成交折扣

对具有潜在购买意向的消费者给予一定的折扣，以促成消费者立刻成交。

（2）批量折扣

是给予大批量或大金额消费者的价格减让，购买的数量或金额越多，折扣越多。

（3）功能折扣

如果消费者能够承担一定的角色帮助商家开展市场营销活动，那么这些消费者就能获得一些折扣。这种方式在实体的家具店通常称为消费者转介绍，在家具电商或者 O2O 模式的家具门店，通常是社群营销的一种方式。

（4）季节性折扣

家具的消费存在季节性变化，在消费淡季，商家往往通过折扣来吸引消费者，促进家具产品的销售。

（5）折让

降价的另一种形式，少数家具企业在产品设计过程中融入了可回收概念，对于以旧换新的消费者可以提供一部分优惠折扣。

3.3.4 心理定价的策略

心理定价是运用心理学原理，根据不同类型的消费者在购买商品时的不同心理要求来制定价格，以引导消费者增加购买，扩大销量。

（1）整数定价策略

顾名思义，就是将家具产品的价格确定为整数。这种策略往往运用于价格特别高或特别低的商品。高价格商品定位成整数会在消费者心中树立高档、优质的形象，低价格商品主要是为了消费者付款方便。

（2）尾数定价策略

在确定零售价格时，以零头而不是整数结尾，给消费者一种已经经过折扣的感受，使消费者在心理上感到"占了便宜"。

（3）品牌定价策略

国内一些高知名度的家具品牌或者进口家具大牌，已经在广大消费者心目中形成了优质的品质、良好的服务、定制化的功能以及高端的品牌形象，这一类家具企业一般定价较高，消费者购买家具产品所获得的不仅仅是其使用功能，还包括家具品牌带来的身份、地位、名望等心理上的满足。

（4）招徕定价策略

将某些家具产品定价调低到非常吸引人的地步，利用这些家具产品作为招徕消费者的噱头，吸引消费者进店，让消费者先入为主地认为这里家具产品都很便宜，从而带动其他产品的销售。这种方式一般在较为低端、走量或者清理库存的家具产品中比较多见。

（5）习惯定价策略

在一些地方，消费者对于某些小件家具产品的价格非常敏感，这些家具应该是什么价格在这一消费者群体中已经形成了习惯性认知，价格稍有变动就会使他们产生抵触心理。这种情况下的定价一般就遵循这种消费者的固有习惯。

3.3.5 产品组合定价策略

（1）产品分档定价策略

根据材质、工艺、款式等方面的差异，可以将产品系列划分为高低不同的若干个档次，分别从低到高依次定价。这些产品在使用价值相近的前提下，如果价格差额不大，消费者通常会更多地购买性能较好的产品；反之，价格差额大，消费者就会更多地购买性能较低的产品。

（2）产品成套定价策略

将一些可以组合搭配的家具产品依据大多数消费者的实际需求进行配套，形成一个一个的"套餐"，消费者购买套餐的价格低于套餐中所有单品价格的总和。这种方式有利于提升客单值，带动系列中销量不大、弹性较大的产品的销售。

（3）可选产品定价策略

消费者在购买家具产品时，一般都需要购买沙发、茶几、餐桌椅、床等，这些产品就是一个家具产品系列中的主干产品。与此同时，围绕这些产品家具企业可以推出一些具有特色的配套产品，如角几、休闲椅、挂衣架、书报架等，这些配套产品是消费者可选可不选的。对于家具企业而言，如果为可选的配套产品定高价，而主干产品定低价，那么就是通过主干产品拉动配套产品的销售来赚取利润；如果主干产品定高价，而配套产品价格较低，则是通过可选的配套产品扩大客单值，提升销量。

（4）互补产品定价策略

互补产品又称受制约产品，是指必须与主要产品一同使用的产品。在家具领域，比较典型的互补产品有床与床垫、餐桌与餐椅等。这些产品一般都不会单独销售或使用，消费者都会成套购置。因此互补的产品可以将其中的一部分定低价，用以吸引消费者，而另一部分定高价，用于获取足额的利润。

3.3.6 差异化定价策略

对于面向全国市场、全球市场等较为广阔的区域的家具企业，往往需要根据市场的具体情况来差异化定价，即对同一件产品制定多种不同的价格，以适应市场的需要，并为企业争取更多的利润。差异化定价主要有以下几种形式。

（1）因消费者而异

面对不同的消费者销售同一种产品时，价格可以存在差异。对于比较看重家具产品的材质、品牌、工艺以及款式的消费者，可以采用较小的优惠力度来获得更高的利润；对于价格敏感型消费者，则需要更多的让利来获得更大的销量。

（2）因配置而异

同一个款式的产品，在材质、颜色等配置上可能存在差异，这些差异本身可能存在成本和批量上的差别，而导致价格存在差异；即使成本相同，定价上也可以差异化。

（3）因时空而异

同一款家具产品，在不同的时间阶段或者不同的地区所面临的市场环境不同，因此价格可能存在差异。

（4）因渠道而异

同一款家具产品在市场上流通时可能经由不同的分销渠道最终到达消费者手中，不同的渠道经历的环节、渠道商的成本和利润需求、获得消费者的难易程度上都存在差异，因此价格上也可以存在差异。

实施差异化定价策略需要注意几个方面：

① 市场本身可以根据消费者、时间、地理以及渠道进行进一步细分，并且每个细分市场对于该款产品的需求存在差异；

② 在价格变动的范围内与竞品相比，对于消费者始终存在优势；

③ 不能由于价格的变化引起已购消费者的不满，也不能给潜在消费者造成价格不稳定的印象，从而采取需要观望的态度；

④ 不能违反国家相关法律法规，恶意倾销或者哄抬物价。

3.3.7 分级定价策略

由于当前绝大多数家具产品在销售过程中都存在议价空间，为了防止价格的混乱，家具企业和门店常常可以采用分级定价的策略，形成产品的价格体系，以方便管理。

分级定价本质上就是根据不同的分销渠道、门店员工的不同职级以及不同的活动为产品预先制定若干个不同的价格，从而避免渠道之间的冲突，并为门店销售人员提供了"压单"这种营销方式，帮助家具企业实现效益的最大化。

常见的价格分级依据如图 3.2 所示（以价格绝对值从高到低排列），家具企业和门店可以根据自身的营销实际选择使用。

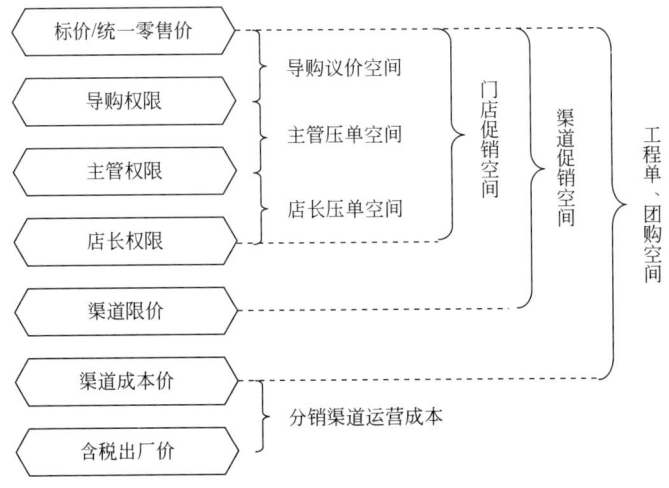

图 3.2　常见的家具价格分级体系

（1）标价/统一零售价

家具门店产品价格牌、价签上标注的价格，一般也就是家具产品最高的成交价格（即消费者不还价的情况）。

（2）导购权限

即最基层销售人员不经过上级审批，销售产品的最低价格。低于标价/统一零售价但不低于导购权限的价格区间就是导购人员的议价空间。

（3）主管权限

即导购、家居顾问等最基层销售人员的直接上级、家具门店中层销售管理人员不经过更高级别领导审批可以销售产品的最低价格。低于导购权限但不低于主管权限的价格区间就是主管的压单价格空间。

（4）店长权限

即家具门店的负责人不经过渠道商或家具企业总部进行审批可以直接销售的最低价格，也是整个家具门店不经上级领导审批可以销售产品的最低价格。低于主管权限但不低于店长权限的价格区间就是店长的压单空间。

（5）渠道限价

是家具企业为了维持企业和品牌形象，稳定产品的市场价格，防止渠道冲突而给各分销渠道制定的正常面向个人消费者零售家具产品的最低销售价格，如果渠道商低于该价格向个人消费者出售产品，通常会受到家具企业的处罚。一般渠道活动促销价格不会低于渠道限价。

（6）渠道成本价

家具企业的分销渠道销售家具产品的各项成本折算出来的家具产品成本价格，低于该价格销售意味着分销渠道的亏损，只有急于清理库存、回笼资金时才会低于这一价格进行销售。一般来讲，低于店长权限但不低于渠道成本价的价格区间是家具分销渠道开展面向组织消费者的工程单业务、大宗团购业务时的议价空间。

（7）含税出厂价

即分销渠道从家具制造商处提货的价格，对于依托第三方渠道商的分销渠道，这就是渠道商的采购价；对于家具企业直营的分销渠道，这一价格就是直营部门独立核算的产品成本。需要注意的是，大多数家具企业的出厂价都不含税金和物流费用，这两部分成本不能遗漏。

3.3.8 线上线下配合定价策略

随着家具的线上营销逐步受到认可并初具规模，许多传统家具企业也开始转战线上家具市场，而消费者在购买家具之前通常也会通过线上进行查询，于是线上与线下的家具销售就形成了相互配合的关系。针对线上与线下销售同款产品的家具企业而言，其定价策略主要可以采用以下两种。

（1）线上线下同质同价

线上销售与线下销售的产品在品质、价格上完全相同，并且线下没有议价空间，通常被应用于一些新兴的互联网家具企业，或者一些爆款的家具单品上。这种定价方式的优势在于能够促成线上消费者到线下进行体验，并在线上进行交易以便获得更多的客户数据，有利于塑造良好的企业形象。缺点在于这种策略目前还只能用于中低端走量的家具产品，对于高端家具产品还不适用，并且采用这种方式会使家具企业的渠道商失去最有效的市场竞争武器，对他们构成很大的压力，需要家具企业具有强有力的渠道管理能力。

（2）线上线下差异化定价

线上与线下虽然展示和销售的产品相同，但线下并不要求严格保持与线上价格统一。这种定价策略多用于一些第三方渠道商为主要分销渠道的家具企业。在消费者普遍使用网络来收集信息的背景下，渠道商向终端消费者销售家具产品时的实际定价一般会低于线上的定价，通过线上店铺给消费者留下良好的印象，再通过低于线上的价格促使消费者在线下成交。因此，这些企业建立的线上销售渠道实际上不是作为主要的销售渠道，而是作为一种支持线下营销活动开展的一种手段，俗称"扛价格"。

3.4 家具企业定价的程序

企业定价一般需要经过六个步骤，即：确定定价目标，估算成本，分析市场需求，分析竞争对手，选择定价策略和方法，确定产品的最终价格（图3.3）。

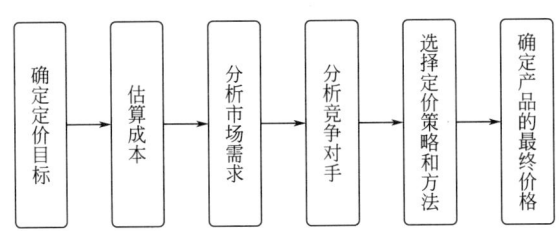

图3.3 家具企业定价的基本程序

（1）确定定价目标

家具企业为产品进行定价的第一个步骤就是确定一个明确的定价目标，即通过定价需要达到什么样的目的，主要包括了以利润为导向、以销售为导向和以竞争为导向三个大类。如果没有形成明确的定价目标，那么企业在整个定价活动中就缺乏纲领，容易走偏。

（2）估算成本

估算成本的目的是确定产品价格的下限。一般情况下，家具的销售价格不能低于成本。家具产品的成本分为两类，即固定成本和变动成本。固定成本不随家具产品产量而变化，即使没有产品产出也需要负担。变动成本随家具产品的产量和销量变化而变化，如果没有产品产出，这些成本为零。通常，随着产量（销量）的增加，产品的平均成本呈下降趋势，并且固定成本越高，这种下降趋势越明显。

（3）分析市场需求

正确预估市场的需求，是定价的前提。在定价之前需要就不同价格情况下市场对产品的需求量进行分析。

这里引入需求价格弹性的概念。

价格弹性指价格变动引起的市场需求量的变化程度，表明供求对价格变动的依存关系，反映价格变动所引起的供求的相应的变动率，即供给量和需求量对价格信息的敏感程度。需求价格弹性是需求变动率与引起其变动的价格变动率的比，反映商品价格与市场消费容量的关系，表明价格升降时需求量的增减程度，通常用需求量变动的百分数与价格变动的百分数的比率来表示。

商品本身的价格、消费者的收入、替代品价格，以及消费者的爱好等因素都会影响对商品消费的需求。需求价格弹性大的产品，通过降价可以增加销售量；需求价格弹性小的产品，降价也不一定会增加销售量。

需求价格弹性可以通过需求量对价格变化的反应程度，即需求价格弹性系数来量化：

$$E = \frac{\frac{Q_1 - Q_0}{Q_0}}{\frac{P_1 - P_0}{Q_0}} = \frac{\frac{\Delta Q}{Q_0}}{\frac{\Delta P}{P_0}}$$

式中　E——需求价格弹性系数；

Q_1——变化后的需求量；

Q_0——原需求量；

ΔQ——需求的增减量；

P_1——变化后的价格；

P_0——原价格；

ΔP——价格的增减量。

需求弹性系数的实际意义是价格每变动1%，所引起需求变动的百分数。由于价格和需求一般成负相关关系，所以需求弹性系数为负数，在应用时，取其绝对值。需求弹性系数通常有3种情况。

$E<1$，称为需求弹性不足。表示价格的变动只会引起需求量微小的变化。如果企业生产和经营的是需求弹性不足的家具，其销售量不会因价格下降而增加，企业不宜采用降价策略。

$E=1$，称为需求无弹性。表示价格的变动引起需求量相同幅度的变动，是等比例变动，对销售量影响小。这类产品无论提价或降价，销售额都不会有明显变化。

$E>1$，称为需求弹性大。表示价格的变动会引起需求量的大幅度变化。生产经营这类家具的企业，若采用降价策略，销售量会大幅度增加，销售额也会相应增加。

在家具领域，影响需求价格弹性的因素主要包括：

① 家具的需要程度。需要程度高的家具，需求价格弹性小，如沙发、茶几、床、餐桌椅等，这些产品几乎是居家标配的刚需产品；需要程度低的家具，需求价格弹性大，例如角几、休闲椅、花架、挂衣架等。

② 家具的替代性。需求价格弹性与家具替代性成正比。越容易被其他产品替代的家具，需求弹性就越大；越不容易被其他产品替代的家具，即使价格发生波动，因为没有替代品，需求量也不会发生明显变化。

③ 家具的供求状况。家具供过于求时，价格降低，销售量增加，需求价格弹性较强。但供大于求的家具如果款式老旧，工艺落后，即使价格降低，销售量也不会明显增加，此时需求价格弹性较弱。家具供不应求时，价格在一定限度内上升，对需求量影响不大，需求价格弹性较弱；当价格上升到一定限度后，会对需求产生较强的抑制作用，需求价格弹性较强。

（4）分析竞争对手

在同质化比较严重的家具市场上，激烈的市场竞争是家具企业无法回避的挑战，因此定价过程中就必须要认真分析竞争对手的产品、成本和定价策略。一般来讲，成本是企业定价的下限，市场需求为产品定价制定了上限，竞争对手的定价策略就为企业的定价提供了一个参考值,特别是在新产品定价时,竞争对手的定价通常是新产品定价的重要依据。

(5)选择定价策略和方法

定价方法是企业在特定的定价目标指导下,运用适当的定价策略,对产品价格进行具体计算的方法。常用的定价方法有成本导向定价、需求导向定价和竞争导向定价3类。企业应全面掌握和了解成本、市场需求和竞争者的情况,选择适合于本企业的定价方法。

定价策略是指导企业正确定价的行动准则,是企业进行价格竞争的方式,它直接为实现企业的定价目标服务。企业可以根据所处的市场状况和产品销售渠道等不同条件,采取不同的定价策略。

(6)确定产品的最终价格

定价策略和定价方法为产品定价提供了依据,但企业在选择最终价格时,还必须考虑制定的价格是否符合国家的有关政策和法令,是否符合企业的定价政策,是否符合企业的形象,是否符合企业对竞争者价格的态度,是否考虑了消费者心理,是否考虑了企业内部有关人员、经销商和供货商的有关意见,是否注意到竞争对手的反应等。在考虑了这些与定价有关的因素后,就可以确定出最终精准的产品定价。

4 渠道策略

4.1
家具分销渠道

4.2
家具产品分销渠道的基本类型与模式

4.3
家具产品的终端营销渠道

4.4
家具产品营销渠道的策略

4.5
家具产品营销渠道的管理

无论是什么样的产品，从企业流通到消费者手中都需要借助一定的途径，这就需要分销渠道的参与。家具企业产品流通是否顺畅，是否能够感知消费者市场的变化，很大程度上取决于是否拥有完善的分销渠道体系。对于家具企业而言，分销渠道既是促进家具产品流转的通路，又是感知市场变化推动家具企业经营调整的神经网络。

4.1 家具分销渠道

4.1.1 分销渠道的含义与职能

分销渠道是指产品和服务在从生产者向消费者流转的过程中，取得这种产品和服务的所有权或帮助所有权转移的所有企业或个人。

这一概念包括四个层次的含义：其一，分销渠道由参与产品流通过程的各类机构组成；其二，分销渠道的起点是生产者，终点是实现产品使用价值的消费者；其三，产品在流通过程中至少会经过一次所有权的转移；其四，分销渠道是生产者和渠道商之间为了达到各自或共同的目标而进行交易的复杂行为体系和过程。

分销渠道是连接生产者和消费者的桥梁和纽带。企业需要通过分销渠道来加速产品的流转，是因为市场经济条件下的生产者和消费者存在空间、时间、所有权的分离，以及供需品种和数量差异等方面的矛盾。具体来看，分销渠道承担的职能主要包括以下九项。

（1）*市场调研职能*

收集整理现实中潜在消费者、竞争者以及营销环境的相关信息，并及时传递给渠道中其他合作者。

（2）*销售促进职能*

通过各种促销手段将商品或服务信息传递给消费者，刺激消费者的需求和欲望，促使其采取购买行为。

（3）*发掘机会职能*

通过分析市场，发掘潜在的市场机会，并就不同消费者的特点提供不同的分销渠道。

（4）*产品配套职能*

根据不同消费者的具体需求来分类整理产品，提供更符合消费者需求的产品组合。

（5）*商务洽谈职能*

为了完成产品所有权的转移，各渠道成员之间就产品的价格、付款方式和交付条件等问题达成协议。

（6）*物流仓储职能*

物流是指从事产品的运输、储存、配送，将实体的产品送到消费者手中。

（7）*金融合作职能*

为了顺利地实现产品交换，分销渠道成员之间可以采用金融的方式进行合作，加快产品流通和资金周转。

（8）配套服务职能

流通过程中的安装、售后服务等工作一般都需要借助分销渠道来完成。

（9）分担风险职能

分销渠道的成员在分享产品流通带来的利益以外，还应当共同承担产品销售和市场变化带来的风险。

4.1.2 家具渠道商

家具市场上主流的营销模式有两种：一种是家具制造企业自身直接针对终端消费者开展市场营销活动，即直营模式；另一种是家具制造企业自身不开展针对终端消费者的营销活动，而是通过发展遍布全国的渠道商，由渠道商来针对所辖区域内的终端消费者进行直接营销，即经销商模式。

从本质上来看，直营模式的门店是家具企业市场营销部门的一部分，直接深入终端消费者群体中开展零售业务；经销商模式是家具企业通过与市场营销方面具有资源的第三方企业合作面向消费者开展业务。家具的渠道商就是指帮助家具制造型企业将产品推广、销售给最终消费者的第三方企业。

4.1.2.1 家具渠道商的类型

从经营模式上来看，家具的渠道商有三种类型：家具经销商、家具流通服务商与家具线上运营商。

（1）家具经销商

家具经销商是从家具企业购进家具产品，运用自身的资源将这些产品转手销售出去并以其中的价差作为盈利来源的企业。这些企业的规模可大可小，大到几千上万人规模的上市企业，小到两个人的夫妻店都可以是家具经销商。

家具经销商具有明显的地域特征，通常在具体的某一个省市或者某一个区县拥有深厚的根基，掌握了大量销售渠道和客户资源，具有优秀的运营能力或者能够拿到良好位置的铺面。借助这种本地化的经销商，家具企业就能够将产品销售到任何一个地方，企业自身就不必建立庞大的面向终端消费者的市场营销队伍，只需要在每年几个关键的时间节点投入人力物力财力来招募经销商，平时做好经销商的维护工作即可，这样就能够将更多的精力投入到家具产品的研发和生产中。

然而，由于各个家具经销商都有自己的利益考量，并且通常家具企业对经销商的控制手段非常有限，因此通过经销商进行销售存在难以管理、不能突出家具企业品牌形象等问题。

（2）家具流通服务商

家具流通服务商主要是指向经销商租赁家具卖场的物业并提供配套服务，帮助经销商销售产品的企业。这类企业普遍的特点是自身不直接经营家具产品，而是建设拥有大量可供经销商进驻的店铺的大型家具卖场，形成规模效应吸引客户，并展开大量的引流活动，通过专业化的物业管理和活动运营协助经销商实现更好的市场营销。

家具流通服务商能够使得零散经营的经销商得以聚集起来形成规模，并且提升了经销商的形象，为消费者提供了基本的保障服务，完善了消费者的购物体验，但不可避免地导致经销商的市场营销成本大幅提升，并且在互联网经济的冲击下，这类大型家具卖场同样门庭冷落，亟待转型升级。

（3）家具线上运营商

家具线上运营商就是帮助家具企业通过互联网的方式来销售家具产品的企业。

电子商务方兴未艾，家具的线上销售已经初具规模，传统家具企业受到了互联网营销的巨大冲击。许多传统家具企业尤其是传统的成品家具企业也希望能够通过触网来求得生存和发展，然而这些企业普遍缺乏线上运营经验，于是一批帮助家具企业开展线上运营的企业应运而生。

这类企业通常从其他消费品线上销售转型而来，利用其丰富的产品宣传、客户运营与线上店铺建设经验为家具企业销售产品，从销售额中抽取一部分作为利润，而家具产品的配送、安装等线下服务工作仍然由家具企业来完成。

这一模式使得传统的家具企业迅速触网产生效益，但由于传统家具企业与线上运营商之间往往存在理念和思维上的差异，双方之间的配合难免出现一些问题，这就会出现服务不到位、产品与线下渠道冲突等矛盾。

4.1.2.2 家具渠道商的作用

由于家具产品的生产者和消费者之间客观上存在时间空间的分离以及供需结构差异的矛盾，如果直接由生产者向消费者提供家具产品将面临许多困难并造成资源的大量浪费，渠道商存在的意义就是为了调和这种矛盾。借助渠道商来组织营销活动，能够大大提高家具产品的流通效率，节省时间，降低交易的成本。图4.1能够直观呈现渠道商的有无对于家具产品流通的重要作用。

可以看到，为了实现家具制造商对客户的全面覆盖，5个家具企业和5个消费者之间将发生总共25次的交易行为；渠道商的存在使得这种交易行为的数量降低到10次，其经济效益显而易见。

具体来看，通过渠道商来开展家具的市场营销活动具有以下几个方面的作用：

① 避免家具制造企业直接接入终端零售，专业分工更加明确，减少不必要的环节，降低资金占用，缩短家具产品的流通周期；

② 渠道商为家具制造企业提供了缓冲空间，有效降低家具制造企业的库存量和市场风险；

③ 能够有效减少家具制造企业与

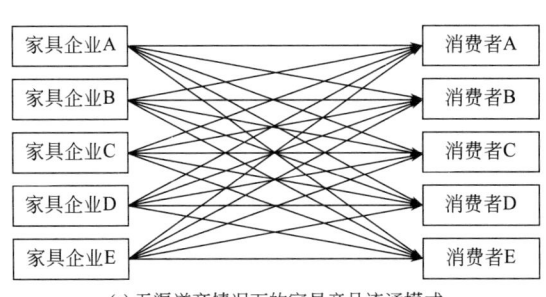

(a) 无渠道商情况下的家具产品流通模式

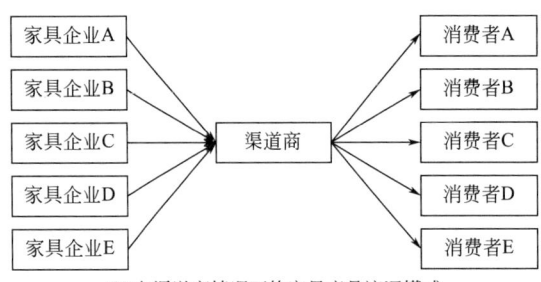

(b) 有渠道商情况下的家具产品流通模式

图4.1 渠道商的作用

消费者之间的沟通和服务成本，降低家具制造企业的运营压力；

④ 通过渠道商，家具产品能够以较快的速度和较准的精度投入市场。

4.1.2.3 家具分销渠道的瓶颈

① 家具企业线下渠道商数量较多（表4.1），在不同区域开展的差异化市场营销活动容易引发窜货行为，监管难度比较大；

表4.1 某大型家具企业线下渠道商规模

品类	渠道商数量	线下门店数量
橱柜	1556	2150
衣柜	843	1872
子品牌	808	839
木门	683	634

② 家具企业没有直接接触终端消费者，对于市场环境的变化以及消费者需求的更新存在滞后和失真现象；

③ 家具产品在分销渠道中的沉淀可能导致家具企业经营的潜在风险。

4.1.3 家具分销渠道的特点与发展趋势

4.1.3.1 家具分销渠道的特点

① 家具分销渠道由参与家具产品流通的各个环节组成，这些环节可以是企业也可以是个人；

② 家具分销渠道的起点是家具制造企业，终点则是个人消费者或组织消费者；

③ 要实现家具的价值和使用价值，最少要经过一次家具所有权的转移，即至少要从制造商直接转移到消费者手中；

④ 家具分销渠道并不只是开展家具产品所有权的转移工作，还需要同时开展相关的配套服务工作。

4.1.3.2 家具分销渠道的发展趋势

（1）大型家具流通服务商影响力逐步增强

大型家具流通服务商特别是连锁型的大型家具零售商近年来在国内家具市场上发展迅速，并且覆盖范围逐步下沉，从一、二线城市向三、四线城市大步迈进。这些流通服务商一方面直接面向终端市场，掌握了大量第一手市场信息，对于市场风向非常敏感；另一方面由于其较大的规模和良好的品牌形象而形成集聚效应，在一定区域内构建了完整的家具产品销售服务链条，对于汇聚客流起到了重要的作用。

（2）家具零售形式多样化发展

家具零售的形式已经不再局限于传统的"店中店"模式，独立店、商超店、社区店、快闪店、异业联盟等多种形式蓬勃发展。渠道商不断尝试和探索各种途径来触达终端消费者，消费者接触和了解家具产品的途径也不再只是传统的家具城，家具销售渠道的碎片化趋势加剧。

（3）家具线上销售渠道异军突起

随着电子商务与大部分消费者的关联日益紧密，在宣传和支付方面相比线下存在巨大优势，并且制约家具产品上线销售的因素逐步被打破，大批传统家具企业开始角逐线上市场，线上家具市场规模已达千亿级别并仍然在快速增长，甚至出现了一批以设计、运营见长的纯电商家具企业。相比之下，线下家具市场的客流量回落趋势明显，许多家具门店在非活动期间都呈现出门可罗雀的状态，线下家具市场竞争愈发激烈。

（4）信息技术的作用与日俱增

随着互联网技术的快速发展和广泛应用，一方面家具企业可以通过信息系统实现对分销渠道的高效管理，及时了解产品的销售情况从而积极主动地对产品、库存和供应链进行优化，提高了渠道管理的深度，市场敏感度大幅提高；另一方面，渠道商借助信息技术得以开展体验式营销、精准营销、定制化营销和社群营销，针对性更强，营销效果更好。

4.2 家具产品分销渠道的基本类型与模式

4.2.1 家具分销渠道的基本类型

（1）直接渠道与间接渠道

按照家具企业的分销活动是否有渠道商参与，可以将家具分销渠道分为直接渠道与间接渠道。

采用直接渠道的家具企业不通过任何渠道商，直接将产品销售给终端消费者，即常见的直营模式。采用这种模式的企业多为实力雄厚的大型家具企业，通过电商进行销售的家具企业，以及一些小微型作坊式家具企业。

间接渠道是指家具产品从家具企业向消费者转移过程中要经过至少一个渠道商，大部分具有一定规模且面向全国市场的家具企业都采用这种方式。家具企业的经销商模式就是间接渠道的典型代表。

（2）长渠道与短渠道

按照流通环节层级的多少，可以将家具企业的分销渠道分为长渠道和短渠道。

长渠道是指产品从家具企业向消费者转移过程中需要通过两层及以上的中间环节的分销渠道。

短渠道是指产品从家具企业向消费者转移过程中只需要通过一层中间环节的分销渠道。

（3）宽渠道与窄渠道

按照渠道中每个层次的同类渠道商数目的多少，可分为宽渠道和窄渠道。

宽渠道是指家具企业在同一地区针对同一系列的产品同时选择多个同类渠道商销售产品，这些渠道商之间构成竞争关系。

窄渠道是指家具企业在同一地区针对同一系列的产品只选择一个渠道商为自己销售家具，即唯一授权模式。

4.2.2 家具分销渠道的常规模式

根据家具市场中分销渠道的层次结构，可以将家具分销渠道定义为多种不同的模式，在家具产品从家具企业向消费者转移的过程中，不同的模式具有不同的特点。

（1）家具企业—消费者

家具企业既开展家具的研发生产活动，又开展终端市场营销活动，直接面向消费者。这种模式主要有三种典型形式。

① 资金实力和市场影响力较大的家具企业自行开设体验馆、旗舰店等门店，直属家具企业管理。这种门店一般规模较大，投入较多，风险较高，一般定位中心城市布局，用于彰显品牌形象和提供可靠的配套服务。

② 一些中等规模家具企业研发的电商专供家具系列，以及一些新兴的以设计和运营见长的互联网家具企业，采用自营模式，利用互联网平台聚沙成塔的效应形成批量，向全国范围的消费者直接提供家具产品。

③ 一些小微型家具企业也可能采用这种模式，这些企业通常只有寥寥数人，产量、品种以及销售范围也都非常有限，基本就是企业直接面向消费者。

（2）家具企业—唯一代理商—消费者

家具企业本身主要承担研发生产任务，由一家专业的代理商来将其产品推向市场，直接向消费者销售。这种模式多见于一些不擅长线上运营或者刚刚涉足家具电商的传统家具企业，通过与一家专业的线上运营团队合作来面向线上消费者销售家具产品。

（3）家具企业—唯一渠道商—零售商/代理商—消费者

家具企业主要承担研发生产任务，市场营销方面交由唯一一家渠道商全权负责。这种情况主要包括：

① 尚未大力开发国内市场的国外家具企业，通过国内的进口家具代理商来运作国内市场，由这家代理商进一步发展零售商和二级代理商，开展营销活动；

② 家具企业本身没有自己的品牌，以代工为主要业务，根据合同进行生产，所生产的产品交由指定的一家渠道商负责，由这一渠道商进一步建立销售渠道来投入市场。

（4）家具企业—区域经销商—零售商/代理商/经销商—消费者

家具企业分区域招募经销商，由经销商在指定区域内发展零售商、代理商或二级经销商。这种分区可以是按照现行的省市行政区划，也可能是家具企业自行拟定的片区，而每一个片区内通常只有唯一的一个经销商。这种方式是目前面向全国市场销售的传统家具企业的常规做法。

（5）家具企业—批发商—零售商—消费者

家具企业直接将产品大批量销售给批发商，由家具批发商将产品进一步批发给零售商，产品的流通没有区域的限制。这种模式一般在价格较为低廉、需求弹性较小的家具产品市场营销中比较常见。

4.3 家具产品的终端营销渠道

所谓终端，即产品销售通路的末端，就是产品直接接触消费者，消费者完成交易的最终端口。终端是"从商品到货币的惊心一跳"的跳板，是唯一实现"不是库存转移，而是真正销售"的场所。终端营销渠道就是帮助产品完成商品与货币的交换，产生实质上的销售，最终到达消费者手中的组织或个人。当前，随着市场竞争的日趋激烈，家具的终端营销渠道已经不仅仅局限于家具店铺这种传统的形式，还逐步拓展到展会、分销等多种渠道。终端营销渠道是家具分销渠道的末端，也是家具的市场营销活动中最直接产生效益的环节。

4.3.1 家具店铺

店铺，是坐商进行贸易活动的场所。唐朝封演《封氏闻见记》中记载："……渐至京邑。城市多开店铺……"。可见早在一千年前，就已习用"店铺"一词。家具店铺，就是以家具的交易为主要活动的店铺。今天的家具店铺，按照是否具有有形的经营的场所，可以划分为实体店与网店；根据经营模式的不同，可以划分为直营店、加盟店和代理店等。

4.3.1.1 实体店与网店

（1）实体店

实体店是在现实世界中拥有一定面积开展销售活动的店铺。实体店的历史源远流长，但这一概念是近年来由于电子商务的兴起而被正式提出。具体来看，实体店又可以依据店铺开设的形式和位置，有多种特殊的类型。

按照店铺的经营形式，可以划分为店中店与独立店，二者对比见表4.2。

表4.2 店中店与独立店对比表

项目	店中店	独立店
门店位置	大型家具商场或综合商场内	地段较好的独立门面
门店规模	较小，200～300平方米	较大，一般1000平方米以上
产品系列	较少，一般2～3个系列	较多，一般为家具企业全系列
客流来源	自然客流	自行引流
客流量	较大	较小
客流精度	低，大多没有明确目标	高，进店客流对品牌多已有所了解
员工数量	少，3～4人即可	多，少则十余人，多则数十人
经营主体	多为第三方渠道商	家具企业自行运营为主
经营目标	销售获利为主	销售获利、品牌推广、市场拓展
品牌影响	较弱，要与其他品牌抢资源	较强，拥有独立的品牌宣传资源
灵活程度	低，受所在商场严格约束	高，自行经营
经营难度	较低，大量非销售工作由商场承担	较高，所有运营工作需要自行开展
经营周期	较短，一般按年规划	较长，一般运营5年以上

店中店：顾名思义，店铺开设在另一个店铺内部（图4.2）。一般来讲，家具行业的店中店是指在大型家具卖场内开设的品牌店铺。这些店铺依托大型家具卖场的规模效应吸引客流，接受卖场的严格管理。家具卖场承担了引流和部分配套服务工作，并向消费者提供一定的担保，因此店中店一般只需要开展比较纯粹的销售活动，经营的产品多为某一个家具品牌或者某一个产品系列，店铺运营人员3～4人即可。消费者在这类店铺购买家具产品，其权益能够得到家具卖场的保障。但相对来讲，由于较高的店铺租金、管理费用以及较多的流通环节，这类店铺的家具产品一般价格比较高。

独立店：在家具卖场以外独立开设的店铺（如图4.3所示）。这类店铺通常具有一定的体量，经营的产品组合较为丰富，通常一家店铺能够满足许多不同类型消费者的需求。店铺的运营者就是产品的直接销售者，店铺的市场营销活动不仅包括了直接的销售，还需要自行开展客户引流和品牌推广活动，因此所需的人员也比较多。运营独立店对于提高品牌知名度的意义较为明显，因此许多大型知名家具品牌通常采用这种模式。

图4.2　店中店

图4.3　独立店

从店铺所在的区位来看，近年来涌现出一批新型家具店铺。

商超店：大型综合购物中心中开辟专门的家居区域，家具企业或渠道商以店中店的形式开设店铺，在传统家具卖场客流量日渐稀薄的背景下通过大型商场的客流来提高曝光率。

社区店：将家具店铺开设在小区，特别是新楼盘周边，或者直接以样板间的形式开设在小区内部。这种店铺通常为短期开设，目的是实现销售端的前置，在小区集中交房装修的阶段能够尽快获取第一手的精准客户资源。随着小区入住率逐步提高，小区内消费者的家具需求逐步饱和，这些社区店也就会逐步撤销。

快闪店：在大型商场的中庭、小区前坪等人流量较大的场所临时性开设的简易家具店铺，一般只持续1～2周。这种店铺开设的主要意义在于进行新品推介、品牌推广和客户引流。一些时尚家具、互联网家具品牌比较青睐这种市场营销形式。

（2）网店

网店是伴随着电子商务的兴起而诞生的新型店铺。这种开设在互联网平台上的家具店铺相较于实体店有着诸多的优势，例如近乎无限的展示面积、多样化的展示方式、全面的产品介绍、24 小时不间断营业等，但也存在消费者不能看到实物、后续配套服务难以保障等瓶颈。为此，一些家具企业将网店与实体店相结合构成了 O2O（Online to Offline）的营销模式。表 4.3 对实体店与网店做了对比。

表4.3　实体店与网店对比表

项目	实体店	网店
开设场所	实际的铺面	线上平台
展示形式	实物、图片、文字等	图片、文字、视频等
营业时间	一般9～17点	24小时
陈列空间	约等于店铺面积	几乎无限
店铺地点	固定的地址	只要有互联网即可访问
寻找产品	麻烦，需要逐个店铺寻找	方便，通过关键词检索
售前服务	销售人员随时陪同	需要时才联系销售人员
客户体验	强，可以实际试用家具产品	弱，只能看到美化后的信息
沟通交流	面对面交流	通过远程交流
送货安装	本地化服务	常常需要借助第三方进行
售后服务	方便，本地化服务	通过线上联系第三方进行
付款方式	现金、刷卡为主	线上支付
经营成本	固定成本占比较高	变动成本占比较高
客流来源	门店周边客流	全国各地客流
引流推广	传统媒体，针对性弱	新媒体，针对性强
数据采集	难度大，大多需要人工进行	客户行为可以全面追踪
营销计划制定	经验为主，数据为辅	数据为主，经验为辅

4.3.1.2　直营店、加盟店与代理店

（1）直营店

直营店是家具企业自己开设的店铺，店铺的运营人员是家具企业的员工。这种分销渠道没有第三方渠道商的介入，由家具企业直接面向消费者开展市场营销活动。由于这种店铺本身就是家具企业组织架构中的一部分，因此家具企业对于这类店铺的控制力较强，考虑的是家具企业整体的利益，有利于凸显企业的品牌形象，服务水平也能够得到有效的保障。通常，家具企业在一些重点关注的地区会采用直营模式运作，一些互联网品牌也常常通过开设直营店来提供标准化的服务。

（2）加盟店

加盟店是由家具企业招募的渠道商依据家具企业统一的要求在指定区域范围内开设的店铺。消费者向渠道商订购家具产品后，渠道商再向家具企业订购，家具产品的所有权由

家具企业先转移到渠道商,再转移到消费者。家具产品从出厂以后的所有物流、安装和售后等服务工作一般都由渠道商来完成,家具企业只进行协助。由于这类店铺的所有权归属渠道商,渠道商通常有自身的利益考量,因此家具企业对这类店铺的控制力有限。

（3）代理店

代理店通常是一些并不以销售家具产品为主要业务的店铺,或者是销售其他品牌家具产品的店铺,为了充实产品品类或者基于现有的客户资源扩大客单值而引入一些家具产品。这种类型的店铺通常不拥有家具产品的所有权,而是以中介的身份帮助家具企业或家具企业的渠道商销售产品,并从中获得佣金,家具产品的配套服务工作一般由家具企业或渠道商来承担。这是一种非常灵活的经营模式,能够有效拉动家具产品与其他产品的连带销售,但由于这种合作关系层次相对较浅,家具企业对代理店几乎没有影响力,因此容易引起一些损害品牌形象的问题。

以上三类店铺的对比见表4.4。

表4.4 直营店、加盟店与代理店对比表

项目	直营店	加盟店	代理店
经营主体	家具企业,品牌所有者	渠道商,品牌授权使用者	非家具或非本品牌家具店
产品所有权	家具企业—消费者	家具企业—渠道商—消费者	家具企业（—渠道商）—消费者
品牌控制力	强	中	弱
服务水平	高	中	低
品推效果	较好	一般	较差,有时有损品牌形象
销售者收入	薪资	利润	佣金
经营产品	只经营本公司产品	只经营授权产品	经营多个公司的产品
产品价格	较低,没有中间环节	一般,包含渠道商利润	较高,包含高额佣金
灵活程度	较低,受家具企业的约束	具有一定的经营自主权	完全灵活经营

4.3.2 家具展会

展会是为了拓展渠道、促进销售、推广品牌而进行的一种集中展示产品或服务的盛会,其最主要的参与者为组织者、服务商、参展商和观众。

家具分销渠道的前端和末端都有可能出现家具展会,但其主要目的存在差异。出现在分销渠道前端的家具展会通常是展示家具产业最新技术和发展趋势,以招募渠道商为主要目的的专业展会;而在家具终端营销渠道中的展会是以销售家具产品为主要目的的,在全国各地定期或不定期开展的面向普通消费者的展销会。本书将这两类展会放在一起来讲解（表4.5）。

表4.5 两种类型的家具展会对比表

项目	专业展会	展销会
办展目的	招商、品牌推广	引流、产品销售、品牌推广
组织者	行业协会、家具商会	线上平台、渠道商
参展商	家具企业、设计机构、贸易商	渠道商、直营店、电商
观众	设计师、渠道商等专业观众	普通消费者
展会规模	大	小
门票获取	免费预报名，经审核后获取	直接购买或赠送
现场销售	一般很少	有
同期活动	行业论坛、专业讲座等	新品发布等
成果体现	开店数、招商数	销售额、销量、引流数量

（1）家具专业展会

专业展会是由行业协会或家具商会定期组织的面向渠道商、设计师和家具企业，以招商和品牌推广为主要目的的大型展会。参展商以家具企业、设计机构和家具贸易商为主。观众往往是调研家具行业发展趋势、寻找可加盟的家具品牌的专业观众，参展需要预先报名并经过审核，普通消费者一般无法参加。展会上也很少直接从事家具的销售活动。

经过二十余年的发展，家具行业的专业展会已经日趋成熟，国际上已经形成了以米兰国际家具展、美国高点家具展和科隆国际家具展为代表的三大顶级展会，国内也出现了以国际名家具（东莞）展览会、中国（广州）国际家具博览会和深圳时尚家居设计周暨深圳国际家具展、中国（上海）国际家具博览会东莞展、中国国际家具展览会、成都国际家具工业展览会为代表的专业展会。

米兰国际家具展始于1961年，每年4月在意大利米兰国际展览中心举办，主办方为米兰国际家具展览公司（COSMIT）。米兰国际家具展被誉为世界家具设计及展示的"奥斯卡"与"奥林匹克"盛会，是全世界家具设计者与产业相关者聚集、交流的圣地。2019年第58届米兰国际家具展展览面积超20万平方米，参展企业2000家，观众数量达386236人，分别来自181个不同国家。米兰展是一个设计的秀场，注重设计理念和流行趋势，从色彩和造型上来讲更具冲击性，设计占到更加主要的位置，更追求细腻和精致，新潮、时尚、个性的产品是米兰国际家具展的焦点。

美国高点家具展首次举办于1913年，举办地为美国北卡罗来纳州海波因特高点镇IHFC展览中心，每年4月、10月分别举办一次，是世界上现存历史最悠久的家具博览会，深受行业内人士和消费者的认可和信任，成为全美乃至全球家具设计和制造的风向标。目前展会拥有188座展馆大楼，展厅面积达110

万平方米,每次展会吸引超过85000人以及来自全球110个国家和地区的超过2000家参展商参加。高点展更具商业性、包容性和开放性,参展作品更加大气,融合了全世界实用、经典的设计。

科隆国际家具展始于1949年,举办地为德国科隆国际博览中心,每年1月举办一次,也是当前世界最负盛名的家具展会之一,展品无与伦比的广度和深度是科隆国际家具展的独特之处。2019年科隆家具展出面积达24万平方米,共有52个国家的1158家企业参加,其中德国以外的参展商占78%,约有来自145个国家的149,500名观众与会,52%的观众来自德国以外。科隆家具展以严谨、务实著称,工业化感觉更为突出,重贸易订单,是综合性的家具贸易展会,也是所有家具经济贸易行业的风向标,通过整体的交易情况可了解到家具市场的流行趋势。

国际名家具(东莞)展览会创立于1999年,每年3月、8月在广东省东莞市厚街镇广东现代国际展览中心举办,是中国家居行业久负盛名的国际性品牌大展,也是全球闻名的东莞名片以及东莞会展经济的火车头。目前拥有9座展馆超过70万平方米的规模,超过1200家企业参展,涵盖中国大陆及港台七成以上的品牌企业,以及意大利、美国、法国、新加坡等国的知名品牌,吸引来自全球150多个国家10万余专业观众参观。

中国国际家具博览会(CIFF)创办于1998年,目前每年3月在广州琶洲国际会展中心、9月在上海虹桥国家会展中心分别举办一次。展出规模76万平方米,参展商数量达4344家,专业观众近30万人。展会覆盖大家居全产业链,涵盖民用家具、饰品家纺、户外家居、办公商用及酒店家具、家具生产设备及配件辅料等,尤其以出口产品占比较高。

深圳时尚家居设计周暨深圳国际家具展始于1996年,每年3月在深圳会展中心举办,已连续成功举办34届,吸引超过800家参展企业,客商数量超10万人,展会面积达到16万平方米。深圳家具展以"设计之都"定位,已成为国内首个以设计为导向的高端家具专业贸易平台。

中国国际家具展览会自1993年开始举办,每年9月在上海新国际博览中心举办一次,创办以来已成功举办20届。目前展会规模达75万平方米,参展企业3000余家,满足来自160个国家和地区的近10万人次海内外观众的不同采购需求。上海国际家具展品牌齐全,国际化程度高,同时兼有设计师展,与上海家居设计周紧密结合,建立了一个持续发展的贸易平台。

成都国际家具工业展览会自2000年开始举办,每年6~7月在成都世纪城新国际会展中心和中国西部国际博览城开展一次。目前已经发展成为拥有9个专业展馆、4个室外展区,展出面积逾13万平方米,参展企业900多家,展位突破6500多个,专业采购商近16万人次,展期参观突破20万人次,展会达成购销协议超过100亿元的综合型国际展会。成都展已经形成了"家居双产业链"展示体系,是全球展览业协会(UFI)认证展会、中国中西部第一展。

（2）家具展销会

家具展销会通常是由线上平台、渠道商等举办的面向普通消费者，以销售家具产品或者为家具店铺吸引客流为主要目的的中小型展会。参展商通常都是家具企业的销售部门或者家具渠道商，往往借助邀请函或赠票邀请普通消费者参加。

国内的家具展销会种类繁多，包含团购会、订货会等多种形式，这类展会有的有固定的举办时间和场所，有的则是汇聚了一定数量的消费者就临时选址开办。通常这种展会的频率比较高，一个城市在一个月的时间里可能由不同的主办方举办数次。

4.3.3 家具终端分销

家具的终端分销是在家具终端营销的基础上再发展二级销售渠道来实现更有效销售的一种手段。

在激烈的市场竞争下，直接面向消费者的家具企业和渠道商单纯依靠自身的力量已经难以实现精准而高效的市场营销，他们开始探索抱团取暖的营销策略，进一步发展一些装饰公司、小区物业、建材店铺等关联机构或者个人设计师、个人消费者作为分销渠道，来获得客户和订单，并向这些终端分销渠道提供佣金作为激励。有的家具企业、渠道商还将这一营销手段标准化和信息化，形成了终端分销系统。

家具企业终端分销方案

公司营销部根据市场发展需求以及门店实际情况，联合总部财务部、信息管理部共同打造着力解决门店渠道拓展业务中存在的困难的终端分销系统，以达到信息共享、快速开拓门店营销渠道的效果。

1. 系统介绍

1.1 适用范围

本公司门店开发的设计师、工长、售楼员、房产中介、装饰公司、异业联盟、分销渠道、地产物业及类似的具有稳定带单能力的个人或机构，以及在门店成交过的老客户，两种引流渠道均适用本方案。

1.2 主要名词解释

零售渠道人员：门店内部员工、负责门店零售渠道开拓和维护的人员，主要由各门店市场部专人专岗开展此项工作，其他非销售人员也可兼职。

渠道代理：零售渠道人员开拓的具有稳定带单能力的个人或机构均视为渠道代理。

二级渠道代理：由渠道代理开发的具有稳定带单能力的个人或机构是这一渠道代理的二级渠道代理，二级渠道代理带单成功时其渠道代理也可获得分红。

客户代理：门店老客户转介绍其他客户，该老客户就成为客户代理。

代理：本方案中的代理为渠道代理与客户代理的总称。

渠道客户：由渠道代理开发的客户。

渠道红包：由渠道代理申请后发放给客户，在议价完成后直接冲抵货款使用。

保护期：代理通过APP向门店提交客户信息，自提交之日至审核之日后××天内为保护期，保护期内其他代理不能发展该客户。保护期内客户到店未成交，则保护期自到店之日起向后顺延××天，最多顺延××次；保护期内客户到店成交或客户的保护期到期，则其他代理可以发展该客户。

1.3 业务流程

零售渠道人员开拓渠道代理（或销售人员开发客户代理）——代理注册并通过审核——提交客户信息并通过审核——给客户发放渠道红包——客户进店——客户选定产品并确定成交价——客户出示渠道红包抵扣并付清全款——按照标准给代理分红。

1.4 系统构成

系统由APP和后台两部分组成：APP主要是代理使用，主要功能包括注册、申请渠道红包、查看个人客户及订单、分红查询等功能；后台主要由零售渠道人员使用，主要功能包括维护渠道代理或客户代理、维护渠道客户、申请审核、红包发放等功能。

系统同时与销售系统、CRM系统、财务系统打通。

2. 人员管理

2.1 零售渠道人员管理

（1）组织架构和职能

专职的零售渠道人员岗位编制在门店市场部，专职开展渠道代理的拓展和维护工作，原则上不开展电销、驻点等其他工作。

兼职的零售渠道人员可以是任何直营体系内的工作人员。

门店渠道代理按照"谁开拓，谁维护"的原则操作，此外，由一名零售渠道人员开拓的渠道代理介绍其他渠道代理时，被介绍的渠道代理也由该名零售渠道人员维护，业绩也视为该零售渠道人员的业绩并计算提成。

门店所有专职零售渠道人员以及兼职零售渠道人员的零售渠道业务归属门店市场部，由市场部主管直接领导。

（2）薪资及提成

底薪：专职零售渠道人员底薪由各门店根据当地实际情况确定；兼职零售渠道人员无该岗位的底薪。

提成：各门店根据零售渠道人员实际渠道全款回款额的××%作为提成，且当月的回款，次月发放一半提成，送货完成后发放剩余提成。

（3）业绩计算

零售渠道人员业绩独立计算，以月度实际渠道全款回款额（应收款中不含渠道红包抵扣部分）为计算依据。

2.2 代理的资格

渠道代理可以是独立设计师、装饰公司、设计机构、异业联盟成员、小区物业、开发商等，个人、机构、企业均可。原则上要求其在行业内信任度较高、具有一定影响力、拥有长期稳定的带单能力、曾与门店开展过良好合作的优先。必须到门店实地参观，并与门店市场部主管或店长进行过深度交流的人员方可成为渠道代理。

客户代理必须是曾经购买过本公司产品，且愿意继续为本公司介绍其他客户的客户。

直营体系内部员工不得成为渠道代理或客户代理。

2.3 渠道客户识别

渠道客户的客户信息中，客户姓名、手机号码和送货地址（精确到门牌号）是主要的判别依据，但只要送货地址不同，即可被不同的代理发展。

3. 流程管理

3.1 渠道代理的拓展、审核、维护和撤销

3.1.1 渠道代理的拓展

零售渠道人员与计划发展的渠道代理口头达成一致并到门店参观，与门店市场部主管或店长深度交流后，下载本公司"终端分销"APP，提交姓名、电话、身份证号、所在行业等个人信息，并同意内置于APP中的格式协议，门店市场部主管审核通过后即可正式成为本公司渠道代理。

3.1.2 渠道代理发展二级渠道代理

渠道代理可以通过人脉关系发展其他二级渠道代理，方式为：与其他渠道代理达成意向后，通知负责维护的零售渠道人员按照渠道代理拓展的流程进行操作，审核完成后由门店在后台操作将两个渠道代理进行绑定。

3.1.3 渠道代理的审核

渠道代理注册提交后，门店市场部主管应对该渠道代理的代理资格进行审查，对该渠道代理的人脉关系、个人资源等进行调查，避免有不良记录的人员成为渠道代理给公司带来形象和经济损失。

3.1.4 渠道代理的维护

渠道代理的日常维护由负责开发和维护的零售渠道人员全权负责，由于维护不当造成渠道代理投诉的，门店有权直接更换负责维护该渠道代理的零售渠道人员，同时该渠道代理带单尚未支付的提成全部划归新的零售渠道人员。

一名零售渠道人员调往其他门店任职、离职、岗位调整不再负责零售渠道工作的，其负责维护的渠道代理仍然留在原门店，由市场部主管指派其他零售渠道人员负责维护。

3.1.5 渠道代理的撤销

渠道代理在与门店合作过程中涉嫌欺诈、利用漏洞套取不当分红、向第三

方泄露商业机密等对本公司造成严重后果的，以及渠道代理因为自身生理、心理、政治、社会等原因被认为无法继续合作或无法达到渠道代理资格的，门店可以撤销该渠道代理。

3.2 客户代理的拓展、审核、维护和撤销

凡购买过本公司的产品并愿意为门店推荐客户的老客户，都可以直接在APP上注册成为客户代理。

客户代理提交完整、真实的个人信息，完成注册。

客户代理的维护工作由门店销售人员负责。

客户代理在与门店合作过程中涉嫌欺诈、利用漏洞套取不当分红、向第三方泄露商业机密等对公司造成严重后果的，以及客户代理因为自身生理、心理、政治、社会等原因被认为无法继续合作或无法达到客户代理资格的，门店可以撤销该客户代理。

3.3 代理发展客户

3.3.1 提报客户信息

代理必须通过APP提交其发展的客户信息才可以享受该客户订单的分红待遇。客户信息中，客户姓名、手机号码、客户地址（送货地址）三项为门店识别客户的关键信息；客户微信号、户型面积、装修时间、装修进度等信息用于完善客户画像，以便门店更好地服务客户。

渠道代理或客户代理组织活动吸引大量客户参加，同时为门店引流的，由门店从CRM系统中生成专门的渠道二维码，通过激励手段让客户自行扫码并填写电话、姓名等关键信息的，若非已有其他渠道代理或客户代理提前提报并处于保护期内，该批客户均视为该渠道代理或客户代理所发展，并从扫码提交之日起计算保护期。

3.3.2 客户信息审核

针对渠道代理或客户代理提交的客户信息，系统自动对地址进行查重，若与门店目前的客户不重复，则直接通过审核；若与门店目前的客户存在重复，则需要市场部主管或门店店长进行人工审核。

3.3.3 代理发放渠道红包

代理发展的渠道客户通过审核后，同时会收到门店发放的渠道红包。代理可通过手机短信或微信推送的形式将渠道红包和门店地址、联系方式发送给客户，此种情况下代理可以不陪同客户到门店选购产品。

渠道代理也可以在门店审核完成后直接陪同客户到门店参观选购，此时渠道红包可不使用，而由门店以价值相近的礼品替代（礼品可以送给代理或者客户）。

3.4 渠道客户下单与送货

渠道客户与普通客户的区别在于普通客户不会拥有渠道红包。渠道红包是在渠道客户所有谈单议价过程结束后、付款之前直接充抵现金使用。为保障公

平公正，必须对客户填写的送货地址与渠道代理提报的送货地址进行核对，原则上两个地址如果不相同则不能使用该渠道红包。

渠道客户送货前，必须再次对送货地址进行审核，如果实际送货地址与渠道代理提报的地址、客户销售订单上的送货地址不符的，在证明并非虚假客户或并非套取分红之前不予发放剩余的分红。

4. 激励、分红、优惠政策

4.1 发展客户代理的激励政策

根据门店销售人员拓展和维护的客户代理开发的客户按照全款回款××%进行激励。

当月收全款的订单，该激励在次月发放××%，剩余部分在送货后的次月发放。

4.2 代理分红政策

（1）渠道代理发展客户到门店成交分红

渠道代理为门店带单，成交后根据客户实际成交折扣和所购产品类型给予订单金额最高不超过 a% 的分红，渠道代理发展的二级渠道代理带单成交的，发展方根据客户实际成交折扣和所购产品类型给予订单金额最高不超过 f% 的分红。具体分红标准如下：

成交折扣	≥××折	≥××折且<9.0折	≥××折且<××折	<××折	备注
渠道代理分红	××%	××%	××%	××%	××折以下需要店长签批
渠道代理介绍分红	××%	××%	××%	××%	

（2）客户代理发展客户到门店成交

客户代理为门店带单，实际成交折扣不低于××折的，产品送货完成且客户收货确认后，给予客户代理订单金额××%的分红；实际成交折扣低于××折但不低于××折的，产品送货完成且客户收货确认后，给予客户代理订单金额××%的分红；实际成交价低于××折的情况下无分红。

（3）成为渠道代理的激励

具有渠道代理资格的个人或机构被零售渠道人员或其他渠道代理发展为新的渠道代理时，在门店审核完成后可直接获得价值××元的礼品一份。

（4）晋升机制

客户代理在一个自然年内累计带单超过××万元的，可以晋升为渠道代理，并从下一单起享受渠道代理的待遇。

4.3 分红的领取

渠道代理分红的订单在 APP 中有 5 个状态：已下单、已付款、已核算、已分红、已完成。

渠道代理的订单分红在客户付款后××个工作日内应核算完毕，核算完的订单分红通过APP显示，可以查询到的分红数额即为渠道代理可以领取的数额。

客户代理的订单分红在客户收货确认后××个工作日内核算完毕，核算完的订单分红通过APP显示，可以查询到的分红数额即为客户代理可以领取的数额。

代理领取分红必须提前预约，并由本人携带身份证到所在门店财务处领取。门店财务对该代理进行身份核对后发放分红。渠道代理分红由于是在销售活动完成前提前领取，因此提前领取的部分门店原则上要与渠道代理签订服务协议，以规避门店运营风险。

4.4 客户优惠政策

代理发展的客户在提报门店审核通过后，可获得一个渠道红包，客户在享受其他同期优惠政策后，应付款每满××元可直接充抵现金××元使用。该红包由门店授权代理发放给客户。渠道红包有效期与发展该客户的保护期等长。

渠道红包的适用范围仅限门店内销售的家具产品。同一时间同一地址只允许发放一次渠道红包。

5. 业绩判定

5.1 零售渠道人员业绩判定

5.1.1 零售渠道人员的渠道业绩

零售渠道人员的渠道业绩全部来源于其所维护的渠道代理带单成交的回款额。

5.1.2 与其他人员出现业绩冲突

专职零售渠道人员专注于开拓和维护渠道代理，原则上不参与直接销售，与其他销售人员不存在业绩冲突；兼职零售渠道人员渠道业绩与其他业绩分开计算，分别提成，不构成业绩冲突。

零售渠道人员本身也是门店引流人员的一种，与其他引流人员出现业绩冲突时，以CRM系统中获得该客户电话或地址的引流记录作为是否分单的依据，分单比例由双方根据出力多少自行协商，协商不成的，业绩充公。

5.2 客户转介绍业绩的判定

只有能够直接面对客户的销售人员才具有客户转介绍业绩。由一名销售人员维护的客户代理带单业绩即为该销售人员的客户转介绍业绩。当客户代理晋升为渠道代理后，依然由该销售人员维护，业绩依然计为该销售人员的客户转介绍业绩，但业绩和提成的计算方式按照渠道代理方式进行。

5.3 代理业绩的判定

多个代理之间出现共同发展同一客户的情况时，按如下方式处理：

一般情况下，由于保护期的存在，原则上多个代理之间不会出现业绩冲突。

特殊情况下，门店可协调进行多个代理之间的分单工作，但累计业绩和分红须按照未分单的情况执行。如果涉及渠道代理与客户代理分单的情况，客户代理分红不得超过××%。

6. 出现退货的处理办法

6.1 退货与提成

客户出现部分或全部退货的，零售渠道人员或负责客户代理的销售人员应退回该部分的提成，或从下一笔提成中扣除。

6.2 退货与分红

客户在收货确认前退单的，门店店长应根据与渠道代理签订的协议条款收回该单的分红。收货确认后因质量问题、虚假宣传等造成退货的，门店原则上自行承担该笔分红费用。

7. 处罚规定

（1）零售渠道人员以及负责客户代理的销售人员必须按照本方案及相关制度、文件、表格、流程操作相关业务，针对不按照要求规范行为的人员，门店店长和营销中心将进行罚款；因不按照相关规定的要求开展工作给公司造成损失的，损失由相关人员承担，同时对该员工的直接上级和门店店长将依据事态严重性进行处罚。

（2）本公司直营体系内的所有员工均不得成为代理，员工亲友不具备渠道代理资格的一律不得成为渠道代理。如发现有直营体系内的员工或不具备资格的员工亲友成为渠道代理，企图套取分红的，则将该员工移交司法机关处理，同时扣除剩余工资，清退所有违法所得并开除。

（3）所有代理和渠道客户的资料为公司商业机密，严禁外泄。发现相关资料外泄的，扣除当事人工资并直接开除；当事人的直接上级罚款××元，门店店长罚款××元。情况严重者将追究相关人员的法律责任。

（4）通过APP进行分红的渠道代理不允许再通过其他方式进行返点或分红。如有发生，直接负责的市场部主管罚款××元，门店店长罚款××元。

（5）对于已经发展的渠道代理或客户代理，其他人员不得"挖墙角"，一经发现，相关当事人、直接上级各罚款××元，同时取消该当事人的零售渠道拓展和维护资格。

（6）通过其他渠道在门店成单并已经付款（不论全款还是非全款）的客户，该单不得给予渠道代理分红，也不计入零售渠道人员业绩。

（7）一个地址在同一时间（保护期）内只能被一个代理发展，若出现因审核不严导致一个地址同一时间内被多个代理发展，相应负责审核的主管罚款××元，并负责协调涉及的多个代理，由于未协调好导致的损失由该主管承担。

（8）代理发展真实的渠道客户并按照本方案的流程操作的，无论该客户以前是否到店，只要客户该单尚未付款的且在渠道代理提报审核后付款的，门店都必须依照分红标准进行分红。

（9）本方案制定的分红标准原则上在本公司所有门店执行，各店不得自行制定或不执行分红标准，如遇特殊情况需要针对个别门店修改分红标准的，必须经营销部总监批准，否则对该店店长罚款××元。

（10）分红的兑现时间要求为：渠道代理的分红在渠道客户交付全款后××个工作日内核算完毕并可以进行分红；客户代理的分红在渠道客户收货确认后××个工作日内核算完毕并可以进行分红。无故超过××个工作日未完成审批的，每单门店财务主管罚款××元。

（11）代理为自己购买家具或地板产品也必须从APP按流程进行，不允许直接将分红作为让利来成交，否则门店相应主管罚款××元。

（12）每一个渠道代理只允许获得一次礼品，不允许已经注册的渠道代理通过其他名字注册从而反复领取，否则除首次外的礼品成本由零售渠道人员承担。

（13）渠道客户在收货前出现退单，或收货后因为代理的原因造成退单的，门店应根据协议收回退单部分的分红，出现长期或大额分红无法收回的，视情况对店长进行处罚。

4.4 家具产品营销渠道的策略

4.4.1 影响家具产品分销渠道选择的因素

4.4.1.1 产品因素

（1）家具产品的单位价值

单位价值较低的家具产品，常常通过渠道商来展开营销，分销渠道也可以适当延长，由渠道商来分摊部分销售成本，增加市场的覆盖面；高价值的家具产品更倾向于通过较短的分销渠道来展开销售。

（2）家具产品的体量和易损程度

体积较小、重量较轻、不易损坏的家具产品，在物流运输方面通常与其他类型的产品区别不大，可以采用较长的分销渠道；大件易损的家具产品，往往由于较高的物流仓储成本，需要采用较短的分销渠道。

（3）家具产品的服务要求

对于安装难度不大的拆装式家具或者拆包即用的整装式家具产品，分销渠道可以长而宽；对于以定制家具、变形家具为代表的家具产品，由于需要比较专业的安装人员和后续跟进服务，为了保障消费者的利益，需要采用短而窄的分销渠道。

（4）家具产品的流行性

一些款式别致、用材新颖、紧跟时尚潮流的家具产品，宜采用较短的分销渠道，避免选用过长的渠道，以免造成产品的流转环节过多，周转时间拉长导致产品过时。

（5）家具产品标准化程度

一般而言，渠道的长度与宽度与家具产品的标准化程度成正比。产品的标准化程度越高,渠道的长度就可以越长、宽度就可以越宽。

4.4.1.2 市场因素

（1）市场范围

一般情况下,家具产品销售范围越大,分销渠道就要求越长。例如面向全国市场的家具产品,就需要选择长渠道,充分利用渠道商在当地的优势；如果产品销售范围比较小,或者就地生产就地销售,则可以通过较短的分销渠道来减少中间环节和成本,有的甚至是家具企业直接面向消费者展开营销而不需要渠道商。

（2）潜在消费者的地理分布

如果家具产品的潜在消费者分散在全国广大地区,家具企业就不得不通过若干渠道商向潜在消费者进行市场营销,使用长而宽的分销渠道。如果潜在消费者分布比较集中,那么就可以使用最短的分销渠道或直接销售来提高效率。

（3）消费者的购买习惯

不同家具产品的目标消费群体的消费习惯也会影响家具分销渠道的选择。普通的小件家具产品,一般价格比较低,消费者购买频率相对比较高,这类家具的选购一般不会做仔细斟酌,消费者需要随时随地都能买到,因此家具企业需要尽量多地发展渠道商来扩大销售网点,其分销渠道应长而宽。一些材料比较珍贵、设计感较强、定制化的家具或者家庭中最主要的家具产品,可以精心挑选少数的几个渠道商来进行营销活动。一般来讲,一个系列的家具产品在某一个具体的区域内通常只会安排一个渠道商来销售,其分销渠道可以短而窄。

（4）竞争者的分销渠道

如果市场规模足够大,就应尽量避免和竞争者使用相同的家具分销渠道。如果竞争者使用和控制着某一分销渠道,那么就应当尝试开发其他的家具分销渠道推销产品。

4.4.1.3 家具企业自身因素

（1）家具企业的品牌形象

如果家具企业的声誉卓著、资金雄厚,在消费者心目中具有良好的品牌形象和较高的知名度,那么就可以自由选择分销渠道,还可以自行建立分销渠道而不通过渠道商来开展市场营销。如果家具制造商实力一般,则需要借助渠道商为其提供服务。

（2）家具企业的市场营销水平

具有强大的市场营销能力的家具企业,对于渠道商的依赖程度就比较低,可以少用或者不用渠道商；而市场营销水平不够强的家具企业就需要依托渠道商在当地开展分销。

（3）家具企业对分销渠道的控制要求

家具企业的市场营销策略如果要求严格控制产品的价格,或为了保持产品的时尚性,就要选择比较短或比较窄的家具分销渠道。

4.4.1.4 渠道商因素

（1）渠道商的主营业务

由于家具产品的特殊性,家具企业选择渠道商时最好选择具有家具产品特别是家具企业所经营的那一类产品销售经验的渠道商。如果渠道商没有开展过任何耐用消费品的销售，那么家具企业就需要花费许多精力来进行培养。

（2）渠道商的位置

不论是开设实体店还是网店，好的位置总是能带来更多的客流和更高的曝光率。在家具领域，渠道商能获得位置较好的实体店被认为是"拿店能力"比较强。好的铺面就是市场营销的先天优势，许多工作的开展能够事半功倍。

（3）渠道商现有的产品组合

如果家具企业的产品与渠道商正在经营的产品能够相互补充，那么这样的渠道商就相对具有优势；如果家具企业的主要产品与渠道商正在经营的产品为竞品关系，并且相较之下还没有比较明显的优势，那么就不宜选择这一渠道商。

（4）渠道商人员的素质

无论是家具产品的销售，还是送货、安装、售后服务，主要还是需要依靠人来完成，因此渠道商的人员素质对销售和服务工作的开展构成重要影响。如果渠道商能够向客户提供比较充分的技术服务与咨询指导，具有懂技术、善经营、会推销的营销团队，则适宜选择。

（5）渠道商的储运条件

家具产品属于大件易损品，当前多数情况下渠道商需要从家具企业采购产品再销售给消费者，即家具产品需要在渠道商处进行中转，因此需要渠道商具备一定的仓储和运输条件，只有这样才能确保家具产品的顺利流转，降低损耗。

（6）渠道商的资金和信用状况

资金力量雄厚、财务状况良好、信誉度高的渠道商，不仅能及时付款，而且能够对有困难的家具企业给予适当的帮助，有利于形成家具企业与渠道商的联合或密切配合。渠道商的财务状况不好、信誉度不高，不仅不利于产品销售，甚至会给家具企业带来风险。

（7）渠道商的营销能力与管理水平

渠道商如果具有较强的营销能力，那么在家具产品差异不大的竞争对手面前就更容易通过营销抢占市场。优秀的管理水平是营销能力得到充分释放的基本保障，也是推动产品、资金和信息快速流动的重要推手。营销和管理水平优秀的渠道商往往是家具企业竞相发展的目标。

4.4.1.5 政策因素

政府颁布的法律法规及有关政策如进出口规定、反垄断法、税收政策、价格政策等因素都有可能会对家具产品的分销渠道做出某些强制性要求，家具企业必须遵守。这是在具体的某一区域选择分销渠道时必须考虑的因素。

4.4.2 分销渠道设计的步骤

4.4.2.1 分析服务产出水平

渠道服务产出水平是指渠道策略对消费者购买家具产品的解决程度。

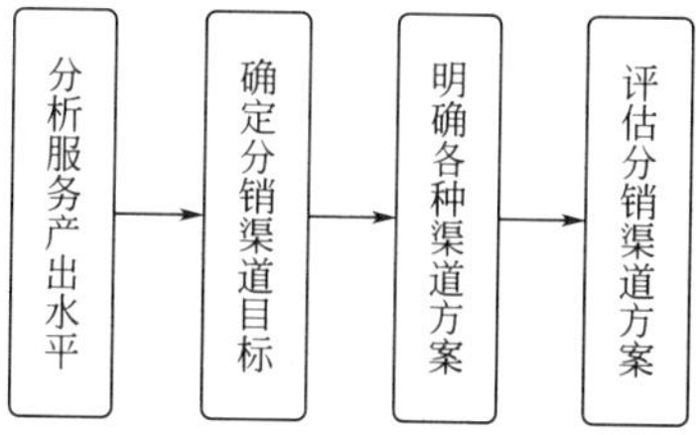

渠道服务产出主要包括：

分析服务产出水平 → 确定分销渠道目标 → 明确各种渠道方案 → 评估分销渠道方案

图 4.4 分销渠道设计的步骤

① 消费者通过这一渠道购买家具产品的总量，具体表现就是客单值；

② 交付周期，即消费者下达订单以后，家具产品经过生产、运输，到达消费者手中并安装完毕的时间；

③ 分销渠道为消费者购买家具产品所提供的方便的程度；

④ 分销渠道能够为消费者提供的家具产品的各种不同花色、配置、品种等可选择的范围；

⑤ 分销渠道为消费者提供的送货、安装、售后等配套服务等内容。

4.4.2.2　确定分销渠道目标

渠道目标是家具企业对渠道功能的预期，是家具企业战略意图的体现。渠道目标应表述为目标服务产出水平。无论是创建渠道，还是对原有渠道进行变更，都必须将渠道设计目标明确地列示出来。

4.4.2.3　明确各种渠道方案

明确了分销渠道的目标和限制后，家具企业就可以设计几种渠道方案以备选择。渠道的备选方案包括渠道的长度策略、渠道的宽度策略和渠道商的类型与数目、各渠道商的特定营销任务、家具企业与渠道商的交易条件和相互责任。

4.4.2.4　评估分销渠道方案

评估分销渠道方案的任务是在那些看起来都可行的分销渠道方案中，选择出最能满足家具企业长期分销目标的渠道方案。因此，必须运用一定的标准对分销渠道进行全面评价。

（1）经济性标准

家具企业是以盈利为主要目的的社会组织，获取最佳的经济效益始终是企业的导向。因此，需要考虑的是每一条分销渠道的销售额与成本的关系。对比多种不同分销渠道的投入和产出，是判断分销渠道优劣的直接标准。

（2）可控程度

从家具企业对于分销渠道的控制力来看，采用直接渠道显然比通过渠道商来开展的间接渠道更有利。家具企业在市场营销过程中很多时候并不是唯经济效益论成败，有时处于竞争或者宣传的需要，或者为了长远利益而暂时需要做出一些牺牲时，家具企业对渠道的控制力就显得尤为重要。通过渠道商来开展分销时，可控程度需要引起家具企业的重视。

一般而言，特许经营、独家代理的方式比较容易控制，但家具企业也必须相应做出授予商标、技术、管理模式以及在同一地区不再开发其他渠道商的承诺。如果利用多个渠道商在同一地区进行销售，企业利益风险比较小，但对渠道商的控制能力就会相应削弱。

（3）适应性

在评估各分销渠道方案时，还需要考虑这一渠道是否具有适应不同的地域、时间和渠道商的能力。分销渠道应该充分适应目标地区的市场环境，能够根据不同季节的适销情况做出调节。如果目标市场存在销售能力非常突出的渠道商，那么可以收窄渠道；如果渠道商水平都比较平均，可以放宽渠道。

4.5 家具产品营销渠道的管理

明确了建立分销渠道所要达到的效果之后,就进入了实质性建立分销渠道的环节。除了家具企业直接面向消费者的模式以外,其他的分销渠道都是围绕渠道商这一关键因素展开的。如何选择、维护和支持好渠道商,是家具企业分销渠道运作的核心。

4.5.1 家具产品渠道商的选择

4.5.1.1 选择渠道商的基本原则

（1）触达目标市场的原则

家具企业建立分销渠道,就是要把自己的产品打入目标市场,让目标消费群体能够就近、方便地购买。因此,渠道商需要在家具企业的目标市场上拥有分销的通路和经营的场所,如子公司、二级渠道、店铺等。

（2）分工合作的原则

家具企业与其渠道商在分销渠道中扮演着不同的角色,家具企业主要承担产品的研发与生产工作,渠道商则是协助家具企业将产品推向市场,提供高水平的服务,凸显品牌形象,从而获取更高的利润,二者是分工合作的关系。因此,渠道商经营的方向和专业能力应该符合家具企业建立分销渠道的功能要求,以达到协作的目的。

（3）树立形象的原则

渠道商的形象不仅影响到消费者购物的意愿,而且是家具企业或者品牌在当地的直接展现,良好的形象往往能够烘托出产品和服务的优质。当前,家具企业为了突出其品牌形象,通常会要求渠道商按照指定的店面形象来进行装修,这也是帮助渠道商树立形象的一种形式。

（4）共同愿望的原则

家具企业通过渠道商来展开市场营销活动,应当讲究家具企业、渠道商和消费者的"三赢"。家具企业与分销渠道中各个渠道商之间是一种彼此合作的利益共同体,一荣俱荣,一损俱损。因此,只有分销渠道的所有参与者具有共同的愿望,并且精诚合作,才能使得整合渠道高效而有序地运转。

4.5.1.2 选择渠道商的具体方法

（1）综合评分法

综合评分法是对候选的渠道商就其从事家具产品分销的能力和条件进行打分评价的一种选择方法。由于各个渠道商之间存在分销优势与劣势的差异,因而每个项目的得分会有所区别。根据不同因素对分销渠道的重要程度,可以分别赋予一定的权重,然后计算每个渠道商的总得分,从得分较高者中择优选用（表4.6）。

表4.6 综合评分法

评价因素	重要性系数（权数）	候选渠道商1		候选渠道商2		候选渠道商3	
		打分	加权分	打分	加权分	打分	加权分
拿店能力	0.15						
服务水平	0.15						
引流能力	0.15						
经营规模	0.10						
市场声誉	0.15						
合作精神	0.10						
历史经验	0.05						
信息沟通	0.05						
货款结算	0.10						
总分	1.00						

（2）销量分析法

销量分析法是通过实地考察有关渠道商的客流量和销售情况，并分析其近年来销售额水平及变化趋势，在此基础上，对有关分销商实际能够承担的分销能力进行估计和评价，然后选择最佳渠道商的方法。

（3）费用分析法

费用分析法是根据开发和维护渠道商所需的成本进行选择的方法。借助渠道商进行商品分销需要消耗一定的成本，主要包括分担市场开拓费用、给渠道商的支持、货款延迟支付而带来的收益损失、合同谈判和监督履约的费用等。这些费用构成了家具产品的流通费用，这一费用的存在实际上会减少家具企业的净收益，降低分销渠道的价值。因此，可以把预期销售费用看作衡量有关渠道商优劣程度的一种指标。

费效比是经常用来衡量渠道商优劣的指标，其具体算法为：

费效比=预计投入到渠道商的总费用/该渠道商预计的总提货额

费效比越高，说明单位提货额所需投入的费用越高，家具企业的实际收益越难得到保障；反之，家具企业的盈利空间越大，这样的渠道商就值得考虑。

4.5.2 家具产品分销渠道的支持

一个渠道商被开发成功之后，并不意味着家具企业就只需要源源不断地供货。家具企业与渠道商之间是长期的合作关系，在合作过程中家具企业需要不断对渠道商提供各种支持，以调动渠道商的积极性，促使渠道商积极开展市场营销活动。当前，家具领域对于渠道商的支持措施主要包括以下六个方面。

（1）产品支持

始终向渠道商提供质量合格、适销对路的产品，以及配套的技术支持和服务，是对于渠道商最基本也是最实在的支持措施。产品是家具行业的命脉，不能因为销量逐步上升了就可以放松对于品质的要求。家具产品的品质得不到保证，其他任何支持措施都是一纸空文。

（2）价格支持

产品出厂价格是渠道商最为敏感的因素，价格支持是对于渠道商最为直接的支持措施。家具企业一般对于渠道商的价格支持包括：直接的现金折扣、依据提货数量多少的折扣、基于季节或产品生命周期的折扣、完成目标的返利等。

（3）市场拓展支持

市场拓展支持主要是家具企业为渠道商开设店铺、建立二级分销渠道等开拓市场的行为提供支持。在家具的市场营销过程中，家具企业与渠道商是利益共同体，渠道商拓展市场就是为家具企业拓展市场，家具企业给予适当的帮助是必要的。当前，家具企业通常给予渠道商免费的门店形象设计、一定额度的装修补贴、首批上样产品折扣价格、广告宣传补贴等支持。

（4）人员培训支持

人员培训支持主要是指在日常营销过程中家具企业对渠道商的销售人员提供必要的销售培训，这种培训可以是家具企业的培训人员到渠道商店铺进行现场指导，也可以是将渠道商的销售人员集中到工厂或展厅进行集中培训。

（5）广告宣传支持

家具企业对渠道商的广告支持包括渠道商营销所需的产品资料、海报、彩旗、活动招牌等物料，也包括家具企业面向特定市场投放的电视广告、报纸广告、互联网广告等，还包括对于渠道商开展的部分广告宣传进行适度补贴等。通常，在家具企业举办全国性质的大型营销活动时会进行大量的广告支持。

（6）人情关系支持

通过对渠道商及其销售人员设立营销奖励措施、在重要节日对渠道商提供一定的关怀等方式，建立起与渠道商及其销售人员的良好人情关系，能够加深渠道商与家具企业的相互理解和相互配合，这种人情关系的维系有时会起到关键性作用。

4.5.3　家具产品分销渠道的冲突

由于家具企业的分销渠道庞大而复杂，渠道中各级之间冲突在所难免，企业应当注意尽量避免和减少冲突的发生。

4.5.3.1　家具产品分销渠道的冲突的类型

渠道冲突的主要类型包括横向冲突、纵向冲突和交叉冲突。

（1）横向冲突

横向冲突是指同级的渠道商之间发生的冲突现象，表现形式为跨区销售、压价、不按规定提供配套服务等。

（2）纵向冲突

纵向冲突是指同一渠道中不同级别的成员之间出现的冲突现象，如渠道商与二级渠道商之间的冲突、渠道商与店铺之间的冲突等，表现形式为采购价格的差异、家具企业提供的支持的差异等。

（3）交叉冲突

交叉冲突是指不同渠道不同成员之间的冲突，如直接渠道与间接渠道之间的冲突（直营与经销商之间的冲突）、代理商与经销商之间的冲突等，表现形式为销售网络紊乱、区域划分不清、价格不统一等。

4.5.3.2 渠道冲突产生的原因

（1）经营目标存在差异

每个渠道成员都拥有自己独立的决策权和利益诉求，分销渠道的建立意味着渠道整体利益的形成，但渠道成员依然会保留自身独立的目标。如果渠道成员的目标与渠道整体目标不相容，那么就会产生冲突。

（2）因客户而产生冲突

客户是市场营销最重要的资源，并且家具客户在短时间内一般都只会购买一次，因此由于争抢消费者就有可能造成渠道成员之间的冲突。

（3）销售区域引起的冲突

在划分了销售区域的分销渠道中，出于对利益的渴望，有些渠道成员可能会跨区销售，从而引发冲突。

（4）渠道分工产生冲突

分销渠道各成员可能具有不同的分工，但在现实中不可能十分明确，容易出现分工交叉的情况，这就容易产生争执和冲突。

（5）因沟通产生冲突

沟通不畅是当前渠道冲突产生的一个重要原因，一方面可能是由于体制机制造成的渠道成员之间沟通不畅，另一方面也有可能是由于渠道成员对各种销售工具、方法和技术掌握和运用程度不同引发的沟通不畅。

（6）认知差异引发冲突

认知事物是人的主观过程，由于不同层次分销渠道的人员对于同一件事物的认知可能存在较大差异，因此在许多观点上会出现偏差，这就容易引起冲突。

4.5.3.3 避免和缓解渠道冲突的措施

① 增进渠道成员对于合作的认识，规划愿景，确立共同的目标；

② 通过短期的特殊政策对渠道成员进行激励；

③ 建立和维持良好的分销渠道人际关系；

④ 建立高效的沟通机制，在信息不畅时主动积极地开展沟通；

⑤ 对于处于弱势地位的渠道成员主动给予适当的扶持；

⑥ 通过人为手段在不同渠道的家具产品上制造一些差异，例如网店对于渠道商产生冲击时将产品区分为线上款和线下款等；

⑦ 有必要的情况下清理一部分蓄意制造冲突的渠道成员。

4.5.3.4 窜货

窜货是渠道冲突最为常见的一种形式，又称倒货、跨区销售，是分销渠道的成员不在规定的区域销售产品的行为，是一种严重影响家具产品分销渠道秩序的现象。

分销渠道在正常的市场营销中可能存在无意中向规定区域以外销售的情况，如消费者在本地购买家具产品后要求送到外地、外地消费者在本地无意中被本地渠道营销成功等，这种情况称为自然窜货，由于其总量并不大，一般影响也比较小。有的分销渠道在经营过程中向非主要经营区域或空白市场进行销售，也没有给其他渠道商造成严重影响，客观上能够帮助家具企业起到拓展市场，称为良性窜货。然而，有的渠道成员为攫取利益，蓄意通过低价倾销的方式向其他分销渠道所辖的区域进行产品输出，这就构成了恶性窜货，对于家具企业和渠道商都将产生巨大的危害，必须坚决杜绝。

一般来看，恶性窜货对于家具企业的危害主要表现在以下几个方面：

① 严重扰乱家具企业的价格体系，造成分销渠道利润的降低，导致渠道效率的下降，渠道商对家具企业失去信心；

② 恶性窜货的行为没有得到严肃的处理，往往导致报复性窜货，即相互窜货，严重扰乱了该产品的市场，导致窜货受影响的双方都无法静下心来深耕所在的市场；

③ 为了达到以低价掠夺市场的目的并且保证自身的利润，有的渠道成员往往将质量较差的、低一个档次的或者其他品牌的类似产品冒充正常产品，造成假冒伪劣产品横行，严重危害家具企业的品牌形象；

④ 窜货引发的不同区域之间巨大的价差将严重影响消费者对于家具品牌的信任；

⑤ 窜货行为不仅会影响到被窜货区域的渠道成员，同时还会间接影响到整个分销渠道和销售网络，从而诱发整个销售网络的生存危机。

引发家具产品窜货的原因主要包括四类：

① 家具企业本身价格体系不够完善，缺乏统一的定价标准，渠道成员之间又没有沟通，而消费者更愿意以更低的价格购买，这就引起区域边界地区首先开始窜货，进而一步步发展蔓延到整个区域；

② 渠道成员面临过高的销售计划而无法完成时，很容易由于返点减少等因素导致利益受损，于是这些渠道成员就会通过窜货这种不正当途径来达到销售目标；

③ 一些营销能力强的渠道商，通常可以获得比其他渠道更具有优势的出厂价格，同时有的家具企业还会给予各种优于其他渠道的政策支持，因此这些渠道商就自然而然开始向周边市场渗透；

④ 销售人员的收入一般来讲都与销量呈正相关关系，为了取得更好的收入，一些销售人员可能通过自有渠道向规定以外的区域进行销售。

在一款家具产品进入市场的初期，窜货行为往往是产品适销对路、收到消费者欢迎的表现。在市场逐步成熟后，就应当对渠道进行规范，充分维护各个渠道成员的利益，从而稳定市场，使各方获得长期的利益。

当恶性窜货行为出现时，家具企业必须迅速处理。一般情况下，首次发现恶意窜货的，应当给予警告；如果再次发生，那么家具企业需要牵头对窜货的渠道成员进行处罚，并补偿被窜货的渠道成员；对于屡次窜货的渠道成员，家具企业可以采用限制供货、收回分销资格等严厉的措施。此外，在窜货尚未发生时，家具企业就应当通过健全市场管理制度、加强监管力度以及协助渠道成员开展分销的方式，防范窜货行为的出现，维持良好的分销秩序。

5 促销策略

5.1
促销与促销组合

5.2
人员推销

5.3
销售促进

5.4
广告策略

5.5
公共关系

市场营销的四大策略包括产品策略、价格策略、渠道策略和促销策略。家具企业除了研制充分满足消费者需求的家具产品、确定合适的价格、建立有利于产品推向市场的分销渠道以外，还需要通过合理运用促销策略来创造有利的竞争条件，获取较高的经济效益。促销要求家具企业运用各种方法加强与消费者的沟通，将信息传递给目标消费人群，从而吸引他们的注意，激发他们的购买欲望，进而开展购买行为。

5.1 促销与促销组合

5.1.1 促销

促销是指企业沟通与目标消费者之间的信息，引发、刺激目标消费者的购买欲望，使其产生购买行为的活动。这一概念包含两层意义：其一，促销的本质是传播和沟通信息；其二，促销的目的是引发、刺激消费者产生购买行为。

随着社会经济的不断发展以及物质商品的不断丰富，家具企业间的竞争日趋激烈，如何引导和刺激目标消费者关注本企业产品，并激发其产生购买欲望，已成为影响乃至决定企业营销效果的重要策略。

家具企业通过对促销活动的设计和实施，对目标消费者能够产生以下几个方面的作用。

（1）告知作用

促销首先实现了将家具产品本身的情况、配套的服务、企业或品牌的信誉以及其他一些交易的条件等信息传递给消费者，使目标消费者对产品和品牌有了初步的认知，并将这些家具产品纳入其选择的范围，才有可能进行进一步了解和比较。如果潜在消费者对某一品牌的家具产品知道的信息越多，选择该产品的可能性也就越大。

（2）说服作用

促销活动过程中，家具企业往往会对产品的设计、性能、材质等消费者重点关注的内容进行详细的讲解和展示，例如提供检测证明、设置样板间、采用破坏性试验、展示产品自身等，通过这种方式往往能够解释疑虑，说服目标消费者，使其对产品产生信任，促使其迅速采取购买行为。人们通常在购买家具这一类高价值耐用消费品时会出现难以抉择的情况，这时他们就希望能够获得更多信息来帮助决策，而促销恰好能够满足消费者对信息的需求，从而引导其做出对企业有利的购买决定。

（3）传播作用

促销活动的相关信息在目标区域内进行传播，能够加深这一区域内人们对这一品牌产品的印象，在潜移默化之中使消费者形成对于这一品牌家具产品的偏好，在从众心理的作用下影响目标消费者的购买行为。

5.1.2 促销组合

5.1.2.1 促销组合的概念

促销的具体方法包括人员推销、销售促进、广告和公共关系四种，这些促销的方法各有优势和不足,在面对不同的消费者时的效果也不相同。具体来看,家具企业常用的促销方式对不同年龄层次的消费者而言,转化率大致如表5.1所示。

表5.1 各种促销方法对不同年龄段人群的转化率

促销方法		18～44岁人群转化率	45～60岁人群转化率	60岁以上人群转化率
人员推销		0.1%～2%	0.5%～5%	2%～10%
销售促进		2%～15%	3%～20%	5%～25%
广告	报纸广告	0.05%～0.1%	0.1%～0.3%	2%～10%
	电视广告	0.01%～1%	0.2%～2%	2%～10%
	电梯/停车场广告	0.05%～2%	0.2%～2%	0.1%～2%
	户外广告	0.1%～5%	1%～10%	0.5%～10%
公共关系	事件和体验	1%～10%	2%～20%	5%～20%
	社交媒体	2%～20%	1.5%～15%	0.1%～2%

因此在实际促销活动中,企业往往需要将多种促销方法组合使用。促销组合就是家具企业根据产品的特点和营销目标,综合各种影响因素,对各种促销方法的选择、编配和运用。

5.1.2.2 促销的基本策略

（1）推式策略

家具企业依据产品来组织分销渠道,发展渠道商；渠道商再安排店铺进行销售；店铺销售人员将产品推销给目标消费者。这种方式就是推式策略。

（2）拉式策略

家具企业通过各种方式向消费者展开宣传,刺激消费者的购买欲望,促使消费者主动找到家具店铺提出产品需求,店铺进一步反馈到渠道商,由渠道商向家具企业下达订单。通过广告来拉动产品的消费需求就是典型的拉式策略。

5.1.3 影响家具产品促销组合的因素

5.1.3.1 促销的短期目的

虽然获取高额利润是每一个家具企业所追求的目标,但为了保障这一长期目标得以有效实现,在特定的时期可能需要制定一些短期目标。这些短期目标可能随着企业发展阶段、产品在市场上所处的地位、企业对于产品的期望等因素而发生改变。在不同的目标导向下,家具企业在市场营销上投入的各种资源配置也会出现差异,从而使得所运用的促销组合出现不同。

5.1.3.2 家具产品的因素

（1）家具产品本身的特点决定了促销的组合

不同风格、不同档次、不同材质的家具产品，促销组合策略就不相同。高价值的红木家具、进口家具通常通过建立良好的公共关系和适量的广告、营业推广来塑造良好的品牌形象；日用低价值的小件家具产品常常采用以人员推销和营业推广为主的方式来展开销售。

（2）家具产品生命周期的不同阶段，促销组合也会有所差异

产品处于导入期时，需要让大量消费者对这一产品有所了解，因此主要采用广告和公共关系的方式宣传，营业推广和人员推销作为辅助手段鼓励消费者试用新产品；产品进入成长期，一方面要继续通过广告和公共关系来提高知名度，形成差异化竞争，另一方面借助营业推广尽可能地扩大销售；成熟期竞争将会变得越来越激烈，广告的作用在此时主要用于宣传产品的迭代升级，营业推广用于进一步稳定和扩大销量；衰退期则主要依靠营业推广来进行促销。

5.1.3.3 目标市场的因素

家具企业的目标市场如果较为广阔而分散，那么广告就具有重要作用；如果目标市场比较集中，则人员推销的方式比较有效。此外，目标市场消费者的收入水平、风俗习惯、受教育程度等也是选择促销组合应当关注的因素。

5.1.3.4 企业预算的因素

预算的多少是影响促销组合的直接因素，直接影响促销手段的选择。预算较少，就不能使用费用高的促销手段；预算比较充裕，就可以同时采用更多的手段和更大的规模来开展促销。

5.2 人员推销

5.2.1 人员推销的概念

人员推销是指通过推销人员深入目标消费者进行直接宣传活动，促使消费者采取购买行为的促销方式。人员推销是人类社会最为古老的促销方式。在商品经济刚刚起步的时代，人员推销就是最主要市场营销方法。在当代，人员推销仍然是非常重要的一种促销形式。推销人员、推销对象和推销产品是构成人员推销的三个基本要素，推销人员是推销活动的主体。

人员推销的形式主要包括以下三种。

（1）上门推销

由销售人员携带产品小样、图册、宣传资料以及订单等直接走访消费者，推销产品。在家具行业，上门推销的方式主要表现为销售人员根据前期收集到的情报，携带相关资料

到新交房或入住率还不高的小区，通过"扫楼"这种具体形式，挨家挨户叩门拜访，同时尽量将潜在消费者接到展厅对产品进行进一步的了解。

（2）门店推销

企业在适当位置开设固定的店铺，由销售人员接待进入门市的顾客，推销产品。门店推销是一种等待消费者上门的推销方式，销售人员在店铺内等待，针对进店的消费者展开推销。家具门店一般具有较大的面积和较为充足的样品，消费者不仅能够从与销售人员沟通的过程中获得所需的信息，同时还能够从各类样品、图册或其他基于信息化的陈列新方法中获得直观的感受。同时，由于家具门店普遍呈现出聚集效应，在地理位置上常常较为集中，因此消费者可以较为方便地了解许多不同类型、不同品牌的家具产品。门店推销是家具产品最主要的推销方式。

（3）展会推销

展会推销是通过定期或不定期举办的团购会、品鉴会、订货会等以销售为主要目的的展销会，集中邀约消费者开展宣传和产品推介的推销方式。这种推销形式一般汇聚的品牌多、优惠力度大、聚集精准客流的效果比较好，可以同时向多个消费者推销产品，容易形成冲动消费。展会推销也是家具推销的常见方式。

5.2.2 人员推销的特点

5.2.2.1 人员推销的优势

（1）针对性强

销售人员与消费者直接接触，可以通过对消费者态度的捕捉和把握，展开良好的沟通来消除疑虑，引导购买欲望。

（2）说服力强

通常开展人员推销时，推销人员会随身携带图册、小样、宣传资料等，有的甚至提供交通工具接送消费者到店参观，目标消费者能够与销售人员沟通时当面接触和体验产品，从而确信产品的性能和特点，说服力更强。

（3）信任度高

销售人员与消费者面对面打交道，通过不断的交流形成一定的信任，增进友谊，使消费者对于品牌产生较高的忠诚度。

（4）双向交流

销售人员作为消费者与家具企业之间的信息桥梁，能够起到信息双向传递的作用，产品信息能够迅速传递给消费者，消费者的要求和建议也能够得到快速反馈。

5.2.2.2 人员推销的劣势

① 需要专人直接与消费者接触，因此只能选取部分消费者作为目标，推销区域也比较小，难以开展面向较为广泛区域的销售活动，销售面比较窄。

② 人员推销的效果直接取决于销售人员的素质，对销售人员的要求比较高。

③ 传统的人员推销手段在当前时代下普遍容易引发消费者的反感，反而影响品牌形象的塑造和产品的销售。

5.2.3 人员推销的策略

人员推销的策略主要有三种类型。

（1）刺激反应式推销

销售人员通过施加某种刺激或做出暗示来影响客户选购决策，从而使客户做出对自己有利的反应。这是一种比较简单和传统的推销方式，理论基础源自巴甫洛夫的条件反射理论。

款式新颖、功能多样的家具产品推销过程中可以选用这种方式，即将此类家具产品放置在显眼处，并将其最为新颖有特色的地方展示出来，一旦有消费者驻足观看，销售人员就会立即上前进行进一步介绍，并描绘出该产品的使用场景。对于许多消费者而言，如果这些产品恰好能够解决他们的痛点，就很容易引起共鸣，这时消费者就会考虑购买。

刺激反应式推销要求销售人员主导整个推销过程，善于察言观色，能够滔滔不绝，但如果使用过度，则会引起客户的反感而无法成交。

（2）AIDA 模式推销

AIDA 模式也称爱达模式，由国际推销专家 Heinz M Goldman 总结，是西方推销学中一个重要的模式，其中心思想是销售人员必须把消费者的注意力吸引或转移到产品上，使之对推销人员所推的产品产生兴趣，然后再促使其采取购买行为。

AIDA 模式代表传统推销过程的四个阶段，即 attention（引起注意）——interest（激发兴趣）——desire（刺激欲望）——action（产生行动），它们是相互关联、缺一不可的。应用 AIDA 模式开展推销，要求销售人员设计好推销的话术以引起消费者的注意；通过示范、实验等方式诱导消费者，想办法激发消费者的兴趣；通过引导和提问，让消费者相信这种家具产品确实满足他的需要，以刺激消费者的购买欲望；在消费者产生购买欲望后，销售人员还要不失时机地帮助消费者确认，强调他的购买决定是明智的选择。

AIDA 模式的难点在于销售人员很难准确判断消费者当前所处的心理反应阶段。另外，这种方法本质上并不是消费者导向，虽然销售人员在某种程度上会使销售演讲适合于所面对的消费者，但这种方法更注重的是消费者的心理状态而不是其需求。

（3）FABE 模式推销

FABE 模式是典型的利益推销法，而且非常具体、可操作性很强。这种推销模式通过四个关键环节极为巧妙地处理好了消费者关心的问题，从而顺利实现产品的销售。

F（features）即产品的特质、特性等最基本功能，以及它是如何用来满足人们的各种需要的。例如从产品名称、产地、材质、工艺定位、特性等方面入手，深刻地挖掘这个产品的内在属性，找到与竞争品牌产品的差异点。销售人员要深刻发掘自身产品的潜质，努力找到竞争对手和其他推销人员忽略的产品特性。

A（advantages）代表由上述特征所产生的优点。即家具产品的这些特性究竟发挥了什么功能，并与同类产品相比较，列出比较优势，或者列出这个产品独特的地方。这一步主要是给消费者"购买的理由"。

B（benefits）即利益。产品的各项优势特征能带给消费者的利益，即产品的优势能够带给消费者何种好处，或者能够满足消费者的何种需求。利益推销已成为推销的主流理念,一切以消费者的利益为中心,通过强调消费者得到的利益来激发其购买欲望。

E(evidence)代表证据。主要包括检测报告、现场示范、图片视频资料、原材料样品等,通过这些证据材料来支撑产品相关介绍的真实性。但必须注意的是,这些作为证据的材料都应该具有足够的客观性、权威性、可靠性和可见证性。

简单地说,FABE模式就是在找出消费者最感兴趣的各种特征后,分析这一特征所产生的优点,找出这一优点能够带给消费者的利益,最后提出证据。通过这四个关键环节的销售模式,解答消费诉求,证实该产品的确能给消费者带来利益,巧妙地处理好客户关心的问题,从而顺利实现产品的销售。

5.3 销售促进

5.3.1 销售促进的概念

销售促进又称营业推广,是指企业运用各种短期诱因鼓励消费者购买产品或服务的促销活动。在家具领域,销售促进通常是最直接激发潜在消费者购买欲望,使其产生购买行为的促销手段。对消费者开展销售促进的方式主要包括价格折扣、赠送产品、服务优惠、购物抽奖等。随着信息技术的不断发展,销售促进的工具和手段也越来越多,但其最终目的都是为了刺激消费者对某一特定的品牌或产品进行购买。

通常来看,销售促进的作用主要表现在五个方面:
① 加速刚刚投放市场的新产品的推广进程;
② 直接而有效地刺激消费者产生购买行为;
③ 帮助企业吸引新客户的注意力,产生引流效果;
④ 应对竞争对手的促销活动;
⑤ 影响分销渠道的交易行为。

在家具领域,应用销售促进已经成为各个家具企业和渠道商市场营销的常规手段,通常一个月可以组织2~3次销售促进活动,绝大多数消费者都是在这些销售促进活动上订购产品。可以说,销售促进是家具行业最主要的促销方式。

5.3.2 销售促进的特点

(1)短期性

有别于其他几种促销方式,销售促进活动并不是一种长期开展的促销,而是一种短期的促销行为,也不具有严格的周期性特征。

(2)灵活性

销售促进的形式多种多样,企业通常根据其产品特征、潜在消费者的偏好以及竞争对手的销售促进方式来灵活选用销售促进的形式。

(3)见效快

销售促进的方式选择运用得当,其效果会很快显现出来,最直接的作用就在于能够立刻签单或者回款，而不像广告、公共关系一样需要经历较长的周期。

（4）可能有损品牌形象

在大多数消费者的观念中，小品牌开展销售促进活动往往比较频繁。如果知名度较高的品牌过度使用销售促进，就容易造成产品价格体系的不稳定以及品牌形象的下降，因此在进行销售促进活动的决策时需要慎重。

5.3.3 开展销售促进的步骤

（1）明确销售促进的目标

销售促进活动是一个典型的目标导向型营销活动，明确目标是销售促进活动的首要步骤。销售促进的目标总体上受企业市场营销总目标制约，是总目标在促销策略方面的具体化。一般来看，销售促进的具体目标可能包括扩大销量、刺激冲动消费、增加复购或配套购买等。

（2）选择销售促进的形式

销售促进的方式多种多样，在选用具体的销售促进方式时需要充分考虑品牌形象、营销目标、成本、分销渠道、目标消费者群体等因素，科学选择。

（3）制定销售促进的方案

基于销售促进的目标和具体形式，制定落地执行的相关方案。在制定方案的过程中，首先要紧扣销售促进的目的，既要符合自身产品的特点，又要适合目标消费群体，还要能有效应对竞争对手的促销策略；其次，应该确立一个鲜明突出、具有吸引力的主题；然后，还要明确参与活动应具备的条件等。

（4）执行销售促进的方案

在执行方案之前，首先需要在一定范围内进行试运行，以便发现其中可能存在的一些问题。执行的过程中，一方面要严格按照方案中规定的事项开展工作，以保证活动的顺利进行；另一方面还要密切注意市场反应，遇到问题或偏离活动目标时应该及时对方案进行调整，以良好地实现预期的目标。

（5）销售促进活动的评估

销售促进活动后，还需要对活动的效果进行评估。通过对销量、销售额、新增意向消费者数量、成交率、费效比、毛利润等多种数据的综合分析，判断活动的开展是否达到了预期的效果，在活动开展的过程中存在哪些问题，有哪些值得今后借鉴的经验教训等。此外，消费者提出的意见建议也是评估活动开展情况的重要依据。

5.3.4 销售促进活动方案的制定

销售促进活动方案，是家具企业为确保销售促进活动能够顺利有序地开展而制定的书面计划，其具体内容包括活动目的、主题、时间、地点、内容、筹备方案以及相关配套文件等。

（1）活动目的

活动目的就是为活动的开展寻求一个令人信服的理由，例如周年庆、回馈老客户、抢占市场、庆祝节日等。活动目的的确立就是为活动明确一个基调，在制定方案和执行过程中便于把握方向；对于消费者而言，"师出无名"的活动就会带来"总是在做活动"的印象，不仅不能促进销售，还会影响企业和品牌形象。

（2）活动主题

家具企业开展销售促进活动，拟定活动主题时应当确保主题新颖独特，能够反映本次活动的主要方针，符合目标客户群体的心理需求，具有强烈的感召力。此外，用词上应当简洁易懂、朗朗上口，应严格避免出现法律法规禁止使用的词句。

（3）活动时间

家具销售促进活动的时间一般要求选取一个较长的时间段。确定活动时间时，应首先依据活动主题和主要方针确定大致的时间范围和时长，然后依据家具企业市场营销的"集客—爆破"周期来确定具体的开始和结束日期。对于平时开展的中小型销售促进活动，开始日期一般选取每周第2～3个工作日，通过尽可能多地接触目标客户来开展活动预热；结束日期选定为周日，在周末两天时间通过集中邀约客户到店来进行爆破，实现成交。对于重要的节假日或大型活动，关键应确定最终邀约客户到店的时间节点，然后依据活动的规模和客户蓄水情况向前推定2～3周开始进行预热。

（4）活动地点

活动地点一般根据活动总体方针在家具店铺内、线上平台上或者其他指定地点，关键在于明确一个具体活动场地。

（5）活动内容

家具销售促进活动的内容主要包括活动采用的方式（参与方式、优惠形式等）、开展活动的产品（型号、数量、价格等）以及其他相关要求。活动内容是整个销售促进活动中灵活度最高的部分，也是对活动效果影响最大的部分。销售促进活动能否真正调动消费者的积极性，关键就在于对活动内容的打磨。

（6）筹备方案

好的促销活动还需要良好的准备工作才能实现落地执行，因此如何筹备也是活动方案的重要内容。筹备方案应明确为保障活动的有序开展而需要进行的所有前期准备工作，并确定对应的负责人、需要完成的时间节点以及对应的预算等。活动筹备方案需要充分且综合考虑企业自身以及目标客户的实际情况，进行周密的部署。

（7）配套文件

活动配套文件一般是不适宜或不方便直接在活动方案中进行展示的文件资料，包括产品报价、图册、部分特殊活动形式的细则等。

以下是某家具企业开展的一次年中营销活动方案案例。

某家具企业年中全国大营销活动总体方案

为进一步提升公司在全国的品牌影响力、号召力、美誉度，强化极致营销的理念，释放前期积累的客户资源，进一步扩大销量、抢占市场，公司决定举行年中全国大营销活动。活动方案如下。

一、总体安排

1. 活动时间：××月××日～××月××日
2. 活动地点：本公司全国门店
3. 活动主题：极致畅享·冰爽体验
4. 活动对象：活动期间在全国门店下单的客户

二、主力套餐（具体清单见附件表格）

1. 活动套餐设计重点考虑：精选热销产品，体现极致理念，推出以下"极致产品包"。

（1）A系列极致产品包：包含全屋家具共计××款；
（2）B系列极致产品包：包含全屋家具共计××款；
（3）C系列（软体沙发）极致产品包：推出1+2+3、转角功能沙发以及单人功能沙发极致产品××套；
（4）D系列（儿童家具）极致产品包：分别推出男孩、女孩房共××套儿童家具极致产品。

2. 价格说明

（1）套餐中的产品可拆分销售，但若订单实付款低于××万元，须在套餐价基础上浮××%销售。
（2）套餐产品以外的其他产品销售价格按现行政策执行。

三、活动奖项

1. 冰爽大抽奖

所有成交客户实付金额每满××万可领取抽奖券××张，依此类推，上不封顶。全国各门店于××月××日自行组织抽奖，奖项设置如下（所有客户中奖概率100%）：

（1）特等奖：××××××，每个门店××个名额；
（2）一等奖：××××××，每个门店××个名额；
（3）二等奖：××××××，每个门店××个名额；
（4）三等奖：××××××，每个门店××个名额；
（5）参与奖：××××××，名额不限。

抽奖活动细则见附件。

2. 进店有礼

活动期间凡进店，同时扫码关注本公司公众号并注册的客户，均可参与转盘抽奖，每户限抽××次。奖品包括代金券、小礼品、库存小件家具等，中奖概率100%。

3. 极致服务

客户实付款满××万元，赠送××（礼品）、××年××次家具保养服务；
客户实付款满××万元，赠送××（礼品）、××年××次家具保养服务。

四、活动支付方式

活动期间,所有订购以上极致产品的客户,必须缴纳全款(含现金、刷卡、支付宝、微信等),才能享受到以上极致产品的价格优惠。

五、活动筹备

1. 前期宣传

各门店营销团队配合总部完成媒体推广活动。

以各门店市场部为中心,深入小区、商场等地区进行前期宣传和邀约,通过电话、微信以及相关团购网站、异业联盟等形式进行集客。

前期宣传工作务必确保所有意向客户全部通知到位,并尽量借此机会多开发潜在客户。

2. 店面形象更新

(1)根据公司最新的门店外立面形象标准,各门店必须在××月××日前完成外部形象升级,包括招牌更换、外立面局部装修调整、活动VI布置等。

(2)各门店务必在××月××日前完成店内形象升级、极致套餐产品上样工作,包括:内部装修修整、产品调场、新品上样、软装饰品配套等。

(3)各门店务必在××月××日前配合公司在指定区域完成企业宣传与虚拟展示落地。

3. 活动准备时间节点

序号	项目	项目内容	负责人	完成时间	总体预算
1	形象升级	外部形象设计			
2		外部形象调整			
3		内部形象设计			
4		内部形象升级			
5		宣传与虚拟展示			
6		……			
7	氛围布置	各类物料设计			
8		物料采购与制作			
9		活动物料布置到位			
10		礼品准备			
11		小件产品布置到位			
12		……			
13	人员准备	临时促销人员招募			
14		人员集中培训			
15		……			

续表

序号	项目	项目内容	负责人	完成时间	总体预算
16	产品准备	套餐产品下单			
17		套餐产品到货			
18		套餐产品上样完成			
19		……			
20	客户邀约	渠道引流工作安排			
21		意向客户信息汇总			
22		客户集中邀约			
23		……			

营销中心
××年××月××日

附件1：极致产品包（节选）

附件1　A系列极致产品方案（共计××款）										
第一套，××款										
序号	产品图片	型号名称	规格	尺寸	采购单价	物流安装××%	风险控制××%	增值税××%	总成本价	零售价
……	……	……	……	……	……	……	……	……	……	……

附件2：抽奖活动细则

冰爽大抽奖活动细则

一、参与方式

1. 所有成交客户实付金额每满××万可领取抽奖券××张，依此类推，上不封顶。

2. 抽奖券分正券和副券，正副券上印有一一对应的编码。客户在正副券分别写上订单号、姓名、联系电话，并将抽奖券副券投入抽奖箱中。

3. ××月××日当天邀约所有成交客户到店参加抽奖活动，并进行现场监督，抽奖过程全程录像。

二、奖项设置

1. 特等奖：×××××××，每个门店××个名额；

2. 一等奖：×××××××，每个门店××个名额；

3. 二等奖：××××××，每个门店××个名额；

4. 三等奖：××××××，每个门店××个名额；

5. 参与奖：××××××，名额不限。

三、抽奖规则

为保证此次抽奖活动的公正性、广泛性，现将抽奖有关规则说明如下：

1. 抽奖方式为主持人宣布奖项后，抽奖人在券箱内一次一张抽取对应数量的副券；

2. 抽奖人由主持人现场随机指定人选；

3. 抽奖顺序由低到高，次序为三等奖、二等奖、一等奖、特等奖，未抽中的客户为参与奖；

4. 同一客户以最高奖项为准，重复的奖项在第一轮抽奖完成后补充抽取，确保对应奖项的名额均为不同的客户；

5. 奖项产生后，需中奖客户当场持奖券正券、销售订单、身份证件抽奖组核实后方能生效；

6. 抽奖时不在现场的客户，视为弃权。

5.4 广告策略

5.4.1 广告的概念

广告是广告主以付费的方式，通过一定的媒体有计划地向公众传递有关商品、劳务和其他信息，借以影响受众的态度，进而诱发或说服其采取购买行动的一种大众传播活动。

广告既是一种重要的促销手段，又是一种重要的文化现象。广告对家具企业的作用主要体现在传播信息、促进销售、塑造形象等方面；对于消费者而言，广告起到了指导消费、刺激需求和培养消费观念的作用；从整个社会的角度来看，广告的存在美化了人们生活的环境，并且影响了意识形态和道德观念。

广告的要素主要包括广告主、广告代理商、广告媒体、广告信息、广告受众和广告费用。

（1）广告主

为推销商品或者提供服务，自行或者委托他人设计、制作、发布广告的法人、其他经济组织或者个人。

（2）广告代理商

又称广告公司，是指由一些创作人员和经营管理人员所组成的，能够为广告客户制定广告计划、商业宣传、制作广告和提供其他相关服务的第三方机构。

（3）广告媒体

又称广告媒介，是用于向公众发布和传播广告的载体，是传播商品或劳务信息所运用的物质与技术手段。凡是能在广告主与广告受众之间起媒介或载体作用的物质都可以称为广告媒体或广告媒介。

（4）广告信息

广告主向广告受众传达的内容，包括文字、图像、音频、视频等人所能感知的任何形式。广告信息包括直接信息与间接信息：直接信息是指由通用符号传达的广告信息。文字、语言、企业与商品名称包装及外观识别等大家一看就懂、一听就明白的信息都属于直接广告信息。间接信息是指广告作品具体的表现形式所带来的感觉上的信息。

（5）广告受众

广告主的目标受众，即广告诉求对象，广告传播过程中信息的接收方。

（6）广告费用

广告费用一般是指广告活动所支出的总费用，包括广告调查费用、设计制作费用、媒介发布费用等直接费用，也包括广告人员薪资、办公费用、管理费用、代理费用等间接费用。

5.4.2 广告媒体

家具领域常用的广告媒体主要有以下几种形式。

（1）印刷媒体

采用印刷技术进行广告制作的媒体，例如杂志、报纸、书籍、宣传册、DM 单等印刷品。

（2）电子媒体

采用电子技术进行广告宣传的媒体，主要包括电视、电台、电影等。

（3）网络媒体

通过互联网进行广告宣传的媒体，这类媒体伴随着现代科学技术的发展增长迅速，目前比较多见的有各类网站、自媒体、APP、直播平台、小程序等。

表5.2 某家具品牌面向长沙市消费者建立的线上媒体传播矩阵

宣传范围	网站	自媒体	新媒体
全国	亿房网 新浪家居 搜狐家居 网易家居 家居在线 太平洋家居	今日财经 财经评论员 魔鬼财经学	知乎 ZAKER 今日头条 搜狐新闻 腾讯新闻 网易云媒体
湖南省	湖南在线 腾讯大湘网	新浪湖南 湖南头条	—
长沙市	星辰在线 长沙本地宝	长沙同城 长沙潮生活 长沙热点集	—

（4）公共媒体

在公共场所设立的媒体，例如灯箱、广告牌、墙体、车站、公交车、刀旗、空飘气球等（图 5.1，图 5.2）。

图 **5.1** 小区内的公共媒体　　　　　图 **5.2** 城市公共场所媒体

（5）售点媒体

在销售现场及其周围用于广告宣传的设施和布置，包括店铺、橱窗、门头、海报、横幅等（图 5.3）。

图 **5.3** 售点媒体

图 **5.4** 包装媒体

（6）包装媒体

印制有宣传信息的包装纸、包装盒、包装袋等。在家具领域，包装媒体主要就是家具产品及其零部件的包装盒，以及家具店铺提供给消费者用于盛装家具资料或样品的购物袋等（图 5.4）。

（7）直复媒体

直接向目标消费群体邮寄的广告、投送的短信、拨打的电话，以及电视直销、电台直销等。这些媒体是广告与推销相结合的复合媒体。

（8）其他媒体

除了上述以外，承担了广告职能的物体。

5.4.3 广告计划的制定

广告计划是企业对于广告活动的总体安排，主要包括明确广告目标、确定广告预算、广告设计与制作、广告媒体选择等部分。

5.4.3.1 明确广告目标

广告目标的确定主要应当考虑企业自身状况、产品在市场上的地位以及所处的生命周期阶段、竞争对手的市场营销战略等因素。广告的目标是一个具体的量化指标，应当涵盖具体的时间段、明确的区域范围、清晰的目标消费群体以及达到的效果指标。常见的广告目标包括销售额或销量增长、目标消费群体对于产品和品牌的知晓程度提高、维护企业在社会的良好的形象等。

5.4.3.2 确定广告预算

广告是有偿使用媒体资源进行宣传的手段，要开展广告宣传活动，就需要事先确定一定的预算。

广告预算的高低取决于下列几个因素：

① 广告的目标。较高的目标就需要较多的预算支持。

② 企业或产品的市场地位。竞争对手较多，或者市场份额还不高的企业或产品，就需要更多的广告预算。

③ 广告的频率。其他条件一定的情况下，广告宣传的频率越高，所需的预算越高。

④ 企业自身的实力。广告预算不能超出企业可以承受的范围，否则将严重影响资金的周转。

5.4.3.3 广告设计与制作

广告的效果很大程度上取决于内容和形式，内容满足目标消费群体的需求、形式新颖独特的广告才能吸引眼球，使人们产生消费欲望。

家具广告的设计应当注重以下几个方面。

（1）真实性

广告内容必须以真实的宣传作为基础，欺骗性的广告不仅会影响营销效果，还有可能受到法律的制裁，危及企业和品牌的形象。

（2）社会性

广告是一种社会意识形态，受到社会文化的影响和法律法规和思想道德的约束，因此广告的设计要符合社会文化的潮流，并且不能违背法律和道德。新广告法实施以来，国家和社会对于广告提出了更高的要求，广告的设计制作必须考虑这些因素。

（3）针对性

广告必须面向对特定的消费人群和可能采用的广告媒体进行针对性设计，符合这些消费者的接受习惯，也满足广告媒体所能呈现的具体形式，以达到最佳的宣传效果。

（4）感召性

广告的内容需要具有强烈的感染力，切实瞄准消费者的痛点，突出产品能够如何满足目标消费人群的需求，以激发消费者的购买欲望。

（5）简洁性

广告内容应当简明扼要，不能过于复杂，否则容易带给消费者过大的视听压力，影响传播效果。

（6）创造性

具有独特创意的广告往往能够吸引消费者的目光，使消费者记住广告的内容，从而达到良好的传播效果。

5.4.3.4 广告媒体选择

广告媒体是广告受众接受广告信息的渠道，不同的广告媒体可以传播的广告形式、面向的消费群体都存在较大差异，因此在投放广告之前需要优选。

选择广告媒体时主要应当从6个方面来考虑。

（1）*广告活动的目标*

以推广家具产品、扩大销售为主要目标的广告，需要优先考虑时效快、针对性强的媒体，宣传企业和品牌的广告往往选用覆盖面广、有效期长的媒体。

（2）*产品所处生命周期阶段*

导入期的产品要选择覆盖面广的媒体，以迅速扩大目标消费群体对产品的认知；成长期的产品需要面向精准客户增加频次；成熟期的产品需要重点覆盖使用者；衰退期的产品着重覆盖忠实消费者，以推动转介绍。

（3）*目标消费群体的接受习惯*

不同的消费群体对媒体有不同的偏好，中老年人更倾向于通过电视、报纸等传统媒体获得产品信息，而年轻群体更容易受到网络广告的影响。

（4）*媒体的时效性*

时尚产品往往由于流行周期较短，需要通过起效快的媒体发布广告；而经久耐用的产品对于时效性要求不高，可以考虑更为廉价的媒体来发布广告。

（5）*媒体的传播范围*

不同的媒体传播的范围不同，媒体的选择应当与开展业务的范围相匹配。面向全国市场开展业务的家具企业，可以选择覆盖范围较大的网络媒体、电视媒体等；小范围开展业务的家具企业，就主要通过地区性媒体进行宣传。超过业务范围的广告会造成资金的浪费。

（6）*广告媒体的费用*

不同的广告媒体费用高低不一，一般来看，互联网、电视、电影、户外广告等传播性较强的广告媒体收费较高，而店铺的橱窗、路牌、包装袋等广告媒体的费用通常比较低，家具企业选择广告媒体时必须衡量广告活动的投入和产出。

5.4.4 广告效果的测定

广告的效果是广告受众的反应情况，对于广告效果的测定需要通过数据化的指标来进行。由于广告受众的反应是多方面的，因此就形成了不同类别的广告效果，衡量广告效果的指标也就不同。对于家具企业而言，广告的主要目的是推动市场营销的开展，因此广告的效果主要反映在经济效益上。

（1）广告费用占销率

这一指标反映的是某一具体时期内广告费用对于销售额或销量的影响，这一指标的数值越小，广告促销的效果越好。具体的计算方法为：

$$广告费用占销率=（广告费用/销售额或销量）\times 100\%$$

（2）广告费用增效率

这一指标反映的是某一具体时期内广告费用的增减对于产品销售额或销量的影响。广告费用增效率越大，广告促销的效果越好。具体的计算方法为：

$$广告费用增效率=（销售额或销量增长率/广告费用增长率）\times 100\%$$

（3）单位广告费用销售额（量）

这一指标测定的是某一具体时期内单位广告费用所带来的销售额或销量。单位广告费用销售额（量）越大，表明广告效果越好。具体计算方法为：

$$单位广告费用销售额（量）=销售额或销量/广告费用$$

（4）单位广告费用增销额（量）

这一指标测定了单位广告费用对于产品销售增加的推动作用。单位广告费用增销额（量）越大，广告的效果越好。具体计算方法为：

$$单位广告费用增销额（量）=（广告实施后一段时期的销售额或销量 - 广告实施前用于对比的等长时期内的销售额或销量）/广告费用$$

（5）广告效果弹性系数

这一指标通过计算广告费用投入的变动率与销售额（量）的变动率的比值来测定广告的效果。广告效果弹性系数越大，广告的效果越好。具体计算方法为：

$$广告效果弹性系数=（销售额或销量的增量/原销售额或销量）/（广告费用增量/原广告费用）$$

5.5 公共关系

5.5.1 公共关系的概念

公共关系（Public Relations）简称"公关"或"PR"，是指企业正确处理与社会公众的关系，通过有力的宣传，树立良好形象，获得公众的认同，也包括处理对企业的不利言论或事件。

从构成要素上来看，公共关系包含了主体、客体、传播与目标四个部分。在家具领域，公共关系的主体一般就是家具企业或其他一些行业组织；客体就是指社会公众；传播即主体与客体之间的双向沟通；目标是优化组织内部外部环境，塑造良好的社会形象，增强竞争力。

公共关系的作用主要体现在五个方面：

① 收集家具企业生存和发展的信息资源，认识企业所处的营销环境；
② 考察企业的行为在公众中产生的影响，预测企业决策与公众意向之间的吻合程度；
③ 作为企业的喉舌，将企业信息及时准确地传递给特定的公众；
④ 实现企业与公众之间的有效沟通，协调企业与营销环境各因素之间的关系；
⑤ 通过引导，使公众对企业产生认同感，并从内心接受这个企业。

5.5.2 公共关系的特征

公共关系是一种社会关系，但又不同于一般的社会关系，公共关系具有其独有的特征。

① 公共关系是一定社会组织与有关社会公众之间的相互关系。这其中，公关活动的主体是一定的组织，公关活动的对象包括消费者、竞争对手、新闻界、金融界、政府部门以及其他社会公众，也包括主体内部的员工。公关活动的媒介是各种信息沟通工具和大众传播渠道。

② 公共关系的目标是为企业广结良缘，在社会公众中创造好的企业形象和社会声誉。企业形象和信誉是无形的财富，良好的企业形象是企业生命力的表现。企业通过公共关系展开促销，就是要让公众了解和熟悉企业的宗旨、经营的产品和有关的服务，从而促进产品市场营销的顺利开展。

③ 公关活动以真诚合作、平等互利、共同发展为基本原则。公共关系建立在一定的利益基础之上，这就决定了主体与客体双方要平等互利，这样才能维持良好的关系。如果忽视了公众利益，损人利己，那么就无法形成良好的公共关系，必然对企业的生存和发展构成不良影响。

④ 公共关系是一种信息沟通，是创造"人和"的艺术。公共关系是企业与社会公众之间的信息交流活动，通过这种信息交流，能够沟通企业内外信息，建立相互的理解、信任与支持，协调改善企业的营销环境。公共关系追求的是企业内部外部人际关系的和谐统一。

⑤ 公共关系是一种长期活动。公共关系着手于平时努力，着眼于长远规划。良好的公共关系并不是一朝一夕就能够营造的，需要经过连续的、长期的、有计划的努力，任何急功近利的行为不仅对公共关系没有帮助，反而有损企业形象的营造。

5.5.3 公共关系的活动方式

公共关系的活动方式，是指以一定的公关目标和任务为核心，将若干种公关媒介与方法有机地结合起来，形成一套具有特定公关职能的工作方法系统。具体来看，公共关系的活动方式有如下几种。

（1）宣传型公关

以广告的形式塑造自身的形象，传播自己的管理经验、经济效益、社会贡献、所获荣誉等；或者以新闻报道、记者专访、社交媒体等形式通过其他机构或个人宣传自己的公关方式。这种方式一般由企业主导，时效性强、影响面大，效果较好。

（2）征询型公关

通过开设咨询业务、开展公众调研、设立电话、公众号、微博等形式，构建良好的信息网络，深挖信息资源，为经营决策提供依据，也为社会公众提供服务。这种方式需要长期坚持，日积月累方能形成良好的效果。

（3）交际型公关

不通过传媒，直接采用语言、文字等形式进行传播，联络感情。注重情感投资，在接触中增进了解，提升好感。主要采取的手段有社团交际和人际交往等。这种公关直接、灵活、亲密、富有人情味，能够深化交往层次。

（4）服务型公关

采用服务的手段，通过行动争取公众的了解，赢得公众的信任。服务的目的不仅是促销，还是企业形象的塑造，必须实实在在，不能有太过浓厚的商业气息。

（5）赞助型公关

通过参与社会活动来与公众建立联系。比较典型的社会型公关包括赞助公益慈善事业、为公众提供大型社会活动等。以这种形式开展公关必须要能够引起社会的足够重视，引起公众的兴趣。

5.5.4 公共关系的实施

开展公共关系活动，需要按照以下步骤开展工作。

（1）确定公共关系的目标

一般来看，家具企业公共关系的目标主要包括：使社会公众了解家具企业的新产品、新技术和新的营销方式；面向新市场的社会公众宣传企业实力与声誉；企业战略进行调整时树立新的企业形象；参与公益慈善活动，提高公众对企业的好感；与企业所在地附近的社会公

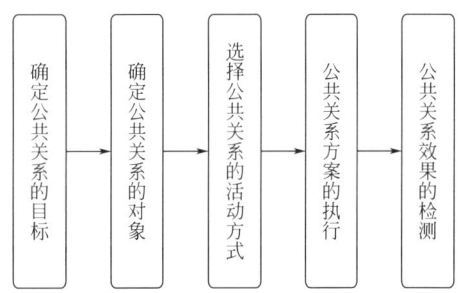

图 **5.5** 开展公共关系活动的步骤

众进行良好沟通；引导社会公众的消费习惯向企业有利的方向发展；企业出现危机时通过公关活动挽回信誉等。

（2）确定公共关系的对象

公共关系的对象就是公众，企业公关活动的目标不同，所面向的公众群体也就存在差异。确定公共关系的对象，就是在公关目标的指导下明确重点需要沟通的公众群体，以便进行针对性设计，同时也要加强与其他公众群体的沟通。

（3）选择公共关系的活动方式

在明确了公关活动的目标与对象以后，就需要针对特定的目标与公关对象的特征，针对性选择公共关系的活动方式，探讨通过何种方式或者若干方式的组合，能够更好地达到公共关系的目标。

（4）公共关系方案的执行

公关方案的执行是公关活动的关键环节，需要首先在实施前做好人员安排与培训、物

质资源的准备以及企业本身组织机构的调整；在与公众沟通开始前，需要重点关注语言、风俗习惯、信仰道德等方面的差异，消除沟通上可能存在的障碍；在沟通过程中，需要对人、财、物、进程、质量、阶段性目标等进行严格的过程控制。

（5）**公共关系效果的检测**

公共关系评估就是根据特定的标准，对公共关系活动效果进行衡量、评价和估计，在肯定成绩的同时，发现新的问题，不断调整企业的公共关系目标、公共关系政策和公共关系行为，使企业的公共关系成为有计划的持续性的工作。大型家具企业在开展公共关系评估时，往往会邀请第三方公司介入，从更为专业的角度来进行测定。

6 计划与组织

6.1
家具市场营销计划

6.2
家具市场营销组织

家具企业的市场营销工作纷繁复杂，要想稳定而有序地开展市场营销活动，并倾尽全力使家具企业获得最高的效益，就必须依赖一定的工具。这些工具中首要的就是制定一整套科学合理的市场营销计划；其次就是建立与市场营销计划相匹配的营销组织，从而保证计划的落地执行。

6.1 家具市场营销计划

任何企业的工作都始于计划，家具市场营销计划是家具企业进行市场营销活动的总体安排和要求，是家具企业从事市场营销活动的指导性文件，为家具企业如何利用其特定的优势，并规避劣势提供了一个分析的框架。家具市场营销计划的制定和执行，很大程度上能够避免家具企业经营的盲目性，有助于家具企业实现资源的最优化配置，取得良好的经济效益，还有利于协调企业内部各部门之间的关系，明确分工，各司其职。

家具市场营销计划的制定，首先需要对前一阶段的工作进行总结，然后对当前的形势进行分析，制定出合适的营销计划，最后推动营销计划的落地实施。

6.1.1 家具市场营销工作总结

工作总结就是把一个时间段的工作进行一次全面系统的总检查、总评价、总分析、总研究，并分析成绩和不足，从而得出经验和教训。工作总结一般以年度、季度、月度为周期。从家具的市场营销来看，在销售旺季或重要促销活动开展期间，工作总结甚至以一周作为一个周期来开展。工作总结是制定营销计划的前提条件。

家具市场营销工作总结应当包含的内容有如下几个方面。

（1）销售业绩的回顾与分析

销售业绩的回顾是对已经过去的一个时间段的盘点，能够使得家具企业相关部门和人员对企业在这段时间内的运营情况有一个直观的了解，同时对完成目标的情况也做一个对比，反映企业的发展状况（表6.1）。

表6.1 家具企业销售业绩情况表

项目	销售额	回款额	目标完成率	坪效	库存额	报废额
本周期						
上一周期						
增长率						

销售业绩回顾的内容主要包括周期内累计产生的销售额、销量，各区域、各分销渠道的销售情况，周期内销售额、销量的变化情况，与历年同期数据进行对比的情况，周期内销售目标的完成情况、坪效情况等。有的家具企业还会将这些数据细化到每一个部门、每一个销售人员。

回顾销售业绩的目的是为了进行系统分析。从基本的销售数据中对家具企业自身或者下属的各部门、个人销售情况进行分析，得到对应的销售业务发展趋势，通过图表的形式进行呈现。通过数据和图表，进一步分析和研究销售业绩增长、维持或降低的影响因素，并对这些因素的作用机制进行简要描述。

（2）费用投入的回顾及分析

对营销费用投入的回顾，重点是了解家具企业资金的使用状况（表6.2），与费用预算进行对比（表6.3），由此来判断资金的使用效率，并计算出企业经营的销售成本。

表6.2 家具企业资金使用情况表

项目	销售额	总支出	费效比	产品成本	人工成本	营销成本	其他成本
本周期							
上一周期							
增长率							

表6.3 家具企业预算差异对比表

项目	产品/采购成本	人工成本	营销成本	其他成本	总成本
预算					
实际					
差额					

营销费用投入回顾的内容包括营销总体费用投入，营销分类费用（广告费、物料费、运输安装费、维修费、渠道建设费、销售佣金、招待费等）投入，各区域、各分销渠道的营销费用对比，各类产品的营销费用对比等。

通过对营销费用投入的回顾，可以获得企业总体及各地区、各分销渠道、各产品系列营销费用的增减情况、投入产出比、与预算的差额等指标，分析家具企业资金的使用效率和合理性，评价费用的使用效率，同时还可以进一步分析出造成各类营销费用增减的原因。

（3）盈亏情况的回顾与分析

家具企业是以盈利为目的的社会组织，因此盈亏分析是企业管理者重点关注的内容。家具企业的收入几乎全部来源于销售家具产品的所得，扣除采购成本、生产成本、人工成本、营销成本、物流成本、税费等各类成本和损失后的剩余部分就是家具企业的利润。家具企业的盈亏情况一般需要通过企业财务核算得出，并形成盈亏报表（表6.4）。

表6.4 家具企业盈亏情况表

项目	回款额	采购成本	生产成本	人工成本	营销成本	物流成本	税费	经营损失	核算利润	利润率	盈亏状况
本周期											
上一周期											
增长率											

结合盈亏报表，家具企业就可以从市场营销的各个环节展开分析，进一步研究家具产品销售价格、销售量、产品组合、固定成本以及各项变动成本之间的变化，探寻进一步提高家具企业的销售收入、降低成本开支的策略和方法，优化资源配置，提高企业的整体利润率。

（4）产品的销售回顾及分析

家具企业一般都拥有多个产品系列，每个产品系列中又包含多种不同款式的家具产品，这就有必要对每个产品系列、每一种类型的产品的销售情况予以关注，以掌握不同产品在销售额和利润中所占的比例，以及对资源的利用效率。通过这样的分析可以淘汰缺乏竞争力的产品，将资源集中于可以带来最大效益或者最大发展的产品。

产品销售回顾的内容包括不同产品的总体销售状况、各区域不同产品的销售情况对比、各分销渠道不同产品的销售情况对比、历史同期同类产品销售情况对比等（表6.5）。

通过对不同产品系列和产品的销售数据进行回顾，可以开展 ABC 分析、投入产出分析、产品的发展趋势分析，以及产品在不同区域、分销渠道的差异分析等。

表6.5 家具企业产品销售情况排名表（系列及重点单品维度）

项目		1	2	3	4	5
系列销售额排名	系列名					
	销售额					
系列销量排名	系列名					
	销量					
系列毛利排名	系列名					
	毛利润					
单品销售额排名	型号					
	销售额					
单品销量排名*	型号					
	销量					
单品毛利排名	型号					
	毛利润					
沙发单品销售额排名	型号					
	销售额					
沙发单品销量排名	型号					
	销量					
沙发单品毛利排名	型号					
	毛利润					

续表

项目		1	2	3	4	5
餐桌单品销售额排名	型号					
	销售额					
餐桌单品销量排名	型号					
	销量					
餐桌单品毛利排名	型号					
	毛利润					
床单品销售额排名	型号					
	销售额					
床单品销量排名	型号					
	销量					
床单品毛利排名	型号					
	毛利润					

*餐椅在计算销量时应在总数量基础上除以4计入排行。

（5）内部管理运作的回顾及分析

内部管理运作的回顾主要是指对企业各职能部门与市场营销部门之间的协作情况进行总结，主要包括生产部门、物流部门、人资部门、财务部门、行政部门、信息部门、金融部门等对于营销工作的协作情况、沟通情况等。通过回顾这些部门对于销售的支持与配合状况，分析家具企业具体各项业务流程的时间长短、环节多少、政策响应和执行速度、信息流转的便捷程度等，总结得到家具企业内部运行的效率。

（6）营销计划的执行情况

对营销计划执行情况的总结，主要是对产品、价格、渠道和促销四个方面所开展的工作进行回顾，重点是掌握整体营销活动对相关营销指标的影响情况。

评估上年度营销计划成效的内容，包括产品对市场的渗透程度和扩张程度，新产品的投放效果，价格上涨、下降或维持对销售带来的影响，分销渠道的建设情况，对渠道商进行管理的效果，开展促销对销售的影响，广告投放对销售产生的影响等。

在评估营销计划的基础上，重要的是在竞争形势不断变化的环境中，挖掘出影响销售的根本因素，为未来营销策略规划的制定提供坚实的依据。通过与竞品对比产品、价格、渠道、促销等各个环节，找出差异，并确定导致销售差异的原因，并进行必要的调整。

（7）存在的问题描述及分析

这是对企业整体营销活动中产生问题的综合描述。营销活动中产生的问题，主要包括营销人员问题、营销推广方法问题、营销资源问题、营销后勤问题、营销部门协作问题、营销组织体系问题等。这些问题之间可能存在相互的关联关系，在分析问题时不能将某一个问题孤立地看待，而应该运用系统论的观点，站在市场营销整体的角度来看待问题，综合考虑，从而找到问题的根本解决思路。

某家具企业××××年度工作总结

一、各项数据情况

（一）总体业绩指标完成情况

1. 各门店订单及考核回款总额

排名	1	2	3	4	5	6	合计
门店							
订单总额/万元							
回款总额/万元							

2. 各门店考核回款目标完成情况

排名	1	2	3	4	5	6	合计
门店							
回款目标额/万元							
考核回款额/万元							
目标完成率							

3. 各门店考核回款与上年同期对比

排名	1	2	3	4	5	6	合计
门店							
上年回款/万元							
本年回款/万元							
同比增长率							

4. 各门店坪效排名

排名	1	2	3	4	5	6	平均
门店							
考核回款额/万元							
营业面积/平方米							
每平方米回款/万元							

（二）收支情况

1. 总体收支情况

回款收入共计××万元，实际总支出（含税费、租赁所有费用支出及产品采购成本）共计××万元。实现净利润××万元。

门店									汇总
销售运营费用/万元									
财务部门费用/万元									
税费支出/万元									
采购支出/万元									
总计费用支出/万元									

2. 门店变动费用与上年同期对比情况

本年度门店变动费用支出××万元，较上年同期变动费用支出增加××万元，增长×××%。

其中主要增长的部分是××，原因是××。

项目	办公费	差旅费	广告费	水电费	业务招待	长途运输	送货装卸	售后修理	总计
上年支出/万元									
本年支出/万元									
增长额/万元									
增长比									

3. 门店提货情况

门店总计提货××万元，相比2015年提货××万元增长×××%。其中从A工厂提货××万元，相比上年提货××万元下降×××%；从B工厂提货××万元，相比上年提货××万元增长×××%。提货情况如下表所示（单位：元）。

门店									合计
A工厂									
B工厂									
小计									

4.全国门店分系列销售情况

门店总销售额××万元(含定制单、工程单等),总计开单××个,客单价××万元,总体销售情况如下:

A系列产品销售额××万元,占总销售额的××%。其中主推产品销售××万元,占比××%。

B系列产品销售额××万元,占总销售额的××%。其中主推产品销售××万元,占比××%。

门店						合计
A系列销售额/万元						
B系列销售额/万元						
合计/万元						
销售开单数量						
客单价/万元						

(三)各门店毛利率变动情况与考核利润情况

1.根据会计口径统计本年度与上年度各门店的毛利率情况

排名	1	2	3	4	5	6	合计
门店							
上年毛利率							
本年毛利率							
增长率							

2.门店本年考核利润与上年同期相比情况

核算增长××万元,增长幅度为××%。各门店情况详见下表。

门店						总计
上年考核利润/万元						
本年考核利润/万元						
核算盈利额/万元						
核算盈利率						

（四）各门店库存情况

截止到××××年××月××日，各门店自有库存总计××万元。各门店库存见下表。

门店							总计
A系列库存额/万元							
B系列库存额/万元							
总库存额/万元							

二、主要工作情况总结、分析及解决措施

（一）组织一系列大型营销活动

（略）

（二）监控督查相关工作情况

（略）

1. 人事工作相关情况

（略）

2. 制度建设情况

（略）

3. 培训工作情况

（略）

4. 销售支持情况

（略）

5. 费用管理情况

（略）

6. 品牌形象建设情况

（略）

7. 销售信息化.系统化情况

（略）

8. 工程项目情况

（略）

三、主要工作情况分析

（略）

6.1.2 家具市场营销计划内容

对于家具企业而言,一份完整的市场营销计划主要应当包括八个方面的内容,即计划概要、市场营销环境分析、企业自身发展情况分析、确立营销目标、制定营销战略、制定行动方案、测算预计盈亏、营销计划控制。

6.1.2.1 计划概要

计划概要是对家具企业市场营销计划内容中结论性的部分的简要概述,是整个市场营销计划的精神所在。计划概要存在的目的是便于企业各级管理人员更快地熟悉和掌握整个计划的内容,如果需要对部分内容进行仔细推敲,可以查阅计划中的对应部分。

6.1.2.2 市场营销环境分析

市场营销环境分析是家具企业市场营销计划的主要部分之一,主要内容是收集和分析企业所处的宏观环境与微观环境,为营销计划的后续制定营销目标、营销战略与策略提供科学的依据。

市场营销环境分析的主要内容包括四个方面。

(1)宏观环境

宏观经营环境对企业营销策略规划的作用因行业不同而有较大的区别,家具行业是受宏观环境影响较大的行业,宏观环境通常通过房地产业进而直接影响家具行业,因此在家具的市场营销过程中,对宏观环境的分析举足轻重。

宏观经营环境分析的内容主要包括国内生产总值GDP的增长、金融政策的宏观调控、国家刺激消费增长的政策、国家鼓励行业发展的政策、失业率和居民收入增减状况以及某些重大事件的发生等。其中,对于家具行业影响特别大,并且在当下已经对家具行业构成了直接影响的宏观环境包括:国家对于楼市的政策调控、环保相关法律法规的实施、供给侧改革和"营改增"税收政策的落地、中美贸易战的胶着状态、新冠肺炎疫情的爆发等。

(2)行业趋势

对于行业发展趋势的分析可以用于判断企业目前的盈利空间和未来发展潜力,分析结果有助于科学地确定企业的资源投入方向。

家具行业发展趋势的分析包括家具行业市场规模与增速,列出过去一段时间周期中的销量、销售额以及不同细分市场上的销售情况,并形成市场变化曲线,分析这些变化产生的背景,并且在一定数据支持下对未来的发展趋势做出预测。通常,面向全国市场开展业务的家具企业还可以从家具协会以及一些咨询公司获得相关数据。此外,对行业趋势的分析还要重点研究消费者的需求、消费观念和购买行为,从而判断行业未来的发展方向。

当前形势下,随着90后、00后逐步形成购买力,自媒体、新媒体逐步成为家具行业传播的主要阵地;这些消费者对家具的需求更加强调新颖个性、绿色环保,重视装饰和设计,讲究体验,以刚需为主,对空间利用率的要求高;信息技术和电子商务正在对家具行业产生深远的影响。

(3)产品趋势

对产品发展趋势的分析,实质是对消费需求趋势的分析,与企业的整体营销策略规划有着最直接的关系，是企业制定具体营销计划的基础，但是这个部分并不是直接对消费者心理和行为进行调研，而是对产品内部性质、外部形态和市场表现形式进行描述，反映着产品发展状态最直观的特点。

家具产品的发展趋势分析包括产品内部性质、外部形态和市场表现形式三个方面。家具产品的内部性质主要是品类、结构、功能、材质等核心要素，也是消费者的本质的需求；产品外部形态主要是造型、规格、搭配、包装等辅助要素，是消费者核心需求的外在表现；产品市场表现形式主要是产品进行售卖的方式，如销售模式、分销渠道、陈列方式、运输手段等内容。售卖方式取决于产品内部性质和外部形态，不同类型的家具产品，其售卖方式可能存在较大的差异，这对于企业制定营销计划是非常重要的考虑因素。

在消费者需求以及一系列政策法规的影响下，极简、原创、定制、智能、环保已经成为家具产品必然的发展方向。此外，产品的研发周期、生产周期、生命周期都在不可避免地缩短，预示着家具产业的节奏正在加快。

（4）竞争态势

竞争态势分析的作用是为家具企业树立标杆，通过与竞品的市场营销活动进行详细对比，可以发现自身与竞品之间存在的差异，从而对市场营销活动进行针对性调整，最终获得竞争优势。

竞争态势分析首先需要对产品的竞争形势进行概括，主要包括市场的总体竞争特点、竞品的界定、竞品的市场表现、同竞品的销售对比和投入资源对比等。其次是从整体策略、产品、价格、渠道、促销和费用等各方面对竞品进行直接描述，力争全方位展现竞争品牌的营销活动，对竞品的策略意图做简要分析，并且对竞品的营销推广方式可能产生的变化做出预测。

6.1.2.3 企业自身发展状况分析

家具企业对自身状况的认识也是市场营销计划的重要内容，知己知彼才能百战不殆。分析企业自身的发展状况，通常采用SWOT分析法。

（1）强势（strength）与弱势（weakness）分析

强势与弱势指的是家具企业的内部因素。其中强势主要指有利的竞争态势、充足的资金来源、良好的企业形象、雄厚的技术力量、较大的生产规模、优秀的产品质量、全面的配套服务、较大的市场份额、出色的成本控制、猛烈的广告攻势等；弱势主要包括设备老化、管理混乱、关键技术缺乏、研究开发落后、资金短缺、经营不善、产品积压等。对强势分析需要以数据为依据，以数据为支撑，不能单凭主观判断，自我取悦。对于弱势需要客观冷静的分析，并且要下定决心来革除。

（2）机会（opportunity）与威胁（threat）分析

机会与威胁主要是指家具企业所面对的外部环境。机会包括新产品、新市场、新需求、海外市场壁垒解除、竞争对手失误等；威胁包括新的竞争对手、替代产品、市场紧缩、政策变化、经济衰退、客户偏好改变以及一些突发事件等。机会需要从行业环境的变化和竞争品牌的市场盲点中挖掘，机会分析的难点在于企业往往很难将自己认为的机会转化为实实在在的竞争优势或者利益，很多时候这种分析只是给自己鼓舞士气。威胁分析的过程需要与竞争对手进行细致的对比，对不利环境进行仔细的研究并寻求解决方案，否则很容易演变成为为失败找客观理由。

6.1.2.4 确立营销目标

明确了家具企业面临的营销环境，并分析了企业自身的情况之后，就需要对营销的目标进行选择和确定。只有确定了营销的目标，才能够进一步以此为方针制定营销战略与策略。

营销的目标包括财务目标与市场营销目标两种类型。

（1）财务目标

主要包括销售收入、毛利润、净利润、销量、成本与费用等，是销售情况最直接的数字体现。

（2）市场营销目标

包括目标市场占有率、产品及企业形象、品牌知名度、销售网点覆盖情况等，反映的是家具企业的市场开拓情况，是家具企业或品牌挖掘市场的潜力。

营销目标的确定需要注意两个关键问题：

① 目标要尽可能量化成可以衡量的指标，以便进行相关考核；

② 要处理好短期利益与长期利益的关系，既要重视短期利益以保证企业的生存与发展，又不能忽视长期利益，竭泽而渔。

6.1.2.5 制定营销战略

营销战略提供了将用于实现计划目标的主要营销手段，主要包括两个方面的内容。

（1）目标市场战略

明确家具企业的品牌和产品主攻的细分市场。不同的细分市场上，市场规模、消费者的偏好以及对企业市场营销行为的接受度存在很大的差异，盈利潜力也不同，因此家具企业需要精心选择目标市场，慎重分配市场营销资源。

（2）市场营销组合策略

选定了目标市场，就要从产品、价格、渠道和促销四个方面制定市场营销组合策略。

① 产品策略主要包括以下两方面。

a. 产品定位。在市场定位前提下对产品策略方向进行界定，使得产品能够切实向着满足目标市场需求的方向开发，做到产品与目标市场的一体化。

b. 产品组合。为满足目标消费者的不同需求而开发出相应类别的产品种类，例如不同的规格、材质、功能等。产品组合的关键在于要基于市场定位来确定产品系列的长度和宽度，同时确立主导产品，形成具有特色的产品系列，合理控制产品种类和规格的数量。

② 价格策略主要包括以下四方面。

a. 价格定位。价格定位依附于市场定位和产品定位，是整个价格策略的核心，也是制定价格策略的指导原则。在对价格定位时，关键是考虑竞争对手的价格定位，以此作为一个重要的参考标准。

b. 价格组合。根据产品的品类、规格、材质等要素，制定出满足目标市场需求的价格体系。价格体系中不同的价格可以为不同需求的消费者提供多样化的选择，同时为家具企业带来更高的利润。

c. 定价策略。整体规划中的定价策略是一个总体的描述,主要解释的是家具企业在未来一年中定价的指导思想。

d. 盈利空间。在价格组合的基础上,详细分析每一个产品系列,甚至于每一款产品的利润水平,并将这些数据进行综合,得到家具企业总的盈利水平。

③ 渠道策略主要包括以下四方面。

a. 渠道思想。对渠道策略的方向性描述,概括了企业分销渠道的建设原则,是整个渠道策略核心原则,对具体的措施进行指导和解释。

b. 分销渠道建设。明确分销渠道的长短、宽窄、直接与间接方式,并结合分销渠道的组合、层次、覆盖面,渠道建设的成本、效率等因素,来分析渠道开拓的重点,确立整个渠道建设的目标,为企业的渠道建设指明方向。

c. 分销渠道管理。对如何管理渠道商或企业自身的终端营销部门做出描述,包括经营模式、管理方法、渠道的调整等内容,对于不同层次的分销渠道采取恰当的管理模式,以最大程度发挥各种不同的分销渠道的优势。

d. 分销渠道推广。对面向渠道商开展推广活动的思维和手段进行描述,阐述通过激励措施加速分销渠道的建设和完善,推动销售业绩的提升,并借此招募新的渠道商的发展路线,作为企业渠道策略的战术部分。

④ 促销策略主要包括以下三方面。

a. 整体促销策略。确定促销推广重点和促销项目整合的策略思想。由于促销手段多种多样,每一种不同的促销手段所能达到的效果都存在差异,如何抓住促销的重点方向,将这些促销手段进行综合,使之组合起来达到企业促销的主要目标就成为了关键,因此必须予以明确。

b. 促销形式。明确人员推销、营业推广、广告投放、公共关系等促销手段所解决的主要矛盾、开展的时机、在促销组合中所占的比重以及促销所要达到的阶段性目标等。通常还会明确未来一段时间中主要促销活动的次数、主题和总体规划等。

c. 促销内容。基于市场拓展的阶段性目标,确定各阶段促销推广的具体目标,并对此目标细化推广的重点、主题,选定主要推广方式,形成企业的总体促销方案(表6.6)。

表6.6 某家具企业2019年大型促销活动总体规划

序号	开始日期	结束日期	天数	主题
1	3.4	3.17	14	品质节
2	4.1	4.7	7	与××一起赏花(插花课堂)
3	4.22	5.4	14	"五一"大促
4	5.27	6.9	14	消费节
5	7.22	8.4	14	冰爽一夏·一降到底
6	8.26	10.7	43	金秋收获季
7	10.28	11.11	15	"双十一"狂欢节
8	12.9	12.15	7	"双十二"线下购物节
9	12.23	1.5	14	"双旦"庆典·年终盛会

6.1.2.6 制定行动方案

营销战略是一个明确了家具企业实现营销目标的总体思路与措施的纲领性文件,还需要通过一定的行动计划来明确究竟应该如何落地。行动方案就是将营销战略根据项目、部门、产品进行进一步细化,编制成包含有具体的任务指标、时间节点、负责人、预算等条目的落地方案。

6.1.2.7 测算预计盈亏

市场营销的盈亏情况,是家具企业的管理者最为关心的内容,因此在制定市场营销计划时还需要对根据这一计划开展市场营销活动所带来的盈亏情况进行测算,以说明这一计划理论上存在盈利的能力。这一测算应当基于市场营销环境、过去的经验数据以及市场营销计划,采用科学的方法对可能产生的费用支出和销售收入进行预估,从而得到根据这一营销计划所能产生的盈亏预测,供企业的管理者参考。

6.1.2.8 营销计划控制

营销计划控制是说明如何对营销计划的执行过程进行监管,无法实现监管的营销计划显然是一纸空文。常用的手法就是将营销计划中的各项指标,从产品、部门、人员、区域等各种维度,按照更短的时间周期如月度、季度等进行分解,从而对各个营销单元进行及时有效监控,发现无法按计划执行的原因并及时进行调整,以保证营销目标的达成。

6.1.3 制定市场营销计划的常见问题

(1) 缺乏基层人员的参与

许多家具企业营销计划的制定是"自上而下"开展的,由公司高层直接制定,基层管理人员参与度比较低。这种营销计划往往是"不接地气"的,很难针对基层的情况针对性地提出解决办法,往往不能解决实际问题。并且计划本身也只是讲一讲整体的产品策略、价格策略、渠道策略和促销策略,比较空泛,缺少具体的实施方案,对于基层管理人员和营销人员的指导意义不大。

家具企业的市场营销实际上是由基层管理人员和营销人员来完成的,因此营销计划应当以"自下而上"的方式来制定,充分发挥基层人员的智慧,鼓励他们积极参与到计划的制定中来。家具企业总体的营销计划是各个区域、各个渠道、各个产品系列营销计划的综合。企业总的营销目标确定后,将目标分解到对应的区域、渠道、产品系列,由对应负责的人员围绕这个营销目标制定本部门的营销计划,然后自下而上逐级反馈,到企业最高决策层就已经形成了营销计划的初稿,再经过一定的讨论和协调,就可以形成一份比较贴近实际的市场营销计划书。

一个好的营销计划一定是全体员工共同参与制定的。基层人员的参与,一方面能够获得家具企业中高层领导难以获得的第一手资料和许多新思路,使得营销计划具备更强的落地能力;另一方面这样的营销计划在制定过程中已经完成了一次与广大市场营销人员的沟通,有利于营销计划的贯彻落实,也有利于企业高层与基层统一认识,相互理解。

(2) 缺乏系统性

从一些家具企业的营销计划中不难发现,一部分家具企业的管理者认为的营销计划就是销售指标,例如计划销售多少产品、销售额是多少、毛利应当达到多少等,而针对这些指标后续需要分配多少资源、具体采用什么样的策略却没有提及。营销计划只是确定了一些目标,这就很容易与实际工作脱节。基层销售人员面对这些数字指标时大多数情况下也只能循规蹈矩,继续按照之前的方式方法来开展工作,通过延长工作时间、投机取巧等方式来达到这些目标,没有从根本上帮助基层人员改进工作方法、提高工作效率。如果这些数字指标超出了基层人员的预期,反而容易激化企业高层与基层之间的矛盾。

解决这一问题的关键在于制定营销计划的过程中融入系统工程的思想。系统工程是为了最好地实现系统的目的,对系统的组成要素、组织结构、信息流、控制机构等进行分析研究的科学方法。它运用各种组织管理技术,使系统的整体与局部之间的关系协调和相互配合,实现总体的最优运行。这种思想强调解决问题时不能局限于问题本身,还要将其与所有因素关联起来综合考虑。营销计划是一个系统工程,在确定了营销的目标和核心方案以后,还要围绕这个目标为各相关因素设立子目标和对应的方案,再对子目标进行进一步细化,这样逐级细化到每一个营销单位,使得基层也具备了能够达成目标的可行措施,这样的营销计划才更有可能得到落实。

(3)缺乏风险应对措施

当前绝大多数家具企业的营销计划中没有考虑风险应对措施,似乎能够100%按照营销计划中设想的方向发展。然而,市场风云莫测,在营销过程中遇到突发事件是非常正常的现象。企业的营销计划中缺少应对风险的措施,一旦遇到这些事件就需要较长的周期才能进行应对,这就使企业在竞争中落于下风。有的企业甚至因为一次危机的处理不及时、不恰当而一蹶不振。因此,需要对可能的、常见的风险进行充分预估,并制定防范措施。

家具企业市场营销的风险可以划分为行业风险和企业风险。行业风险主要包括政治形势的变化、政府政策的调整、社会关注的转变、行业变化、消费者购买偏好转移、物资的短缺、重大公共卫生事件等。企业风险主要是经营风险和财务风险。经营风险主要有决策失误、质量下降、成本上升、管理水平低下和高层人事变动等。财务风险包括资金链紧张、融资失败、投资失误和呆账坏账等。同时,企业风险常常又容易引起媒体的负面报道,对企业产生舆论危机。

在制定营销计划中,就要考虑到这些风险和危机出现的可能性,做好积极的预防和应对,在风险发生之前要尽量避免,一旦危机不可避免时,就要快速响应,将危机对企业的影响降至最低。

(4)缺乏主次

营销计划中牵涉到的目标、方法、策略非常多,如果眉毛胡子一把抓而不分重点,那么就很容易顾此失彼。一个营销计划,只要能找出关键点,对其进行控制,就可以把计划变成行动方案。例如,对营销管理人员来说,如果在这一阶段中要解决的主要矛盾是提升销量,那么针对这个问题,就可以制定出具体提高销量的计划,而这个计划当中具体的时间安排、实际实施的负责人是其关键点。企业只要抓住具体的时间安排和负责人就可以实现对这一流程的把控。

(5)缺乏长期规划

许多家具企业,尤其是中小型家具企业,都只有短时间的营销计划,"活在当下",对于企业未来三年后、五年后甚至十年后将会如何发展没有规划。虽然"活下来"才是最重要的，但如果不能长远规划，那么企业多数只能看到眼前的利益，其结果就是哪里能赚钱就往哪里扎堆，导致同质化。人无远虑必有近忧，对于家具企业来讲亦然。这种急功近利的企业往往不会存在很长的时间，也注定不会有很大的成就。成功的企业不仅要能够脚踏实地，做好当下，还要能够仰望星空，抓住未来。

（6）缺乏沟通

企业营销计划的制定与实施并不单纯只依靠营销部门，还需要依托研发部门、生产部门、人资部门、财务部门、品牌部门、投融资部门等的配合和资源投入才能实现，这就需要营销部门与这些部门进行充分的沟通。缺乏沟通，一方面可能造成其他部门无法配合、配合不到位或者不能理解真实意图的情况，另一方面也有可能造成企业各部门之间心理上的隔阂，引发企业内部矛盾。

（7）缺乏专业性

从家具行业的实际来看，营销计划的科学性还有待加强。作为企业最为核心的一项工作内容，营销计划的制定需要专业的人员、专门的流程和专用的时间，并且一旦确定就将是企业未来这一段时间里的指导思想，不能随意改变。然而许多中小型家具企业所谓的营销计划都比较草率，老板"拍脑袋"确定目标，中层管理"拍胸脯"保证完成任务，基层人员执行过程中"拍大腿"，最后无法完成计划目标"拍屁股"走人。

一份严谨的营销计划，需要来自各个部门、各个层次的人员与企业高管一起组成一个团队，通过长期摸索出来得到的经验、营销过程中的历史数据对未来进行预判，并且基于科学的推导和严格的论证来得出，是一群专业人员的集体智慧，论据充分，思路清晰，措施全面。如果一份营销计划出自一个非专业人士之手，那么参照这一营销计划的企业必然面临较大的风险。

（8）缺乏总结

营销计划的制定始于对需求、机会和问题的评估，但许多企业的营销计划往往过多地注重工作计划，而忽视了前一个周期的工作总结，这就容易使得两个周期之间的工作开展上出现断层，无法形成严密的体系。一个周期的工作计划是建立在前一个周期的工作基础上的，要想制定出真正有发展性的计划，一定要总结出前一个周期的问题，从这些问题出发，各个层次的营销人员要把当前面临的所有问题列出来，按照不同的特点分门别类，对其做出细致的分析。发现问题、勇敢地承认问题的存在，细致地分析问题，并提出问题的解决方案才是营销计划的真正意义所在。

（9）缺乏考核性

营销计划缺乏考核性的主要表现，就是考核指标得到了落实，而营销计划的目标并没有达到。销售指标落实到每个具体的人身上，每个人各自为政，为了完成这个销售指标想方设法地工作，然而公司整体的营销计划并没有落实下去，这样就造成了许多短视的行为，以牺牲品牌形象和品牌建设来换取短期的虚假销售指标。因此，实施计划一定要有具体的时间表、阶段性成果报告、落实责任人，这样以便跟踪考核，确保计划的贯彻执行。

（10）缺少对渠道商的考虑

许多借助渠道商来开展分销的家具企业，在制定营销计划时往往还是以自我为中心，很少考虑渠道商。由于这类家具企业并不直接面向终端消费者，渠道商就是这些企业的直接利润来源。通盘考虑渠道商的营销计划，有利于家具企业清晰地了解渠道商的发展潜力和存在的问题，从而帮助家具企业制定出科学合理的渠道分销政策。对渠道商给予帮助和支持，渠道商的营销计划还可以成为渠道管理人员制定家具企业营销计划的基础文件。

以上这些问题使家具企业的营销计划无法真正产生有效的指导作用，反而被有的企业认为营销计划没有价值。因此，有必要为企业提供一个如何做好营销计划的思路，使大家认识到营销计划对企业的发展起着举足轻重的作用。

6.1.4 家具市场营销计划的有效执行

市场营销计划的执行就是将市场营销计划转变为具体行动的过程，即调动企业全部资源有效投入到营销活动中，保证完成计划规定的任务，实现既定的目标。市场营销计划的制定只是一个开始，更为重要的是市场营销计划的执行，只有执行到位了，市场营销计划才有意义。

6.1.4.1 市场营销计划有效执行的保障

（1）制度保障

① 绩效考核制度。将营销计划要达到的目标，与营销人员的绩效考核联系起来，由此来规范营销人员的行为围绕营销目标开展工作，使营销计划落到实处。例如，营销计划要开展深度分销，可以制定一个铺货率的考核要求，使营销人员的工作重点放到提高铺货率上。

② 部门协作制度。围绕营销计划的重点。解决好各部门之间的协作关系，在部门之间确立合作关系，明确责权利。另外，也可以采取项目小组的形式开展工作，提高营销计划的运作效率。例如，营销计划中的新产品开发业务，关系着企业持续竞争力的提升，其参与的部门涉及市场、生产、技术、供应等，想要提高新产品开发的速度和效率，一方面要确立市场部在新产品开发过程中的领导关系，另一方面又可以通过责任书的确认，使其他部门都能按照要求完成新产品开发各环节的工作。

③ 职能性管理制度。通过一系列职能性管理制度来提高营销计划实施的效率，如营销推广管理制度、区域管理制度、渠道管理制度、销售业务管理制度等。这些制度一方面是为销售人员提供了开展工作的规范，另一方面则是为衡量销售人员的工作成效提供了标准。另外，管理制度还影响销售人员的思想意识和行为模式，其根本点都是围绕营销计划的有效执行而进行的。

（2）流程保障

营销关键业务流程的优化甚至重组，将对营销计划的有效实施产生重要的作用。往往一份营销计划是好的，但在实际运作过程中，由于业务流程的运作不合理，造成营销计划实施的效率低下，直接影响到营销目标的实现。

在一些关键性的业务流程，如产品研发流程、营销推广流程、营销计划流程、订单处理流程等，其运作效率的高低，反映着整个组织结构和部门职能是否合理。因此，要真正实现流程的高效运转，就要根据业务流程的要求，从组织和职能上加以保障，确保业务流程能为企业带来根本性的利益。

（3）权限保障

营销计划的有效执行在很大程度上取决于各部门能否充分发挥各自的职能。营销计划在实施时，一定要赋予各职能部门相应的权限，否则将会影响到营销计划执行的效率。还要对营销计划中的业务内容进行合理分配，既要使各个职能部门都能找到相对应的工作内容，又要合理分配各个部门的工作量，明确业务开展过程中各部门的决策权。

（4）资源保障

营销计划的落实必须要匹配一定的企业资源。虽然营销计划中包括了资源的分配，但在实际操作过程中往往有些项目分配不到保障计划实现的足额资源。例如一些家具企业制定了深度开发某一区域市场的计划，但在该市场只分配了一名营销人员；制定了开设直营门店的指标，然而却没有对应提供开设门店的各项经费，这些资源的不足显然难以促成营销计划的达成。此外，在企业面对一些不利情况时，往往不能坚持按计划匹配资源，总是会把资源倾斜到能立即提升销量的项目上，也加剧了市场营销计划的落空。

6.1.4.2 营销计划的分解

营销计划的分解是使计划得以有效执行的最佳方法。营销计划分解有助于帮助家具企业各级管理人员和营销人员把握业务重点，在执行过程中能够实时地看到计划实施的效果，使营销计划可以直接落实到基层，还有利于对营销计划的实施效果进行评估。

具体来看，营销计划的分解可以按照这样几个维度来开展：

① 按时间可以划分为周计划、月计划、季度或半年度计划等；
② 按区域可以划分为门店计划、城市计划、省区计划等；
③ 按市场发展阶段，可以划分为导入期、成长期、成熟期和衰退期的计划；
④ 按销售季节性变化，可以分为淡季计划、旺季计划；
⑤ 按不同的项目，可以划分为促销计划、上样计划、广告计划、清样计划等；
⑥ 按分销渠道可以划分为直营渠道计划、某个具体渠道商的计划；
⑦ 按销售渠道的性质，可以划分为线上计划、门店计划、工程计划、异业联盟计划等。

6.1.4.3 营销计划的动态调整

营销计划制定后，并不意味着其一成不变，而要根据市场的变化主动对营销计划进行调整。营销计划的调整建立在营销计划分解的基础之上，只有对营销计划进行了分解，才能够在执行过程中不断发现存在的问题，并对计划进行逐一的调整。

营销计划的调整讲究先"由大到小"，再"由小到大"，即先从涵盖范围较大的计划落实分解到涵盖范围较小的计划，再从涵盖范围较小的计划向上推导涵盖范围较大的计划。如先从年度计划细化到月计划、周计划，再从周计划反推月计划、年计划。"由大到小"是对营销计划的整体性进行掌控，"由小到大"就是通过富有层次的滚动执行和调整，来达到对整个营销计划在适应性方面的保障。

6.2 家具市场营销组织

家具企业的市场营销计划需要借助一定的组织来实现，这些组织就是市场营销组织。

市场营销组织，就是家具企业内部涉及营销活动的各个职位及其结构，也可以被理解为各个营销职位中人的集合。这种组织是对家具企业的全部经营活动从整体上进行平衡协调的有机结合体。

6.2.1 市场营销组织的发展

企业的市场营销组织主要是执行营销计划、服务于消费者的职能部门。这一部门的组织形式受到宏观的营销环境、企业营销管理哲学以及企业的经营范围、业务特点和所处发展阶段等因素的影响。市场营销部门从比较简单的业务部门发展到现代企业中高度复杂且综合性强的部门，经历了一个逐步发展和演化的过程，这一过程包括五个阶段。

（1）单纯的销售部门

一般企业最初都是由生产、销售、会计和财务四个职能开始发展起来的，其中的销售工作一般最低由一名副总经理来负责，同时分管营销的调研、推广等工作（图6.1）。在这一阶段，销售的职能仅仅是将生产出来的产品推销出去，产品是什么、有多少，取决于生产部门，销售部门没有发言权。

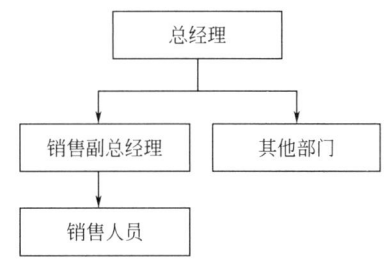

图6.1 单纯的销售部门基本组织架构

（2）兼有附属职能的销售部门

随着企业的不断扩大，面向的销售市场随之扩大，市场环境也在不断改变，这时企业就需要强化销售部门的职能，使之能够满足更大的任务量和更为复杂的营销环境。原来一些可以外包给第三方的市场调研、营销推广等工作需要企业设立专人专岗来开展（图6.2）。

（3）独立的营销部门

伴随着企业规模和业务范围的进一步扩大，新产品开发、客户服务等工作也变得重要起来，而市场调研、营销推广等工作则需要更加深入。在这种情况下，营销工作继续由销售副总经理来分管就有些力不从心，于是单独设立营销副总经理来专门负责企业的营销。这时销售部门和营销部门成为平行的部门，相互配合（图6.3）。

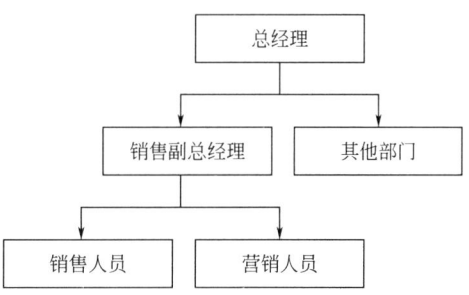

图6.2 兼有附属职能的销售部门基本组织架构

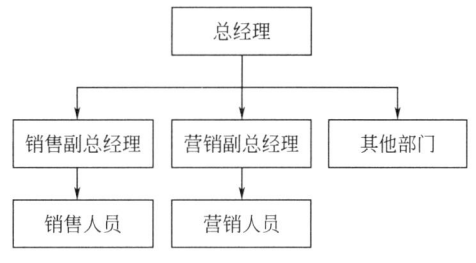

图6.3 独立的营销部门基本组织架构

（4）现代营销部门

独立的营销部门在企业发展过程中起到了重要的作用，然而随着企业的壮大，

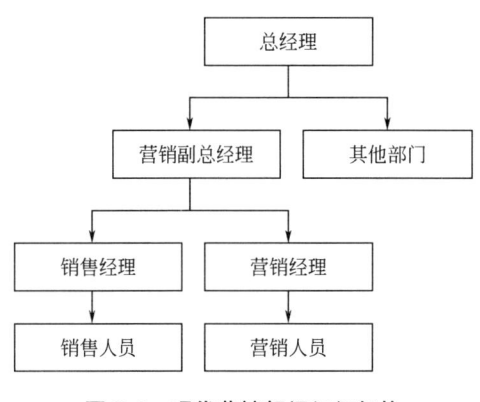

图 6.4　现代营销部门组织架构

独立的营销部门与独立的销售部门之间由于目标的差异引起理念上的必然分歧：销售部门着眼于如何获得更大的销售额和销量，经营行为更偏向于短期获得更高的销售；而营销部门更多考虑企业的长期利益，希望制定合适的产品计划与营销战略来满足市场的长期需要。两个独立部门彼此的效益最大化都以牺牲对方的利益为代价，因此矛盾也就越来越尖锐。于是，在此基础上，形成了以营销副总经理全面负责销售和营销事务的现代营销部门（图 6.4）。

（5）现代营销企业

随着消费者行为的改变以及企业对市场营销认识的逐步深入，企业逐步发现，仅仅具有现代营销部门这种形式上的组织结构是不够的，还需要营销部门的管理人员充分理解企业的工作是"为消费者服务"，市场营销不仅仅是自己承担的职能，还是一种企业的经营哲学时，这样的营销部门才有血有肉，具有这种营销部门的企业才称得上是现代营销企业。

6.2.2　家具市场营销组织的形式

为了实现营销目标，家具企业必须建立适合企业自身特点的营销组织。家具企业的营销组织一般可以划分为五种类型。

（1）职能型营销组织

职能型营销组织，就是根据各种营销职能来设立部门，如销售管理、渠道开发、市场研究、品牌推广、新产品开发等（图 6.5）。营销工作总体上由一名营销副总经理来统一协调，具体到每一个关键的营销职能则由一名经理或总监负责。建立的职能部门根据企业的实际需要可多可少，分工可粗可细。职能型营销组织最大的优势在于分工明确、简单易行。然而当企业发展到一定的规模时，一些项目会因为职能的划分而被割裂，没有人对整个项目负责。

（2）区域型营销组织

区域型营销组织，就是按照区域来划分工作范围，不同的人员负责不同区域的销售工作。这种组织形式常见于一些面向全国范围开展业务的家具企业。根据业务量的大小，将全国市场划分为若干个大区，如分为东北、华北、华东、华南、华中、西南、西北等大区，由大区经理带领一个团队统筹区域内的全部销售业务；每一个大区再根据所辖省级行政区或城市设立负责人，分管对应

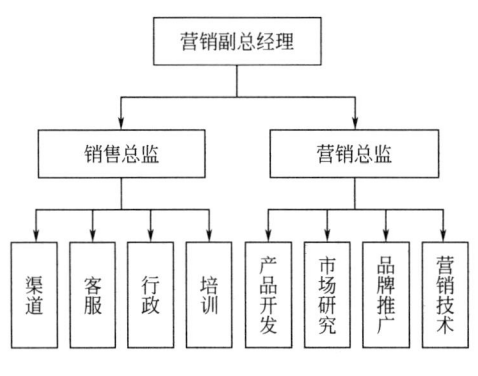

图 6.5　家具企业职能型营销组织

省级行政区或城市的营销工作（图6.6）。这种组织形式最大的优势在于销售人员常驻当地市场，能够充分了解当地的市场环境，并同当地的渠道商、消费者建立长期稳定的关系。

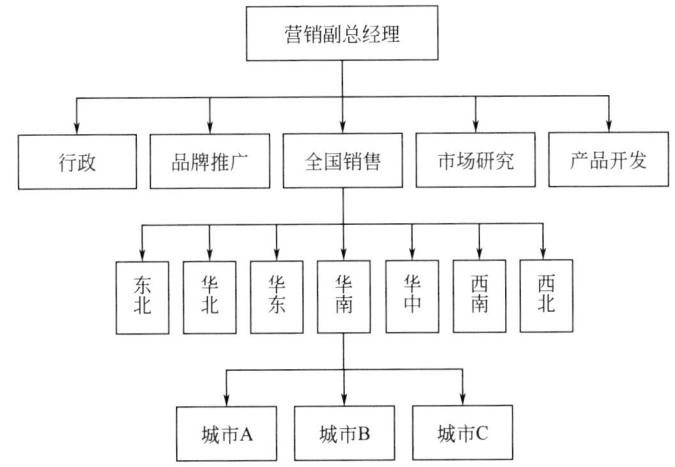

图 **6.6**　家具企业区域型营销组织

（3）产品型营销组织

产品型营销组织，就是以产品系列为单位来划分销售人员的工作职责，每一个销售人员只负责特定的某一些产品的市场营销工作（图6.7）。对于一些多元化经营的家具企业，不同的产品系列之间可能存在较大的差异，例如美式家具与新中式家具、定制家具与成品家具等，一个团队很难兼顾不同产品系列之间的差异，因此予以区分。这种组织形式能够有效调动各种资源，充分挖掘出产品系列的最大价值，但也面临着不同产品系列之间冲突的问题。

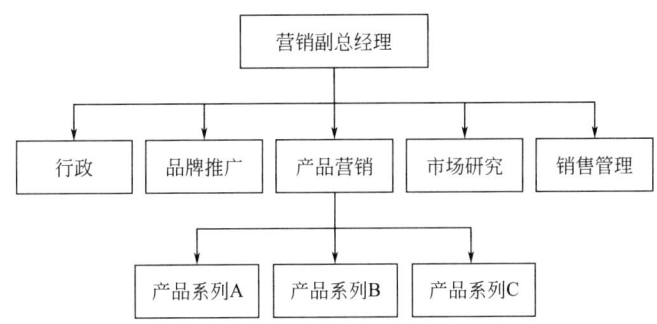

图 **6.7**　家具企业产品型营销组织

当家具企业规模和经营范围进一步扩大，产品类型进一步增多时，产品型营销组织就会演变成事业部型营销组织（图6.8），例如一些家具龙头企业的成品家具事业部、定制家具事业部、床垫事业部、木门事业部等。在这种组织结构下，企业的市场营销工作就全面下放到事业部来独立开展，总部就不再开展统一的市场营销工作。

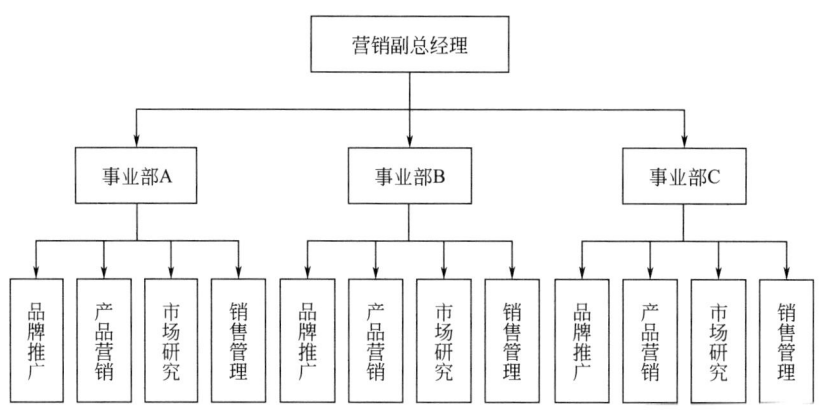

图6.8 家具企业事业部型营销组织

（4）市场型营销组织

市场型营销组织，就是依据消费群体、分销渠道的不同来建立营销组织。一些规模比较大、营销渠道比较多的家具企业大多采用这种组织形式（图6.9）。例如某家具企业的产品比较丰富，不同产品的渠道和消费者都存在差异，于是就根据自身的需要，建立了主要面对线上客户的电商系统，面对线下普通消费者的直营系统，面向渠道商开展业务的渠道系统，面向政府、企业、学校等组织消费者的工程系统，面向国外消费者的外贸系统等。这种组织形式目的性非常强，通常能够很好地把握目标消费者的痛点，营销效果比较好，但也容易出现职责界定不清晰，多头领导的问题。

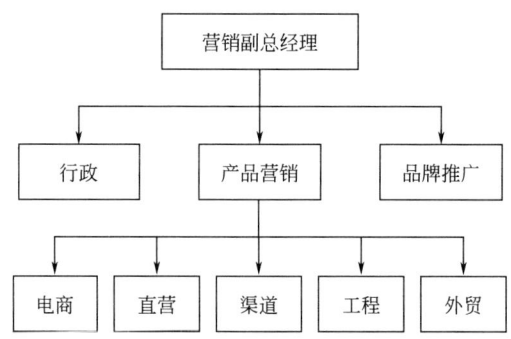

图6.9 家具企业市场型营销组织

（5）矩阵型营销组织

矩阵型营销组织，本质上就是职能型营销组织与其他一种营销组织形式相结合的产物，以职能部门为线条形成垂直的领导体系，再以产品、市场或区域为线条形成横向的领导体系。这种形式常见于两种情况：一种是家具企业在执行某项需要跨部门进行的一次性任务时，另一种是家具企业要求个人对于某一产品系列、某一区域或者某一市场的工作全权负责时。这种营销组织形式能够在不增加和打乱原有编制的基础之上实现各部门之间的协作，极大地提高了工作效率，但在实际操作过程中经常面临双重领导的问题。

6.2.3 家具市场营销组织的设计

6.2.3.1 家具市场营销组织的设计原则

（1）协调性原则

家具企业的市场营销组织首先要确保能够适应企业所面临的内部和外部环境，既要能够确保企业内部各部门之间权责清晰、相互协调，又能够基于企业自身和产品的特点针对市场需求做出反应，协调市场营销外部环境的各项构成要素。在面对消费者时，市场营销部门代表了企业的整体形象；面对家具企业中的其他部门时，市场营销部门又代表了消费者的需求。因此家具市场营销组织在设计时就必须考虑能够协调企业与消费者之间的关系。

（2）适度性原则

在将家具企业的各种营销职能部门组合成营销组织时，需要考虑具有合适的宽度与深度。宽度是指一个层级的领导需要直接指挥的部门或员工的数量，一个人的精力是有限的，宽度过大就容易造成顾此失彼的现象；深度是指从家具市场营销部门最高负责人到基层员工之间的层级数量，深度的大小直接决定了信息传达的效率。然而，对于一个家具企业而言，其营销组织所需要承担的职能是一定的，如果要降低组织的深度，就必然会增加组织的宽度；如果要缩窄组织的宽度，那么也会必然带来深度的增加。因此，在设计营销组织时要充分考虑适度性原则。

随着信息技术的发展和营销人员素质的提升，许多家具企业开始使用各种各样的信息系统来进行科学的内部管理，普遍高素质的营销队伍工作能力相比以前也有了大幅提升。在这样的前提下，组织的有效宽度得以扩展，从而缩短了组织的深度，减少了层级数量，组织结构扁平化成为了必然的发展趋势。

（3）高效性原则

家具市场在新兴技术推动下的发展可谓瞬息万变，家具企业要想在高速发展的市场需求和残酷的竞争环境中求得生存，就必须拥有与企业的业务特点相匹配的高效的营销组织。这种高效率直接影响到了家具企业市场营销活动的质量和效果、内部协调的速度以及持续的创新能力。组织结构设计不合理，就会造成效率低下、沟通成本高昂，往往令家具企业在面对市场变化时"慢半拍"，丧失主动权。

6.2.3.2 家具市场营销组织的设计步骤

家具市场营销组织的设计需要经过六个步骤（图6.10）。

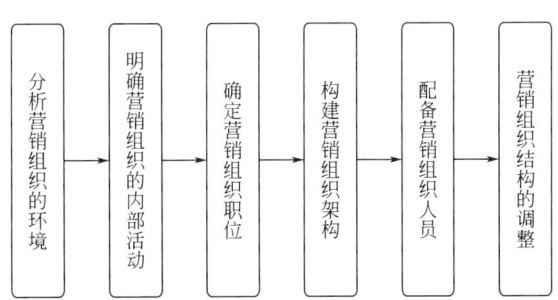

图6.10　家具市场营销组织设计的步骤

（1）分析营销组织的环境

家具市场营销组织在一定的环境中运行，这些环境因素并不为企业意志所转移，必须适应这些环境因素。因此，设计家具市场营销组织的第一步，就是要对影响营销组织的环境因素进行分析。市场的稳定程度、消费者的需求特征以及产品的生命周期是影响营销组织的环境因素中较为关键的三个方面。

（2）明确营销组织的内部活动

明确营销组织在开展市场营销活动中需要进行的各项工作，包括各项业务工作和管理工作。一般情况下，家具市场营销组织的工作需要紧跟家具企业的市场营销计划来进行规划。

（3）确定营销组织职位

根据组织内部活动，明确业务流程，划分出各种具有相似性、连续性的工作内容，并据此设立组织中的各种职位，明确职位的权利、责任以及与其他职位之间的关系。此外，在设立职位的过程中还需要明确职位的数量多少、层级高低，以及职位归属于管理类还是业务类。

（4）构建营销组织架构

根据已经确定的各种职位，以及家具企业的商业模式、业务逻辑来建立合适的组织架构。构建组织架构过程中需要重点考虑的就是组织层级的数量与每一层级的宽度。一般情况下，层级数量越少，组织运作的效率越高，但这就会要求每一层级的宽度增加，提高了管理的难度。因此，在构建组织架构的同时还应考虑通过何种方式来增强人员的管理能力，从而提高有效的层级宽度，达到组织结构扁平化的要求。

（5）配备营销组织人员

每一个具体的职位最终都需要由人来担任，因此家具企业在为各个职位配备人员之前，首先要为每个职位制定详细的职位说明，确定胜任该职位所应具备的基本学历、经验、性格特征、健康状况等条件。在新成立的组织结构中，职位说明就可以作为人员招聘的基本要求；如果是对原有组织进行调整形成的新的组织架构，那么就要根据职位说明对现有人员进行重新评价，然后安排到新的职位上去。无人能够胜任的职位安排招聘，不能匹配任何职位的原有人员要想方设法先进行一定的培养，培养后依然无法胜任的就要考虑进行优化。

（6）营销组织结构的调整

家具企业的市场营销组织是依据企业自身情况与市场环境建立起来的，市场营销组织的建立和完善本质上是一个认识过程，很难一步到位，因此在组织的实际运作过程中不可避免地要对原来考虑不周之处进行调整；此外，企业内外部条件处于不断变化之中，企业的市场营销组织也要针对这些条件的变化而进行改变，以适应市场的发展。因此，在家具企业的经营过程中还要不断对市场营销组织的运行状况进行评估，发现问题并及时调整，从而不断完善组织结构。

7 家具实体门店管理

7.1 家具门店选址

7.2 家具门店形象管理

7.3 家具门店产品管理

7.4 家具门店营销管理

7.5 家具门店客户管理

7.6 家具门店服务管理

7.7 家具门店团队管理

门店又名店铺、商铺。顾名思义，家具门店就是进行家具销售的场所。在电子商务高速发展的时代，家具门店一般多指线下开设的实体家具门店。在互联网大潮的冲击下，门店的管理工作出现了许多新的变化，家具门店面临着前所未有的挑战。

7.1 家具门店选址

门店是一种特殊的房地产形式，门店的价值主要体现在其物业本身的价值和门店所能够带来的商业价值上。在家具行业，租赁物业是家具企业和渠道商开设家具门店的最主要形式，只有少部分开设直营门店的大型家具企业或者在自己的门面经营家具产品的渠道商会自持物业。因此，家具行业门店的价值主要体现在其商业价值上。

家具门店的选址直接取决于门店的商业价值。用于开展家具销售业务的门店，其商业价值的构成因素主要包括区域、商圈、位置、交通、客流、经济等方面，并且不同类型的家具门店，商业价值构成因素的重要性排序不同。

（1）区域因素

区域主要是指家具门店位于城市的大致位置，如位于新城区还是旧城区、居民区还是工业区、发达地区还是欠发达地区、主城区还是卫星城、市区还是郊区等。

就一般的家具门店来看，城市重点发展轴线上规划的居民区是较好的开店区域，这些区域中往往当前或者未来存在大量新开楼盘，因此消费者基数较大，市场发展潜力也比较大，容易吸引客流。

（2）商圈因素

商圈主要是指家具门店周边的业态。

一般来说，传统的家具门店大多选择在家居建材商圈内寻址，利用商圈的聚集效应吸引目的性较强的潜在消费者。可以说，进入到家居建材商圈的消费者基本都是存在相关需求的准客户，都有可能产生交易。

随着行业竞争的加剧，客流逐渐成为家具门店最重要的资源，因此各个家具企业纷纷将门店开设在更容易接触到消费者的地方。例如，社区店就是直接将家具门店开设在新建小区周边，可以依托这个门店直接面向小区内有家具需求的消费者展开营销；商超店就是将家具门店开设在大型商场中，利用商场较大的客流米进行宣传和销售。

（3）位置因素

这里的位置主要是家具门店所在的具体位置条件，主要包括了独立门店是否位于主干道周边、是否具有良好的外部形象展示条件，店中店是否位于大型家居卖场主要通道附近的显眼位置、是否具有良好的门头和橱窗，门店的面积和布局是否有利于家具产品的陈列展示等。

位置条件决定了家具门店在这一具体商圈或卖场内吸引自然客流的能力和品牌宣传的效果，一个好的位置通常能提高消费者进店的概率以及消费者对品牌的认知。

（4）交通因素

交通对于家具门店的影响主要体现在两个方面，即消费者到达家具门店是否方便以及家具产品的运输是否方便。

购置家具是一个家庭主要的大额开支之一，并且频次很低，消费者普遍能够接受到较远的地方寻找家具产品，因此一个家具门店通常能够覆盖较大的区域。门店通过公共交通是否能够很方便地到达、是否具有充足的停车位置就成为了影响消费者到店的主要交通因素。

家具产品的固有特征对产品的运输提出了较高的要求，家具门店及其仓库的搬运、配送是否方便就成为了影响经营成本的主要交通因素。

（5）客流因素

客流是家具门店最为重要的战略资源，客流不仅是家具门店收益的直接来源，而且还是营造门店气氛的重要组成部分。

客流因素对家具门店的影响体现在一方面要有条件吸引自然客流的进店，另一方面还要能够延长消费者在店的时长，以使得消费者能够更多地发现和了解品牌和产品。

（6）经济因素

家具门店的经济因素主要包括门店租金、水电费用、物业费用，以及由门店运营带来的一系列潜在的固定成本。这些经济因素直接影响到家具门店经营的利润空间，是任何一个家具门店选址过程中都不可回避的因素。

门店的商业价值是家具行业衡量选址的主要参考。随着家具门店的多样化发展，家具门店的选址标准已经不再唯一，家具企业和渠道商在开设家具门店之前，需要根据自身的产品特点、运营模式、经济实力等情况，基于门店的商业价值角度进行分析，判断何种条件下能够实现客流的最大化和成交率的最大化，从而确定最优的门店选址。

7.2 家具门店形象管理

家具门店的形象是家具门店的"颜面"，形象的好坏不仅关系到消费者进店和购物的欲望，对家具门店的引流效果、转化率等构成直接影响，同时也会对在家具门店中工作的销售人员的工作心理、工作状态产生影响，从而侧面影响家具门店的经济效益。

家具门店的形象主要包括外部形象、内部装修、氛围营造、卫生管理等。

7.2.1 家具门店的外部形象

消费者对于一个家具门店的认识，往往从门店的外部形象开始。家具门店的外部形象主要涉及的内容有门头招牌、外部墙面、门前区域、展示橱窗等。

7.2.1.1 门头招牌

门头招牌作为一个门店的象征，具有很强的指示和引导作用。它是传播门店形象、扩大门店知名度、刺激客户购买欲的一种有效手段和工具。当前，许多面向全国市场的家具品牌，在门头招牌上都向渠道商提供免费的设计方案，帮助其进行品牌推广。对于其他一些家具品牌，在门店的招牌设计方面应当遵循以下几个基本原则。

（1）色彩的运用要明亮温馨、醒目突出

消费者对于门店招牌的识别往往先从色彩开始，再过渡到内容，招牌的色彩起着吸引眼球的巨大作用。因此，门店在设计招牌的色彩时应尽量明亮温馨、醒目突出，力争使消费者过目不忘。一般来说，宜采用暖色或中色调颜色，例如红、黄、橙、绿等颜色，同时要注意各色彩之间的恰当搭配。

（2）内容表达要简洁

家具门店在设计招牌的内容时，要简明扼要，让消费者容易记住，这样才能达到传播门店形象、扩大门店知名度的目的。同时，招牌上字的形状和大小要充分考虑中远距离的传播效果，使其具有良好的可视度。

（3）门头招牌要耐久、耐用

门店在选择招牌的材质时，要注意充分考虑门店所在位置一天中不同时间段、一年中不同季节气候环境中的视觉识别效果，争取使其发挥更大的效能。这就要求门店在挑选招牌的材质时，一定要选择那些耐久、耐用，具有抗风、抗压等性能的坚固材料。

7.2.1.2 外部墙面

外部墙面主要是指家具门店除了门头、橱窗以外的各个外立面。这些外立面虽然不及门头招牌那样受到关注，但有特色的外立面常常在消费者前往门店的途中比门头招牌更先引起消费者的注意。此外，消费者通过门头招牌确认了门店后，其视线也会自然而然地转向门头周边的外部墙面。因此，外部墙面的情况也会影响消费者对门店的整体认知。

家具门店的外部墙面，首先追求的应当是墙面清洁干净，没有乱涂乱画、堆积杂物的现象；墙面整体完整，没有开裂、剥落、褪色等现象，也没有钉痕、胶痕、污渍以及随意张贴的广告等。对于外部墙面有玻璃幕墙的家具门店，应保持玻璃幕墙的清洁，无水痕、污迹、裂痕、破损，也不能有各种张贴物。如果外部墙面有广告位，那么着重确保宣传画面的内容没有过时，画面完整，没有破损、褪色的现象。

7.2.1.3 门前区域

家具门店的门前区域同样也是门店形象的重要体现。保障门前区域的良好形象，不仅是门前三包的具体要求，也是为消费者创造良好购物环境的重要体现。

首先，确保门前区域的干净卫生、整洁有序是无论何种类型、何种位置的家具门店都应该达到的基本要求。只要发现有垃圾、纸屑、烟头等，不论是门店的哪一位员工，都应该主动进行清理。这种行为不仅有利于维护门店的形象，还能给消费者形成良好的印象。

对于门店门前的台阶、瓷砖、地毯等设施，应保持清洁、完整，发现损坏的应尽快修复；门口用作装饰的气球、花篮、展架等物料要勤加整理，保持有序；门店大门直接面对户外开放区域的，还要注意对门前花坛、树木进行修葺，并确保花坛中和树上没有杂物；有停车位的门店，还要注意保持停车位标线清晰，停放有序。

7.2.1.4 展示橱窗

展示橱窗是家具门店不可多得的宣传媒体，通过合理的空间布局、灯光效果、色彩搭配，能够有效地向消费者展示产品、传达营销信息。橱窗是最能有效展示、演示家具产品的区域，是门店与消费者沟通的桥梁。布置良好的橱窗，很容易就能吸引消费者进店参观。因此，家具门店必须把握好这个固定而免费的广告位。

一般来讲，家具门店展示橱窗的内容呈现都需要交由具备空间设计能力的专业设计人员来完成，重点展示家具门店的主推产品，充分体现门店的产品特色，并确保橱窗整体上布局合理、陈设丰满、疏密均匀、色彩调和，以吸引消费者的目光；一般的销售人员所需要做的主要工作就是维持橱窗的展示效果，例如保持所展示产品的整洁、橱窗玻璃即窗帘的干净等。

7.2.2 家具门店的内部装修

7.2.2.1 家具门店内部装修的重要性

对于家具门店而言，内部装修具有十分重要的意义。

① 装修是用来烘托家具产品的必要工具。好的家具产品如果缺少合适的装修来衬托，就会显得黯淡无光，家具的设计、档次和品位也就无法得到体现，难以引起消费者的共鸣。

② 装修是门店经营实力的象征，对消费者的心理具有极大的影响。装修好的门店，消费者才会产生信任感，而装修差的门店，消费者会觉得它不可靠而不敢在这里消费。因此，内部装修对于家具门店而言是一种生产力，必须要得到重视。

7.2.2.2 家具门店内部装修的关键

家具门店的内部装修是一项具体而细致的工作，既是营造良好的购物氛围，又是为消费者提供样板，因此需要美观和实用兼备。一般来说，在进行家具门店内部装修设计时需要重点把握以下几个方面。

（1）装修之前进行调查

首先要明确所经营产品的市场定位、风格特征，实地考察门店自身及周围的情况，比如人流方向、日照情况、障碍物情况、周围门店颜色风格等，然后再根据这些具体的因素来对陈列布局、人流动线等进行规划，充分利用有利的因素，合理补救不利的环境因素。只有先对市场情况、消费者需求、消费习惯和心理、竞争对手等影响因素进行充分的市场调查和分析之后，才能形成自己的店面形象和定位，进而设计出良好的门店形象。

（2）品牌专卖店整体风格一致

家具企业一般应由专人负责门店的装修设计与施工。门店内部装修的风格应当与家具产品的风格、门头招牌形象、品牌形象等保持一致。对于突出品牌的家具专卖店，还应当根据家具企业的品牌推广要求进行装修，以确保品牌形象的统一。另外，内部装修设计应调查周边的环境，比如周围的交通状况，附近的建筑物风格等，使门店的装修风格与周围环境保持协调融洽，巧妙利用周围的环境来衬托自己。

（3）准确定位门店的整体形象

一个门店的店面整体形象是最吸引眼球的，这就要求在进行装修设计时把握个性化原则，使自身与周边其他门店形成差异。只有别出心裁地设计出与众不同的形象，展示出自己的经营特色，树立个性化的风格，才能将目标客户牢牢吸引进门店里来。

（4）精心组织空间和流线

在特有品牌风格的前提下，门店整体的布局要求做到曲折有致、自然流畅，让消费者感觉每个空间的意境和变化。合理配置产品，摆放形式可以组合变化，产品数量不宜过多，要服从整体设计。门店的空间环境可以说是家具产品的审美附加值，家具产品展示效果的好坏很大程度上取决于空间布局的烘托。

7.2.2.3　家具门店的空间规划

从空间划分上来看，一个成规模的家具门店，通常应当具有五种不同类型的空间。

（1）展示空间

包括室外展示陈列空间和室内陈列空间。室外展示陈列空间是指露天或在临时性建筑中展示的场地，一般用于户外家具或开展促销活动时的产品展示；室内展示陈列空间是在室内设置临时或永久的展示、陈列、演示和交流的空间。

（2）销售空间

主要安排在门店入口或办公区域附近，用于为消费者开具销售订单、收款等相关工作。

（3）洽谈空间

主要用于销售人员与消费者进行沟通交流、敲定选品方案、商讨价格等。对于大型家具门店，可以设置专门的封闭或半封闭区域用于洽谈，小型的家具门店通常将洽谈区就安排在某个家具产品的展示空间内。

（4）过道空间

过道空间的设置需要根据消费者的流量、流速和人体工程学来设计，同时考虑货物搬运的场景，避免活动期间人流堵塞、客户受伤或者调整家具展品时造成其他产品的损坏。

（5）辅助空间

辅助空间是指促进市场营销活动有序开展的辅助活动所需的空间。例如用于装卸货的空间、门店内临时存放物料和少量家具产品的仓储空间、临时周转和修理家具产品的维修空间等。

7.2.2.4　家具门店的动线设计

动线是消费者在门店空间中参观流动的路线。家具门店空间的形成离不开人员的流动，合理的参观路线是家具门店展示产品的关键。许多家具门店在装修设计中没有考虑动线的设计，后续就只能通过家具产品的布局来微调，这样就给市场营销的开展带来了很大的麻烦。

动线的确定主要取决于三个方面：家具门店所要展示的内容；原有建筑空间的局限；平面的空间划分。动线的设计既要满足参观的要求，合理安排各功能区域，又要尽量避免迂回、逆行、交叉，同时还要方便员工和货物的进出。

7.2.3　家具门店的氛围营造

良好的氛围是影响门店销售业绩的一个重要因素。一般来说，门店氛围主要包含店内人气、色彩、声音、气味、照明、员工状态等因素，这些因素构成了消费者选购家具产品的环境，对于消费行为和门店的业绩都构成了重要影响。

7.2.3.1　人气

从心理学角度来看，从众心理往往会影响人们进入一个门店的行为。当一个门店门庭若市的时候，店外消费者就容易产生美好的联想，从而跟着进店凑热闹（图7.1）；相反，当一个门店门可罗雀的时候，店外消费者就会觉得这家店可能存在某方面的问题而经营惨淡，成为阻碍他们进店的心理障碍。

图 **7.1** 促销活动带来的人气

对于家具门店,由于家具产品购买的频次较低,因此普遍存在客流稀少的情况,店内员工比消费者还要多的现象很常见,如何汇聚人气就是家具门店氛围营造关注的重点。家具门店汇聚人气的方法主要包括:

① 通过开展店外推广活动,多种形式向门店内引流;
② 有意识地让已经进店的消费者在店内逗留的时间延长;
③ 邀约意向消费者集中到店开展营销爆破活动,形成短时间内人气很旺的局面。

7.2.3.2 色彩

家具门店的环境不是展示的主体,但门店的环境色彩与整个门店的展示气氛和效果有很大的关系。

色彩不仅有吸引消费者、刺激消费的作用,在一定的条件下还具有标志或象征意义。家具门店应当选定一种颜色作为主色调,其面积、纯度、明度等要素要占绝对优势。色彩应选用容易实现空间协调的同色系颜色,采用无彩色、中性色来缓解色彩的对比程度,不要将相互冲突的颜色放在同一视角范围内,借助透明材料作为高纯度色彩的载体,通过透叠的方式与空间中其他颜色融合,依靠渐变色、颜色纯度、面积、肌理的变化来达成调和。此外,空间环境中的颜色不应太过花哨,以免喧宾夺主,削弱家具产品的展示效果(图 7.2,图 7.3)。

图 **7.2** 以浅色调为主的法式家具　　图 **7.3** 以深色调为主的简美家具

7.2.3.3 声音

在家具门店的声音环境中,背景音乐的设计十分重要。恰当、合理的背景音乐能给家具门店带来好的气氛,提升消费者的心理舒适感,刺激客户的购买欲;相反,不恰当的音乐非但不能增进消费者的购买欲望,反而会大大降低门店在客户心目中的形象,甚至把客户吓出门外。

家具门店在选择背景音乐时,一定要注意合理搭配背景音乐,即根据所销售家具产品的特点和营销活动进程来选择相应的背景音乐。例如以高档欧美家具为主的家具门店,就应当以典雅、优美的背景音乐为主;主要销售儿童家具的门店,背景音乐宜选用轻快的旋律;当家具门店开展促销活动并聚集了大量消费者时,可以适量播放一些慷慨激昂的曲目来激励消费者成交。此外,在店内开展活动时,店内播音员可直播店内活动进度,比如播放祝贺顾客成交、宣布抽奖结果等话术,以增强店内营销气氛,带动顾客尽快成交。

7.2.3.4 气味

气味对门店销售同样起着重要作用,也是家具门店经常忽略的一种氛围。

家具门店内的样品通常是刚生产出来的新产品,或多或少都会有一些令人难以忍受的气味,这就导致许多家具门店内都充斥着刺鼻的气味。这些气味一方面严重影响了消费者的购物体验和销售人员的工作环境,另一方面也容易引起消费者对店内家具产品空气污染问题的担忧。因此,家具门店必须重视店内气味环境的营造。

一般来讲,家具门店可以通过开窗通风、摆放绿植等方式减少异味,也可以适量喷洒空气清新剂来遮盖异味。除此以外,布置香氛来构建良好的气味环境也是一种营销手段,不仅能够有效地延长消费者在门店逗留的时长,还能够建立起气味与品牌的联系,形成更长的品牌记忆。此外,这些香味还能够中和部分家具产品的异味,更能使得门店销售人员拥有良好的心态,从而在接待消费者的时候表现得更加热情、更加耐心。这些香氛可以根据家具产品的特点进行选择,也可以联合有关企业为家具门店量身打造一款合适的香氛。

7.2.3.5 照明

照明在家具门店中具备多重功能,既可以借助光影来使家具产品产生理想的效果而引导消费者,又可以形成空间感,界定门店的空间,还能够用于主题空间的构建和氛围的营造。

现代家具门店的展示空间越来越重视灯饰设计与照明效果,要求人工照明与自然采光协同配合,并与视觉媒体融合。在进行家具门店的照明设计时,应当把握以下几个重点。

(1)根据产品材质选择采光方式

木质、藤制家具属于吸收光的物体,通常使用以侧后方或后灯为主灯的方式照明;金属类和皮质家具属于反射光的物体,金属家具由于对光全反射,宜采用带灯罩的灯具,皮质家具可以使用聚光灯;玻璃家具可以采用间接光源来表现质感;塑料家具主要采用扩散性的光来体现触感和质感。

(2)照度适当

家具门店一般光照度为 750~1000lx,不宜使用过强的光照。木制品、石材一般选用 1000~1500lx,金属材料选择 750~1000lx,玻璃选用 300~750lx。

（3）减少眩光

眩光是不恰当照明带来的后果，主要分为直接眩光与间接眩光。直接眩光是来自光源的光线直接照射到人的眼睛，产生极大的不适，主要可以采用降低光源高度、调整光照方向、增加灯罩等方式来避免。间接眩光是光源发出的光线经由物体反射后进入人的眼睛。在布置表面光滑的家具产品时，应当避免间接眩光破坏家具产品形象的完整性。

7.2.3.6 员工状态

员工的状态对门店氛围的营造也起着至关重要的作用，会直接影响到消费者对于门店的整体感受。员工忙忙碌碌的状态与哈欠连天的状态显然会给路过的消费者留下不一样的印象。即使在没有客户的情况下，店内员工也不应该无所适从地四处游荡，而应该利用这一时间处理未完成的工作、打扫卫生、与之前联系过的意向客户沟通交流等。手上的工作如果已经完成，也可以在门店内整理家具产品和饰品、学习家具产品知识等。这些积极向上的行为会给路过的消费者一种忙碌的错觉，于是认为这家门店的产品供不应求，进而想要进店看一看。

7.2.4 家具门店的卫生管理

门店的卫生是关乎店面形象的重要影响因素，好的卫生环境直接影响到消费者购物的感受，因此在门店日常运营过程中应该充分重视清洁卫生并制定相关的管理制度。一般来讲，家具门店的卫生要求包括以下几个方面。

（1）总体要求

① 门店销售人员应该重视并严格按照卫生管理制度做好卫生工作，保证门店营运现场的卫生质量；

② 门店销售人员必须将卫生工作列入每周的工作安排，对门店进行彻底、全面的清扫；

③ 每次接待工作完成后，要随手对消费者经过的地方、使用过的产品进行清扫，清除消费者遗留的垃圾，并将产品恢复原样。

（2）家具产品

① 家具产品的清洁应当根据不同的材质采用不同的方法，采用适当的清洁手段进行清洁，不能留下划痕、水渍；

② 清洁的步骤应遵循从上到下、从里到外、从局部到全局的顺序，尤其应当注意衣柜顶部、沙发背后、桌子底部、雕花部分等容易遗漏之处，做到样品、展架、配件、装饰物表面口吹无灰，手摸无尘，色泽亮丽；

③ 家具产品上存在的附着物、污垢应仔细清除，不能遗留痕迹；

④ 家具样品储物空间需要随同进行清理，清除污垢、灰尘，店内员工个人物品应集中存放，不得零散放置在样品的储物空间内；

⑤ 清理家具产品上的价格签、合格证、铭牌等物不能污损、打乱，以免引起争议，如发现此类标签缺失、损坏的，应及时补充和更换；

⑥ 清洁过程中检查家具产品的表面，如果存在划痕、磕碰、破损、开裂、霉变、褪色、污损等现象的，应安排专业的家具美容师来进行处理；

⑦ 清理完成后应将家具产品复位，还原到正常摆场时的状态。

（3）玻璃、橱窗、门

每天擦拭一次，如果发现污点应立即清理；清理时不应遗漏门窗玻璃的包边、窗台等角落；清理完成后清除残留的水渍。

（4）办公设备

办公区、接待台、收款台、洽谈区等功能区域的所有设备需要每天清洁一次，清洁完毕后将所有设备、用品摆放整齐。

（5）天花板、吊顶

每月清洁一次，根据不同的材质选取合适的工具和方法进行清理；天花板的清理应选择消费者较为稀少的时间段进行。

（6）照明灯光、灯饰

应每月清洁一次，擦除灯饰上的灰尘并更换损坏、变色、闪烁的光源。对于水晶灯等比较复杂的灯饰，必要时可安排专业人员进行清洁。

（7）墙壁、墙纸

原则上每半个月清洁一次，清洁时应从上到下进行，污损较重时应使用洗涤剂。清洁完成后应使用干抹布擦干，以免发霉变色。

（8）垃圾桶

垃圾桶内外每天需要彻底清洁一次，清洁时间安排在每天营业结束后。垃圾桶一旦装满就要立即更换。大件包装、木架、泡沫等应及时清理到店外，不能堆放在垃圾桶边。

（9）门店前的卫生包干区

每天打扫，确保干净整洁，没有垃圾。

（10）门店外立面、招牌、灯箱及店外宣传画面

应定时清洁，及时清理和更换褪色、破损的部分。

（11）清洁工具

扫帚、拖把、水桶、抹布、玻璃擦等清洁用品不能堆放在门店展示区内，应该整齐摆放在办公区或小仓库内。

7.3 家具门店产品管理

7.3.1 家具门店产品结构分析

产品管理是家具门店从分析消费者的需求入手，对产品组合进行全面的分析和计划，保证在最佳的时间、将最合适的数量、按正确的价格向目标消费者提供产品，同时达到既定的经济效益指标。

7.3.1.1 家具门店优化产品结构的意义

家具门店产品管理最重要的工作是优化产品结构。产品结构是分析门店有哪些品种的产品，各种类型的产品占总量的比例是多少。对于家具门店的经营来说，优化产品结构的意义在于：

① 最大限度地节约陈列空间，提升门店的单位销售额；
② 促进产品的更新换代；
③ 便于客户对有效产品的购买，保障主力产品的销售份额；
④ 有助于促进家具门店与家具企业之间的协调发展；
⑤ 提升门店的产品周转，降低滞销商品的资金占用。

7.3.1.2 家具门店产品结构优化的主要指标

一般来说，对家具门店产品结构具有表征意义的指标主要包括下列五个。

（1）产品销售排名

家具产品的销售排行通常是在一个季度、半年或者一年的时间里，家具产品销量、销售额排名。这种排名可以是所有类型的家具产品一起排名，也可以基于不同类型、系列和功能分别进行排名。如今，大部分家具门店都拥有了销售系统，从销售系统中可以非常方便地导出对应周期各种家具产品的销售情况，经过简单的数据处理就可以得到销售排名。从销售排名中就能看出每一种家具产品的销售情况。如果某种家具产品销路不佳，要认真分析其滞销的原因，并酌情予以清理。但需要注意的是，一些新上市的家具产品往往处于生命周期的进入期和成长期，不能急于处理。

（2）产品周转率

产品周转率指的是产品从入库到售出的效率。它也是门店优化产品结构的重要指标。对于大多数家具门店来说，衡量产品周转水平的指标主要有两个：周转次数和周转天数。

周转次数是指一年中，门店的库存能够周转多少次。一般来说，产品的周转次数越高，表明该产品的销售情况越好。由于一般的家具门店产品周转次数都不会很大，因此很容易通过销售订单或有关信息系统导出。对于销量很大的家具产品，可以根据如下公式来计算：

$$周转次数 = 销售额 \div 平均库存或安全库存$$

周转天数是指产品周转一次所需要的天数。通常情况下，产品的周转天数越少，表明该产品的销售情况越好。其计算公式如下：

$$周转天数 = 365 \div 周转次数$$

从家具门店的经营角度来看，某种家具产品的大量积压将严重影响门店的资金流转，因此要避免积压太多周转率低的产品，尽量多引进周转率高的产品。

（3）产品贡献率

家具门店的产品除了要有合理的毛利率外，还要有较高的周转率。如果一件家具的毛利率高，而周转率却很低，那么其获利程度就会很有限。这就引申出了贡献率的概念。贡献率也叫交叉比率，其计算公式为：

$$产品贡献率 = 产品毛利率 \times 产品周转率$$

产品的贡献率越高，门店的利润越高。因此，在优化产品结构时，不能单纯以产品销售排名作为依据。销售额高、周转率高的商品，不一定毛利高，而周转率低的产品未必利润就低。一种家具产品即使销售额再高，如果没有毛利润，对门店销售也是毫无用处。产品贡献率的意义在于找出对门店贡献高的商品，并想方设法使其销售得更好。

（4）损耗排名

家具是一种易损的消费品，在研究门店的产品结构时，损耗也是一个不容忽视的指标。因为它会直接增加产品的成本，从而影响总体利润。对损耗较大的家具产品，门店要尽可能少地订货和出样，同时应与家具生产工厂协商，让其承担一定的合理损耗。另外，有些产品的损耗是由包装问题导致的，对于这种情况，门店应督促生产工厂予以整改。

（5）产品的更新率

家具门店应周期性地增添产品款式，并淘汰掉部分老旧款式，以形成新陈代谢，稳固门店的消费者群体。一般来说，一个系列的家具产品每年的更新率应该保持在10%左右，对于一些时尚的家具产品，更新率可能更高，而对于以红木家具为主要产品的家具门店，更新率可能趋近于零。

对于家具门店，每个季度都要进行一次产品结构分析，通过上述几个指标来判断家具门店的产品结构是否需要调整和优化，如果判断需要调整和优化的，需要及时形成优化方案，并尽快对淘汰产品予以清理，安排新产品上样。在优化产品结构的同时，也应当根据产品的销售情况来优化门店的家具产品陈列。对于一些高贡献率的产品，应当放置在橱窗、大厅等显眼位置，而一些需要清理掉的产品，可以成立专门的清仓区。

优化门店的产品结构有助于提高门店的总体销售额和营运水平。它是一项长期的管理工作，应当始终坚持以市场为导向，满足消费者的实际需求，这样才能使门店在市场竞争中立于不败之地。

7.3.2　家具门店产品采购管理

采购是家具门店进行产品销售和实现盈利的前提。销售家具产品并获取利润是家具门店经营的核心目的，为实现这一目的，门店的采购部门就必须在进货上进行研究。采购的家具产品质量差、数量不当或成本过高，都会影响正常销售；产品质量好、价格低，如果采购数量不足或存货过多，也会在一定程度上造成滞销和资金占压，影响门店的销售业绩和资金周转。所以说，采购是家具门店产品管理的第一步，也是最重要的一步。

7.3.2.1　家具产品采购的基本原则

（1）符合家具门店经营的业态特征

业态是针对特定消费者的特定需求，按照一定的战略目标，有选择地运用商品经营结构、店铺位置、店铺规模、店铺形态、价格政策、销售方式、销售服务等经营手段，提供销售和服务的类型化服务形态。家具门店在店铺位置、规模、形态等方面是不可变条件，也就是说具体的经营业态受到了一定的限制，选择销售什么样的家具产品也就有了一定的要求。采购家具产品时一定要首先判断家具门店自身的条件、所面对的消费者群体适合销售什么类型的家具产品。

（2）符合门店的产品组合

由于经营策略的不同以及目标消费群体的差异，不同的家具门店经营的家具产品组合上也会存在差异。有的家具门店专注于销售红木和新中式家具，有的主打现代实木家具，还有的重点开展软体家具的业务等，这些产品组合的差异性均会影响产品的采购。

（3）保证产品的高周转率

一个家具门店的面积大约200～300平方米，大一点的独立店面积可能达到几千平方米，然而不论门店面积有多大，相对于一个家具企业所生产的家具产品而言，如果要全部陈列出来都是十分困难的。因此，在这样有限的陈列空间内，只有多展示那些高周转率的畅销产品才能达到坪效的最大化和门店库存的最小化。周转率较低的样品和库存，无疑将给家具门店的资金链带来很大的压力。因此，采购人员应该根据目标消费者的属性、产品的市场销售情况来选择订购最合适的家具样品和适量的产品作为库存。

（4）达到毛利率目标

为了实现营运绩效，家具门店在确定销售计划时通常会设定预期的毛利率目标，而采购人员必须以此作为产品采购议价的标准，以符合门店整体毛利率目标的达成，保证门店营运绩效的实现。

（5）满足安全环保标准

随着近年来各种由于家具导致的安全问题和污染问题被曝光，消费者越来越重视产品的安全性和环保性。经营安全环保的家具产品是家具门店维持良好形象的关键，如果销售不合格的家具产品，极易造成消费者的不满和投诉，进而损害门店的形象和信誉。因此，家具门店必须要严格挑选供应商，除了要验看对方的营业执照等合格文件外，还要认真检查其商品标示项目（如品名、含量、原料名称、制造厂商名称、地址、进口厂商名称、地址、制造日期等）的完整性，以及相关产品的检测报告，确保所采购产品安全环保。

（6）建立售后机制

由于家具本身属于易损、高价值的大件消费品，在运输、搬运、安装和使用过程中都有可能出现损坏。尤其对于实木家具，天然材料的不可控因素较多，后期使用中出现开裂、变形、变色等问题的概率较高。这些问题容易引起消费者的投诉，需要通过售后服务来解决。对于产品本身由于设计、生产、包装不到位导致的售后，虽然一般由家具门店直接帮助消费者解决，但由此产生的费用一般需要由家具供应商来承担。因此，家具门店需要与供应商建立完善的售后判责机制，明确清楚什么样的问题产生的售后由具体的哪一方来承担责任，同时保持良好的沟通机制，以妥善解决这些问题。

（7）创造非营利收益

家具市场上，家具生产企业一般会给予渠道商和门店一定的激励措施，如采购折扣、达成目标的返点等，一些家具企业也希望借助有较好的位置、黄金广告位的家具门店来推广品牌或者新产品，由此产生的额外收入就称为非营利收益。在各项成本不断上涨的情况下，这些非营利收益也能够为家具门店解决许多资金问题，因此在采购产品时，也应该牢牢掌握这项原则，与供应商在相关合同中对此进行明确以创造尽可能大的采购效益。

（8）追求差异化

随着互联网经济的高速发展，经济新常态的到来，各式新兴业态不断涌现，家具门店面临着来自线上、同行以及普通消费者的巨大压力。在这种大背景下，如何通过产品的差异性来形成经营优势，提供客户更大的满足感，已成为家具产品采购的重要课题。因此，家具门店在采购产品时，一定要分析和掌握市场态势和消费者需求，尽可能开发引进差异化的产品。

7.3.2.2 产品采购的成本控制

科学地进行产品的成本控制是家具门店生存和发展的基础,也是门店利润最大化的关键。采购环节是控制产品成本最关键、最重要的一步。为了做好采购管理工作,家具门店需要从这样几个方面进行努力。

(1)建立严格的采购制度

建立严格、完善的采购制度,不仅能规范家具门店的采购活动、提高采购效率,还能预防和杜绝采购人员的某些不良行为。采购制度应该明确规定产品采购的申请、授权人的批准许可权、采购的步骤和流程、相关部门(特别是财务部门)的责任和关系等内容。比如,可以在采购制度中明确规定采购产品必须向供应商询价、议价,然后择优选择供应商,并把所选择的供应商及其报价情况填写在请购单上;规定超过一定金额的采购必须进行三方报价,并附上书面报价等规则,以供财务部门稽核。

(2)建立供应商档案

对于正式供应商,应建立供应商档案。一般来说,供应商档案应该包含以下内容:供应商编号、联系方式、详细地址、合作协议、付款条款、交货条款、交货期限等,并且每一个供应商档案都必须经过严格审核才能归档。此外,供应商应由跟单人员专门进行对接,其档案应安排跟单人员定期或不定期进行更新。

(3)建立价格档案

家具门店要基于供应商提供的初始报价表建立产品采购价格档案,原则上采购产品的价格不能超过档案中的水平。如果供应商提出上调价格,需要提供详细的说明。

(4)选择信誉良好的供应商并签订长期合同

与诚实、信誉良好的供应商合作,通常能保证供货的质量、交货的期限,而签订长期合作的协议,往往能够增进双方的理解,还能在一定程度上得到在价格和付款方式方面的优惠和关照。

(5)充分进行采购市场的调查和资讯收集

要使家具门店的采购管理达到一定的水平,必须时刻注意对采购市场的调查、研究和资讯的收集、整理,只有这样,才能及时了解市场的状况和价格的走势,使自己占据有利地位。如果条件允许,家具门店可设立专门的采购部门负责这方面的工作,定期进行调研并完成调研报告。

(6)估算供应商的成本

要想真正实现对采购成本的全面控制,仅靠家具门店内部的努力是远远不够的,还需要对供应商的成本状况有一定的了解,只有这样,才能在价格谈判中占据主动地位,做到知己知彼,百战不殆。家具供应商拓展分销渠道时常常会安排渠道商代表参观工厂、仓库来彰显自身的实力,借此机会可以通过提供的资料、适当的提问和自身的经验来估算供应商的产品或服务成本。

(7)对竞争对手进行分析

对竞争对手进行分析的目的在于明确双方的成本态势。自己的优势在哪里,对手的优势在哪里,优势和劣势的根源是什么,是源于自己与竞争对手战略上的差异,还是源于各自所处的环境不同,抑或是门店内部结构、管理等方面的原因。然后从消除劣势、保持优势入手,制定战胜竞争对手的策略,以求在竞争中占据主动、占领先机。

(8)建立采购人员绩效评估和激励制度

在家具行业,一个好的采购人员能为门店节省 5%～10% 的采购费用,因此,采购人员的个人能力是控制采购成本的一个重点。一方面需要采购人员具备良好的职业道德,不能吃拿卡要,收受回扣;另一方面也要求采购人员具备较强的工作积极性,为此,有必要建立针对采购人员的绩效评估和激励制度。

7.3.3 家具门店产品验收管理

家具门店的产品验收是门店根据订货单、合作协议等相关资料文件对供应商提供的家具产品的数量、品质、完整性进行检验的活动。进行验收工作的主要目的是核对产品数量准确无误,品质达到要求,及时发现缺件、错件、损坏等问题,避免引起与消费者的纠纷。一般来讲,门店的产品验收工作在供应商产品运抵门店后的 24 小时内进行,以便在发现问题时与供应商、物流三方明确责任。具体来说,家具门店的产品验收主要包括以下四个步骤。

(1)安排卸货

家具门店应安排一个指定区域卸货。卸货验收区域应在专门的收货区或陈列区外,到货产品应与库存产品明确区分开,并且要对随货单据进行检查。

(2)基本检查

① 根据发货清单核对到货产品的包件数是否正确,是否有多发、漏发的情况。

② 根据到货产品外包装上的标注,检查是否存在发错货的情况。

③ 检查外包装是否有破损、变形、受潮等情况,将外包装严重损坏的产品单独放置,以备开箱检查。

(3)开箱检查

① 检查外包装已经出现了损坏的产品,通过开箱检查判断产品的损坏情况,如果发现产品本身没有出现损坏现象,也没有零部件的缺失,那么就可以按照正常产品予以验收。

② 针对重点易损产品如玻璃、大理石、曾经出现过运损的家具产品等,进行单独的开箱检查,确认这些产品是否存在损坏现象。

③ 随机选取若干产品,重点检查五金件、产品说明、合格证等是否齐全,如果发现缺失,应对全部产品开箱查验。

(4)处理问题

针对检查中发现的问题拍照取证,并尽快与供应商、物流方进行沟通、协调处理,明确责任和处理措施,对于缺件、损坏等情况,要立即安排补件或维修。

7.3.4 家具门店产品库存管理

家具门店的库存是满足正常经营所需的家具产品的总和,既包括陈列在门店展厅中的样品,也包含放置在仓库中用于周转的产品。

库存对于家具门店的重要意义在于能够确保持续稳定地向消费者销售产品,有利于家具门店精确把控时间,为消费者提供配送安装服务。然而,库存量并非越多越好,较大的库存量不仅需要相应面积的仓库来存放,同时还占用了家具门店的大量流动资金。

虽然近年来家具行业倡导的"订单式"销售大规模缩减了家具门店的库存量,但适量的库存仍然是必要的。家具门店的库存管理主要包括库存控制与仓库管理两个方面的工作。

7.3.4.1 库存控制

对于家具门店的经营来说,库存管理的重要性不言而喻。库存产品过多,很容易导致门店资金无法正常周转,从而对门店的现金流造成巨大影响;库存严重不足,就会影响门店的正常销售活动,延长家具产品的交付周期,造成消费者满意度的下降。因此,家具门店的库存量应当在满足门店正常经营的前提下尽量降低。

影响门店库存总量的要素有两个:单品数量和单品库存量。要想有效降低库存,就必须从这两个方面入手。

(1)单品数量

单品数量是指家具门店内不同款式的家具产品的总数量。从单品数量的角度控制库存主要包括三个方面。

① 控制单品总量。家具门店的展示面积和仓储面积一般都非常有限,通常一个 $200 \sim 300 m^2$ 的家具门店能够陈列出来并达到效果的家具单品少则数十件,多则百余件,而一个家具供应商所能够提供的不同的家具单品通常有数百件,大型家具企业的产品系列中甚至能达到成千上万个单品,如果盲目想要尽可能多地展示不同的单品,那么家具门店内必定十分拥挤,达不到良好的展示效果,因此首先要对单品数量进行限制。在家具门店进行装修设计时通常就会对展示空间进行布局,设置几个客厅、几个餐厅、几个卧房等,并进行针对性装修。那么确定单品数量时就应该根据这一布局来进行,例如需要几套沙发、几套餐桌椅、几张床等。对于仓库里的库存,就应该根据门店产品的销售频率适当准备一些热销单品,而不应将一些长尾产品作为库存。

② 建立新品引进管理制度。在新品引进过程中,一些采购人员由于自身专业素质的缺乏,受供应商的左右,没有严格把关,结果引进的新品不符合门店的需求,成为了滞销品。因此,门店必须对新品的引进严格把关,加大对新品引进的控制力度。具体来说,须遵循以下三个原则:是否符合六个"正确",即正确的产品、正确的质量、正确的数量、正确的时间、正确的状态和正确的价格,只有这六个"正确"都符合了,才能考虑将其引进;实行严格的申报审批手续,详细了解该商品的特征及其市场需求情况,门店类似商品的销售及库存情况,供应商的广告及促销支持情况,该商品的预期销售及毛利情况等;掌握一进一出的原则,即原则上每引进一个新品,就应该从原有的产品中删除一个问题商品,例如滞销品、过时品或停产淘汰的产品等。

③ 建立产品淘汰制度。市场在不断变化,家具门店销售的产品也应该随着市场的变化而变化,对于一些跟不上市场发展的问题产品,需要建立淘汰机制。例如定期查看和研究门店的产品销售排名,找出存在滞销、过时、下滑等问题的商品,并将其设定为备选淘汰商品,然后制定一个清仓计划,逐一进行处理,从而为引进符合市场发展需求的新产品

腾出空间。

（2）单品库存量

单品库存量是指家具门店为具体的某一款单品准备的库存数量。研究家具门店单品库存数量时有必要先讨论家具门店的两种经营模式，一种是以期货为主的"订单式"销售模式，另一种是现货销售。

"订单式"销售是消费者通过门店的样品、图片等资料确定需要的产品，在门店预付定金或缴纳全款，由门店向供应商采购对应的家具产品，经过一定的生产、运输周期后运抵门店，再由门店配送给消费者。通过这种模式经营的家具门店，几乎可以不对单品准备库存，门店绝大多数库存都是产品样品，即将送货的产品以及需要维修、返厂或报废的产品。

现货销售的家具门店通常需要针对每一种不同的产品准备一定的库存量，消费者付款后当场可以安排送货。采用这种模式的家具门店在市场上占比还比较低，主要局限于小件、廉价、标准化程度较高的家具产品。这些门店通常可以依据产品周转期（产品从进货到卖出的时间）和产品订货周期（从订货到到货的时间）来规划所需的家具产品的库存量，然后再根据门店的缺货情形和淡旺季进行调整，通过这个过程就可以得出门店所需的安全库存。

然而，不论是"订单式"销售模式还是现货销售模式，在家具领域都是理想化的状态。事实上为了促进销售，"订单式"家具门店如果自身仓库还有空间，也会适当准备少量热销产品的库存来满足急单的需求，并且门店销售自身的样品时也实际上是现货销售；而现货销售的家具门店针对一些定制化的需求，以及部分大件高价值的家具产品，往往也没有库存，需要从供应商处订购。因此，无论主要采用哪种经营模式的家具门店，都需要考虑单品库存量的问题。

对于单品库存量控制，需要从两个方面入手。

① 确定合理的补货数量

家具门店订货过多会导致周转缓慢、产品积压；而补货不及时又可能造成缺货，从而损失销售机会。具体订货数量可以参考这样一个公式：

补货数量 =（订货周期 + 运输周期）×（预计月销量 + 月安全库存）− 可用库存

公式中的订货周期，指的是门店平均订货所需的时间，以月为单位；运输周期是指门店订货平均所需的到货时间，以月为单位；预测月销量指的是门店预估的每月理想销量；月安全库存指的是门店为确保销售设定的库存数量；可用库存指的是门店当前库存中可销售的产品数量。

在这个公式中，预计月销量与月安全库存是两个不定量，它们会因为市场、季节以及促销等原因而发生改变，因此，家具门店必须要具备敏锐的市场洞察力，同时要与采购人员保持良好的沟通，这样才能确定尽可能准确的订单补货数量。

② 及时处理存量过大的产品

虽然运用补货公式能够确定合理的补货数量，但是由于市场与竞争环境的变化，依然有可能出现某些产品库存过大的现象。因此，门店必须定期对商品库存进行分析和整理，以便找出库存过多的产品进行及时的处理。

首先要找出库存过多的产品。可以采用当前库存可销售周数来判断：

$$当前库存可销售周数 = 当前库存量 \div 前4周平均周销量$$

家具门店可以结合库存周转率指标来界定库存可销售周数的标准，高于这一标准的产品就是库存过多的产品。

其次要分析导致库存过大的原因，并根据原因采取相应的处理措施。如果是因为订单过多而尚未送货，那么就可以通过暂停补货的方式来处理，待库存回落后再恢复补货；如果是因为销售状况较差导致的库存过大，那么就应当深入探寻其中的原因，对症下药，采用优化陈列、挖掘卖点、开展销售促进、淘汰清仓等方式来处理。

7.3.4.2 仓库管理

家具产品到达门店后，除了用作样品的那一部分以外，其他的都需要暂时储存在仓库中，因此，家具门店的仓库管理也是一项重要工作。

家具门店的仓库库存主要有五种类型：

① 门店为了保证产品供应的连续不断而准备的产品储备，主要储存的是热销产品、小件家具产品等；

② 消费者订购的家具产品，已经到达家具门店但还尚未送出的，这类产品一般储存时间较短，与消费者确定具体送货时间后就会很快送出，因此需要单独摆放在容易出库的地方；

③ 因为某些问题而被消费者退回的家具产品，这些产品可能需要进行维修、返回工厂或再次销售，这一类库存产品往往存在瑕疵，如果得不到尽快处理，它们很容易演变成为积压库存；

④ 家具门店摆场富余的家具产品、软装饰品等，这些产品通常没有包装，且体量一般较小，且容易损坏，很难堆叠摆放，如果不妥善规划，就容易占据大量的地面空间；

⑤ 家具门店的各类行政物资、活动物料等杂物，这些物品通常使用频率较高，需要安置在存取较为方便的位置。

家具门店仓库管理的核心思想包括三个方面：其一是最大限度地减少家具产品在储存过程中的损失；其二是尽量为家具产品的存放和提取提供便利；其三是确保库存数据的更新的及时性和准确性。

7.3.5 家具门店产品盘点管理

盘点是指定期或临时对库存商品实际数量进行清查、清点的一种作业。门店在运营过程中存在各种损耗，有的损耗是可以看见和控制的，但有的损耗是难以统计和计算的，如偷盗、账面错误等，因此需要通过盘点来得知门店的账、货对应情况。

7.3.5.1 家具门店产品盘点的作用

① 确认一个盘点周期内的盈亏状况；

② 确认最精确的库存情况，并将错误的库存记录调整正确；

③ 核实产品的损耗情况，以便加强管理，控制损耗；

④ 发掘并清除滞销品，整理环境，清除死角。

7.3.5.2 家具门店产品盘点工作的重要性

做好盘点工作，是加强商品管理的重要环节。

家具门店每经过一段时间的运营，各种家具产品不断地进入与售出，账面上的库存与实际库存难免会存在不一致的现象，这时候只有通过盘点才能掌握具体的差异，从而弄清产生差异的原因，进而使账面与实际保持一致，同时改善管理方式，尽量避免产生这些差异。

一个门店的账、物管理混乱，盘点工作不到位，那么就容易出现三个"不等于"的现象：

① 期末库存 ≠ 期初库存 + 入库量 – 销售量 – 合理损耗 – 退回工厂量

② 财务销售现金流量 ≠ 门店实际销售额

③ 财务当期库存量 ≠ 实际库存产品量

盘点发现账面与实际存在差异仅仅是一种表象，其背后隐藏的是物流、票流的无序和产品管理的混乱。

7.3.5.3 家具门店产品盘点的关键

（1）验收入库环节

在产品的验收入库环节，常常会出现两种情形的问题：一种是因为工作失误或疏漏，出现商品票据数量和实物数量不符的现象；另一种是内外串通、蓄意欺骗，这种情形反映了门店在接货管理上存在严重漏洞。因此，家具门店在验收入库的环节，一定要认真把关，反复核查，降低出错的可能性，并及时发现管理上的漏洞。

（2）信息录入环节

通过信息系统来进行产品管理，大大提高了家具门店的运营效率。然而，将账务数据或实际数据转换为系统中的数据时，大部分工作还需要通过人工来完成。

对于许多家具门店，录入信息的人员与实际接触家具产品的人员不同，并且由于数据量比较大，在录入过程中就很容易出现错误。

为了有效防止上述情况的出现，大型门店应采取录审分离制，以避免收货数量在录入时出现错误。小型门店不便实行录审分离制的，也应由录审员严格执行自我审录，以免出现错误。

（3）销售开单环节

家具产品的销售开单与其他现货交易存在差异，开单过程中并不是直接对着产品一个一个扫描条码，而是以销售人员在系统中填写单据的方式开具，而在一些促销、展会等场合下，甚至会采用先开手工单，活动结束后再补开机打单的方式，因此在开单过程中就有可能因为笔误、字迹不清晰等情况而引发数据偏差。

（4）产品出货环节

为了最大限度地降低账目与实物的偏差，家具门店在产品出货时必须严格把关。无论是因送货、返厂、调拨还是报废引起的出库，都应制定严格的离场程序。同时，应坚决杜绝打白条的现象。

（5）盘点工作环节

以时间为标准，产品盘点可以分为定期盘点和临时盘点两种。

定期盘点的周期可以按照年、季度、月来开展。临时盘点则是在价格调整、供应方法改变、人员调动或发生其他变故时，对全部或部分产品进行盘点，以确定库存产品的实际数额。具体采取哪种盘点方式，应视具体情况而定。

盘点是一项十分辛苦和细致的工作，必须做好单据的汇总整理、产品的归类码放、数量的认真点校等工作。为了提高盘点的准确率，初盘过后，还应让相关人员进行交叉复盘，以及时发现和纠正初盘中的错误。此外，在盘点过程中运用一些先进的技术手段能够有效降低盘点的难度，提高准确性。

7.3.6 家具门店滞销品的处理

在家具门店的市场营销中，产品的优劣会随着销售的深入慢慢浮现出来，其中被市场和消费者所冷落而长期无法销售出去的产品，即滞销品。滞销品如果得不到及时处理，就会长期占用家具门店的仓储空间和流动资金，给门店带来损失。因此，要想尽一切办法，妥善处理好这些滞销商品。

7.3.6.1 滞销品的类型

滞销品主要分为以下两种类型。

（1）绝对滞销品

销售低于预先设定目标的产品，即可判定为绝对滞销品。销售目标是家具门店根据产品定位、特点、生命周期阶段确定的一个具体指标，这一指标在不同的时间阶段会存在差异。

（2）相对滞销品

家具门店由于销量总体上相比其他产品要少，因此同一产品在相邻时间段中的销量、销售额可能会呈现出较大的偏差，应用绝对滞销品概念就不太准确。

相对滞销品就是将家具门店的产品根据销售额或销量划分为若干个等级，将销售情况处于某一些较低等级的产品视为相对滞销品。这就能够让门店随时保持警惕，注意周转率相对较慢的商品。

7.3.6.2 滞销品处理

要想扭转家具滞销品的销售状况，通常可以采用下列一些办法。

（1）调拨产品

对于掌握了不止一个分销渠道的家具门店，如果某些家具产品不是在所有渠道都滞销，那么就应该及时将产品调拨到其他分销渠道进行销售。

（2）适度特卖

将滞销品在适当的时候进行特卖，比如通过打折、特价等方式进行降价促销，不仅能够加速处理滞销品，还可以以此吸引更多消费者，达到推广和引流的目的。

（3）适度激励

通过一定的措施来激励销售人员销售滞销品。例如通过提高提成系数、给予额外补贴等方式，激发销售人员的主观能动性。有的家具门店甚至给滞销品规定一个底价，高于该价格销售的，高出部分全部作为销售人员的奖金。

（4）组合销售

将滞销品与其他产品组合在一起打包销售，创造消费者的整体需求，这样既实现了滞销品的清理，又拉高了客单值。

（5）用于推广

将滞销品用于家具门店的市场推广活动，例如将其作为活动抽奖的奖品、满额赠送的礼品、破坏性试验的试验品等，将这些产品的成本转变为营销费用。

（6）挖掘需求

在滞销品原来所能满足的消费者需求的基础上进一步挖掘新的需求，以达到向新的消费者群体销售的目的。

（7）联合营销

与具有相同的目标消费者群体的其他商家进行合作，将此类产品搭配其他商家的产品进行联合营销。

（8）退回供应商

在某些情况下，退回供应商并置换一些新产品也是处理家具滞销品的一种措施，但需要与供应商友好协商，不能强行退回。

7.3.6.3 处理滞销品的注意事项

① 处理滞销品时，应尽量将滞销品集中陈列，形成专区，这样就能够比较容易地吸引消费者的注意，并且避免对其他区域的影响；

② 滞销品价格要简单明了，过于复杂的价格不但消费者不易明白，销售人员也不易解说；

③ 滞销品的陈列要配合一定的广告宣传，比如在促销的滞销商品旁边贴上宣传海报，以便消费者能快速准确地找到；

④ 滞销品要形成一定的数量才能进行集中清理，如果只是几件滞销品，就很难在气氛上带动购买；

⑤ 滞销品不能喧宾夺主，不能让消费者认为整个门店就是折扣店，这样势必会影响正常产品的销售，造成毛利的下降。

7.4 家具门店营销管理

7.4.1 门店销售计划的制定

任何门店的工作开展如果缺少计划性，取得成功的概率都会比较低。对于家具门店销售来说，计划同样至关重要。家具门店的销售一般以周为单位，每周按照固定的时间轴开展集客蓄水和爆破活动。每周的销售业绩如何，直接取决于门店周末的销售情况，而周末的销售又主要来源于平时的准备工作。因此，要制定一个科学、合理、详细的销售计划，并在销售实践中反复验证，不断积累经验，总结教训。缺少计划，门店的销售工作就会盲目且杂乱无章；缺少计划，就无法对门店的日常销售进行考核。门店的销售计划就是每一个门店员工的行动指南，指引着他们一步步实现门店的销售目标。制定家具门店的销售计划，需要关注下面几个方面的内容。

7.4.1.1 明确销售计划的内容

制定家具门店的销售计划，就是把家具门店的每个目标项目编入销售计划中，通过实现这些目标项目达成预定的销售目标。

（1）家具产品的销售计划

① 销售额计划：主要包括门店的总体销售目标、每个产品系列的销售目标，每个终端销售渠道的销售目标等，一般按照年度来制定，并细分到每一个月度、部门来执行（表7.1～表7.3）。

表7.1　××年各门店总体销售目标

月度	1	2	3	4	5	6	7	8	9	10	11	12	合计
门店A													
门店B													
合计													

表7.2　××年各产品系列销售目标

月度	1	2	3	4	5	6	7	8	9	10	11	12	合计
系列A													
系列B													
系列C													
合计													

表7.3　××年各终端渠道销售目标

月度	1	2	3	4	5	6	7	8	9	10	11	12	合计
渠道A													
渠道B													
合计													

② 产品计划：主要包括家具门店要销售什么产品，以哪些产品为主，主力产品是哪些，促销产品是哪些，计划引进一些什么样的新产品，准备淘汰哪些系列的产品等（表7.4）。

表7.4　各产品系列销售情况表

项目	销售排名	风格类型	引入时间	上年销售	上年订单	总体销售	总体订单	未结金额	现有库存	计划状态
系列A										
系列B										
合计										

③ 费用计划：主要是指家具门店开展市场营销活动的各项费用投入。一般家具门店的日常运营所需的费用投入项目如表 7.5 所示，通常在进行成本计划时需要对各项费用按月分解。

表7.5　家具门店日常运营费用明细表

项目	名称	类别	注释
产品采购成本	家具产品采购	变动	采购用于销售的家具产品的支出
	辅料采购	变动	采购家具的辅料、地板辅料、除醛产品的支出
	软装饰品采购支出	变动	软装饰品的采购支出，包括窗帘、墙纸、饰品、绿植等
	其他采购支出	变动	
营销费用	业务招待费	变动	包括餐饮费、礼品费、其他相关的费用及相关部门的公共关系费
	促销费	变动	围绕促销活动而产生的礼品、赠品等，以及租用场地、车辆等
	客户引流费用	变动	为获取客户资源而产生的费用
	投标费	变动	应招标人的邀请或主动申请，按照招标的要求和条件，在规定的时间内向招标人报价所发生的直接费用。包括资料印刷包装和邮寄等费用，职工由于投标而发生的差旅、招待等费用不在其列，也不包括质保金和采购费
	展览费	变动	参加展会所需的展位费及搭建费
	业务租赁、搭建费	变动	指外围场地、临时店面、样板间租赁费和搭建的费用
运营费用	店面租金	固定	租赁店面及办公区域产生的租金，不含店外临时租用场地的租金
	物业管理费	固定	支付给物业公司的物业管理费用
	采暖费	固定	北方门店供暖所需的费用
	产品修理费	变动	未售的家具、饰品、窗帘、门等产品的维修、修补、美容等费用
	装修费	变动	因经营需要产生的装修、修缮费用
	水电费	变动	指运营所产生的水费、电费
	车辆使用费	变动	使用车辆的加油、过路、停车、维保、年审、保险等费用
	电话费	变动	包括固定电话费、用于电销的手机话费充值等
业务佣金	临促佣金	变动	因经营需要雇佣临时促销人员产生的人工费、服务费等
	渠道佣金	变动	终端分销渠道引流签单产生的销售佣金
	工程佣金	变动	为促成工程单的签订而产生的相关佣金
差旅费用	差旅费	变动	外出外地工作期间发生的食宿、交通费用
	交通费	变动	市内短途交通费用

续表

项目	名称	类别	注释
售后费用	售后服务费	变动	产品售出后,为履行合同约定的明确的售后条款内容应发生的一切费用(维修、运输、交通、人工、赔偿等)
物流仓储费用	仓库租赁费	固定	为储存产品而支付的费用,包括仓库的租赁、物业、水电等费用
	长途运输费	变动	从供应商提货到门店或从其他门店调货到门店所产生的物流运输费用
	短途配送费	变动	从门店或仓库到指定地点(客户家、样板间、展会现场等)的送货运输费用
	安装费	变动	产品在门店、样板间、展会、客户家中安装产生的费用
	装卸搬运费	变动	产品装卸搬运、门店调场产生的费用
员工费用	员工工资	固定	包括员工基本工资、交通/住房/技术/工龄补贴、岗位津贴、加班费、年终奖金
	福利费	固定	包括保健、餐补、节日礼品及礼金、旅游、防暑降温费、慰问金、抚恤费等
	工作服、工具费	固定	为各岗位员工准备合适的工作服装和工作用品的费用
	员工保险、公积金	固定	根据国家要求为员工缴纳的五险一金及商业保险
	员工销售提成	变动	按销售额或生效合同额的一定比例支付给销售人员的业务酬金
	员工销售激励奖金	变动	包括临时、月度、季度、年度的销售激励奖金
	员工培训费用	变动	员工入职、日常培训产生的费用
	工伤治疗费	变动	员工工伤治疗费
	仲裁费、劳动赔偿	变动	因劳动纠纷引起的仲裁费用和赔偿金
行政费用	绿色植物费	固定	为维持良好的办公环境而购买或租用绿色植物的费用
	保洁费	固定	维持办公区和卖场地面、墙面、天花板以及公共区域卫生的费用
	宽带网络费	固定	维持门店正常使用通信网络的费用
	行政租赁费	固定	因行政需要租用物品、设施产生的费用,如车位租赁费
	检测维护、维修费	固定	电梯、消防、水电、办公等各类设备检维修
	办公费	变动	购买办公有关的文具、家具、数码产品及办公耗材等物资
	邮寄费	变动	包括文件或物资的快递费,行政物资的物流运输费等
	招聘费	变动	包括网络招聘、现场招聘等支付给第三方公司的费用
宣传推广费用	广告费	变动	为宣传产品或品牌而通过各种媒体所支付的费用,具体包括电视广告费、平面广告费、网络推广等类型广告的费用

续表

项目	名称	类别	注释
物料消耗费用	包装材料费	变动	包装产品的材料费用
	门店耗材	变动	指香氛、加湿器等门店专用物品、耗材
	低值易耗品	变动	是指不作为"固定资产"核算的各种用具物品,如工具、零部件、包装容器、托盘等的采购费或使用费
税费	增值税	变动	以产品在流转过程中产生的增值额作为计税依据而征收的一种税
	印花税	变动	对经济活动和经济交往中订立、领受具有法律效力的凭证的行为所征收的一种税
	城市维护建设税	变动	以纳税人实际缴纳的产品税、增值税、营业税税额为计税依据,依法计征的一种税
	教育费附加	变动	专门用于发展地方教育事业的预算外资金
	其他税费	变动	
其他费用	其他	变动	

④ 人员计划：主要包括产品销售人员的安排，个人销售目标的分配，每周、每月需要完成的销售业绩等。

⑤ 促销计划：主要是指推动家具产品销售所需要采取的促销措施、节奏，推广方案等（图7.4）。

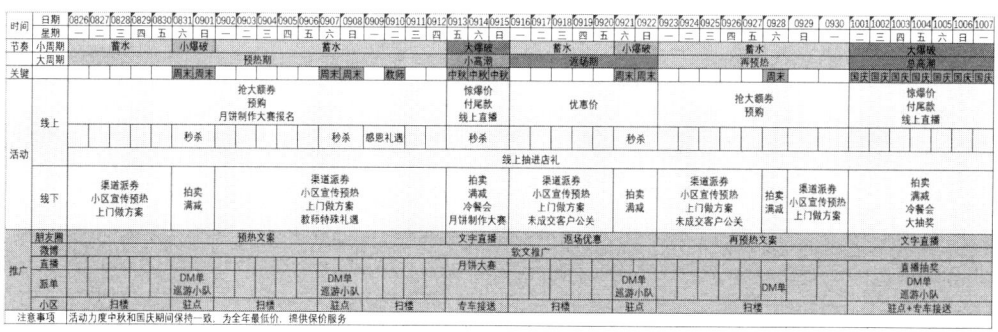

图 7.4 某家具企业推广活动节奏表

（2）目标项目的销售计划

① 销售目标管理：主要包括每月、每季度以及每一次促销活动的销售额与销量目标，以及实际完成的销售额与销量，并将二者进行对比。

② 库存量及产品周转：主要包括库存量预估与实际库存对比，产品周转天数的预估与实际情况对比等。

③ 坪效管理：主要包括门店内展示区域每平方米的预计产出，并与实际情况进行比较。

④ 毛利管理：是指家具产品的毛利率预期与实际情况，并进行比较。

⑤ 费用管理：主要是对经营所需的各项费用进行预估，并对实际产生的费用进行统计和比较。

⑥ 损耗管理：主要是对经营过程中产品因各种原因导致的损耗情况进行预估，并与实际发生的损耗进行比较。

⑦ 促销计划及实施管理：即为了提高家具门店的销售业绩制定的一系列促销计划及其实施情况。

⑧ 培训计划与实施管理：针对门店员工开展家具专业知识、营销技能等方面培训的计划及其实施情况。

（3）为实现销售目标而制定的促销计划

① 与产品相关的销售计划：包括确定重点促销的产品、确定销售地点、确定销售赠品、确定销售折扣、掌握促销节奏等。

② 与销售人员相关的促销计划：主要包括业绩奖励、行动管理及销售培训、销售竞赛、团队合作等。

③ 宣传推广等促销计划着眼点：主要包括宣传资料设计、宣传物料准备、广告投放等。

7.4.1.2 制定销售计划的原则

（1）目标性

门店的销售计划首先要具有目标性，一切经营活动都是朝着某个目标有的放矢地开展。

（2）可量性

销售计划的目标必须要能够被准确地量化，没有明确衡量标准的销售计划是没有任何实际指导意义的。

（3）实际性

实际性是指门店的销售计划应该与实际销售工作紧密结合，让计划的价值集中体现在实际销售过程中，对实际生产产生直接的指导作用，而不能浮于表面。

（4）现实性

在制定门店的销售计划之前，必须客观、准确地对门店现状、员工水平及各种客观因素进行考核和衡量，以确保销售计划的可实现性。销售计划的实现能够给人以成就感，从而使人不断获得前进的动力。如果制定的销售计划明显不可能实现，那么不仅不能起到鼓舞的作用，反而会打击门店员工的积极性。

（5）时限性

时限性是指制定销售计划时必须同时限定计划实现的时间，如果没有时间的约束，那么销售计划很容易不了了之。

7.4.1.3 实施销售计划的关键要素

（1）客流

客流是家具门店的命脉，一方面直接为门店带来利润，另一方面能为家具门店营造良好的氛围，从而吸引更多的客流。在其他条件一定的情况下，客流量越大的门店，销售状况往往越好。由于互联网的快速发展，消费者被大量吸引到线上，因此门店要想增加客流，就必须研究开发一些招揽消费者的方法。

（2）客单值

家具行业的客单值是指一个消费者成交的总金额，这一指标是消费者在家具门店购买量的体现，在很大程度上影响着门店销售计划的实现。为了有效激发客户的购买冲动，增加其购物量，家具门店需要在产品组合、陈列展示、价格策略等方面多下功夫。

（3）毛利

产品毛利的提高也是实现门店销售计划的途径之一。家具门店可以通过改善体验、提供增值服务的方式提高产品的附加值，从而有效提高产品的毛利。

（4）费用

费用是家具门店的支出。家具门店开展市场营销带来收入的同时伴随着一些费用开支，如果对于这些开支不加控制，再多的收入也无法达到利润目标。

7.4.2 家具门店业绩的影响指标

销售业绩是衡量家具门店经营状况最重要的指标。影响家具门店业绩的指标主要包括下列四个。

（1）客流量

对于以销售为主要业务的家具门店来讲，客流量是一个最重要的基础指标。家具门店的客流量，主要是指门店所在商圈中潜在消费者的数量，以及家具门店通过营销推广获得的潜在客户数量。

由于家具门店的客流存在明显的以一周为周期的潮汐现象，并且消费者通常是为家庭来购买家具，因此在统计客流量时周期往往选择以一周来计算，而客流量单位通常是一户或者一波。统计客流量的方法很简单，对于主要依托商圈自然客流的家具门店，只需要连续一个月统计在门店营业时间里从门店前走过的消费者有多少户，并取平均值即可得到周均客流量；对于以自行开展推广活动引流的家具门店，其客流量就是连续一个月统计收集到的意向客户资源数量，并按照每周取均值。

（2）进店率/到店率

进店率和到店率是指进入门店的消费者数量占总客流量的比例，前者多用于依托自然客流的家具门店，后者多用于依靠自身进行引流的家具门店。进店的消费者户数越多意味着销售机会越多。

影响消费者进店的因素主要在于家具门店的产品陈列、购物环境、员工的精神面貌、推广模式、促销力度等。获得门店的进店率/到店率，首先要统计出每周进店/到店户数，然后计算其在周均客流量中的占比，即：

$$进店率/到店率 = 周均进店/到店户数 \div 周均客流量 \times 100\%$$

如果某一段时间出现了进店率/到店率明显降低，那就说明家具门店在吸引自然客流或者通过推广引流方面出现了问题，应当及时分析原因。

（3）成交率

成交率是指进店的消费者中，达成交易的消费者的比例。由于家具门店的交易频次比

较低,因此成交率的计算一般最低以月为周期,其具体计算公式为:

成交率=月均成交户数÷月均进店户数×100%

影响成交率的主要因素是门店所经营产品的品种、造型、工艺、品质、功能、价格以及服务水平等。如果某个月的成交率相比上一个月出现了明显下降,那么就应该检讨在产品或者服务方面是否存在问题。

(4)转介绍率

转介绍率是达成交易的消费者,通过自身的宣传促使其他消费者到店的,这些消费者占达成交易的消费者的比例。具体计算方法为:

转介绍率=当月转介绍至少1户其他消费者到店的成交消费者户数÷月均成交户数×100%

转介绍率反映的是成交消费者在使用过程中对于家具门店所经营的产品和提供的服务的满意程度。只有当已成交的消费者对于产品或服务比较满意时,才会不失时机地向周围的人推荐这家门店。

需要注意的是,成交消费者的转介绍通常发生在家具产品到位后的2个月以后,转介绍的其他消费者实际到店会更晚,因此转介绍率具有一定的滞后性,反映的不是当月的实时数据,而是整个家具门店近几个月的总体情况。

转介绍能够以极低的成本为家具门店带来极高成交率的消费者,因此转介绍率是家具门店必须引起重视的一个指标。对于不同类型的家具产品,转介绍率也不尽相同,需要家具门店认真分析自身产品和服务的特色,并且合理运用一些激励措施,努力提高自身的转介绍率。

7.4.3 家具门店的促销活动

开展促销活动是家具门店常用的市场营销方式,大多数家具门店都习惯于采用"集客——爆破"的节奏,先通过各种手段汇聚意向消费者,然后选择周末或节假日展开促销爆破活动,尽可能多地促使意向消费者成交,甚至于达到了"无活动不销售"的地步,可见竞争之激烈。

7.4.3.1 家具门店促销的常见形式

(1)降价促销

家具门店将部分指定的家具产品以低于原价的价格出售。这类产品主要包括滞销品、不配套的产品、有轻微损坏但不影响功能的产品、淘汰品、停产产品等。这是家具门店最为常用的促销形式。

(2)有奖促销

主要是迎合消费者碰运气的心理,促使其产生消费。这种促销形式一般奖品比较丰厚,例如买家具抽家电、抽手机、抽免单等,这些奖项很容易激起消费者的参与兴趣,可对促销产生非常明确的效果。

通常情况下,参加抽奖活动的消费者必须具备一定的资格,如购买了某种特定产品,购买某种产品达到了一定的数量,在门店消费达到了一定的金额等。中奖概率可以由门店通过抽奖方式的设计来掌握。门店需要基于营销费用与营销效果通盘考虑。需要注意的是，门店在举办抽奖促销活动时，抽奖活动的日期、奖品或奖金、参加资格、发奖方式等都要标示清楚，且抽奖过程需公开化，以提高客户的参与热情和信心。

（3）折扣优惠

家具门店在适当的时机通过在标价上直接按照某一折扣进行优惠的促销方式。一般情况下，采用这种方式促销的产品主要包括过多的存货、当前大量销售的产品、新上市的产品等。可以通过设立专门的折扣区，向目标消费者发放折扣卡券等形式来实现。

随着信息技术的发展，电子折扣券因为其良好的传播效果而得到广泛的应用，这就让折扣优惠这种促销形式得到了普及。此外，对于一次性购买全屋家具或者消费达到某一金额的消费者进行折扣也是家具门店常用的促销方式，能够推动客单值的提升。

（4）组合优惠

将多种产品搭配成"套餐"出售，消费者购买这些套餐时比分开购买套餐内所包含的产品要实惠。

家具门店通常面向特定的消费人群，根据其户型、家庭成员构成等情况将各种家具产品组合成全屋套餐或者不同空间的套餐方案，并在门店内进行场景化的展示。消费者购买套餐就能满足绝大部分的家具需求，只需要配套一些小件家具产品即可。

这种方式常常受到消费者的极大欢迎，尤其是针对一些工作繁忙的刚需群体而言，套餐为他们节省了大量思考和决策的时间。通过这种方式，家具门店还可以有意识地将畅销产品与相对滞销产品融合在一起，从而带动相对滞销品的销售。因此，组合优惠也是家具门店最为常用的促销手段之一。

（5）赠送促销

向消费者免费赠送一些产品或服务来带动消费者的进店和成交。采用这种促销形式时，家具门店需要提前告知消费者，达到何种条件就能够获赠什么样的赠品，以鼓励消费者尽量达到赠送的门槛条件。

赠品的选择上，应当选择能给消费者带来较高价值感的产品或服务。一般来讲，赠品最好不能让消费者直接感知其真实价格，并且与其所购买的家具产品具有某种关联。例如可以选择店内其他家具产品、家具产品两年的免费保养服务等，在宣传时可以标注为"价值×××元"。此外，也有一些家具门店采用赠送大家电、苹果手机、金条等人们公认的高价值产品来开展促销，这就极大地博取了眼球，刺激了消费者的购买热情。

在获客成本越来越高的背景下，家具门店通过赠送来开展促销的形式也是层出不穷。有的家具门店为了达到引流的效果，甚至不设任何门槛地为消费者报销到店的车费，有的家具门店只要消费者进店参观，就赠送一些小礼品。

（6）展会促销

展会促销是家具门店参加以销售产品为目的的展销会，通过展销会汇聚客流的作用，短时间内与大量消费者产生接触，从而充分挖掘意向消费者。

需要注意的是，展销会虽然能够汇聚大量消费者，但同时竞争也趋向于白热化，各个商家几乎是面对面争抢客户资源，因此在参加展会之前需要做充分的准备，以应对各种挑战。

另外，展会对于家具门店的意义并不在于当场能够产生多少订单，完成多少业绩，其最大的作用在于为家具门店引流，家具门店要借助展会想方设法将消费者引导到自己门店中来。

（7）竞赛促销

通过举办比赛的形式来凸显主题或介绍产品的促销方法，是一种融动感性与参与性为一体的促销活动，一方面能够提高家具门店和家具品牌的知名度，提高消费者的忠诚度，另一方面可以借此机会直接促成有意向但还没有下定决心的消费者进行购买。

以上这些是家具门店最为常用的促销方式。随着家具门店经营模式的不断创新，新的促销手段也在不断涌现，例如建立家居门店会员体系、免费试用、异业联盟促销、借助互联网平台开展促销活动等，相关内容将在最后一章中有所涉及，这里就不再赘述。

7.4.3.2 促销形式的选择依据

在家具门店的销售实践中，促销活动的形式往往五花八门，其中有些是经过精心设计的，但也不乏一些带有盲目性。一种促销活动最终效果如何，首先需要一个科学、合理、清晰的设计方案。而促销方案的设计需要根据门店自身的实际状况，结合市场营销环境进行分析。其中最重要的一点是促销方案的设计者必须熟练掌握促销形式的选择依据，只有这样，才能设计出具有针对性和差异性的促销方案，提高促销的成功率。

具体来说，家具门店在选择促销形式时，应考虑以下几点。

（1）促销时机

新品上市：主要可以采用样品展示、免费试用、竞赛、产品示范等方式。

销售旺季：主要可以采用降价、折扣、赠送、组合销售等方式。

产品退市：主要可以采用以旧换新、组合销售、客户忠诚计划、交叉促销、降价等。

（2）促销目的

追求短线速销：一般可通过提高客流、增加客单值来达到目的，主要可以采用产品示范、赠品、降价、折扣、免费试用、竞赛、组合销售等方式。

追求长期效果：重在于营造良好的品牌信誉，树立门店的形象，因此可以采用竞赛、赠品、客户忠诚计划、以旧换新等方式。

（3）产品价格特性

走量产品：这类家具产品通常利润不高，要想方设法把销量提升起来，薄利多销，因此主要采用小额赠品、价格折让、抽奖、特价包等方式。

利润产品：这类家具通常是家具门店实现创收的产品，具有较大的价格调整空间，因此可以通过大额赠品、现金折让、以旧换新、客户忠诚计划、免费试用等方式来促销。

（4）客户情况

以年轻人居多：可以选用免费试用、赠品、价格折扣、组合销售等。

以年长者居多：可以选用以旧换新、产品示范、展会促销、会员运营、赠品、现金折让、组合销售等。

7.5 家具门店客户管理

7.5.1 建立和完善客户档案

销售专家杜雷·勃德认为:"只有对客户有所了解,才能更好地销售产品,对客户的了解要比我们对自己产品的了解还重要。"了解客户是销售获得成功的关键,熟悉客户信息对于促进销售、赢得回头客具有巨大的推动作用。而要想了解客户、熟悉客户信息,就必须学会建立和管理客户档案。

7.5.1.1 客户档案管理对象

客户档案管理的对象即家具门店的客户,门店过去、现在和未来的直接客户与间接客户,都应该纳入门店的客户管理系统。

从交易过程来划分,门店客户包括曾经有过交易的客户、正在进行交易的客户和即将进行交易的客户。对于第一类客户,不能因为交易中止而放弃对其的档案管理;对于第二类客户,要逐步充实和完善其档案管理内容;对于第三类客户,档案管理的重点是全面搜集和整理客户信息资料,为即将展开的交易准备资料。

从客户性质上来划分,门店客户包括政府机构、企业客户、个人客户等,这些客户因其性质、需求方式、需求特点、需求数量的不同,对其实施档案管理的特点也不尽相同。

从交易数量和市场地位来划分,门店客户包括主力客户与一般客户。其中,客户档案管理的重点应放在主力客户上。

7.5.1.2 客户档案管理内容

由于客户的特征是多方面的,因此客户档案管理的内容也是复杂的,不能一概而论。具体来说,客户档案管理主要包括以下几项基本内容。

(1)客户基础资料

即家具门店所掌握的客户最基本的资料,这是客户档案管理的起点和基础。对于个人客户来说,客户基础资料主要包括客户的姓名、住址、联系方式、潜在需求、有无购买决策权、个人性格、嗜好、年龄等;对于企业客户来说,客户基础资料主要包括企业名称、企业地址、企业所有者、经营管理者、企业业种、规模、资产等。客户资料的获取,主要是通过销售人员或售后服务人员进行客户访问搜集起来的。随着信息技术的发展,客户资料中的一部分已经可以通过新兴技术实现无感采集。

(2)与客户关系密切的其他人或组织的信息

主要包括客户的家庭成员构成情况、企业的运转情况等。

(3)交易状况

主要包括客户与本门店的交互状况、交易时间、交易数量、合作态度、客户的信用状况、交易中保持的优势、交易中存在的问题以及未来的对策等。

以上三个方面是客户档案管理的重点内容,客户档案管理基本上围绕这三个方面展开。

7.5.1.3 客户档案的形式

（1）传统的客户档案

传统的家具门店一般采用纸质的、表格化的客户档案，由销售人员在接待完毕后如实填写，由门店回收进行统一装订和管理，并按照一定的周期（一般是月度）将上一周期的客户档案进行汇总分析，了解销售人员的接待状况、进店客户的特点、产品满足消费者需求的情况以及门店其他方面的问题，形成分析报告。

传统客户档案的基本形式如表7.6所示。

表7.6 传统客户档案的基本形式

日期		导购	
进店时间		接待时长	
客户的基本资料			
客户姓名		性别	年龄
联系方式			人数
住址			
外貌特征			
了解途径	A.报纸；B.交通广播；C.DM单；D.店面；E.小区广告；F.户外大牌广告；G.网络广告；H.公交车体广告；I.宣传车；J.朋友介绍		
生活习惯			
挑选家具的关注点：				
当前家具使用情况：				
对比品牌与原因：				
客户类型： A.急用家具、马上要搬家入住的客户；B.正在装修的客户；C.没有装修将要装修的客户				
意向产品：				

续表

本次是第 _____ 次与该客户进行交流 交流过程及个人分析（交流内容、客户反应、原因分析等）：
是否达成交易，未成交的主要原因分析：
下次联络计划和内容，根据客户类型确认回访时间 （A型客户：3天，B型客户：7天，C型客户：15天）
回访记录（回访方式：电话、见面或到客户家；回访时间；谈话内容等。）（这一项作为回访记录的检查）： 第一次回访： 第二次回访： 第三次回访：

传统纸质的客户档案基本解决了家具门店客户档案有无的问题，达到了家具门店客户管理较低层次的要求。这类客户档案填写的主观性强，对销售人员的素质和门店管理人员的管理能力提出了很高的要求。此外，对这些客户档案进行分析，也需要投入大量的人力，并且需要具有丰富经验的管理人员来进行指导。因此，这种客户档案适用于规模不大、客流不多、未实现连锁经营的家具门店。

（2）信息化的客户档案

随着企业信息化进程的不断推进，家具门店的信息化水平也在不断提高，一些具备一定规模和经济实力的门店开始尝试使用信息化的方式来建立客户档案。

信息化客户档案的优势主要体现在三个方面。

① 销售人员通过各种互联互通的 PC、智能手机、平板电脑等终端设备进行客户信息的录入，既避免了携带纸和笔到店外开拓客户的麻烦，又打破了传统记录方式在时间和空间上的局限，为销售人员全时段、全区域开展营销活动提供了便利。

② 信息技术为客户档案的录入提供了各种不同的手段，如地址定位、图像识别、语音识别等，大大丰富了客户档案的信息内容和录入精度，也降低了销售人员录入的工作量，此外对于客户档案中的许多内容也进行了调整，尽可能采用客观的选项来代替主观的

录入，这就大幅降低了销售人员主观因素对客户档案的干扰。

③ 计算机可以根据预先建立分析模型，自动完成对客户档案的分析工作，形成分析报告，从而节约家具门店的大量人力。

信息化客户档案录入的基本形式如图 7.5 所示。

图 **7.5** 信息化客户档案的录入形式

销售人员的终端设备中可以实时形成一些较为基本的数据统计（图 7.6）。

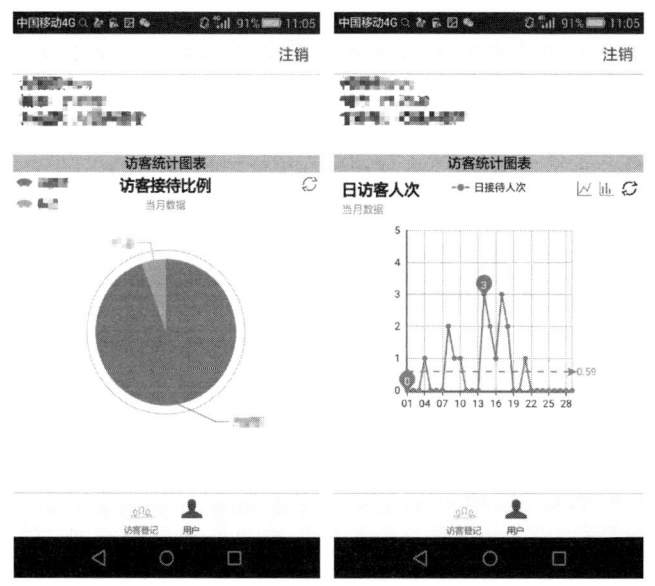

图 **7.6** 信息化客户档案的基本数据统计

从数据后台可以直接查看与导出客户信息原始数据（图 7.7，图 7.8）。

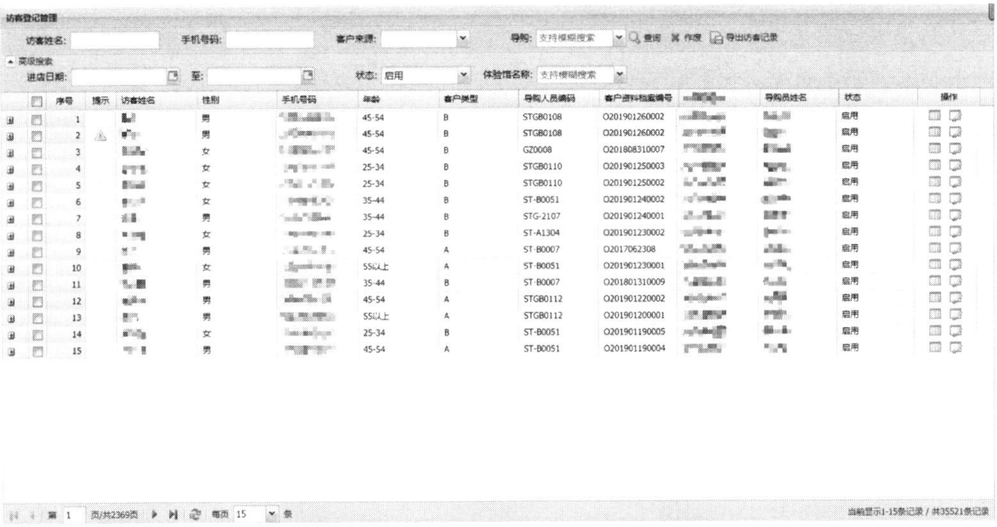
访客登记管理

访客姓名：　手机号码：　客户来源：　导购：支持模糊搜索　查询　作废　导出访客记录

高级搜索

进店日期：　至：　状态：启用　体验馆名称：支持模糊搜索

序号	提示	访客姓名	性别	手机号码	年龄	客户类型	导购人员编码	客户资料档案编号	[illegible]	导购员姓名	状态	操作
1		[illegible]	男	[illegible]	45-54	B	STGB0108	O201901260002	[illegible]	[illegible]	启用	
2		[illegible]	男	[illegible]	45-54	B	STGB0108	O201901260002	[illegible]	[illegible]	启用	
3		[illegible]	女	[illegible]	45-54	B	GZ0008	O201808310007	[illegible]	[illegible]	启用	
4		[illegible]	女	[illegible]	25-34	B	STGB0110	O201901250003	[illegible]	[illegible]	启用	
5		[illegible]	女	[illegible]	25-34	B	STGB0110	O201901250002	[illegible]	[illegible]	启用	
6		[illegible]	女	[illegible]	35-44	B	ST-B0051	O201901240002	[illegible]	[illegible]	启用	
7		[illegible]	男	[illegible]	35-44	B	STG-2107	O201901240001	[illegible]	[illegible]	启用	
8		[illegible]	女	[illegible]	25-34	B	ST-A1304	O201901230002	[illegible]	[illegible]	启用	
9		[illegible]	男	[illegible]	45-54	A	ST-B0007	O2017062308	[illegible]	[illegible]	启用	
10		[illegible]	女	[illegible]	55以上	A	ST-B0051	O201901230001	[illegible]	[illegible]	启用	
11		[illegible]	男	[illegible]	35-44	B	ST-B0007	O201801310009	[illegible]	[illegible]	启用	
12		[illegible]	男	[illegible]	45-54	A	STGB0112	O201901220002	[illegible]	[illegible]	启用	
13		[illegible]	男	[illegible]	55以上	A	STGB0112	O201901200001	[illegible]	[illegible]	启用	
14		[illegible]	女	[illegible]	25-34	B	ST-B0051	O201901190005	[illegible]	[illegible]	启用	
15		[illegible]	男	[illegible]	45-54	A	ST-B0051	O201901190004	[illegible]	[illegible]	启用	

第 1 页/共2369页　每页 15 条　当前显示1-15条记录 / 共35521条记录

图 **7.7**　信息化后台统计到的客户信息原始数据

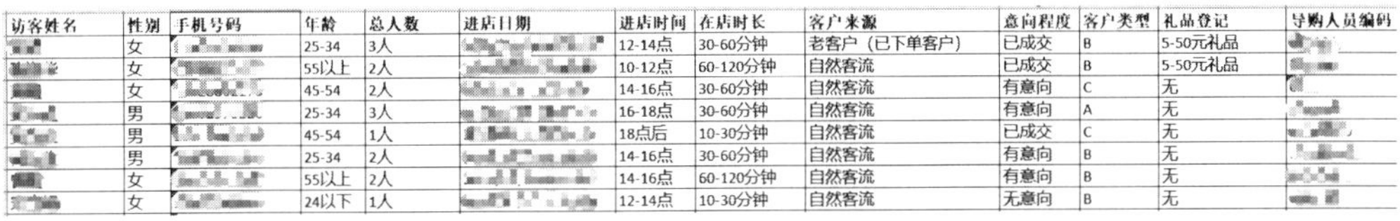
访客姓名	性别	手机号码	年龄	总人数	进店日期	进店时间	在店时长	客户来源	意向程度	客户类型	礼品登记	导购人员编码
[illegible]	女	[illegible]	25-34	3人	[illegible]	12-14点	30-60分钟	老客户（已下单客户）	已成交	B	5-50元礼品	[illegible]
[illegible]	女	[illegible]	55以上	2人	[illegible]	10-12点	60-120分钟	自然客流	已成交	B	5-50元礼品	[illegible]
[illegible]	女	[illegible]	45-54	2人	[illegible]	14-16点	30-60分钟	自然客流	有意向	C	无	[illegible]
[illegible]	男	[illegible]	25-34	3人	[illegible]	16-18点	30-60分钟	自然客流	有意向	A	无	[illegible]
[illegible]	男	[illegible]	45-54	1人	[illegible]	18点后	10-30分钟	自然客流	已成交	C	无	[illegible]
[illegible]	男	[illegible]	25-34	2人	[illegible]	14-16点	30-60分钟	自然客流	有意向	B	无	[illegible]
[illegible]	女	[illegible]	55以上	2人	[illegible]	14-16点	60-120分钟	自然客流	有意向	B	无	[illegible]
[illegible]	女	[illegible]	24以下	1人	[illegible]	12-14点	10-30分钟	自然客流	无意向	B	无	[illegible]

图 **7.8**　通过系统导出可进行分析的客户数据

基于这些原始数据，就可以进一步绘制家具门店的客户画像，定期形成消费者情况分析，还可以结合门店的订单系统更深入地分析消费者与产品之间的关联，从而指导家具门店的产品结构优化，进行销售预测等。

信息化客户档案的准确性、实时性、便利性和对大量数据的处理能力能够为家具门店的客户管理工作水平带来革命性的提升，是当前家具门店客户管理的主要发展方向。但由于构建这些信息化系统需要大量的前期投入，使用过程中也面临着不菲的运维成本，因此只有当家具门店达到一定规模时才有能力建设和使用。

7.5.1.4　客户档案管理方法

（1）建立客户档案库

客户档案管理的基础工作是建立信息化的客户档案库。客户档案库是客户基础资料的汇总。客户基础资料的获取，主要通过销售人员在进行市场调查和客户访问后整理汇总、邀请客户自行填写客户资料表、通过技术手段采集客户的行为数据、委托专业调查机构进行专项调查等。

（2）客户构成分析

分析客户构成情况，有利于从客户角度全面把握门店的经营状况，抓住优势，找出不足，采取对策，提高销售效率。

客户构成分析主要包括以下内容：

① 销售构成分析。根据销售额等级分类，分析在门店的销售额中，各类等级的客户所占的比重，并据此来确定未来的销售重点。

② 产品构成分析。通过分析门店产品总销售量中各类产品所占的比重，以确定对不同客户的产品销售重点和对策。

7.5.1.5 客户档案管理应注意的问题

在客户档案管理过程中，家具门店应着重注意以下几点问题：

① 客户档案管理应保持动态性。客户档案不能建立完了就置之不顾，而应该根据客户情况的变化，不断加以调整，淘汰过时资料，及时补充新资料，对客户的变化进行及时的跟踪记录。

② 客户档案管理不仅要关注现有客户，还应关注未来客户或潜在客户，从而为门店挖掘新客户、开拓新市场提供资料。

③ 客户档案管理要以"用重于管"为原则，提高客户档案的质量和效率。客户档案建立以后，应该及时全面地提供给有关人员。同时应以客户档案为基础，积极进行更多的分析和总结，使死档案变成活资料。

④ 要注意保护客户资料。随着国家对公民个人信息保护力度的加大，家具门店必须对这些客户资料进行严格保密，避免客户资料外泄，更不能买卖这些资料。因此，客户档案最好由专人负责管理，并确定严格的查阅和利用的管理方法。

7.5.2 开发客户资源的主要途径

客户是家具门店的核心资源，家具门店的每一分收入都来自客户。因此，开拓客户资源是家具门店运作的一项核心工作。在家具领域，开发客户资源的方法丰富多样，比较典型的有客户地图法、老客户介绍法、异业联盟法、关键人法、传媒开发法等。

（1）客户地图法

家具门店的客户由于需要送货，都会在门店留下地址。家具门店可以将已成交客户的地址汇总，并标记在地图上。根据标记了客户地址信息的地图，家具门店就可以判断客户的区域分布情况，分析门店的客户主要来源于哪一区域，是否还有继续挖掘的潜力，分析其他区域的消费者来店消费较少的原因是什么，是否有开拓的市场，这就为门店的客户资源开拓明确了方向。此外，还可以根据主要客户群体所在区域的主要需求、消费水平等情况来针对性地调整门店的营销策略。

（2）老客户介绍法

老客户介绍就是通过良好的产品品质和服务质量，配合一些激励措施，促使老客户向其周围的潜在消费者推荐家具门店的产品，通过口碑来发展客户资源。

比较传统的操作方法是在送货给客户的同时，发给客户一张介绍卡，这张卡上有与该客户一一对应的号码，其他消费者持卡到店，就可以判定为是老客户转介绍，这一潜在消费者成交时，给予转介绍的老客户一定的奖励。然而这种传统的方法存在许多局限性，目前比较流行的方法是通过短信、APP、微信公众号、小程序等作为媒介，来实现老客户的转介绍，灵活度得到了大幅提升。

（3）异业联盟法

通过与其他具有相同的目标消费者群体的商家合作，互相分享客户资源。例如家具门店的目标消费者大多刚刚购房，因此与装修公司、建材门店、软装门店等具有相同的客户群体，彼此之间可以实现互相引流。

（4）关键人法

关键人法就是家具门店在某一特定销售范围内发展一些有具体影响力的关键人物，并在他们的协助下把该范围内的其他人或组织都变成门店的潜在消费者。

对于家具门店来讲，这些关键人主要包括物业经理、小区内有影响力的业主代表、独立设计师等。这些关键人物不但了解周围的环境，而且对其他消费者能产生一定的影响和带动作用。门店要想取得这些关键人物的信任和合作，就必须使对方了解自己的产品和服务，并用自己卓越的产品质量和信誉去征服对方，同时还要从某一方面达成关键人自身的心理满足，这样才能够促使这个关键人大量带动消费者。

（5）传媒开发法

利用各种传播媒介开拓客户资源。信息时代下的传媒多种多样，从传统的报纸、电视、杂志、电台，到新兴的微信、微博、头条等，每一种传媒的传播效果存在差异。随着科学技术的发展和人们生活习惯的变迁，家具门店运用传媒开拓客户的方式也在逐步由传统的通过纸媒、电视电台等进行大范围传播，向着通过互联网的手段开展精准推广的方向发展，但无论采用哪一种传媒来开发客户资源，家具门店都需要针对自身产品特点、品牌定位以及目标消费群体的特征来灵活选用各种不同形式的传媒。

7.5.3 重点客户的开发与维护

家具门店的客户大致可以分为两类：重点客户和一般客户。家具门店的重点客户主要是指那些在门店购买全屋家具产品的个人客户，向家具门店推荐其他消费者的客户，以及大批量购买家具产品的组织客户。根据二八法则，门店80%的销售业绩往往来自20%的重点客户，如果失去了这20%的重点客户，门店将会丧失80%的业绩。因此，家具门店对重点客户的开发与维护有着极其重要的意义。

（1）确定重点客户开发对象

一般来说，家具门店重点开发的客户包括：已购房但尚未购置家具的个人消费者、新建医院、酒店、企事业单位等组织消费者。本书重点讨论个人消费者。

（2）开发重点客户

家具门店开发重点客户前，首先要分析这些重点客户的特点，并针对性进行开发。

由于已购房的个人消费者相对比较集中，因此家具门店可以采用在新建小区附近开设社区店或摆点宣传、与开发商或物业公司合作、同装修公司联合起来等方式获取客户信息，或者直接到新建小区进行叩门拜访，与业主、工长、设计师等展开沟通。通过这些渠道获得的客户，绝大部分都是具有全屋家具需求的客户，均可作为重点开发对象。此外，家具门店还可以同房产中介、建材商等进行合作，但他们的消费者群体中还存在一部分不需求全屋家具产品的消费者，因此需要进行识别。

开发重点客户的方法主要可以包括上门沟通、电话或微信交流、邮寄邀请函、合作举办联合营销活动、社区公益活动等。

（3）将重点客户转变为忠实客户

将重点客户转变为忠实客户，就是要为重点客户提供良好的服务，让这些客户自愿自发地为家具门店进行推广，从而带来更多潜在的消费者。

家具门店要将服务理念植入每一个工作人员的心中，重点关注客户服务，征求客户的反馈意见，并将客户的满意度作为门店员工绩效评估的一部分。客户管理工作中需要明确相应的期望值和最低客户服务标准。对于家具门店来说，服务是一种境界更高的营销。

服务客户的过程中，要学会换位思考，站在客户的角度来看门店，从客户的角度来审视家具门店的工作是否令人满意。另外，要提高客户的忠诚度，就要重新调整客户对高质量服务品质的期望，即不能仅仅满足于期望值，更要超越期望值；还要想办法向客户提供一个独特的、个性化的、能让人记忆犹新的产品或服务，这样客户与家具门店之间就会建立一种伙伴合作关系。

在客户服务中，家具门店需要在三个具体的方面进行努力：

① 及时响应。一方面要及时提醒客户产品的正确使用和保养方法，以及其他一些注意事项；另一方面，要为客户提供门店相关人员的联系方式，客户遇到任何疑问，都应该及时进行回应。

② 定期回访。在家具产品安装到位后，根据产品的特点设定回访的周期，定期对客户的使用情况进行回访，了解客户使用的感受，收集客户的意见和建议，对于积极帮助家具门店改善产品和服务的客户，应当给予一定的激励。

③ 始终如一。对于客户的服务不能因交易的结束而变质。许多家具门店在售前、售中对客户的服务相当热情，一旦客户成交，态度马上就冷淡下来。这种行为就会给客户较大的落差，很容易招致客户的失望。只有服务在各个环节都能保持始终如一，让客户感觉到这家门店提供的是长期服务而不是一锤子买卖，这样客户才有信心向其他人推荐。

（4）建立与重点客户的情感联系渠道

① 对重点客户进行感情投资，即与客户形成"自己人效应"。家具产品销售出去以后，并不意味着家具门店与客户的交互结束。家具门店要充分利用已经获得的信息对客户进行感情投资，例如天气变化、重大节日、客户生日等时机的短信或微信问候，门店重大庆祝活动时向客户邮寄一些小纪念品，举办以客户为中心的联谊活动并邀请老客户参加等。这有利于家具门店与客户之间建立情谊的纽带，从而使更多的客户乐意和门店长期打交道。

② 在乎客户的心理感受。比如在客户走出门店时，如果下雨，询问是否需要雨伞；酷暑季节主动为客户提供凉茶；客户在店内参观交流刚好遇到饭点，主动为客户提供简餐等。只要真诚地关怀客户，客户就会牢牢记住门店。有时这种情感的交流甚至可以扩大客户对于产品的宽容度，在良好的服务面前，大多数客户都会放宽对产品的要求。

（5）及时有效地为客户解决问题

家具与手机、电脑、汽车等消费品不同，家具的批量规模普遍较小，非标程度很高。

对于实木家具产品，由于天然材料的不确定因素更多，因此客户在使用过程中发现问题的概率相对也比较高。要想提高客户的忠诚度，如何为客户良好地解决问题就显得尤为重要了。

在面对客户的抱怨和投诉时，应该按照以下几个步骤来操作：

① 倾听。关注客户抱怨的重点，让客户把心中的不满全部说出来。

② 交谈。客户如果心中有气，需要寻找一位对其遭遇表示出真实情感的好听众，这时就要站在客户的角度与其进行情感交谈，稳住客户的情绪。

③ 道歉。无论客户是对是错，都要发自内心地对给客户带来不便的事实道歉。这是留住客户、提升客户忠诚度重要且强有力的一步。

④ 分析。通过客户的描述以及相关的照片、实物，明确问题的原因，复述客户关心的问题。

⑤ 解释。即向客户表明解决投诉的愿望和决心。

⑥ 处理。针对客户的问题提出一种公平的解决方案，让客户看到切实的行动，而不只是嘴上说说。

⑦ 补偿。针对给客户带来的不便或造成的伤害给予一些具有附加值的补偿。如赠送小礼物、退还部分购物货款等。

⑧ 结果。向客户询问对解决方案是否满意。在问题解决后，不要忘记对客户表示感谢，表明他的宝贵意见可以使门店为客户提供更完美、更周到的服务。

7.6 家具门店服务管理

7.6.1 家具门店服务的标准化

家具门店服务的标准化是实现门店系统化管理的关键一环，只有将门店管理标准化，形成可衡量的指标，才能有的放矢地进行要求和考核，将门店各项管理工作细致有效地抓到位。对于一般的家具门店，可以将其各项管理指标汇总，整理成《家具门店标准化管理一览表（表7.7）》，并据此进行科学管理。

表7.7　家具门店标准化管理一览表

区域	序号	范围	管理标准
办公区管理	1	办公室	办公室现场根据规划图实施摆放，不随意变更
	2		办公室办公配套设施配置统一形式的标识牌
	3		办公环境、设施整洁，无损坏、无积尘、无污垢
	4		除因遮挡阳光需要，办公时间所有窗帘须敞开
	5		下班关闭所有电器设备，关门窗

续表

区域	序号	范围	管理标准
办公区管理	6	办公桌	座位正对面摆放电脑、鼠标及键盘（有键盘抽屉的统一放进键盘抽屉），主机摆放在办公桌下合适位置（若为笔记本电脑则电脑包摆放在主机位置），电线须隐藏在显示器后
	7		座位一侧摆放文件架、笔筒、水杯，另一侧摆放电话机、日历、计算器
	8		办公桌及座椅结构完整，连接牢固，整个岗位区域保持整洁、卫生、有序（办公桌是拼桌的，摆放有序、对称）
	9		办公桌不允许存放与本岗工作无关物件或资料，如：书籍、杂志、报纸等
	10		订书机、鱼尾夹、回形针、胶水等办公用品，使用完须立即归位（笔筒或抽屉内）
	11		工作相关的资料、笔记本，下班前需归入文件筐、抽屉或归档
	12		办公桌下电线、网线必须捆扎整齐，其他物品须装箱摆放
	13	办公椅	离开座位时，办公椅应推至办公桌下停放
	14		办公椅干净、整洁，无损坏、无积尘、无污垢
	15		办公椅上不允许摆放或挂套其他杂物
	16	沙发、茶几	沙发、茶几上不得私自摆放个人物品
	17		茶几上只允许摆放茶具1套、烟灰缸1个、纸巾1包、茶巾1条
	18		茶几下方只允许摆放茶叶罐/包和一次性杯子（不得超过2条）
	19		每天至少清洁1次，保持干净、无积尘、无异味
	20	文件架管理	第一格：常用文件，需有统一的文件夹/袋装上，并标示：常用文件
	21		第二格：合同、各类政策、活动方案、报价单，每类一个文件夹/袋
	22		第三格：销售单，审批文件，每类一个文件夹/袋
	23		第四格：个人笔记本、书籍、宣传资料，每类一个文件夹/袋
	24		文件管理规范、防护到位，标识清晰完整
	25		文件夹/袋/架有标识、有目录，按类别和次序摆放整齐，任何人都能使用，并随时更新
	26		重要文件作废不得直接扔垃圾桶内，需粉碎处理
	27		每星期对文件架整理一次，三个月内用不到的物品，应从文件架里清理

续表

区域	序号	范围	管理标准
办公区管理	28	文件柜管理	历年文件、资料建档，设立文控柜
	29		柜面干净、整洁、不摆放与工作无关的其他杂物
	30		按照文件类型进行分类整理，同一类型的文件或资料装入同一文件盒，且需按时间先后存放，并在文件盒上粘贴有文件明细表
	31		文件盒摆放排序需统一：规章制度、合同、活动方案、人事档案、考勤、考核、销售单、报价单等，做到整齐有序，不能出现歪斜、错落等现象并需在文件柜显眼位置标注文件对应排列序号、位置
	32		凡不对外的重要文件（包括内部政策、销售数据、单据等）一律锁入文件柜，不准摆放在公共区域
	33		文件柜统一由门店管理者和或财务管理
	34		文件盒（夹）必须使用目视管理，有标识、有目录，按类别或次序摆放整齐
	35		原则上使用统一款式的文件盒（夹）及统一的分类标识
	36		处理完毕的文件或资料必须第一时间归档
	37		所有归档资料须编制电子目录文档
	38		文件柜内不允许摆放其他物品
	39	抽屉	按照物品类型进行分类放置
	40		第一格：各类票据、印泥、印章、钥匙、遥控器等
	41		第二格：订书机、起钉器、胶水、夹子、回形针等办公文具
	42		第三格：私人物品
	43		对抽屉进行统一标示，要求整齐划一，标示在左上或者右上角
	44		抽屉内物品应分类摆放整齐、干净，无积尘，方便取用和放回
	45		每星期对抽屉整理一次，对三个月内用不到的物品，应从抽屉里清理走
	46	台卡	对各办公桌进行统一标识（根据各门店实际情况，统一展示在同一个方向）
	47		办公桌统一位置摆放办公人员台卡，并及时更新

续表

区域	序号	范围	管理标准
办公区管理	48	电脑	硬盘分区管理，公私文件不得混杂，无用、重复、过期文件不得穿插其中
	49		文件按照分类进行管理，排列整齐、标识清晰、易于查找、命名规范
	50		桌面和回收站处于整洁状态，桌面文件夹不得超5个，临时文件不超10个
	51		定期将重要工作资料备份到档案柜
	52		定期使用杀毒软件，每周至少1次
	53		上班期间不得运行与工作无关的软件程序
	54		定期检查，出现故障及时申请处理
	55		下班或长时间离开应及时关闭电脑或锁屏，并设置好密码
	56		每周清理一次电脑表面，确保显示器、机箱的死角无灰尘
	57	打印机、电话、扫描仪等设备	设备完好、干净、无积尘；每周至少清洁1次
	58		电源线、网线等固定包扎整齐，不杂乱无章
	59		定位摆放，使用后归位，恢复原状态
	60		公共打印机、复印机等设备贴上使用说明，并标示有"节约用纸""使用二次用纸"；纸张应叠放整齐，统一放置在固定区域
	61	办公室卫生	垃圾桶定点摆放，垃圾不可满出桶外，桶内的垃圾须由使用人及时清理
	62		做好部门卫生值日轮值表，在适当位置安排粘贴公示
	63		完成卫生打扫后，需做好值日登记
	64		做好卫生检查，发现存在的卫生问题需及时要求员工整改，并做好登记
	65	办公用品库存管理	保持干燥、清洁、物品摆放整齐、有序，门窗关闭严实或上锁
	66		明确每个品类的最大最小库存量，合理控制库存量
	67		先进先出，杜绝物品积压、过期
	68		根据物品使用需求，量化物品领取
	69		按品类分别放置，并分别做好标识，做好物品领用登记表
	70	宣传物料及工具管理	设置专门存放宣传物料及工具的地方
	71		按不同品类进行摆放，需有标识
	72		做好宣传物料出入库、出库登记
	73		先消化老库存，杜绝物品积压及过期
	74	监控设备管理	监控点分布主要监控仓库出入口及主通道，避免光线直接照射
	75		监控画面正常、清晰
	76		定期检查摄像头使用情况，出现问题应及时报修

续表

区域	序号	范围	管理标准
商场区管理	77	商场区整体规范	现场有规划图，并按规划图实施，区域规划合理，明确，标识清晰、完整
	78		及时做好店面清洁卫生，保证产品、饰品、隔断墙体、玻璃及过道整洁卫生，无积水、无污渍、无纸屑、无堆积物品、无卫生死角
	79		产品区整体灯光明亮，无损坏，局部射灯要明亮、完好
	80		营业环境不得有刺鼻、怪味、难闻、使人厌烦恶心的味道
	81		营业现场及其产品上不允许有杂物和私人物品，不得存放易燃易爆物品
	82		有问题的产品及时返修，保证店里所有产品完好无损
	83		店面产品、饰品待客户走后及时复位
	84		产品价格标签形式统一，摆放位置一致，不允许涂改，破损的应立即更换
	85		应有相应的防盗、防虫、防鼠、防火、防潮设施
	86		营业现场应有相关的警示标识
	87		按照营业时间准时营业，客户未离开时，不得结束营业
	88	前台/收银台	收银台上只能放置电脑显示器、电话机、POS机器、计算器、销售人员名片、产品宣传图册，摆放整齐有序
	89		根据收银台大小及抽屉数量，对每个抽屉进行规划，要求相关物品放置在固定位置，并在抽屉面板左/右上角进行标示
	90		员工私人物品一律禁止放置在前台/收银台
	91		如工作中需暂离工作岗位时，需及时通知办公室人员替岗
	92		维持前台工作秩序，不浏览不相干的网页、不聊天、不吃零食、不大声喧哗
	93		禁止无关人员进入前台/收银台
	94	商场氛围布置	展架摆放在适当位置，画面或内容无过期，保持干净、清晰、无损坏
	95		地贴、喷绘、KT板、海报位置适当，画面平整、干净、无过期、无损坏
	96		DM单须如数、合理发放给客户，不能浪费
	97		活动拱门无损坏，刀旗、吊旗干净无灰尘，布置整齐划一，氛围温馨、和谐
	98		物料能再次利用的应做好回收，存放在物料及工具存放点，做到循环利用
	99		商场播放以轻音乐及流行音乐为主，音量要适中，不得干扰与客户的沟通

续表

区域	序号	范围	管理标准
商场区管理	100	卫生值日要求	陈列区域产品的清洁由导购负责，区域清洁卫生责任到人
	101		做好卫生检查工作，如果发现卫生问题，需要及时要求整改
	102	巡场安排要求	门店管理人员每天必须错开时间段巡场不少于两次，并填写好巡场登记表
	103		保安履行岗位职责，每日巡场不少于两次
	104		每次巡场完成，要在巡场登记表上签字并注明巡场的时间
	105		巡场的范围包括所有区域，重点检查卫生清洁、消防安全、危险源排查等
	106		如在巡场过程中发现问题，须及时处理，解决不了须及时上报给上级处理
公共要素管理	107	通道	通道干净，无积尘、无污迹；通道顺畅、无杂物、无障碍
	108		疏散指示灯安装高度离地面小于1米，疏散走道内每20米设置一个，地面上标识居于通道正中间
	109		严禁占用、堵塞、封闭疏散通道、安全出口
	110	门、窗、墙、天、地	保持洁净，无积水、无积尘、无污迹、无蜘蛛丝、无破损、不乱涂乱画
	111		地面每天清洁1次；玻璃每周清洁1次，门、窗、墙、天花板每月清洁1次
	112		不得在门、窗、玻璃上悬挂或张贴个人物品和其他非规范的张贴物
	113		室内墙面不得出现开裂、脱落、壁纸翘边，不得随意打钉并裸露在外，不得随意用透明胶布等在墙面粘贴物品
	114	电梯、楼梯	电动扶手梯应保持扶手和踏面的干净与整洁
	115		箱式电梯内应保持干净、整洁
	116		定期保养、检验，确保内部设备正常运行，并做好检修记录
	117		楼梯保持干净畅通、空气流通，装修不得有脱落、破损、污渍，不堆放杂物
	118		有宣传牌的应及时更新且不得有污损
	119	电源开关、电线、电房	电源开关、电线设施完好，无裸露，定期检查、修整
	120		无私自乱拉电线、无个人使用的电器（手机充电器除外）
	121		无法隐藏的电线应使用线槽，无法用线槽的须捆扎，确保现场电线不凌乱
	122		弱电房、强电房、机房应保持干净、无杂物，偶尔通风

续表

区域	序号	范围	管理标准
公共要素管理	123	消防器材规范	消防器材摆放合理、易取易放、标识清晰；严禁损坏、挪用或者擅自拆除
	124		消防器材前方不得有障碍物，周边畅通
	125		消防器材保持干净，无积尘、蜘蛛网、油漆、残渣等
	126		消防器材确保能正常使用，零部件齐全、功能正常
	127		消防标志、逃生标志要保持干净，没有灰尘
	128		定期检测、专人负责管理，并做好相应的记录，每月至少检查1次
	129		须有消防器材台账，账、物一致
	130	应急灯	应急通道应配有应急灯，应急灯完好、干净
	131		每三个月至少1次对辖区内应急灯进行检测，确保功能正常并做好检查记录
	132		应急灯须有台账，账、物一致
	133		消防应急处置方案，明确人员责任安排、应急处理步骤、逃生路径
	134		每年至少组织工作场所人员开展消防演练1次
	135	宣传架、展示架、电视	保持干净、整洁，宣传图册齐全、摆放有序
	136		电视、遥控器及时清洁，遥控器放在指定位置，不得随意乱放
	137		电视播放品牌宣传片、家具知识等，音量适中，不得干扰与客户的沟通
	138		在适当位置粘贴设备使用说明
	139	洽谈区桌椅	桌面、椅子表面清洁、干净，不得放置杂物
	140		客户离开后应及时整理归位、摆放整齐
	141		有烟灰缸的要及时清洁，保持干净、明亮，放在茶几上
	142	品牌VI、展示墙	VI形象符合门店和品牌形象要求，颜色不能明显褪色
	143		品牌形象物品、标识展示须规范、符合要求
	144		保持干净、明亮，不得有污迹或破损
	145	文化标语、规章制度	企业文化标语、规章制度应在适当位置整齐张贴
	146		KT板不得有脱落、鼓泡现象，不能有明显的褪色，表面干净、无积尘
	147		相关内容按照品牌统一的版式并统一内容

续表

区域	序号	范围	管理标准
公共要素管理	148	卫生间	干燥、干净、无污迹、无积尘,保持通风,不得有异味
	149		纸、纸盒、清洁用具等物品应划分摆放区域,定位摆放,标识清晰
	150		有规定的纸品供使用,纸巾用完后,应丢至垃圾桶
	151		水龙头供水正常,且可关闭,使用后关好水源,无长流水现象
	152		洗手池无积尘、污垢
	153		便器:如厕后,应冲水,保证干净、无污垢、无异味、无堵塞;坐便器上面无积水、脚印;便器设施完好,无长流水;每天至少清洗4次
	154		不得堆放杂物,出现破损应及时报修
	155		在卫生间统一位置粘贴文明小标语,标识干净、无积尘
	156		制定卫生间卫生清洁时间安排表,特殊情况应自行增加清洁次数、力度
	157		在卫生间适当位置悬挂登记本和圆珠笔,保洁人员在保洁后,及时做好登记,如果有同事对卫生保洁情况不满意,可直接在登记本上写上意见及建议
	158	开关标示	电源开关:每个开关标示有控制区域、使用常态(常开或常关)
	159		电灯开关:每个开关标示有控制区域、开关时间要求
	160		空调控制面板:每个控制面板需标示夏天空调温度26度,风速中档(冬天空调关闭,有供暖的则开放暖气),开放时间
	161	绿植管理	所有区域的绿植表面要干净,不得有灰尘,不得有枯萎
	162		禁止往花盆里扔烟头等杂物,如有,必须尽快清理
	163		定期对绿植进行浇水,及时摘除绿植的黄叶/枯叶
	164		制定区域绿植负责人安排表,做好绿植保养工作
	165		绿植应放置于恰当的区域
	166	绿化管理	按规定标准作业,绿化盆栽/绿化带定期修剪整齐、浇水、施肥、除虫害
	167		各绿化盆栽/绿化带草坪无杂物、枯叶,地面树叶、杂物每天清扫
	168		爱护绿化工具和设备,并做好工具的维护维修工作
	169	门头	门头招牌不能有明显褪色现象,要求灯光色彩明亮、亮度均匀
	170		门头墙面清洁、干净、明亮、美观,无乱涂画、开裂、脱落等损坏,无随意打钉并裸露在外,无透明胶布、各类宣传单页等,墙根无堆积杂物等
	171		门头LED宣传屏幕内容正确,播放字体完整,字体滚动速度适中

续表

区域	序号	范围	管理标准
公共要素管理	172	门口	地毯干净整齐、无破损
	173		台阶干净、无破损
	174		门口区域应保持卫生干净，发现垃圾、纸屑、烟蒂应及时清理
	175		绿化带应修剪整齐、无杂物
	176		大门开启、关闭正常，无异响，门面干净、无污迹
	177	橱窗	橱窗产品的展示布局应合理，摆设应丰满、高低疏密均匀，饰品色彩应调和
	178		展示当前常规产品，充分体现产品特色，吸引客户眼光，引起客户兴趣
	179		橱窗应经常打扫，保持产品清洁、无灰尘，橱窗玻璃洁净、无污迹
人员形象管理	180	行政人员着装	上班着装一律穿着公司发放的制服，佩戴领带，着黑色皮鞋
	181		员工上班必须佩戴员工工牌
	182	导购人员着装	上班着装一律穿着公司发放的导购制服和佩戴员工胸牌，穿黑色包头皮鞋
	183		员工上班必须佩戴员工工牌
	184	头发	头发必须经常清洗，保持干净整齐无头皮屑，发型整洁清爽，保持自然色，不可染发，不得留怪异发型
	185		男员工头发梳理整齐，保持清洁，头发前不遮眉，后不压领，侧不过耳；女职工发型要和脸型相协调，刘海不过眉不遮眼，长发尽量束起
	186	面容	保持面部清洁，常洗脸、修容
	187		男职工不要露出鼻毛、不留胡须；女职工不得浓妆艳抹
	188	手指	勤洗手，保持手部清洁
	189		勤修甲，指甲不得长于2毫米
	190		女职工忌涂鲜艳夸张指甲油，不装饰美甲
	191	仪容仪表	销售人员为女士的须化淡妆，长头发的须把头发盘于脑后
	192		不戴夸张饰物
	193		保持口腔干净，口气清新，不要有过重的体味或香水味
	194		保持积极良好的心态，服务态度要热情，使用礼貌用语及微笑服务，保证无沮丧、懒散、呆滞、拖拉、躲避、睡觉（状）、愤怒的精神状态

续表

区域	序号	范围	管理标准
人员形象管理	195	礼仪	常用礼仪（握手、道歉、电梯、餐桌、鞠躬、上下楼梯、称呼、介绍、名片、行进、开门、距离、鼓掌）
	196		接待引领礼仪（迎宾站位礼、行进中引导礼、迎宾问候、开车礼、接机礼、拉行李、电梯礼、乘车位次礼）
	197		服务礼仪（奉茶、接递、送客、礼品赠送）
	198		会议礼仪（位次、发言、与会、主持）
	199		座次礼仪（会议位次、餐桌、乘车）
	200		宴请礼仪（衣着、邀请与受邀、座位、饮酒、吃饭、敬酒）
	201		沟通礼仪（谈吐、电话、邮件、短信、微信、致意）
	202	职业素养	熟知品牌文化、展厅内产品专业知识、室内摆放知识、近期营销活动要点等
	203		具备至少30分钟标准的为客户介绍的营销话术
	204		对品牌、门店以及企业发展成就的荣誉、数据必须能背诵
	205		注重社会公德、职业道德、责任心、服务意识、诚信意识、团队意识
	206	职业行为	严禁在上班期间开启与工作无关的软件，以及观看、下载电影等行为
	207		严禁散播违反公司制度、国家法律法规、影响公司品牌形象的言论或行为
	208		严禁上班期间睡觉，在他人办公室闲坐等行为
	209		严禁虚假加班行为，利用公司资源和加班名义处理私人事项或玩游戏
	210		严禁在商场区及公共办公区内吸烟，严禁乱扔烟头
	211		说话音量应保持适度，不得大声喧哗，严禁追逐嬉戏
	212		注意办公资源、物品节约，严禁浪费，下班及时关闭电源
	213		严禁携带易燃、易爆和腐蚀性物品进入办公场所，严禁使用明火
	214		未经允许，不得使用他人电脑、资料，不得拷贝、删除他人电脑资料，做好防火、防盗、防泄密工作
	215		严禁携带早餐、中餐、晚餐及零食进入商场区食用
	216		除有工作需要的人员外，其他人员不能私自外加无线设备
	217		传染病肆虐时期，应保持室内的通风，统一进行消毒，患病员工应及时就医，严重者应遵医嘱，及时请病假

续表

区域	序号	范围	管理标准
仓库管理标准	218	区域规划	家具区：按同一系列同一区域摆放，且货架上下尽量摆放同一系列产品，货架上层放较轻货品，货架下面放较重货品
	219		床垫区：不同尺寸分区堆放，床垫竖放，且与地面之间的夹角尽量为90度
	220		淘汰产品区：按同一系列同一区域摆放，且货架上下尽量摆放同一系列产品，货架上层放较轻货品，货架下面放较重货品
	221		质检备货区：应尽量离门口近，便于发货
	222		办公区：办公区尽量离仓库门口近，同时设有放置办公用品区域并整齐摆放，如护腰、手套、医药箱、监控设备等分类放好
	223		畅销产品应尽量落地堆放，周转量小的产品应用货架存放
	224		临时区：如纸皮、行政物资、饰品、杂物等整齐摆放
	225		划线与通道规划：a.每个区域画黄线作为区域划分，划线的宽度为3～5厘米；b.产品离墙50厘米以上，远离电器电源60厘米以上，排与排托盘之间离30厘米；c.货物搬卸的通道黄线间距为1.5～2.5米，主通道一般为2～3米，为正对库门位置和仓库中线位置，支通道宽1.0～1.5米，根据储存货物批量的大小确定支通道
	226	标识管理	仓库区域划分标示图：在仓库入门口须绘制粘贴有仓库区域划分示意图，示意图上各区域须以不同色块标示，配上必要文字，清晰明了
	227		仓库内区域标示：根据仓库情况划分A/B/C/D……区域，并明确标示
	228		排标示：每排按照顺序标识排数，如1排、2排、3排……
	229		在区域边界靠近库顶、离地面3米，或高出货物堆码高度的位置悬挂区域标识牌；标识牌的悬挂必须确保容易识别；标识牌的悬挂高度、样式必须统一；对于其他较小的区域，标识标记可书写在仓库墙壁上
	230		每个区域或每个货架区域放详细标识卡，标识卡上面注明产品系列、型号、名称、规格、数量，产品入库时间，每次有流水账进出时，仓管员须手写记录标识卡
	231		仓库区域台账：分区标号，以该区域排列顺序命名
	232	入库管理	仓管员应根据产品订购单和供应商发货单核对是否一致后，再对单验收实物入库，并仔细核对名称（品种）、规格、数量、产品完整性等情况，验收产品外包装，发现入库产品有异常情况时，仓管员应暂扣货运车辆，及时反馈相关人员，待处理完成，车辆方可放行
	233		已入库产品有不规范混放产品时，应及时将混放产品分开归位

续表

区域	序号	范围	管理标准
仓库管理标准	234	出库管理	仓库保管员凭门店负责人及财务签字确认的送货单发货
	235		发货时仓库保管员应认真核对系列、名称、规格等，送货单上填写实发数量
	236		出货应尽量按照先进先出原则
	237		备货时应先检查产品，尽量避免严重色差或孔位结构不对等问题
	238		发货时实际产品与送货单不一致应及时沟通，发货后及时在区域标识上注明
	239	仓库产品管理	仓库产品按产品放置区域，产品名称、规格、色号等登录台账
	240		仓库内产品若2个月未动要及时反馈，若4个月未动则要考虑清理
	241		仓库产品应堆放安全、整齐、稳固，无倾斜和危险性，无污染、无严重变形，产品堆放高度尽量不超过2米
	242	数据管理	账卡齐全（标识卡、单据、电脑数据、手工账、报表），内容完整、数据准确、填制规范、字迹工整、表面整洁、传递及时、装订成册、妥善保管
	243		各种数据统计录入及时、准确，各类报表统计齐全；仓管员每日收入、付出数据在下班前交给财务，财务在次日12点前完成录入电脑、登录手工账
	244		仓管经常对数据与实物进行抽查、核对，不定期对所属区域进行滚动式盘点，确保及时发现问题，发现问题及时汇报并按财务有关制度进行调整
	245		仓管在每月月底对仓库进行库存盘点，并根据盘点数据录入电脑账
	246	内务整理	仓库应每天坚持进行内务整理，及时将发货剩余货物和当天入库货物按要求进行归位整理，对经过整理的物料应及时更改区域标识
	247		仓库内部（包括办公室）应进行每日整理，不在办公室摆放与工作无关的物品，确保仓库及办公环境的整洁有序
	248	配套设备、用具管理	设备或用具入库时，应先核对相关单据记录的数量、实物名称，准确无误并验收质量合格，仓管员做好登记后方能入库
	249		对工具的发放，仓管员记入工具领用手工账，由领用人写明用处并签名，否则不予领用，并在规定时间内归还仓库保管
	250		对托盘、手动叉车、平板拖车、医药箱、监控设备、消防器材、护腰带及手套等相关设备或物品须妥善保存，摆放按类别和规格大小顺序设置定位，并在适当位置粘贴有相关标识
	251		不定时检查有无损坏、缺失，并及时维修与补缺，超过一个月未使用的物品应有相关防护措施

续表

区域	序号	范围	管理标准
仓库管理标准	252	监控设备管理	供电需要加装UPS不间断电源设备，防止不法分子切断电源后进入仓库
	253		互联网线路采用10兆以上互联网专线
	254		需在仓库内提供2平方米以上的设备间来放置UPS设备、网络设备及网络硬盘录像机，如通风不流畅，还需加装空调设备
	255		监控点分布要求：主要监控仓库出入口及主通道，避免直接面对光源
	256		确保监控设备正常工作，确保监控无污损、画面清晰，监控到原指定的区域
	257	安全管理	仓库内严禁吸烟、燃火或使用非生产工具电器
	258		消防器材应定位放置并明确标识，每月检查至少一次，发现有损坏马上更换
	259		仓库内外必须有各类防火防潮警示牌挂，放在显眼位置
	260		物料摆放要留有安全通道，不得阻拦
	261		每次下班前应切断所有电器电源，认真检查后关闭仓库门窗
	262		仓管员临时离岗时，必须关门上锁，如造成物料丢失，仓管员应负赔偿责任
	263		杜绝闲杂人员进入仓库
	264		仓库进行防潮、防腐、防虫、防蚁管理，定期检查此类不良情况
	265		有应对紧急情况的措施及工具
	266		无账外杂物，个人物品不得摆放在物资上面或货架上
	267	搬运	产品装卸方法恰当，工具使用合理，操作符合规范，文明装卸，轻搬轻放
门店产品摆场、灯光标准	268	客厅	沙发扶手之间不重叠，距离不过远，对称摆放，扶手间最短距离控制在5厘米
	269		茶几距离沙发45厘米，以便客户有足够的地方落脚，并能方便地取用物品
	270		角几应与沙发扶手在高度和深度上相当，圆形边桌宜摆放在交通要道附近
	271		电视柜/组合柜长度不宜过长或过短，人流通道要保证不小于70厘米
	272	餐厅	两侧餐椅拉开之后，保证有170厘米的就座空间，以便客户感受产品
	273		与其他空间的主要交通要道保持90厘米左右的距离

续表

区域	序号	范围	管理标准
门店产品摆场、灯光标准	274	卧室	为了方便更换床单、被褥等床上用品，床四周应预留出46～61厘米的空间
	275		与其他空间的主要交通要道保持90厘米左右的距离
	276		床头柜距离床的边缘8厘米左右，既方便躺着取物又不会带倒床头柜上的物品
	277		如果床头一侧设有写字桌，则与床头柜分两侧摆放较为美观
	278	软包护理	海绵填充款式布面推荐使用真空吸尘器或软毛刷；羽绒填充的软包应使用软毛刷，不宜使用真空吸尘器
	279		绒面表面只能使用干燥的硬刷进行清洁，绒面应当避免直接与液体接触
	280		皮革应当使用干燥或稍湿的软布进行定期除尘，避免使用马鞍皂或其他清洁剂，若家具皮革表面若有硝基漆（染色皮革），只需稍加上蜡
	281		坐垫及靠枕的上、下面应当每周翻面使用；坐垫及抱枕要定期拍打，使之造型丰满；抱枕带有拉链的一侧，应置于下方摆放；抱枕摆放时还需注意面料花型是否正确
	282	功能空间的摆放要求	礼品堆放区/节假日氛围应位置醒目、码放整齐、品类丰富、诱惑吸睛
	283		橱窗布置应定期更换活动宣传，个性张扬
	284		睡眠区应注意整洁性，不要使用造型过于花哨复杂的产品或饰品，枕头上不要留头发，枕头的方向要摆放正确，床尾巾要铺设平整，睡眠区的光线相对来说要暗一些，给人以私密性，注意客户躺下的时候无明显灯光直射眼睛
	285	射灯使用数量	客厅≥6盏（主沙发≥2盏，茶几≥1盏，地柜≥1盏）
	286		餐厅≥6盏（酒柜&餐边柜≥2盏 餐台面和餐椅一般不采用直射光，餐台脚要照亮）
	287		卧房≥5盏（床≤2盏，床头柜一般用余光照亮，床尾凳1盏，妆台≤2盏）
	288		书房≥4盏（书柜一定要照亮）
	289		角落家具注意点亮（注意产品与饰品的结合效果）
	290		灯光不要落在地上，但也不要垂直照射，否则家具容易变色

7.6.2 家具门店售前服务管理

家具门店的售前环节，是指从客户进店开始到下单付款时为止的阶段，家具门店主要开展的是门店的营业准备、向进店客户介绍家具产品并推动客户购买等工作。

7.6.2.1 营业准备

（1）营业时间

根据门店辐射消费人群的作息习惯和消费习惯，确定工作日、节假日的营业时间，覆盖消费者到店较为集中的时间段。

在门店大门处明确标示门店的营业时间，并在官网、公众号、地图、团购网站等各类线上平台上同步标注。

根据门店的营业时间和客户主要的到店时间段确定合理的轮班制度，并按时到岗，确保门店在营业时间内保持开放状态，客流较大的时间段有较多的销售人员进行接待。

（2）仪表与体态

仪容仪表要求符合工作需要，自然大方、不矫作、干净整洁、精神奕奕、充满活力。

面容：女士头发梳理整齐，无头皮屑；整体自然大方，不留怪异新潮发型，不披头散发，不戴夸张头饰；适当化淡妆。男士：发型大方，不留长发、大鬓角，发角以不盖耳部及后衣领为宜；脸、颈及耳朵绝对干净，胡子刮干净，胡子浓重的人每天刮两次，鼻毛不允许露出鼻孔；领带无污染，绑扎得当、精神，注意各部细节。

着装：所有员工必须着当季工装，保持工装干净整洁；除售后安装人员外，其余人员着黑色皮鞋或中低跟鞋，不允许穿拖鞋、运动鞋、高跟鞋；衬衣统一扎在裤内；口袋内不得臃肿置物；不留长指甲，不涂抹艳色指甲油；工牌统一佩戴在左边胸前。

家具门店工服管理制度

一、全体人员上班一律要求穿着公司根据不同职务需求发放的统一工服，并佩戴胸卡，夏季（即5月1日~10月1日）可以不佩戴领带。

二、公司原则上为每位员工配套适季工服二套，员工必须爱护自己的制服，保证其干净、得体。

三、公司工服无偿发给员工使用，离职（含开除、辞退）时工服必须退还公司，退还前必须干洗并消毒。

四、工服在使用过程中，如因工作原因致使制服过脏或破损无法使用的，由所在部门负责人开具证明，写明事情经过，报营销中心审批后重新定制或更换；因非工作原因丢失破损或报废，在离职前结算工资时由个人补偿工服损失费，损坏的制服归个人所有。

站姿：头正，双目平视，嘴唇微闭，下颌微收，面部平和自然。双肩放松，稍向下沉，身体有向上的感觉，呼吸自然。躯干挺直，收腹，挺胸，立腰。双臂放松，自然下垂于体侧，手指自然弯曲。双腿并拢立直，两脚跟靠紧，脚尖分开呈 60 度，男士站立时，双脚可分开，但不能超过肩宽。

坐姿：入座要轻而稳，女士着裙装要先轻拢裙摆，而后入座。面带笑容，双目平视，嘴唇微闭，微收下颌。双肩平正放松，两臂自然弯曲放在膝上，也可放在椅子或沙发扶手上。立腰、挺胸、上体自然挺直。双膝自然并拢，双腿正放或侧放。至少坐满椅子的 2/3，脊背轻靠椅背。起立时，右脚向后收半步而后起立。谈话时，可以侧坐，此时上体与腿同时转向一侧。

走姿：挺起胸部，全身伸直，背和腰不弯曲，膝部也不弯曲，全身成为一条直线。直线前进，不左右摇摆，脚尖向前伸出，不应向内向外。两臂自然摆动，不晃肩膀，手掌向体内，以身体为重心，前后摇摆，但幅度不能太大。姿态自然，全身协调，不要死板僵直地前进；摇摆太厉害，则显轻佻。自然配合手脚动作，方能显示走路的姿态美。

蹲姿：下蹲时一脚在前，一脚在后，两腿向下蹲，前脚全着地，小腿基本垂直于地面，后脚脚跟提起，脚尖着地。女性应靠紧双腿，男性则可适度地将其分开。臀部向下，基本上以后腿支撑身体。不要突然下蹲；不要距人过近；不要方位失当；不要毫无遮掩；不要蹲着休息。

（3）日常准备

营业时间开始前半小时到达门店。

对门店内接待台、电梯、过道等公共区域的卫生进行打扫，清洁垃圾桶，开窗通风。简单打理家具产品和饰品，清除明显的污垢；具体的卫生可以在没有客户时进行清洁。

整理门店橱窗、展板，打扫门店入口区域，清除过时、损坏的宣传物料。

检查并开启门店内的灯光、音响、空调、电视、电脑等各种设备，如有故障需要及时报修。

门店管理者召集门店全体员工早会，总结前一天的工作情况，布置当天的工作，交代公司下达的通知和其他重要事项。

7.6.2.2 售前服务

（1）进店寒暄

时刻留意有无客户进店。

一旦有客户进店，立即放下手边工作，以精神饱满、微笑的面容对客户表示欢迎并热情接待。其他员工也应放下手边工作，以示对客户的尊重。

向客户略微点头致意，视线须与客户正面接触，并面带微笑说："欢迎光临"。欢迎语须使用时段性、节日性问候语，如："早上好""下午好""晚上好""周末快乐""元旦快乐"等。

适当对客户作邀请的手势，指示各种产品的位置，主动介绍主推产品，声调要自然亲切，口齿要清晰，并且表现出自信。与客户的交流要适当，既不能唠唠叨叨，也不能等待客户提问。客户主动提问大都是问价格，而价格应该是最难解决的问题，一定要放在最后来解决。

如果是曾经到访过的客户，应加上"姓氏+尊称"表示欢迎，并招呼上一次接待该客户的销售人员继续接待，如果该销售人员不在岗，应当先接待，在客户离店后通知该销售人员。

门店管理人员巡店时，若遇到客户迎面而来，应放慢行走速度，在距离客户 2～3 米时，自动停止行走，待向客户微笑问好后方可继续走动。

（2）介绍产品

以卖点塑造为核心来介绍产品，只要销售人员能够塑造出 8 个卖点，其中至少有 3 个能打动客户，并能解决客户的需求，销售工作也就基本上顺畅了。产品的卖点非常丰富，销售人员并不知道到底哪个卖点能够打动眼前的这位客户。在不太明白客户的需求之前，不要急于向客户询问需求，而是应该一面介绍产品、塑造卖点，一面试探客户的真实需求，往往是销售人员在介绍产品的过程中，客户自己把需求讲出来。销售人员把产品介绍明白了，客户的需求也就自然明白了，所以可以说客户的需求是销售人员启发出来的。

产品介绍要做好以下几点：套路完善、全面覆盖、重点突出、细化四处、卖点塑造、激发需求。其中细化四处就是指主动交代长处中的短处，主动提示短处中的长处，渲染产品材料工艺的独特之处，突出产品带给客户的好处。不要认为自己不说客户就不知道自己的短处，自己将短处说出来一方面表达可以更加清晰，另一方面也能让客户体会到门店和品牌的真诚。

在介绍产品时，销售人员可以使用的语言非常丰富，销售人员需要完成的事项也非常多，但这其中仍然有规律可循。经过长期的总结和实践发现，销售人员介绍产品可以从八个方面进行，并自成套路：

讲解家具产品的设计理念，给客户共鸣；

塑造家具产品的卖点，给客户真理；

做家具产品使用示范，给客户标准；

引导客户体验产品，给客户感受；

提升客户消费观念，给客户文化；

展示老客户的评价，给客户信心；

讲述多种生动故事，给客户联想；

试探各种需求，给客户互动。

八个方面内容的先后顺序、占比关系如何，在不同的销售人员面对不同的客户、介绍不同的产品时都存在区别，要求销售人员灵活把控。

任何家具产品的卖点塑造都有核心爆破点，这就是产品的核心价值，品牌的核心价值。核心价值必须反复向客户强调，不厌其烦地告知客户，确保客户听明白、有印象。重复核心价值但又不重复阐述的内容，将核心价值放到多个语言环境当中去，重复 10 遍以上，销售必定成功。

一般来讲，销售人员希望最后谈价格，而客户却希望最先谈价格。因此许多客户总是不等销售人员将产品介绍完，就开始询问价格。销售人员有义务让客户明白价格问题不是核心问题，核心问题是我们的家具能不能满足客户的需求，解决客户的问题，符合客户的使用习惯，能不能帮助客户塑造出令人羡慕的生活品位。遇到客户询问价格，销售人员不要急于进入议价阶段，应该回答："感谢您对我们的信任和关心，您来我们专卖店一趟挺不容易的，我一定要为您好好介绍一下产品。"销售人员要尽量多地占有客户的时间，既能够提高说服客户的概率，又防止了客户去到竞争对手的门店。天上永远不会掉馅饼，客户还没有充分了解产品、体验产品，信任关系还没有达成，就匆忙购买，这样的客户很有可能是竞争对手来购买样品。客户已经有了购买冲动的时候，也不要急于谈价格，而是要按客户的投资意向和关注焦点继续讲解产品，完成说服工作。

销售人员在介绍家具产品时，结合客户的具体需求，要向客户重点推荐两个款式的产品，并从中选择一个购买，以引导客户在自己的品牌内部进行比较，避免与外部其他产品来对比。"比较"是一种重要且普遍的消费心理，是客观存在的，客户刚进店时往往着眼于不同品牌家具之间的比较，而销售人员就需要用10～30分钟的时间把客户的注意力集中到自己门店的产品中来，让客户淡忘其他品牌，把客户的比较范围缩小到店内，转变成品牌内部两个款式的优劣比较。帮助客户比较产品时，应当做好以下四步工作：

第一步，准备两个最优方案让客户选择，使其取舍两难，并放弃外部选择权；

第二步，帮助客户淘汰其中的一个方案，并且让客户认为是自己做出的正确选择；

第三步，立刻赞赏客户的选择；

第四步，抓住机遇，促成下单。

（3）处理异议

销售人员还要事先预测客户会提出哪些异议，并准备好相关的销售说辞。在产品介绍阶段就已经将客户最有可能提出的异议做好了铺垫工作，预防在销售后段、成交阶段、服务阶段客户提出异议。

重复强调核心价值是处理异议的重要方法。一般来讲，客户的最大异议往往在价格上，销售人员要学会运用价格与价值天平，客户压价，销售人员就抬高产品核心价值，客户越压，销售人员就要越抬。如果客户只给2分钟时间，可以强调核心价值2次；如果给5分钟时间，可以强调核心价值5次；30分钟时间至少要强调10次，确保给客户留下最深刻的印象。

"千金难买我愿意"，给客户快乐也能帮助处理异议。赞美客户，给客户信心，让损失和缺点最小化、让利益和好处看得见，大量运用老客户见证，包括：口头见证、书面见证、照片见证、媒体见证等，这些措施都能带给客户快乐。

价格异议是最难处理的异议，家具门店的销售人员面对的价格异议主要出现在两种情况下。

一种是销售人员还没有来得及给客户介绍产品，客户还不了解家具，家具的价值感、客户的信任感还没建立的时候，比如客户进门就问价格。这个时候需要能够正确地引导客户，关注产品的其他方面，不要只关注价格，这种方法叫作唯一排除法。

还有一种时候也必定出现价格异议，就是在客户已经了解家具，建立了价值感，大部分异议已经得到处理，建立了信任感的时候。这时销售人员要为成交做最后的准备。解除价格异议一般采用假设成交法，在假设成交时，客户是没有消费心理防线的，最容易说真话，而且能从假设成交自然过渡到真实成交。另外，假设成交还能避免很多正面的矛盾冲突。

如果假设成交法不能奏效，销售人员还可以采用亲情感化法。客户感觉家具贵，是因为客户认为家具是买给自己用的。如果销售人员能够让客户明白家具产品不仅是自己用，而且是买给客户最心爱的人、最宝贵的人用的，那么客户就会觉得花再多钱也值得。

在面对不同类型的客户时，销售人员的接待技巧也会存在差异，表7.8是家具销售人员面对不同客户时的处理方式。

表7.8 家具门店不同类型客户的交谈和接待方法

基本类型	基本特点	次要特点	其他特点	销售人员如何交谈与接待
好争辩者	对销售人员的话语都持异议	不相信销售人员的话，力图从中寻找差错	较谨慎，缓慢地做出决定	展示样品，使客户确信是好东西，介绍有关产品知识，交谈中多用肯定的语气
"身上长刺"的客户	心情（脾气）明显不好	稍遇到一点惹人恼怒的事就勃然大怒	其行动好像是预先准备的，故意的诱饵	避免争论，坚持基本事实，根据客户需要介绍各系列的风格、款式、个性、理念等
果断的客户	懂得他要的是什么样的产品	确信他的选择是正确的	对其他的见解不感兴趣，希望销售人员的语言简洁一些	争取做成买卖，不要争论，自然地销售，机智、老练地插入一点见解
有疑虑的客户	对销售人员的话心存疑虑	不愿受人支配	要经过谨慎的考虑才能做出决定	用各种荣誉及权威认证的证书作为介绍的后盾，展示样品，让客户查看、触摸产品
注意了解实际情况者	对有实际根据的信息很感兴趣	对销售人员介绍中的差异特别敏感	注重查看各种荣誉及证书的真实性	强调各种认证及荣誉的真实性及权威性，自动提供详细信息
犹豫不定者	不自在，敏感	在非惯常的价格下购买商品	对自己的判断没有把握	对客户友好，尊重他们，使他们感到舒服
易于冲动的客户	短时间内做出选购的决定	较急躁，无耐性	易于突然中止购买	迅速接近，避免过多的销售环节，避免讲话过多，注意关键之点
优柔寡断者	自动做出决定的能力很小	犹豫不定，心中斗争比较激烈	要销售人员帮助做出决定、要求家居顾问当参谋、要求做出的决定是对的	将客户表示的需要和疑虑搁在一边，实事求是地介绍有关产品或服务的长处和价值
四周环顾者	主要了解最新的产品信息	希望销售人员尽量多地提供信息	可能大量购买	注视"购买"迹象，有礼貌地、热情地突出专卖店的服务

续表

基本类型	基本特点	次要特点	其他特点	销售人员如何交谈与接待
拖延购买的客户	往往要等到明天才能购买	对自己的判断缺少自信	感到没有把握	补充、增强客户的判断
沉默的客户	不愿意交谈,只愿思考	对信息好像不感兴趣,但是确实在注意听有关信息	好像满不在乎	询问、直截了当注视"购买"迹象
考虑周到的客户	需要与人商量	寻求别人当参谋	对自己不知道的事感到没把握	通过少数一致看法,引出自己的见解,与这些客户尽量接近

7.6.2.3　客户档案

不动声色地收集所需的客户信息。

向客户说明客户资料能带来的各种好处,邀请客户提供相关资料。

主动替客户填写资料卡,填写完毕后,须重复客户所填内容,确认是否正确无误。

确认客户档案准确无误后,及时将客户档案归档。

7.6.2.4　收银服务

与客户达成一致后,应按照客户要求的型号、款式打出销售订单,准确核算出相应的价格、折扣、赠品等,并请客户确认。

如果产品涉及额外的送货、搬运、安装及维修费用的,应在付款前告知客户。

用邀请的手势请客户或协助客户到收银台付款或刷卡。

再次确认客户所购产品的金额、数量,并清晰地告知客户应收金额和实收金额。

收银员在现金找付时,要唱收唱付,当面点清。

客户支付完毕后,应将产品订单客户联双手交给客户。

询问客户是否还有其他需求。

在客户已经预付定金,签完合同以后,销售人员要马上转移话题,不要再谈与订单、家具有关的事情,谈天气、谈孩子、谈新闻都可以。如果再谈订单就会画蛇添足,造成客户后悔。

提醒客户带好自己的行李物品,并礼貌送客。

如果到了下班时间仍有客户,一定要耐心周到地接待好最后一位客户方可下班。

某家具门店导购标准化服务制度

为了树立更全面的服务意识,建立一支互帮互助,团结、高效、合作的员工团队,树立最佳的企业形象,特制定以下员工制度。

一、导购仪容仪表

1. 注意个人卫生，保持仪容整洁、淡雅化妆上岗。
2. 上班时间不允许佩戴大型或贵重的首饰。
3. 导购员上岗须统一穿着工装，并在前胸左襟佩戴工牌。
4. 营业时间内严禁坐柜、靠柜，须保持优雅大方的站姿、走姿及谈吐。

二、导购工作流程及其规范

1. 每日在正式营业前30分钟到岗，穿好统一着装，整理个人仪表仪容。
2. 晨会

（1）正式营业前20分钟，全体列队开晨会，由商场部主管主持（或轮流主持）。

（2）全体人员双手背后，昂首挺胸，互相检查仪表仪容。

（3）商场部主管对前一天的工作情况进行总结和分析，肯定成绩，指出不足，并安排当日的工作重点。

（4）大家有建议或想法可在会上提出，需上报的由商场部主管统一汇报给门店负责人。

（5）晨会时间限制在15分钟以内。

3. 营业前准备工作

（1）按区域分配开始做营业前的清洁和检查工作。

（2）开灯检查展示效果，如发现有灯异常，立即修理更换。

（3）在清洁的同时，检查价格标签、POP等是否有脱落残破、污渍等，如有异样立刻更换。

（4）检查电话、电脑运转情况，确保通信网络正常。

（5）清洁和检查工作于正式营业前5分钟完成，收拾好各种工具，再次简单整理个人仪表仪容后，各就各位准备接待客户。

4. 营业期间流程及要求

（1）礼貌待客，依馆内规定完成销售过程并随时整理环境，美化陈列。

（2）在营业时间内，不站班的人员应多注意卖场、店面的环境，如有不清洁或其他问题，应立即处理。去洗手间或办理外出业务应尽量利用店里不忙时，彼此轮流，不允许结伴同去。离开自己岗位时，应向其他人员交代清楚后再离去。

（3）午餐时应根据个人接待业务的情况由商场部主管统一安排分批轮流就餐，每批人员不得超过半数，时间不得超过30分钟，就餐完后应该简单地整理个人形象后再回自位。

（4）严格遵守公司规定的上班时间及考勤制度，服从公司安排，不准迟到、早退、串岗、脱岗；休假、请假须事先告知商场部主管，填写请假单，经同意后方可休假，否则视为旷工。

5. 营业结束前半小时及营业结束工作项目及要求

（1）送宾清场，下班前30分钟开始打扫各店铺卫生，下班前10分钟听到送宾提示音后自动站立到迎宾位置送宾，开始送宾（有客户购物可不参加送宾），正式下班。

（2）送宾完毕后开始清场。清场人员由当天值班负责人安排导购轮流协助清场，清场顺序由后往前。

（3）每人每日必须要对当日的工作做好记录，掌握销售信息，以便第二日的工作开展。

（4）核对当日销售数据，空闲时间做好客户档案，于下班前20分钟商场部主管组织所有导购开夕会，各导购分享带领客户时好的方法和提出自己遇到的问题，并对别人提出的问题提出自己的想法，不断学习、进步。

（5）下班清场时关闭各种电源开关，做好三清工作。

三、导购服务规范

1. 贯彻执行公司价格规定并做好售后服务工作，维护公司信誉。
2. 保持积极良好的心态，服务态度要热情，使用礼貌用语及微笑服务，不得与客户争吵、顶撞，不要把情绪带到工作中去。
3. 协助商场部主管和驻店设计师强化商品陈列及橱窗设计，提出合理化建议。
4. 客户进门时，应主动上前迎接，如推拉门应该向里拉门迎接客户，并微笑点头致意说"您好，欢迎光临，我是家居顾问××，很高兴为您服务。"或"您好，欢迎了解××（品牌），我是××（品牌）家居顾问××，很高兴为您服务。"
5. 主动询问客户的姓氏，以便称呼。
6. 主动给客户倒水，倒水时应倒八成满，水到距杯底1/3处应续水。且杯子应双手端至客户面前，目视客户，面带微笑，说"您请喝水。"
7. 引导客户时，应在客户右前方1.5米处，手臂伸展，为客户指引方向。客户拒绝紧跟时，保持在3米以外能看到客户情况的地方，并随时关注，保证客户有需要时能及时解答。
8. 当客户说话的时候，导购应该点头应声表示关注。
9. 介绍商品时，应以现有库存的商品为主要推荐对象，没有库存的产品，客户又要求购买的，应先告知订货所需用的时间及方式，待客户同意后，再办理订购手续。
10. 完整掌握并熟记促销及宣传活动的具体内容及操作细则，并准确、真实地向客户介绍参加活动的条件及能享有的优惠内容。
11. 规范填写订单，特殊约定需注明。
12. 当客户产生投诉时，必须马上处理，最好带离销售区域，如办公室等非公共场所，客户诉说抱怨时，导购人员不要企图辩解，让客户尽情说完，客户会因诉说发泄而感到满足和安慰，他的态度会逐渐平息下来。

13. 按区域分配做营业前的清洁和检查工作。营业时间内，不站班的人员应多注意卖场、店面的环境，如有不清洁情况或其他问题，应立即处理。

14. 检查价格标签、POP 等是否做到一物一签，是否有脱落、残破、污渍等，如有缺失及异样立刻更换替补。

四、导购禁忌行为

1. 不准在接待台面及工作桌上摆放食品、饮料及任何私人用品。
2. 不准在客户面前漫不经心，东张西望。
3. 不准在店内用餐、化妆、聊天、谈笑、吃东西、抽烟、打瞌睡。
4. 不准从事与工作无关的私人事务。
5. 不准说有损品牌及产品的话。
6. 不准挪用货款、产品等各种本公司及建材市场的财、物。
7. 不准强拉客户，与客户发生争执，出现不耐烦或赶走客户的举动。
8. 不准使用晦涩难懂的语言进行导购。
9. 不准在客户面前谈论本店经营状况，严禁对外泄露公司资料（包括内部架构、销售情况及尚未对外发布的公开活动等）并严格保守公司的商业秘密。
10. 不准说中伤竞品的话。
11. 严禁导购私自收款、讨价还价（违者按原商品售价的三倍金额处罚），按要求给客户开具订单表，字迹清晰规范，不允许涂改。
12. 不准借故外出调研而做与工作无关的事。

7.6.3　家具门店精准成交管理

7.6.3.1　常见的成交机会

售前服务的关键是寻找成交的机会，从而推动客户采取购买行为。家具门店的销售人员需要善于挖掘成交机会，只要发现了成交机会，就要立刻进入成交流程。成交机会主要有以下 11 种类型：

① 搞清楚客户的真实想法和需求之后；

② 解除客户异议之后；

③ 客户询问能否开发票的时候；

④ 客户询问售后服务的时候；

⑤ 客户询问订货周期的时候；

⑥ 客户再次回到店里的时候；

⑦ 客户表现出对产品非常满意的时候；

⑧ 客户长时间沉默不语的时候；

⑨ 客户与第三者商议的时候；

⑩ 客户显得愉快的时候；

⑪ 客户认真杀价的时候。

7.6.3.2 常用的成交技巧

（1）主动成交技巧

主动成交法适用于所有类型的销售人员和客户，解除客户异议之后，销售人员马上要求客户成交：

"您现在就这样定下来吧。"

"刷卡还是现金（订金还是全款）。"

"您看一下，订单没有问题吧。"

"我给您解释一下，我们某品牌一直以来都不收订金，而是收全款，我们的利润很低，所以厂家就必须快速回款，您也是生意人，您理解吧。"

"我也要恭喜您今天没有白跑路，再辛苦也值得，终于选到了一家人都满意的家具。"

"订单我给您做好了，给您笔，在这里确认就可以了。"

主动成交法在运用的时候还有一个注意点，话多坏事，特别是当客户不说话的时候，销售人员也不要太多话，话多就会话题多，客户的联想就会多，就容易分散客户的注意力，容易转换话题结果放弃成交。销售人员说完要求成交的话以后，要保持沉默，结果一定会是好的。

（2）富兰克林成交技巧

富兰克林是一位白手起家的百万富翁，他在决策时，总是会拿出一张纸，在纸的中央画出一条线。然后，他把所有支持的理由写在纸的一边，所有反对的理由写在另一边。接着他再研究这些理由，并做出决定。富兰克林成交法技巧之所以效果不错，是因为它能找出客户在面临做决定时的内心想法：他们在衡量得与失——购买的理由和不购买的理由。无论一个人遇到的是多么复杂的事情，富兰克林的办法都可以起到很好的作用。

富兰克林成交技巧适用于所有的客户，特别适用于没主见、记忆力差、晕头转向的客户。这种方法吸引人之处是可以让客户看得见利益。当面对一位因某种原因而很难做出购买决定的客户时，不妨直接提议："我们可以用富兰克林做决策的方法来分析一下您到底应该怎样做。这是一个很简单的方法，这个方法使富兰克林成为美国最富有的人之一。"

客户通常都会对这一提议表示感兴趣。这时可以拿出纸和笔，在纸的中央画下一条线，然后，同客户一起写出所有支持购买的理由。写完之后，可以询问客户是否还有其他支持购买的理由，如果客户否定，那么就可以将纸和笔递给客户请他填写另一半，而此时销售人员只需要静静等候即可，一般客户都只能写出少数几条（表7.9）。这种情况下可以直接询问："先生，看上去您好像已经做了决定。什么时候送货比较适合？"并拿出销售合同开始填写。如果客户没有阻止，那么就可以询问客户名字的准确写法，若客户告知，那么他就已经做出了购买的决定。

表7.9　某客户富兰克林分析表

支持购买的理由	反对购买的理由
颜色很满意	还想再看看
款式也不错	要花掉12000元
材质都是环保的	
名牌产品	
15天就能送货	
一见钟情	
价格还算合理	
家人都能生活得更好	
名牌有面子	

（3）慢嘴下单成交技巧

在成交阶段，销售人员往往会比较心急，特别是销售淡季或者客户太多忙不过来的时候。这时，销售人员一定要学会让自己冷静下来，说话不要过多，语速不要过快，这个时候速度要适当放慢。说完一句话，要留时间给客户思考，毕竟客户觉得掏钱是件大事，因此不要制造紧张气氛，让客户心态缓和。慢嘴不是闭嘴，而是要放慢节奏，掌握好说话的时机，客户已经被说服了，正处在非常满意的状态中，要避免刺激到客户，在强刺激作用下客户容易突然改变想法。慢嘴下单法不等于欲擒故纵，既不能让客户紧张，也不能放走了客户。

（4）"一分钱一分货"成交技巧

价格总是客户最常提起的话题，销售人员在面对客户挑剔价格时，不要与之争辩，相反要为此感到欣喜。只有客户对产品感兴趣的情况下，才会关注价格，这时需要做的就是让客户觉得产品的价值符合这种价格，这样就可以成交了。在这种情况下，销售人员可以尝试以下技巧。

面带微笑，开玩笑似地问客户："先生，您有没有买过任何价格最便宜，而品质又最好的东西呢？"然后耐心地等待他的回答。他可能会承认，或许他从来不期望便宜货都很有价值。然后再问："先生，您会不会觉得一分钱一分货很有道理？"当用这种方式说服客户时，客户几乎无法反驳，那么就可以顺水推舟地说："在这个市场上，我们品牌的价格是很公道的，我可能没办法给您最低的价格，而且您也不见得想要最低价格的产品，对吗？但是，我可以给您目前市场上同类产品中最有价值的成交条件。有时候以价格为导向购买家具，不完全是正确的。投资多一点，您最多损失有限的一笔钱，而投资太少的话，那您所付出的就更多了，因为您所购买的产品很可能无法带给您所预期的满意度，甚至于有些产品材质不好还会影响您的身心健康，您认为呢？"

（5）"别家可能更便宜"成交技巧

当客户提到诸如"别家的产品比你家的产品便宜"之类的话，就要弄清楚客户是真的认为产品比其他品牌贵,还是为了讨价还价。然后销售人员需要了解客户对自己产品的质量和服务的看法如何。面对这种情况,可以通过下面的方法来处理。

"先生,别家的价格可能真的比我们的低,其实我和您一样,希望能够以最低价格提供最高品质的产品和最好的服务,一分钱一分货,是这样的吗?"说完这句话后,最好留下时间给客户做出反应。由于这一句话说的是市场上的真理,客户几乎没有办法来反驳,他只能说"是"。接下来可以继续说:"根据您多年的经验来看,以这个价格来购买我们的产品和服务,是很合理的,您说对吗?"让客户做出回应,因为产品品质和服务确实符合这样的价格,只要不是故意刁难,客户就不会做出否定的回答。然后,再继续询问:"先生,为了您长期的幸福,您愿意牺牲哪一项呢?是产品的品质,还是良好的服务?"这样就巧妙地化解了客户一味强调价格的想法。

无论客户是什么态度,都可以使用这种成交法,只要客户对眼前的产品和服务有所兴趣,它都能够有效地激发客户的购买欲望。

(6)"揭露打折本质"成交技巧

尽量把更多的时间用在培养客户对企业的信赖感,以及让客户认识产品的价值上,只用最少的时间谈论价格。

客户:"打几折?"

销售人员:"先生,买家具最重要的是选对产品,对于每个客户最关心的几个方面,我先向您介绍一下,好吗?"

客户:"人家都打折而你们没有一点折扣,这不太合理吧?"

销售人员:"表面上的折扣并不代表产品是不是很实惠,我也可以把价格定得很高,然后给您一个看上去很有吸引力的折扣,但我们品牌不会这样做,因为'羊毛出在羊身上'。更重要的原因是我们是中国名牌,我们品牌多少年来一直都是明码实价。怎样判断是不是一个正规的品牌呢?您要从这个企业的规模、影响力、知名度和口碑等方面来判断,我们公司就是政府特别重视并全力培养的一家名牌企业,来,您可以看看这些资料……"

(7)假设成交技巧

即假设客户已经达成购买意向,让客户先考虑订购以后的事情,一方面能够体现家具门店的服务水平,另一方面能给客户一个强烈的代入感,使其逐步默认自己已经下单购买。

"先生,假如您今天订的话,您希望我们什么时候交货?"

"先生,您现在确定,我们仓库应该没有现货,实木家具的生产周期相对较长。"

"先生,为了您能尽快用到产品,我马上为您落实货源吧!"

(8)选择成交技巧

为客户提供两个选项供其选择,然而这两个选项都是以成交作为基础的,也就是说默认客户已经成交的基础上,在其他方面确定选项。例如:

"先生,您是希望我们为您送货,还是您自己取货?"

"先生,您是交订金还是付全款?"

"先生,您计划确定这一套还是确定另外一套?"

"先生,我现在为您开单还是等一会儿?"

（9）机会成交技巧

家具门店销售人员故意营造一种稀缺的氛围，这种稀缺可以是活动力度的稀缺，也可以是产品本身材质的稀缺，提醒客户错过了有可能就再也买不到了。

"先生，优惠期只剩最后三天了，您现在就确认一下吧！"

"先生，这款特价只剩最后两套了，我建议您现在定下来。"

"先生，现在确定下来的话，可以获赠价值900元的赠品，赠品只剩最后几件，赠完为止，就这么定了吧！"

（10）大胆成交技巧

即大胆要求客户直接订购。这是一种直接而有效的方法。

"先生，您这么有眼光，当然就要选择这种大品牌、高品质的产品对吗？不如现在就确定了吧！"

"先生，这么优惠的价格买这么好的产品，机会难得，就确定下来吧！"

"先生，这套家具现在正热销，这个月卖出去十几套了，我也建议您现在订一套。"

（11）"三问"成交技巧

通过三个问题逐渐引导客户向成交的方向前进。

"先生，您认为这套家具怎么样？"客户说"好"的时候，再问第二个问题："您想不想拥有它呢？"如果客户说"可以考虑"之类的话，就再问："您打算什么时候开始使用这么好的产品呢？"

（12）霸王成交技巧

又称推他一把法或快刀斩乱麻法。当已经确认这位客户非常认同产品，在价格上也可以接受，但还是迟迟做不了决定，每当要求他成交时，他总会说"我要考虑考虑，过几天再说"，这种情况就适合使用霸王成交法。

在这位已经非常熟悉的客户再次到店之前，按照其意向产品提前做好一份销售订单。当客户来到店里再次看过产品，又交流了一段时间之后，请他坐下来，然后把事先准备好的销售订单拿出来，直接把笔和订单一起递给他，并对他说："您看这样有没有问题，请签个字吧！"这时需要注意的是，销售人员千万不要讲话，平静地看着客户。当客户回看过来，就向他点头表示鼓励。通常情况下，客户会仔细地看过为他填写的销售单，然后告知他的真实想法。或许，他会直接写上他的名字。即便这样不能成交，也不会得罪客户，而且还可以捕捉到客户的真实意图。

（13）欲擒故纵技巧

有些客户天生优柔寡断，虽然对产品有兴趣，可是拖拖拉拉，迟迟不做决定。这时，不妨故意收拾东西，做出要离开的样子。这种假装告辞的举动，有时会促使对方下决心。

（14）刨根问底成交技巧

在销售人员提出成交之后，很多客户会做出拖延购买的决定，表示："我考虑一下，我要等一等，我们要商量商量，让我想一想……"诸如此类的话语。客户之所以这样，可能是因为还存在某种疑问，可能是由于对销售人员或者产品还不够信赖、价格还无法接受而又不好意思讨价还价，也有可能是这位客户根本就不想买等。销售人员很难了解到客户的真实想法——到底是什么原因导致客户考虑一下。如果不了解客户的真实想法，轻易地被这样一句话推辞掉，很多成交机会就这样被"考虑"得无影无踪。

如果听到客户说出这样的话，那就说明已经有很大的成交希望，这就需要销售人员掌握这一成交技巧。

"先生，您说要考虑一下，一定是对我们的产品很感兴趣，对吗？"这时一定要给客户留出时间做出反应，因为客户的反应通常都会为下一句话起到很大的辅助作用。客户通常都会说："你说得对，我确实有兴趣，我会考虑一下的。"这时，销售人员就应该继续跟进："我的意思是，您说要考虑一下，不会只是为了躲开我吧？"客户一般都会否定，接下来应该确认他们是否真的会考虑："那么，我可以假设您会很认真地考虑我们某品牌的产品，可以吗？"在客户做出反应之后，一定要进一步的追问："先生，我刚才是漏讲了什么，或是哪里没有解释清楚，才导致您说您要考虑一下呢？"通常客户会沉默，这时可以继续追问："是我们品牌产品的设计风格吗？还是产品的售后服务？"后半个问句可以举出很多的例子，这样能找出客户所要"考虑"的关键因素。一直到最后，可以询问："先生，说真的，有没有可能是钱的问题呢？"如果对方承认是钱的问题，或是其他什么问题，那么就已经打破了"我要考虑一下"的陷阱。只要客户把他的真实想法表达出来，销售人员就可以采取相应的措施。

（15）死里逃生成交技巧

又称为"拜师学艺法"。当客户因为某种销售人员不知道的原因不愿意购买，并且决定离开时，可以运用这一成交技巧。运用这种方法时，要求销售人员态度要谦虚、真诚。

比较典型的场景是：客户来看过家具产品两三次了，比较喜欢，也和销售人员谈论过价格，从表面上看来，这位客户很可能会购买，但就是迟迟做不出购买的决定，并且在最后关头，没有任何明确的原因的情况下，突然表明"算了，不要了"。如果这位客户就这样走了，不但是一种损失，更是一种遗憾。"死里逃生"成交法可以带来一线生机。

客户对销售人员说"算了"，就起身出门。当他走到快到门口时，突然叫住他："先生，请您等一下好吗？"客户会停下来，问有什么事，销售人员就用非常真诚和谦虚的态度对他说："我想请您帮我一个忙！可不可以？"客户同意后，就接着说："因为我是新来的，我希望能够成为一个优秀的家居顾问，所以我想请教您，是因为哪方面我没有做好，才导致您不愿意购买我们某品牌这么好的产品呢？（如果不是新人，也可以说是希望能够为每一位客户提供更好的服务。）"客户面对这样的态度，通常都愿意说出他的想法。这时他所说的往往就是不愿意购买的真实原因。当销售人员知道真正原因之后，要说服他就不太困难了。

使用这一技巧有两个好处，一是可以挖掘到客户为什么不购买的真正原因，二是可以在客户拒绝时，给自己留一条后路。

（16）不要成交技巧

当客户同时对两三个品牌都有购买意向，却又拿不定主意到底应该选哪家时，可以用这种成交技巧。

销售是信心的传递，是情绪的转移。在客户认为几家产品都差不多时，往往更容易购买那位非常有信心而又讨人喜欢的销售人员的家具。"不要"成交法正是表现出了销售人员对自己产品的一种极度的自信。

当客户再次来到店里，看着他所喜欢的家具却做不了购买决定的时候，可以对客户说："先生，在各个家具商场里面，有很多销售人员，他们都有很好的理由来说服您购买他们的产品，对吧？"停顿片刻之后，继续对客户说："当然，您可以向任何一位销售人员说'不买'。但是，在家具行业，作为一名专业人员，我的经验告诉我一个不可否认的事实——很少有人可以对我的产品说不。当他对我的产品说'不'时，他也在对他自己和家人的健康和快乐安心的生活说'不'。"继续认真地对客户说："先生，假如今天您是卖家具的，您的家具是很多人都认可的好产品，而您的客户又非常需要它，非常喜欢它，您会不会因为客户一点小小的问题而让他对您说'不要'呢？（停顿）所以，先生，我今天肯定不会让您对我说'不'。"

（17）竞争分析成交技巧

"竞争分析"成交法，就是为客户做一个同类产品的分析，让客户明确认识到选择的产品是最有价值的。在进行竞争分析时要注意两个原则，一是要客观地进行比较，二是不要攻击竞争对手。

"先生，如果我是您的话，我也会和您一样，对于到底应该选择哪个品牌而感到为难，因为这两家的产品都很优秀。"在客户表示认同之后，可以继续说："同时，如果我是您，我会根据自己的需求来选择最适合自己的产品。让我们来做个客观的分析，好吗？"客户答应之后，就可以逐步开始介绍这几个品牌的特点。

在做比较时，先列出本品牌产品的三大特点，并明确最大的优势是什么。然后再用最大优势与竞争对手最大的缺点进行比较，这样可以让客户感觉到本品牌的产品明显优于竞争对手。这其中最大的优势最好是客户买家具时最为重视的一个方面。

对于竞争对手进行客观公正的评价，在销售过程中常常不可避免，这也是对客户负责任的一种表现。但一定不能为了销售业绩而对竞争对手进行恶意的攻击或诋毁。

（18）对比心理成交技巧

有这样一个故事：一个小女孩敲开了一位大叔的家门，便开始向这位大叔推销抽奖券："大叔，买一张抽奖券吧，只要50美金！"大叔说："不要，不要。"小女孩继续说："买一张嘛，只要50美金！"大叔说："不要，不要。"小孩子还是说："才50美金，买一张吧！"大叔依然说："不要，我不要！"小女孩一点也没有放弃的念头，依然诚恳地对大叔说："您买一张嘛，只要50美金啊！"大叔看着面前这位可爱的小女孩，有点心动了，可转眼一想，花50美金买一张抽奖券，好像没太大必要吧，于是摇摇头，对小女孩说："不要，真的不要！"小女孩不再坚持，把抽奖券放回口袋，然后把小书包打开，从里面取出一包饼干，对这位大叔说："那您就买一包饼干吧，只要2美金！"大叔二话不说，掏出2美金买了一包饼干。实际上，这个小孩子是卖饼干的。

这个故事就是一个生动的对比心理成交法案例。在销售家具的过程中，也可以运用这一技巧来促进成交。比如，客户比较喜欢特价产品，尽管已经非常实惠，可是他还是希望能够再便宜一些。如果销售人员和客户纠缠在价格上，可能会卷入没完没了的讨价还价之中，在日益严重的价格战中，也许客户最终会选择同样也在进行特价促销的竞争对手。

这样的情况下，可以转移客户的注意力，向客户推荐常规价格的产品，同时将产品的价值塑造出来，让客户感觉到这些产品具有较高的价值。当客户认可产品后，销售人员可以对客户说："实际上刚才那也是一套特价产品，也和这种一样好，因为公司开展回馈消费者的活动，现在特别用它来做特价。"这时应该看着客户的眼睛，发现他有些心动的时候，就对他说："我还是建议您选择那套特价的，这样可以为您节省挺多钱，您就买特价吧，现在买真的很便宜。"

(19) 和尚成交技巧

有一个推销员向寺庙里的和尚推销宗教用品，和尚说："我们是行善之辈，出家之人，在此修炼也是为了普度众生之福，你就把你的东西作为贡品送给寺庙吧，年轻人，这也算是你为天下困难人的平安和幸福作的一次善举吧。"这位推销员转念一想，把产品卖出去，把钱收回来是自己的责任，只有把自己的工作做好，才能更多地帮助其他人，于是便对和尚说："大师说得非常对，我也希望帮助更多的人，但是，在我帮助其他人之前，我要先让我的老婆、孩子、父母不要挨饿，我要先让我的全家生活下去，对吗？如果我连自己的家人生命安危都保不住，我又怎样去帮助其他人呢？"和尚静静地听着，并点了点头。推销员继续说："大师，您是行善之辈，您是乐于帮助他人的人，现在我有困难在身，您一定愿意购买我的产品，以便帮助我全家渡过难关，对吗？"后来，和尚买下了这位推销员的所有产品。这种方法又称为博得同情成交技巧。

当客户很想购买某些家具产品，但又一定要家具销售人员额外提供一些好处，例如赠送一些产品或者更低的折扣力度，才愿意购买，这种情况就适合采用和尚成交法。

客户为了与销售人员讨价还价，在争取不到更低的折扣后，就要求赠送一件小件产品，以弥补由于无法再打折而引起心理上的不平衡。这时，销售人员就要坦诚地告知客户："如果我们把这件产品送给您，那么这件产品的费用就要全额由我个人承担，可能这件产品的费用对您来讲无所谓，仅仅一次请客的饭费而已，可对于我来讲，却是整月的工资啊，如果这样，我们这个月怎么生活啊？"听了这番讲述，客户也就不好意思、也不忍心不付小件产品的费用了。

(20) 闭嘴成交技巧

如果销售人员与客户交谈了很长时间，已经把所有产品对客户的好处、客户应该选择的理由全部阐述完毕，客户依然没有做出购买的决定，销售人员也不清楚客户到底是不是想要购买，那么可以采用这种成交技巧。

首先请客户坐下来，然后提出一个问题："先生，您觉得我们的家具适合您吗？"客户不说话。客户不说话，销售人员就无法知道他对产品的评价或看法，所以必须想办法让客户开口。这就需要能够沉住气，需要"逼"他讲出内心的想法。所以，销售人员也可以保持沉默，身体前倾，静静地看着他，等着他的回答。无论如何，销售人员都不能开口，直到客户开口讲话为止。过了很长时间，客户终于开口："你们的家具还可以。"那么销售人员就要带着鼓励的语气提问："那您就买下来吧？"客户又沉默了，这时销售人员依然要保持沉默等待客户的回应。

这种方法就是所谓的"闭嘴"成交法。对于总是不开口的客户，确认对方的需求或是向对方提议成交之后，销售人员要保持沉默，直到客户开口说出他的想法为止。如果沉不住气，看到客户迟迟不回应，就开始喋喋不休，那么客户可能更加不会开口表达其真实想法，也就更加无法了解到客户是否真正对产品感到满意，难以在短时间内达成销售了。

（21）催眠式成交技巧

又称心理暗示成交法。影响潜意识可以快速影响一个人的行为，催眠就是影响潜意识最快速的方法。运用催眠销售技巧可以提高成交比例，但是，客户要求退货的概率也很高。对于真正对产品感兴趣，而又难以做出购买决定的客户，催眠式成交法可以起到一定的效果。

销售人员可以非常自信地看着客户，并对客户说："现在买，您可以节省好几百块。"客户一般都会点头承认。再对客户说："现在买，是最好的时机。"如果客户没有反对，就可以再次对客户说："现在买，再过十几天您就可以使用您真正喜欢的家具了。"如果客户再次承认，就可以直接把销售单取出来让客户写上他的名字了。

这种成交话语里设计了许多暗示性语言，正是这种暗示性语言对客户的潜意识产生了影响。需要注意的是，这样的做法是否有效，还与沟通的环境和气氛有很大的关系。销售人员如何运用肢体动作、声音和语言，也直接关系到能否成功运用这一技巧。

（22）价值观成交技巧

根据人们的价值观取向，我们可以把消费者划分为家庭型、模仿型、成功型、社会认同型和生存型。每一种类型的人的思维和行为均有很大的差异，因为他们所认定的人生价值存在不同。

在销售过程中，销售人员要有敏锐的眼光，要能够通过对客户的表现或行为的观察，来判断出客户的价值观取向，然后根据客户的价值观取向来对客户进行有影响力的说服。

① 家庭型客户——思想保守，不爱改变，热衷于稳定的生活，一切以家庭为中心。说服这种类型的客户，最重要的是不要告诉他本品牌的产品与其他品牌产品有很大的不同，这类客户最害怕接受新事物。可以参考以下成交话术：

"这种家具和您以前使用的某产品一样好……"（确认客户对他以前所使用的家具很满意时）

"这套家具可以让您全家人安安心心地使用好几十年……"

"您的家人需要一个温馨和幸福的家，这种家具可以带给您家人这样的感觉……"

② 模仿型客户——对他人的肯定和认同特别在意，喜欢模仿知名人士或大人物。模仿型的人从服装、动作、语言都可以看出来。说服这种类型的客户可以参考以下成交话术：

"这样高品质的家具可以给您更多的自信，很多像您这样的成功人士都选择我们品牌的家具……"

"我们的家具非常舒适气派，上个月某某还在我们这里购买了全套家具，可见我们的品牌是受到很多知名人士认可的。"（给出一个榜样，让客户模仿）

③ 成功型客户——喜欢与众不同，凡事追求最好或卓越。这就需要告诉客户这些产品只有少数最成功最顶尖的人士在使用，因为这种产品是专为成功人士特别设计的。说服这种类型的客户可以参考以下成交话术：

"这种家具只有少数非常有地位的人使用，所以说特别适合您。"

"这种家具无论是从产品的材料和设计风格上,还是从品牌上来说都是一流的,可以看出您是一位追求与众不同的人,这样的产品正好适合您,对吗?"

④ 社会认同型客户——追求智慧,有人生使命感,负有强烈的社会责任心。说服这种类型的客户可以参考以下成交话术:

"我们某品牌是一家特别注重社会公益事业的企业……"

⑤ 生存型客户——追求实惠和实际,以便宜和省钱为导向。说服这种类型的客户可以参考以下成交话术:

"我们某品牌这种家具同样可以使用几十年,但价格方面却为您省出了上千块……"

"从质量上来说,这种家具也不会差多少。从功能上来说,您想要的功能都有。价格上我们肯定比其他品牌便宜很多,省出来的钱您又可以买一件其他的家具了。"

7.6.4 家具门店售中服务管理

家具销售过程中的售中环节是指从客户下单付款开始到家具在客户家中安装完毕客户收货确认为止的环节。这一环节产生的根本原因是家具的订单式销售在"交钱"与"交货"之间存在时间差,也是家具销售与其他产品销售的一个重要区别。这一环节中,客户已经支付了部分或全部的货款,但尚未拿到产品,虽然有购销合同作为约束,这一阶段依然是客户最为担心的时间段。

售中环节中主要包括了下单生产与送货安装两个主要环节,其中又以送货安装与客户的关联最为密切。送货安装及后续服务工作流程如图7.9所示。

图 7.9 家具门店送货安装及后续服务工作流程

（1）送货准备

销售人员在客户约定的送货时间来临前主动与客户进行沟通，确定具体的送货安装时间，并反馈给跟单或客服人员。

跟单或客服人员根据确定的送货时间打印出详细的送货单据，并由销售人员进行核对。

门店仓管人员提前备货：将货物提取出来，并清理干净，会同安装人员一起检查货物是否存在缺件、损坏的情况，对于一些易损产品、投诉较多的产品应拆包试装。

（2）送货过程

出发当天再次同客户联系，确定精准的送货时间，以便客户届时在家等候；同时向客户了解有关小区可能存在的影响送货的因素，如限高、限宽、是否有电梯等。

根据送货目的地的实际情况安排人员、车辆、搬运和安装工具（表7.10）等。

表7.10 家具安装人员工具明细表

序号	名称	分类	规格	数量
1	螺丝刀	一字	8mm或以下	2个
		十字	8mm或以下	2个
		梅花	8mm或以下	2个
2	扳手	开口扳手	13mm×15mm，12mm×14mm，12号、14号	4个
		活动扳手	150～300mm	1个
		L型内六角扳手	1.5mm，2mm，2.5mm，3mm，4mm，5mm，6mm，8mm，10mm	1套
3	铅笔			2个
4	三角尺			1个
5	壁纸刀		160mm左右	1个
6	胶带			1个
7	米尺		3m	1个
8	鞋套			2副
9	502胶水			1瓶
10	打包器		长：155mm左右	1个
11	手电钻	手电钻1把、电池2个、充电器1个	16.8V 钻头10mm，8mm，6mm	1套
12	开孔钻头		53mm，31mm，20mm	1套

续表

序号	名称	分类	规格	数量
13	麻花钻头		3mm、5mm、8mm、10mm	4个
14	活口虎钳		170mm左右	1个
15	铁锤		260mm左右	1个
16	钢锯		锯条：31cm左右	1把

装车前，再次核对送货产品是否存在缺件、损坏的情况。

使用合适的包装和工具进行装车，并确保货物在运输过程中不易损坏。

进入客户所在楼栋前，选用合适的材料对扶手、电梯、墙角、地板、天花、灯具等进行必要的保护，以免搬运和安装造成损坏。

采用合适的方式将产品安全地运输到客户家中。

送货过程中涉及额外费用收取的，家具门店可以参考表7.11的方式来收取。

表7.11 家具门店送货安装服务项目收费标准

费用项目	收费标准
搬运费用	可以使用电梯的不额外收取搬运费用；不能使用电梯的三楼及以上按10元/件/层收取
送货费用	根据当地实际制定标准，如成都三环内150元/车，三环外200元/车，温江、郫都区300元/车，青城山550元/车
安装费用	仅针对本店出售的成品家具，卧房、客厅200元/套，餐厅、书房150元/套
维修费用	根据当地实际制定标准，如成都三环内150元，三环外200元，温江、郫都区300元，青城山400元（包含5处碰漆、补色），超出5处碰漆、补色按照额外收取15元/处（2厘米内），25元/处（2厘米以上10厘米以内），破损断裂严重的另议

（3）产品安装

安装人员依次对产品进行拆包，并将零部件、包装材料整齐码放。

严格按照安装说明进行产品安装，不能错装、漏装、暴力安装。

安装过程中可以同客户就产品进行交流，以深化品牌形象。

安装完毕后检查是否存在安装错误或安装损坏的情况，如果发现且不能现场补救的，应立即上报并告知客户处理方法。

安装完成后，向客户演示家具产品的各项功能，确认能够正常使用，并告知客户产品使用中应注意的相关事项。

清理送货安装产生的垃圾，并协助客户将周围环境恢复原状。

请客户填写送货回执并签字，邀请客户对送货安装服务进行评价（表7.12）。

表7.12 家具门店售后服务回执单

售后服务回执单					
门店、品牌相关介绍 （略）					
订单编号			客户姓名		
序号	项目	内容	评价	具体描述	责任人
1	预约时间	送货前是否预约时间	是□/否□		
2	送货时间	是否在约定时间送到	是□/否□		
3	人员形象	安装人员是否着工作服及携带专业工具箱	是□/否□		
4	产品数量	产品型号及数量是否与送货清单一致	是□/否□		
5	产品质量	产品是否有损坏的	是□/否□		
6	安装情况	产品安装是否妥当	是□/否□		
7	现场清理	安装现场是否清理	是□/否□		
8	服务态度	服务态度是否良好	是□/否□		
整体打分		1□　2□　3□　4□　5□			
意见与建议：					
				客户签字处： 感谢您选择本公司产品	

某家具门店安装人员行为规范

1. 人员素质

（1）专业能力：能够自主完成家具产品的安装、摆放及卫生清理。

（2）沟通能力：能够主动流畅地向客户传播产品知识、企业文化等。

（3）应变能力：能够积极灵活地处理安装过程中出现的问题，塑造良好的服务态度，维护公司形象。

> **2. 工作要求**
> （1）必须着公司统一配置的安装服装。
> （2）必须携带公司统一配置的工具箱。
> （3）在安装家具过程中若发现问题必须当天反馈信息，信息反馈必须及时、准确、详细。
> （4）搬运货品时应注意吸顶灯、门边等，避免碰伤客户家物品。
> （5）货品不得乱靠，避免将客户家墙壁弄脏。
> （6）安装过程中，保护好客户家中的地板、地砖。
> （7）为保护家具的油漆表面完好，安装工具不允许直接放在产品表面，以免锐器划伤油漆表面。
> （8）安装须仔细认真，配件等不允许私自少装，不得装歪暗铰链，不得少装螺丝钉，不得野蛮组装，如钉滑道时用尖锥等工具在板件上划线做标记等，否则严肃处罚。
> （9）安装完毕需将客户家中纸盒、泡沫清理干净，并将家具擦拭一遍，同时将客户家具检查一遍。
> （10）请客户填写售后服务回执单，临走要与客户道别。
> （11）不准收受客户小费，不在客户家中吸烟，不吃拿客户东西，不拿客户家中物品，违者重罚。

（4）后续工作

送货安装人员将相关单据交回跟单或客服人员，并录入系统。

跟单或客服人员对客户进行回访，以确认产品已经安装到位并正常使用。

7.6.5 家具门店售后服务管理

售后服务是家具产品交付给客户以后，客户在实际使用过程中所牵涉的服务工作，主要包括家具门店主动开展的售后回访，以及客户在使用过程中发现问题投诉到家具门店，需要进行的投诉处理工作。此外，对于家具门店而言，产品的退换也属于售后服务的范畴。

7.6.5.1 售后回访

对有在家具门店消费过的客户要定期进行电话回访。回访的内容主要包括：客户的意见（商品和服务质量）回馈，帮助客户解决使用过程中存在的问题，告知客户商品使用的注意事项和保养常识等，并积极鼓励客户介绍其他消费者到店，争取让客户与门店建立长期的消费依赖关系。此外，节假日、客户生日及其他重要的日子给予客户适当的问候；门店开展针对老客户的相关活动时，提前通知老客户。

一般来讲，家具门店的电话回访工作可以分为服务一周、一月和半年三个时间节点来开展，具体回访的内容可以表 7.13 为提纲执行。

表7.13 家具门店客户回访记录表

客户姓名		客户电话			
客户编号		客户地址			
送货时间		产品系列			
访问人员		回访方式	□电话回访	□现场回访	其他：___

××先生/女士，您好！

我是××家具的客服，能为您服务，我们倍感荣幸！为了更好地为您服务，请您给予我们宝贵意见，您的宝贵意见将帮助我们不断进步！非常感谢您抽出宝贵时间配合我们的工作！

服务一周后访问	回访时间： 年 月 日				
	序号		重点访问项目	客户回复情况	客户打分
	1	售前	导购的服务态度		
	2		导购与客户的沟通是否及时有效		
	3		导购专业知识是否让客户信服		
	4		是否真实地告知产品的各种情况		
	5	送货安装	产品按时交货并准时送货		
	6		最终送给客户使用的产品完好无损		
	7		送货、搬运、安装人员服务态度		
	8		家具在室内的装饰效果		
	9		安装时对客户的地面、墙面、门等设施进行保护、避免损坏		
	10		安装后按要求将产品摆放到位并进行清理现场		
	合计评分				
	序号		遗留问题	解决结果跟进	
	1				
	2				
	3				
	4				
	备注：				

续表

	回访时间: 年 月 日		
服务一个月后访问	序号	重点访问项目	客户回复与满意度
	1	对首次访问遗留问题及时跟踪与反馈	
	2	倾听并回复客户的合理询问	
	3	告知门店新政策,邀请客户转介绍	
	序号	遗留问题	解决结果跟进
	1		
	2		
	3		
	备注:		

	回访时间: 年 月 日		
服务半年后访问	序号	重点访问问题项目	客户回复与满意度
	1	对二次访问遗留问题及时跟踪与反馈	
	2	提供免费的产品保养知识和服务	
	3	倾听并回复客户的合理询问	
	4	告知门店新政策,邀请客户转介绍	
	5	召集老客户举办回馈活动	
	序号	遗留问题	受理部门
	1		
	2		
	备注:		

售后回访完成后,每月要根据回访情况进行一次客户满意度分析,并形成分析报告,对于如何切实提高客户的满意度、塑造良好的品牌形象和门店口碑提出具体的改善措施。

某家具门店××年××月客户满意度调查分析报告

一、调查目的

1. 了解客户对品牌的认知度,提升品牌口碑、知名度;
2. 了解客户对产品的满意度,提升产品质量、优势;

3. 了解客户对服务的认可度,提升服务质量。

二、调查方式

主要通过电话回访和微信发放调查问卷的方式进行。

三、调查各项目

调查时间:××年××月

调查对象:本月需要进行回访的客户。

调查周期:以送货一周后、一个月后、半年后为周期。

调查内容:售中、售后服务满意度,送货安装服务满意度,产品质量,产品价格,包装,产品设计,产品种类和性价比,节日或客户生日的问候,公司新活动及优惠的通知等项目。

评分标准:

评价结果	非常满意	满意	比较满意	不满意	很不满意
得分	5分	4分	3分	2分	1分

四、调查相关内容的数据统计及总结分析

1. 针对送货一周后的家具客户进行回访,内容及得分如下:

序号	重点项目		平均分	同比涨幅	环比涨幅
1	售前	导购的服务态度			
2		导购与客户的沟通是否及时有效			
3		导购专业知识是否让客户信服			
4		是否真实地告知产品的各种情况			
5	送货安装	产品按时交货并准时送货			
6		最终送给客户使用的产品完好无损			
7		送货、搬运、安装人员服务态度			
8		家具在室内的装饰效果			
9		安装时对客户的地面、墙面、门等设施进行保护,避免损坏			
10		安装后按要求将产品摆放到位并进行清理现场			

总结分析:

(略)

2. 针对服务一个月后的客户进行回访,总结分析如下:

(略)

3. 针对服务半年后的客户进行回访，总结分析如下：
（略）
4. 关于家具产品品质方面存在的问题，情况如下：

排序	产品系列	问题类型	投诉次数	占总投诉比例
1				
2				
3				
合计				
本月订单投诉率				

总结分析：
（略）
5. 改善方法：
（略）

对于售后回访的具体情况，家具门店的负责人还需要经常指派专人进行抽查，以判断售后回访工作的有效性。

7.6.5.2 处理投诉

家具属于大件、高价值的耐用消费品，消费者购买前常常会寄予较高的期望，然而由于产品本身的品质、家具门店的服务以及消费者自身的理解导致实际的家具产品达不到消费者的预期，引起消费者的不满，投诉也就因此而产生。出现这种情况时，门店一定要给予充分的理解和重视，并及时加以处理，以免影响门店在客户心目中的信誉和形象。

家具门店在接到客户投诉时，应立即在投诉受理单（表7.14）上进行记录，形成文字、图像资料。

表7.14 家具门店客户投诉受理单

客户投诉受理单					
客户姓名		联系电话		送货日期	
产品系列		客户地址		订单编号	
序号	客户投诉问题		照片	处理措施	
备注：					

客户投诉时可能情绪激动、言语粗鲁、举止无礼，但无论客户的态度如何，都是处理客户投诉时可能面临的正常现象，客服和销售人员都应该理解，并保持冷静、耐心，不能急于辩解或反驳。

一些家具门店喜欢采取"拖"字诀来处理客户投诉，选择无视客户的投诉，寄希望于问题自动解决，这不仅无益于缓和矛盾，还很可能使事态进一步复杂化。客户通过正常渠道无法维权，就有可能进一步投诉到消协、工商部门或寻求媒体曝光，危及品牌和门店在潜在消费者心目中的信誉和形象，甚至可能导致意向客户的大面积流失。在处理客户投诉的问题上，时间拖得越长，客户的不满情绪就越大，处理起来也就更加棘手，因此一定要"速战速决"，各部门通力合作，迅速反应，力争在最短时间内将问题解决。

面对客户的投诉，唯有诚心诚意的服务态度才能化解彼此之间的敌意，才能重新赢得客户的信任与好感。以人为本、以客户为中心的理念，不仅是满足消费者需求的体现，也是解决客户投诉的中心思想。处理客户投诉时要以客户的利益为首要考虑，必要时果断牺牲局部利益来保证家具品牌和门店的整体形象。遇到刁钻客户的无理要求时，也应该做到有礼、有节，既顾及客户的面子，又要缓和矛盾，阻止事态扩大。首先查明真实情况，明确责任方，通过适当让步来显示诚意，但也不能一味妥协，必要时可以邀请无利益相关的第三方来进行调解。

7.6.5.3 家具产品的退换

对属于门店退、换规定范围内的商品，需按相关规定及时为客户退、换。如果需要重新订货而无法立即交付的，要同客户说明，并预估一个相对精确的到货时间，到货后立即通知客户，约定时间送货上门。

如果遇到客户急需退、换货，而门店库存又无此产品时，应立即查询了解周边门店是否可以调货，如果无法调货要向客户道歉，并从现有库存中选择同类产品先行借与客户使用，待重新订购的产品到货后再为客户更换并取回借出的产品。

家具企业售后服务标准化流程

为提高客户服务质量，提升公司客户服务形象，同时提高售后处理工作效率，特制订以下客服售后工作流程。

一、客户投诉处理流程原则

1. 所有退换货一律由门店客服统一受理。
2. 所有投诉问题必须在3天内回复或上门处理，如遇特殊情况，须在2个工作日内提前与客户沟通好预约答复或上门处理时间。
3. 凡退换货商品须凭电脑购物票据、保修卡或发票办理相关手续。
4. 家具配套的小型配件等可以由客户自行携带至门店，这种情况不在本流程讨论之列。
5. 责任鉴定，如属工厂问题，则采用先修后换、先换后退、先退后补的原则。

6. 以客户满意第一为核心原则,减少客户等待时间,提升售后工作效率。

二、客户投诉处理流程图

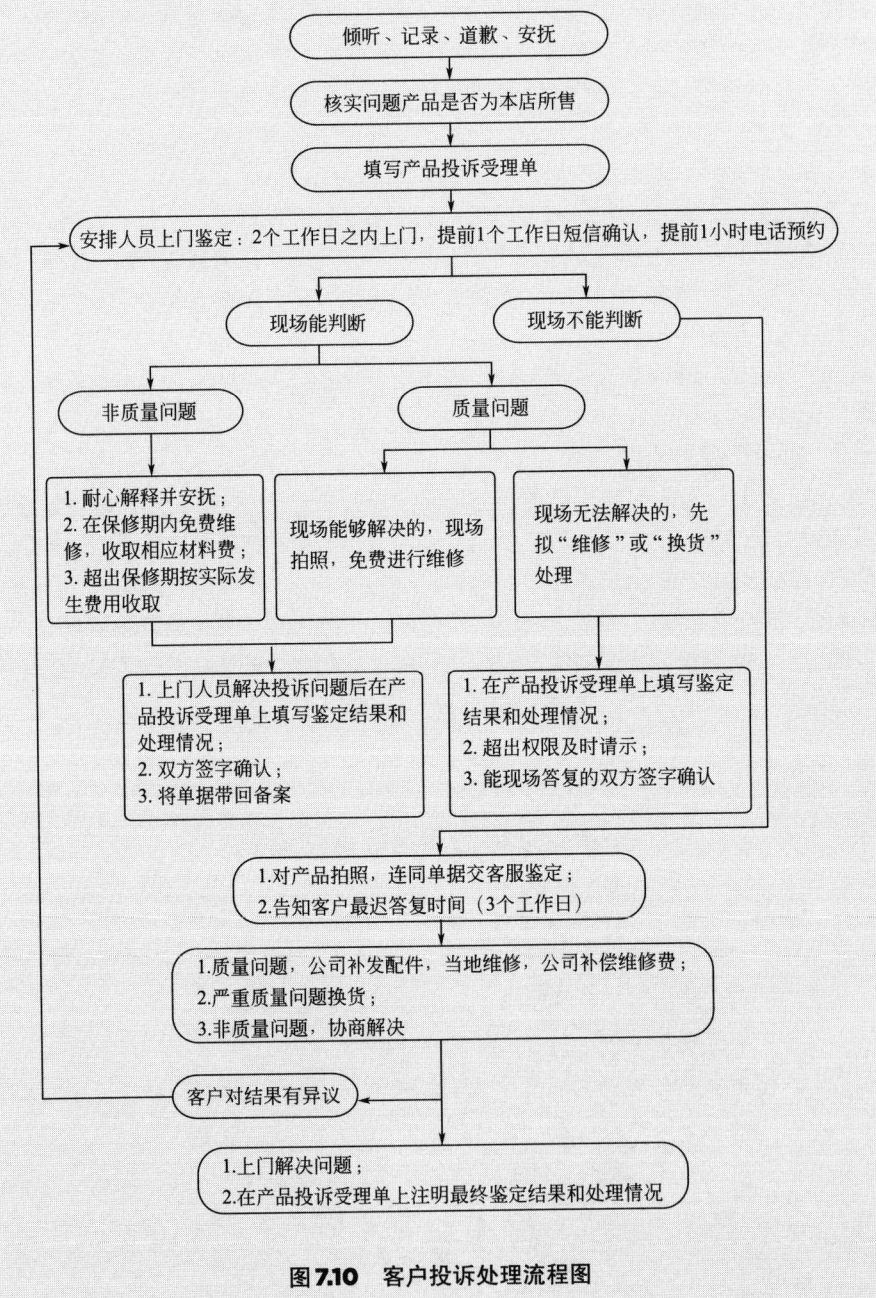

图7.10 客户投诉处理流程图

三、客户投诉处理流程说明

1. 受理登记

（1）客户带齐购物凭证和保修卡到门店进行问题反馈。导购人员将客户指引至办公区（或其他人少安静的地方等待），通知客服人员到现场，倾听客户需求，过程中避免让客户再次向其他人重复投诉内容，如向导购陈述完后，导购叫来售后人员，客户又再重新陈述一次。

（2）在完全倾听客户需求后（中途非特殊理由不得打断客户陈述），解决售后的人员要先对客户进行安抚道歉。

（3）协助客户填写产品投诉受理单，同时复印购物凭证、产品保修卡，将复印件附于登记表上，过程中注意用词语气，尽量安慰客户。

（4）将产品投诉受理单进行复印归档，填写售后服务处理登记台账。

2. 责任鉴定

（1）上门鉴定

① 在2个工作日之内，客服人员与维修人员上门服务，如遇特殊情况，须在2个工作日内提前与客户沟通好预约上门服务时间。

② 初步鉴定结果为非质量问题的，上门人员应向客户做详尽的解释，安抚客户。对出现问题商品在保修期内可以免费给予维修，如需更换配件要收取相应的材料费。对超出保修期的产品，需收取合理的维修费用。解决投诉问题后在产品投诉受理单上详细写明鉴定结果和处理情况，双方签字予以确认。

③ 初步鉴定结果为质量问题的，上门人员现场拍照，能现场维修的现场解决，免费维修。无法现场解决的先拟"换货"处理。上门人员填写产品投诉受理单，详细写明出现产品问题、与客户沟通处理方案，如超出职权范围，须及时请示上级领导，能现场答复客户的双方签字确认。

④ 无法当场判断的问题，对产品的整体及出现问题的部位进行拍照或视频录制，要求照片或视频内容可准确地看出所反馈的问题。将产品投诉受理单填写完整后进行流程审批处理，并进行沟通与跟进，在3个工作日内提交客户初步解决方案，如遇特殊情况，须在2个工作日内提前与客户沟通好预约提交客户初步解决方案时间。

（2）总部鉴定结果

① 如属于产品质量问题且当地能进行简单修复的，则由公司补发相关配件，各门店安排当地维修。

② 严重质量问题的进行换货，如当地无库存，门店以购买的方式向总部进行订货，完成换货以后将有严重质量问题的产品退回工厂。

③ 非产品质量问题，由门店客服人员与客户协商解决。

四、客户退货流程

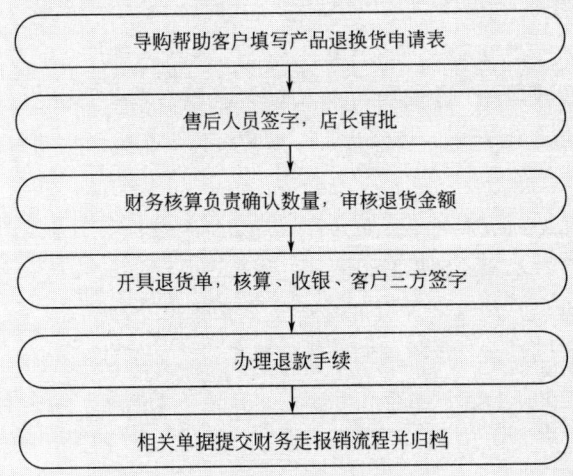

图 7.11　客户退货流程

五、客户退货流程说明

1. 导购协助客户认真填写产品退换货申请表，注明退换货的原因，如属于产品质量问题，应附加产品投诉受理单。

2. 客服人员对退换货内容进行核实。

3. 销售超过一个月产品退货应附上相关文件，报店长及总部营销中心负责人签字；不满一个月的由店长签字即可。

4. 由客服人员负责验收货物，确保退货没有产品质量问题且不影响第二次销售，否则应拒绝客户的退货或者收取每天1%的折旧费。

5. 财务按照产品明细开商品退货单，并进行三方签字。

6. 财务将退货金额通过原支付方式退还；现金结算的，2000元以上需要1周的时间打入客户指定账户，并开收据，由客户签字确认。

7. 将退货单、收据、产品退换货申请表作为附件，走财务报销程序并存档。

7.7　家具门店团队管理

7.7.1　家具门店的人员架构

一般来讲，一个完整的家具门店应当承担的职能包括店内销售、店外拓展、送货安装、客户服务等几个方面，据此，家具门店的人员架构如图7.12所示。

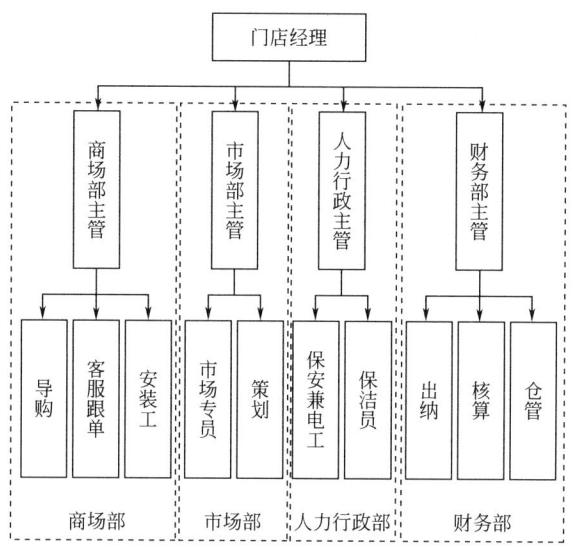

图 7.12 典型的家具门店人员架构图

（1）门店经理

① 根据实际情况，及时制定和调整家具门店销售策略、政策与措施，实现销售目标；

② 负责指导、参与店内营销和店外渠道开拓，创新营销思路，通过多种手段达到家具门店销售目标；

③ 负责安排门店销售数据的分析工作，为门店营销活动提供数据支撑；

④ 负责经常性开展市场调研活动，了解同行动态，加大门店模式创新力度；

⑤ 负责根据当地市场的实际情况确定门店产品结构；

⑥ 负责门店广告宣传及市场推广活动的策划，提高在当地的品牌知名度；

⑦ 确保门店卫生清洁、产品摆场形象、品牌形象、人员形象等符合制度要求；

⑧ 负责指导、监控门店售后服务工作，降低问题对品牌的消极影响，积极安排人员维护客户关系，提升服务质量；

⑨ 参与制定、监控、审核门店的费用支出，实现运营成本控制；

⑩ 负责门店员工的销售培训、员工专业知识考核工作；

⑪ 负责考察、引进亟需的营销专业人才，打造优秀的人才队伍；

⑫ 经常与各层次员工保持沟通，了解店面运营动态、人员思想状况，及时发现问题、解决问题；

⑬ 负责与当地人社、税务、消防、公安、工商、城管等政府部门的联络与关系维护；

⑭ 组织召开门店周例会，及时沟通，协调解决存在的问题；

⑮ 作为门店最高领导，及时协调、处理各部门和员工上报的其他事务。

（2）商场部主管

① 制定并分解商场部月销售计划，带领团队完成销售任务；

② 对新产品上市、滞销产品、促销产品及样品进行合理规划和调整；

③ 监督管理产品陈列、饰品摆放、人员形象，维护门店的形象；
④ 了解出货情况，确定补货事宜，确保卖场内无空场；
⑤ 总结销售情况，分析所有产品销售趋势；
⑥ 及时处理客户现场或电话投诉事件，并及时通知相关部门；
⑦ 及时与跟单、客服保持沟通，及时了解门店产品供应、售后服务情况；
⑧ 制定培训计划，对导购进行培训与辅导；
⑨ 监督导购日常工作纪律，对违反有关规定的人员进行处理；
⑩ 主持导购例会，有效传达相关政策及信息。

（3）导购
① 用心接待每一位客户，与商场部主管和同事一起完成销售目标；
② 认真用心地跟踪每一位潜在客户，对每一次的电话回访做好记录，形成档案；
③ 耐心处理客户的抱怨和投诉，并做好投诉记录，协助处理客户售后投诉；
④ 获取并反馈竞争对手的信息，客户信息及其他信息；
⑤ 保持产品的整洁和标准化陈列，对负责区内的商品质量、价格进行检查；
⑥ 不断学习，掌握产品知识和销售技巧，提高销售能力；
⑦ 配合市场部做好公司品牌宣传。

（4）客服跟单
① 负责根据商场部的需求预备库存，及时向供应商订货，确保送货前产品到位；
② 负责跟踪订单，时刻了解货物的物流状况；
③ 协助完成采购产品的验收与货物入库相关工作；
④ 保持与供应商的联络，开展订货、售后、对账等相关沟通工作；
⑤ 负责订货、送货的物流安排、费用核对、结算与报销；
⑥ 负责产品维修工作的安排、统计、结算、分析等工作；
⑦ 负责处理门店产品质量问题及客户售后相关问题；
⑧ 负责客户送货后的电话回访、客户投诉意见处理、跟踪处理结果；
⑨ 完成门店采购、维修与客户服务相关的统计分析工作。

（5）安装工
① 门店家具到货后的卸货、入库及仓库货物整理工作；
② 门店已售产品送货前的仓库备货、质检工作；
③ 配合店面对店内展示商品的出样、安装、调场等工作；
④ 负责已售出产品的送货、安装工作。

（6）市场部主管
① 负责门店所在市场的开拓和培养；
② 负责品牌市场整体形象的树立和市场销售推广；
③ 通过团购、小区宣传、渠道、设计师合作等多种途径扩大产品的销售量，完善部门各项管理制度和业务运作流程；
④ 负责团队的建设和业务能力的提升，定期做好市场调研、市场促销、销售分析等工作；

⑤ 配合经理制定部门年度、季度、月工作计划；

⑥ 做好本部门人员的培训和考核工作，建立良好的销售团队，努力完成公司制定的各项经营目标。

（7）市场专员

① 通过电话邀约达到客户入店的效果，完成销售指标；

② 通过小区业务拓展，挖掘和开发意向客户；

③ 配合完成线上拓展，达到品牌宣传的目的；

④ 负责周边市场环境调研，各类市场活动的组织、执行、跟踪、总结；

⑤ 将公司的销售政策准确、及时地传达给客户，形成良性互动；

⑥ 将市场信息和客户意见、建议准确及时地传达到公司；

⑦ 在公司目标市场内宣传公司品牌，开拓新客户，构建销售网络；

⑧ 解决销售过程中遇见的问题并扩大公司产品的销售和品牌影响力；

⑨ 积极参与部门、同事间的协调配合。

（8）策划

① 负责门店广告宣传策划及市场推广活动的策划；

② 设计当前活动相关物料，针对营销目标制定相应活动；

③ 负责卖场商品陈列、环境氛围营造等摆场效果的设计工作，收集市场广告及媒体的动态和信息，做好市场调研，为市场部和商场部提供市场最新动态和信息；

④ 负责组织线上活动的推广、线下活动的邀约；

⑤ 展会的策划、设计与培训；

⑥ 负责门店微信公众号、微博等自媒体的运营工作。

（9）人力行政主管

① 负责人员招聘、面试、入职、调动、离职等员工关系工作；

② 负责各招聘渠道的招聘信息日常维护工作；

③ 负责员工档案的建立与管理，更新信息，按时完成员工的考勤考核，按时完成每月人事月报并上报；

④ 配合人社、消防等政府部门工作；

⑤ 负责公司行政办公用品采买发放及固定资产管理、车辆管理；

⑥ 负责清洁、绿化、后勤接待、办公设备维护等事宜；

⑦ 对签订的各类业务合同、协议书（包括广告合同设计师等合作合同，装修、工程合同等非人事业务合同）进行合同编号的登记、合同台账的登记、合同纸质版本存档、合同扫描版本的存档；

⑧ 负责公司行政等费用的报销工作。

（10）保安兼电工

① 认真做好防火、防盗、防抢劫工作，认真检查设备设施，发现不安全因素应立即查明情况，排除险情，并及时报告主管部门和领导，确保公司安全；

② 勤于巡查，警惕可疑的人、事、物，预防案件、事故的发生，发现违法犯罪分子要及时报警，在保证安全的情况下设法将其抓获；

③ 对门店内外的水电进行维护和优化；
④ 采购零散维修用具、用品，负责工具的保养与保管。

（11）保洁员
① 对门店的共用通道、卫生间、门窗、楼梯台阶及扶手、会议室和办公室进行清洁，确保场地整洁清爽；
② 负责卖场区域地板、墙面、天花板的清洁工作，确保干净整洁；
③ 对后勤垃圾进行分类并及时清理于指定堆放点，确保环境干净卫生；
④ 妥善保管清洁用具，确保资源有效使用。

（12）财务部主管
① 组织实施公司各项财务管理制度并监督执行情况，确保公司资产安全；
② 在规定的账期内收回货款，确保对超期货款采取有效措施催收；
③ 核对收银系统中信用卡划账，进行现金、银行日记账记录工作，与总账核对现金、银行日记账，确保账目对应；
④ 编制银行余额调节表，现金收支结算表；
⑤ 组织公司的成本管理工作，进行成本核算，提出成本控制方案，确保降低成本消耗；
⑥ 编制年度财务预算，做好预算分配工作，经常研究各项经费预算执行情况，确保不断提高预算管理水平；
⑦ 与部门员工共同及时准确地完成各类月报表、盘点表、计划表、销售统计表。

（13）出纳
① 门店营业款的回收、清点、整理、核对；
② 负责工资计算与发放；
③ 税务局认证发票、购买发票，给客户开发票；
④ 办理银行的各项结算与对账业务（打印回单、对账单、存货款、费用报销、客户退款等办理）；
⑤ 妥善保管现金及支票和有关票据；
⑥ 负责核对 POS 机收银系统并收妥员工上交的款项。

（14）核算
① 对产品的收、出、存进行记录；
② 根据总部下达的文件制定产品的零售价，打印价格牌；
③ 负责定期与仓管合作盘点库存，核对账面单据并录入系统等；
④ 负责经济核算，完善核算小法，物资盘点，开单据，管理物料，开展成本分析；
⑤ 编制、上报各种相关报表，登记手工账，妥善保管资料。

（15）仓管
① 严格执行公司物资管理规定，办理存货的收、发、退货，并完成相关单据；
② 负责仓库的日常管理工作，确保仓库具备良好的储存条件，存货分门别类堆放整齐，做好标识；
③ 及时更新库存情况，确保系统与实际完全对应；

④ 参与对存货进行盘点；
⑤ 协助商场部完成送货任务。

以上人员架构为具有一定规模的独立家具门店典型的人员架构形式，由于各家具门店的实际情况存在很大的差异，有时很难直接应用；并且一些家具门店可能已经拥有了一个人员架构，但在运营过程中发现存在不合理之处需要进行调整。这种情况下可以采用"访谈"与"写实"相结合的方式，明确每个岗位人员的工作事实，再进行职责的确定与组织架构的拟定。

"访谈"就是同具体的员工进行沟通交流，从这名员工的口述中了解岗位的关键职责、权限及任职资格。

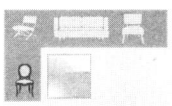

家具企业工作岗位访谈提纲

一、职位目标

1. 此职位的工作目标是什么？
2. 此职位最终要取得什么结果？
3. 从公司角度看，这个职位具有什么意义和作用？
4. 为这项工作投入经费会有什么收益？

二、职位地位

1. 公司上级对此职位作用的评价如何？
2. 此职位在公司中的位置及地位如何？
3. 此职位一年所需的各种经费（比如：经营预算、销售额、用于员工本身的开销是多少？）
4. 此职位的主管能否为部门或机构节省大笔开支？能否保持职位的业绩？
5. 此职位直接为哪个部门或个人效力？
6. 哪些职位与此职位同属一个部门？

三、内外关系

1. 你依据怎样的原则、规章制度、先例和人力资源管理制度办事？
2. 此职位的行为或决策受哪个部门或人控制？
3. 在公司内，此职位对哪些部门或个人有最频繁的工作联系，有哪些联系？
4. 你是否需要经常会见上级商讨或汇报工作？
5. 通常，你需要与上级讨论什么问题？
6. 你有下属吗？若有，哪些职位由你管辖？有多少人？分别是谁？
7. 在公司外，此职位对哪些部门或个人有最频繁的工作联系？有哪些联系？
8. 此职位需要出差吗？频率如何？经常去哪里出差？为什么出差？

四、工作中的问题

1. 你认为此工作对你最大的挑战是什么？
2. 你对此工作最满意和最不满意的地方分别是什么？
3. 此工作需要解决的关键问题是什么？
4. 你面临的问题是否各不相同？不同之处表现在哪些方面？
5. 处理问题时有无指导或先例可参照？有哪些处理依据？
6. 你在工作中遇到的问题，在多大程度上是可预测的？
7. 你对哪些问题有自主权？
8. 哪些问题你需要提交上级处理？
9. 你是否经常请求上级的帮助或上级是否经常检查或指导你的工作？
10. 你的上级如何指导你的工作？
11. 你是否有机会采取新方法解决问题？

五、工作成果

1. 你的工作中能够取得什么效果？其中最重要的成果是什么？
2. 通常可以用什么标准衡量你的工作成果？
3. 上级对工作任务的完成情况是否起决定性作用？

六、职位要求

1. 此职位要求任职者具备哪些专业技术，请按重要程度列出，并举出工作中的实例来说明。
2. 通过脱产培训还是在职培训来掌握这个职位所需的专业技术？
3. 此职位要求任职者具备哪些知识，请按重要程度列出，并举出工作中的实例来说明。
4. 此职位要求任职者具备哪些能力，请按重要程度列出，并举出工作中的实例来说明。
5. 此职位对任职者的职业道德要求是什么？

"写实"是按时间消耗的顺序对某一岗位的员工在整个工作日内的工作活动情况进行观察记录（表 7.15）和分析的一种方法，用于全面了解某些具体的岗位一个工作日内的主要活动，以局外人的身份洞察目前该岗位或人员存在的问题，从而优化组织架构和岗位职责，提高工作效率。

通过"访谈"与"写实"，可以对门店员工的主要工作形成一个较为全面的了解。家具门店的管理者可以根据这些实际的情况来深入研究如何优化工作流程、组织架构和岗位职责来保障员工的各项权益，提高每一位员工的工作效率。理顺家具门店的全部岗位职责并制定出了人员架构后，就能够形成每一个职位的职位说明（表 7.16）。

表7.15 家具企业岗位写实记录表

岗位写实记录表			
部门：		岗位：	写实日期：
岗位职责			
办公用品			
工作内容	时间起止	工作日全部工作写实	
	典型事项	典型事项描述（任务动作、技能要求、耗时及每天定额量等）	
	典型工作1		
	典型工作2		
	典型工作3		
	典型工作4		
	工作网络图		
	岗前培训内容	□操作规程及方法　□工具使用　□其他	
	岗前培训难度	□无需培训　□普通培训　□比较复杂　□非常复杂	
	所需培训时间	□1天　□1周　□半个月　□1个月　□3个月	
	计薪方式	□固定工资　□计时工资　□计件工资	
	□脑力工作（文化要求　□无　□小学　□技工职校　□初高中　□大专　□本科以上）		
工作环境	劳保用品：□工服　　□领带　　□其他		
	工作环境具体描述：		
工作成果/效率	不同单笔工作任务或提交成果完成时间（效率）： 1. 2. 3.		
备注			
写实人：		直接领导：	

表7.16 家具门店职位说明书

部门		填写日期		工作地点	
职位名称		任职者		任职者确认	
主管岗位名称		主管姓名		主管确认	

目的（岗位存在的理由、限制条件和目标）

本岗位业务规模（财务和非财务信息，涉密事项可不填写）	
财务：	非财务：

岗位汇报关系（局部组织架构图）
内部：间接领导或业务上游、直接领导、上级业务指导 外部（政府部门或客户类） → 岗位名称 ← 外部（供应商类） 业务下游或有影响的部门岗位、直接管理部门或岗位、指导或影响的部门岗位

工作环境具体描述：

任职资格与要求
教育程度/经验 ◆ 学历专业： ◆ 本岗位工作经验： 职业（执业）资格要求 ◆ 执行资格： 身体素质要求：
特别知识和技能及胜任素质 ◆ 硬性技能： ◆ 软性技能： ◆ 胜任素质：

7.7.2 家具门店的人员招聘

家具门店的招聘活动就是为了实现家具门店的经营目标而进行的择人活动。家具门店的人员招聘主要关注以下几个方面的内容。

7.7.2.1 招聘准备

（1）招聘政策

基本条件。可根据不同的职位，对年龄、学历要求、专业限制及职业技能等制定不同的要求。比如家具门店的基层销售和客服人员，需要在仪容仪表方面提出要求；安装工就需要具备较强的体魄。

硬性规定。法律规定担任该项工作必须具备一定的国家认证资格，这些职位的必备条件是无法放宽的，例如电工兼保安要求具备电工证、财务主管要求会计证等。

其他要求。职位不同，招聘对象也应该具备相应的特征，比如招聘市场部主管要求勇于挑战、成熟干练，在选择招聘对象时就应该以有工作经验的为主；所招聘的职位需要员工勤奋负责、具有高度的服从性，在选择招聘对象时就应该以社会新人为主。

（2）来源

正式员工。主要考虑应届毕业生、部队转业或退伍人员、二度就业人员等。

兼职员工。主要包括在校学生、家庭主妇、待业青年、上班兼职人员等。

（3）宣传

传统媒体广告。以报纸、车厢媒体广告、电视媒体广告为主。这种广告形式涵盖面比较广，比较适合于各店联合招募，以达到资源共享的目的，但费用支出较大。

店面招募广告。在门店的橱窗内张贴招募广告，既可以起到立竿见影的效果，还能为门店节省不少费用，非常适合于单店招募。但它的招募面不够广泛。

网络媒体宣传。通过互联网招聘网站、家具门店的微信公众号、品牌微博、员工的朋友圈以及其他一些自媒体形式进行宣传。这种方式成本非常低廉，招募效果也相对较好，是信息化时代下衍生出来的新的招聘宣传渠道。

（4）招聘方式

店内招募。即通过门店招募广告、传单或直接游说的方式将店内适合的客户、周边其他门店的离职员工、路人等变为招聘对象。这种招聘方式主要针对门店兼职人员和店面基层人员。

员工介绍。即通过门店内部员工介绍的方式进行招聘。通过这种方式招聘的员工一般都具有较高的稳定性。

校园招聘。当门店需要大量人员时，可选用这种招聘方式。在每年的毕业季，选择专业较为匹配的学校开展校园招聘，招聘形式可以包括门店参观、职位宣讲会等。

招聘会。通过参加人力资源企业或政府部门举办的招聘会来面向特定的人群展开招聘活动。

离职员工复职。即在门店的离职员工中挑选工作表现良好的员工进行拜访游说，使其复职。这种方式所招聘的复职员工，因熟悉作业流程，通常可立即上岗。

广告宣传。即通过各种媒体刊登招聘广告。目前来看，这种招聘方式的效果已经呈现出逐年下降的趋势，家具门店需要根据招聘的目标人群特征来选择。

校企合作。与学校开展学生实习合作的方式，可以为门店提供稳定的人力来源，并可在毕业后转为正式人员。门店可在实习生工作期间为其提供奖、助学金或补助学杂费用，以增加门店的吸引力。

7.7.2.2 面试

（1）面试前需考虑的问题

明确面试的目的，了解情况。

制定面试时需要使用的提纲。

确定双方都方便的面试时间。

通知面试人面试的目的和要求，包括所需要的证件及一些基本情况。

研究面试人的全部材料，做好笔记，以免出现遗漏的地方。

选好面试的地点，以宽敞、整洁、安静的场所为宜。如果面试场所混乱、嘈杂，不但会影响面试效果，还会使面试人对门店产生不良印象。

（2）面试中需考虑的问题

营造轻松愉快的气氛，使面试人保持平静的心态。

提问题时尽量直截了当，不要拐弯抹角，但对于一些特殊问题应注意提问的方式，以免引起反感。

提的问题要有启发性，尽量提一些需要解释或阐述的问题。

保证招聘对象在回答问题时有充分的思考时间。

要善于倾听，招聘对象在陈述过程中，不要轻易打断。

招聘对象回答完一个问题后，有疑问应立即追问，然后再问下一个问题。

明确自己的目的和任务，珍惜双方的时间。

面试结束时，给面试人提问的机会。

（3）面试中经常提到的问题

你辞去原来的工作以及找新工作的原因是什么？

你短期和长期的目标以及未来5年内的打算是什么？

你对原来的工作有什么满意和不满意之处？

你觉得原来的领导有哪些值得欣赏的地方，又有哪些不足之处？

你有哪些优点和缺点？并分别举例说明。

谈谈你在工作和其他方面有什么成就？

假如你可以重新开始你的职业生涯，你有什么打算？

你认为一个好的管理者应该具备哪些品格？

你认为自己有管理才能吗？为什么？

你对你所领导的员工有什么希望？为什么？

你对本店这一职务感兴趣的原因是什么？

7.7.2.3 员工的录用

（1）个人资料

经过初步面试并认为应聘人员基本合格后，需要进一步审核其有关资料，并进行综合分析。比如要求应聘人员递交履历表、学历证明等个人资料，并填写个人信息表（表7.17）。

表7.17 家具门店员工个人信息表

个人基本情况							
姓名		性别		民族		籍贯	
出生年月		毕业时间		参加工作时间		政治面貌	照片
户口所在地		婚姻状况		健康状况			
职业资格或职称		身份证号					
通信地址							
联系电话		QQ/微信				待遇要求	
受教育情况（时间近的排前）							
起止时间		学校或教育机构			专业	学位或资格证书	
工作经历/社会实践经验							
起止时间		单位名称				职务	
特长/技能							
外语水平						计算机水平	
其他职业资格 ||						
自我评价							

（2）当面交流

正式的面谈是家具门店员工招聘过程中的重要步骤，一般由人力资源与所应聘职位的直接领导一同进行，通过面对面的全面接触，深刻了解应聘者及其所申请工作的情况，从而确保应聘者与其申请的职位相匹配。

（3）结果处理

正式面谈结束后，应该立即将各种记录汇集整理，并结合应聘者的背景资料进行综合判断，决定录用与否。

（4）体格检查

家具门店的职位大多属于服务类工作，禁止患有传染性疾病的人员进入门店工作是对门店员工、消费者负责的表现，也是家具门店义不容辞的责任，同时身体健康也是胜任职位的基本条件。

（5）最终录用

审核确定无误且体检合格，就可以确定对招聘对象的录用。家具门店应以书面的形式向新录用的员工发放录用通知，以示郑重。一般来讲，这种录用通知应当统一形式、统一设计，以彰显家具企业、品牌和门店的形象。通常一份独具匠心的录用通知书能够给新员工带来良好的印象。录用的同时，还应该为员工建立个人档案（表7.18）。

表7.18　家具门店员工个人档案表

员工姓名		籍贯		民族		照片
政治面貌		出生日期		工号		
联系电话		身份证号				
现住址						
银行卡号						
入职情况							
介绍人		面试人		面试时间		到岗时间	
入职考察情况							
工作经历					
起止时间	工作单位	职位	待遇	离职原因

续表

背景调查情况			
受教育经历			
起止时间	学校名称	专业	学位或资格证书
合同签订记录			
时间	情况说明	年限	到期时间
定薪/调薪记录			
时间	原因	调后薪资	备注
紧急联系人			
姓名	通信地址	称谓	电话
备注			

（6）让新员工尽快进入角色

新员工入职以后，家具门店的管理者以及该员工的直接领导应该通过各种方式让其熟悉门店的基本情况：大到组织机构、部门设置、主要管理人员等；小到工作时间、工资支付形式、仪容仪表的规范要求、就餐方法等。同时，还要向新员工介绍他的工作岗位和具体工作内容，并将新员工介绍给其他同事，以减轻员工在新的工作环境中所产生的不安与压力，使其尽快进入工作状态。

7.7.3 家具门店的人员绩效考核

所谓绩效考核，就是门店在既定的战略目标下，运用特定的标准和指标，对门店员工过去的工作行为及取得的工作业绩进行评估，并运用评估的结果对员工将来的工作行为和工作业绩产生正面的引导。

7.7.3.1 绩效考核的作用

① 激发员工的竞争意识，鼓励销售人员做好销售工作，持续提高客户的满意度；

② 充分了解员工的工作态度、学习能力和业务水平，判断员工是否胜任岗位需求，影响员工的聘用与升迁；

③ 了解员工工作中的薄弱环节，以便针对性地设计培训计划；

④ 作为衡量员工对家具门店贡献的重要指标，是确定员工薪资的重要参考；

⑤ 通过绩效考核来引导员工向家具门店的整体目标奋斗，推动门店销售计划的达成。

7.7.3.2 绩效考核的原则

对于任何一个门店来说，绩效考核制度都是必不可少的。一套科学合理的绩效考核制度至少应该符合以下六个原则。

（1）以激励为主

绩效考核既然是一种激励，就要避免给员工一种"被迫强加任务"的感觉，应该给一个踮踮脚就能够得着的目标，而不是远远超出其能力范围的目标，这样才能鼓励他们通过努力去拿到。当然，在销售过程中，还要给予员工各种培训、支持和帮助，帮助他们完成销售目标。

（2）以满足客户利益为准

家具门店是典型的服务业，只有能够满足客户的利益，才能促使客户更多地进行消费，因此绩效考核也应该以此作为出发点。

（3）与门店的盈利紧密相连

家具门店以盈利为根本目的，一个无法有效产生盈利或通过其他方式获得收入的家具门店，显然不具有奖励的资金。因此，绩效考核也应该以此为依据，引导员工努力创造利润。

（4）个人销售贡献与团队合作并重

家具门店作为一个销售整体，永远是"合作大于竞争"，因此，绩效考核制度不能只强调个人销售，这样会带来抢单、抢货等诸多矛盾。因此，绩效考核制度的内容必须在团队内部谋求销售平衡。

（5）阶段性和过渡性并存

没有一成不变的考核制度，家具门店的负责人需要在门店的不同时期对绩效考核制度进行必要的调整。比如在培养销售团队的时候，为提高员工的积极性和稳定性，可以将销售提成点数适当提高一些，或将门槛适当降低一点；而在门店销售的成熟期和突破期，则可将个人销售任务适当提高一些，并相应调高整个门店的集体奖励。

（6）不能片面看分数

考核的评分实际上是对一个员工一段时间绩效表现的总结或者量化呈现，但不同岗位考核指标的难易程度、考核标准的高低都会影响这一员工的分数高低。对于一个家具门店而言，如果只使用考核的分数来评估这一员工对于门店整体价值的贡献，就容易引起员工的反感，也容易造成考核体系的失效。

7.7.3.3 制订绩效考核方案的注意事项

为了制订一套科学合理的绩效考核方案,需要注意以下几个方面:

① 准确核算门店的盈亏数据,设定合理的销售目标和激励基数。

② 综合评估销售人员的销售技能水平,合理预估个人销售额,从而设定合理的个人销售任务。

③ 划分不同的员工级别,有针对性地给予不同的销售任务,激励员工积极晋升。

④ 设立有利于团队合作的团队奖金,按个人的完成比例获取相应的奖金。

⑤ 除淘汰品、瑕疵品等特殊产品外,其余产品尽量减少不同提成方案的数量,一方面便于计算,另一方面避免销售人员为了拿到高提成而违背客户意愿强行推销高提成点产品导致成交率下降。

⑥ 要给销售人员指明清晰的品牌主推方向。

⑦ 考核方案一定要简单明了,最好能让门店员工在 5 分钟内就能看懂,理解透。

表7.19 家具门店员工考核方案

考核岗位	考核方案
门店经理	一、薪资计算公式 薪资=底薪 × 考勤得分%+绩效金 × 考核得分%+销售提成+奖金 二、各薪资项目说明 1.月度考勤得分 100分制,迟到、早退每次扣××分,请假(不含调休)每半天扣××分,旷工每半天扣××分。 2.月度考核得分 100分制,考核项目分为固定考核项与随机调整项,其中固定考核项有三项,共占比××%。 (1)固定考核项 A.门店回款任务完成率占比 ××% 门店回款任务完成率=门店销售回款额/门店回款任务 ×100% 未完成多少比例,扣除该项未完成比例的考核分。 B.数据统计与管理占比 ××% 每有一次数据统计与分析不合格或不及时,扣 ××%。 C.总体进店客流成交率占比 ××% 总体进店客流成交率=(成交客流数/进店客流数) ×100% 达到 ××%的,该项得满分; 达到 ××% ~ ××%的,该项得 ××%; 低于 ××%的,该项不得分。 (2)随机调整项 根据当月工作计划调整,共占比 ××%。 3.销售提成 A.按照总部统一制订的提成方案执行; B.所有提成以送货完毕并收完全款为准,提成每半年结算一次。如遇客户退货,财务应及时将客户退货额从回款中扣除,不得计算提成。 4.奖金 工龄奖金+全勤奖金(按公司人力资源部统一规定执行)

续表

考核岗位	考核方案
门店经理	三、任职要求 1.总部每年对门店经理经营业绩进行考评，年回款总额无法达到公司规定回款目标的××%，总部将对其进行岗位调整或予以解聘； 2.费用控制连续两个季度出现支出大于收入，总部将对其进行岗位调整或予以解聘； 3.门店销售管理工作井然有序，形象良好，未出现重大工作不到位情况和对公司形象及品牌有重大影响的事件； 4.客户服务满意度高，未出现因门店疏漏引起的重大客户投诉
商场部主管	一、薪资计算公式 薪资=底薪×考勤得分%+绩效金×考核得分%+销售提成+奖金 二、各薪资项目说明 1.月度考勤得分 100分制，迟到、早退每次扣××分，请假（不含调休）每半天扣××分，旷工每半天扣××分。 2.月度考核得分 100分制，考核项目分为固定考核项与随机调整项，其中固定考核项有五项，共占比××%。 （1）固定考核项 A.门店回款任务完成率占比××% 门店回款任务完成率=门店销售回款额/门店回款任务×100% 未完成多少比例，扣除该项未完成比例的考核分。 B.商场部回款任务完成率占比××% 商场部任务完成率=商场部销售回款额/商场部回款任务×100% 未完成多少比例，扣除该项未完成比例的考核分。 C.总体进店客流成交率占比××% 总体进店客流成交率=成交客流数/进店客流数×100% 达到××%的，该项得满分； 达到××%～××%的，该项得××%； 低于××%的，该项不得分。 D.商场部客户档案录入（进店客流、客户电话、客户来源、客户需求录入率各占××%，共计××%） 进店客流录入率=（有记录的客流数/进店客流总数）×100% 客户电话录入率=（记录电话的客流数/有记录的客流数）×100% 客户来源录入率=（记录来源的客流数/有记录的客流数）×100% 客户需求录入率=（记录需求的客流数/有记录的客流数）×100% 进店客流录入率要求××%，客户电话、客户来源、客户需求录入率不低于80%，每有一子项不达标，扣除该子项得分。 E.销售服务投诉占比××% 每有一次因销售问题产生的客户投诉，扣××%。 （2）随机调整项 根据当月工作计划调整，共占比××%。

续表

考核岗位	考核方案
商场部主管	3.销售提成 A.按照总部统一制订的提成方案执行； B.所有提成以送货完毕并收完全款为准，提成每月结算一次。如遇客户退货，财务应及时将客户退货额从回款中扣除，不得计算提成。 4.奖金 工龄奖金+全勤奖金（按公司人力资源部统一规定执行） 三、任职要求 1.门店每半年对商场部主管业绩进行考评，商场部半年的回款总额无法达到公司规定回款定额目标的××%，总部将对其进行岗位调整或予以解聘； 2.店面形象和商场部管理工作未出现重大问题； 3.客户服务满意度高，未出现重大客户投诉
导购	一、薪资计算公式 薪资=底薪×考勤得分%+绩效金×考核得分%+销售提成+奖金 二、各薪资项目说明 1.月度考勤得分 100分制，迟到、早退每次扣××分，请假（不含调休）每半天扣××分，旷工每半天扣××分。 2.月度考核得分 100分制，考核项目分为固定考核项与随机调整项，其中固定考核项有五项，共占比××%。 （1）固定考核项 A.门店回款任务完成率占比××% 门店回款任务完成率=门店销售回款额/门店回款任务×100% 未完成多少比例，扣除该项未完成比例的考核分。 B.商场部销售任务完成率占比××% 商场部任务完成率=商场部销售回款额/商场部回款任务×100% 未完成多少比例，扣除该项该比例考核分。 C.总体进店客流成交率占比××% 总体进店客流成交率=成交客流数/进店客流数×100% 达到××%的，该项得满分； 达到××%～××%的，该项得××%； 低于××%的，该项不得分。 D.个人客户档案录入（进店客流、客户电话、客户来源、客户需求录入率各占××%，共计××%） 进店客流录入率=（有记录的客流数/进店客流总数）×100% 客户电话录入率=（记录电话的客流数/有记录的客流数）×100% 客户来源录入率=（记录来源的客流数/有记录的客流数）×100% 客户需求录入率=（记录需求的客流数/有记录的客流数）×100% 进店客流录入率要求××%，客户电话、客户来源、客户需求录入率不低于××%，每有一子项不达标，扣除该子项得分。 E.销售服务投诉占比××% 每有一次因销售产生的客户投诉，扣××%。

续表

考核岗位	考核方案
导购	（2）随机调整项 根据当月工作计划调整，共占比××%。 3.销售提成 A.按照总部统一制订的提成方案执行； B.所有提成以送货完毕并收完全款为准，提成每月结算一次。如遇客户退货，财务应及时将客户退货额从回款中扣除，不得计算提成。 4.奖金 工龄奖金+全勤奖金（按公司人力资源部统一规定执行） 三、任职要求 1.试用期内连续两个月签单低于个人销售目标予以解聘； 2.转正后连续三个月回款低于个人回款目标或连续三个月排名末位的，予以警告，第四个月仍不达标予以调岗或解聘； 3.连续两个月客户档案录入考核得分低于××%，予以调岗或解聘； 4.客户维护不及时、到位，出现重大客诉，予以调岗或解聘
客服跟单	一、薪资计算公式 薪资=底薪×考勤得分%+绩效金×考核得分%+奖金 二、各薪资项目说明 1.月度考勤得分 100分制，迟到、早退每次扣××分，请假（不含调休）每半天扣××分，旷工每半天扣××分。 2.月度考核得分 100分制，考核项目分为固定考核项与随机调整项，其中固定考核项有四项，共占比××%。 （1）固定考核项 A.门店回款任务完成率占比××% 门店回款任务完成率=（门店销售回款额/门店回款任务）×100% 未完成多少比例，扣除该项未完成比例的考核分。 B.产品下单与物流配送考核占比××% 因个人疏漏、协调不力等原因导致下单和配送延误，出现客户投诉的，每次扣××%；个人原因导致退单的，扣××%。 C.库存查询、清点与核对考核××% 不能实时跟进了解仓库库存，导致不能及时查询或造成销售和配送问题的，每次扣××%。 D.客户售后服务与回访任务占比××% 不能有效处理客户投诉并完成规定的售后回访任务的，每次扣××%。 （2）随机调整项 根据当月工作计划调整，共占比××%。 3.奖金 工龄奖金+全勤奖金（按公司人力资源部统一规定执行） 三、任职要求 1.产品下单与物流配送考核连续两个月不得分的，予以警告，第三个月仍然不得分，予以调岗或解聘；

续表

考核岗位	考核方案
客服跟单	2.库存查询、清点与核对考核连续两个月不得分的，予以警告，第三个月仍然不得分，予以调岗或解聘； 3.客户回访工作完成率连续两个月不达标的，予以调岗或解聘； 4.接听电话态度不好引起客户投诉达到三次的，予以调岗或解聘；造成影响公司和门店形象的重大问题的，予以解聘
安装工	一、薪资计算公式 薪资＝底薪×考勤得分%+绩效金×考核得分%+送货提成+奖金 二、各薪资项目说明 1.月度考勤得分 100分制，迟到、早退每次扣××分，请假（不含调休）每半天扣××分，旷工每半天扣××分。 2.月度考核得分 100分制，考核项目分为固定考核项与随机调整项，其中固定考核项有三项，共占比××%。 （1）固定考核项 A.门店回款任务完成率占比××% 门店回款任务完成率＝（门店销售回款额/门店回款任务）×100% 未完成多少比例，扣除该项未完成比例的考核分。 B.安装技能与水平占比××% 在安装或售后维修过程中出现因安装工技术问题或疏忽大意导致安装不到位或产品损坏，产生客户投诉或其他形式的产品售后的，每次扣××%。 C.服务态度、对外形象占比××% 出现因安装工服务态度差、安装马虎或未对客户其他设备进行必须的保护，被客户投诉的，每次扣××%。 （2）随机调整项 根据当月工作计划调整，共占比××%。 3.送货提成 按照总部统一制订的提成方案执行。 4.奖金 工龄奖金+全勤奖金（按公司人力资源部统一规定执行） 三、任职要求 1.不能有效完成安装和售后维修任务，连续两次出现因技术问题或工作疏忽大意导致客户投诉或产品损坏的，予以警告，第三次出现较大工作疏漏或导致严重后果的，予以调岗或解聘； 2.不能有效维护公司品牌和门店形象，服务态度不好，连续两次导致客户投诉的，予以警告，第三次出现客户投诉或导致严重后果的，予以调岗或解聘
市场部主管	一、薪资计算公式 薪资＝底薪×考勤得分%+绩效金×考核得分%+销售提成+奖金 二、各薪资项目说明 1.月度考勤得分 100分制，迟到、早退每次扣××分，请假（不含调休）每半天扣××分，旷工每半天扣××分。

续表

考核岗位	考核方案
市场部主管	2.月度考核得分 100分制，考核项目分为固定考核项与随机调整项，其中固定考核项有两项，共占比××%。 （1）固定考核项 A.门店回款任务完成率占比××% 门店回款任务完成率=（门店销售回款额/门店回款任务）×100% 未完成多少比例，扣除该项未完成比例的考核分。 B.市场部销售任务完成率占比××% 市场部回款任务完成率=（市场部回款额/市场部销售任务）×100% 市场部回款额：通过市场部开展的店外活动如小区、团购、电话营销、展会、分销等产生的回款额及其引流进店的客户产生的回款额。 未完成多少比例，扣除该项未完成比例的考核分。 （2）随机调整项 根据当月工作计划调整，共占比××%。 3.销售提成 A.直接进行销售产生的提成按照总部统一制订的提成方案执行； B.引流到店的客户给予销售额××%的引流提成； C.所有提成以送货完毕并收完全款为准，提成每季度结算一次。如遇客户退货，财务应及时将客户退货额从回款中扣除，不得计算提成。 4.奖金 工龄奖金+全勤奖金（按公司人力资源部统一规定执行） 三、任职要求 1.门店经理每季度对市场部主管业绩进行考评，市场部产生的季度回款总额无法达到任务目标的××%，总部将对其进行岗位调整或予以解聘； 2.店外活动及品牌推广工作井然有序，未出现重大工作不到位的情况； 3.部门日常管理工作井然有序，未出现重大工作不到位情况； 4.客户服务满意度高，未出现因市场部疏忽造成的重大客户投诉
市场专员	一、薪资计算公式 薪资=底薪×考勤得分%+绩效金×考核得分%+销售提成+奖金 二、各薪资项目说明 1.月度考勤得分 100分制，迟到、早退每次扣××分，请假（不含调休）每半天扣××分，旷工每半天扣××分。 2.月度考核得分 100分制，考核项目分为固定考核项与随机调整项，其中固定考核项有三项，共占比××%。 （1）固定考核项 A.门店回款任务完成率占比××% 门店回款任务完成率=（门店销售回款额/门店回款任务）×100% 未完成多少比例，扣除该项未完成比例的考核分。

续表

考核岗位	考核方案
市场专员	B.市场部引流销售任务完成率占比××% 市场部回款任务完成率=（市场部回款额/市场部销售任务）×100% 市场部回款额：通过市场部开展的店外活动如小区、团购、电话营销、展会、分销等产生的回款额及其引流进店的客户产生的回款额。 未完成多少比例，扣除该项未完成比例的考核分。 C.个人客户档案录入（进店客流、客户电话、客户来源、客户需求录入率各占××%，共计××%） 进店客流录入率=（有记录的客流数/进店客流总数）×100% 客户电话录入率=（记录电话的客流数/有记录的客流数）×100% 客户来源录入率=（记录来源的客流数/有记录的客流数）×100% 客户需求录入率=（记录需求的客流数/有记录的客流数）×100% 进店客流录入率要求××%，客户电话、客户来源、客户需求录入率不低于××%，每有一子项不达标，扣除该子项得分。 （2）随机调整项 根据当月工作计划调整，共占比××% 3.销售提成 A.直接进行销售产生的提成按照总部统一制订的提成方案执行； B.引流到店的客户给予销售额××%的引流提成； C.所有提成以送货完毕并收完全款为准，提成每季度结算一次。如遇客户退货，财务应及时将客户退货额从回款中扣除，不得计算提成。 4.奖金 工龄奖金+全勤奖金（按公司人力资源部统一规定执行） 三、任职要求 1.连续三个月无法积极完成上级领导分配的引流任务或渠道拓展任务的，予以警告，第四个月仍未按规定完成任务，予以调岗或解聘； 2.连续两个月客户档案录入考核得分低于××%，予以调岗或解聘； 3.客户维护不及时、到位，出现重大客诉，予以调岗或解聘
策划	一、薪资计算公式 薪资=底薪×考勤得分%+绩效金×考核得分%+销售提成+奖金 二、各薪资项目说明 1.月度考勤得分 100分制，迟到、早退每次扣××分，请假（不含调休）每半天扣××分，旷工每半天扣××分。 2.月度考核得分 100分制，考核项目分为固定考核项与随机调整项，其中固定考核项有五项，共占比××%。 （1）固定考核项 A.门店回款任务完成率占比××% 门店回款任务完成率=（门店销售回款额/门店回款任务）×100% 未完成多少比例，扣除该项未完成比例的考核分。

续表

考核岗位	考核方案
策划	B.市场部销售任务完成率占比××% 市场部回款任务完成率=（市场部回款额/市场部销售任务）×100% 市场部回款额：通过市场部开展的店外活动如小区、团购、电话营销、展会、分销等产生的回款额及其引流进店的客户产生的回款额。 未完成多少比例，扣除该项未完成比例的考核分。 C.线下活动策划完善度占比××% 由上级领导评分，每次活动细节策划、人员调配、礼品物料准备、产品准备等方面，每出现一个影响活动全局的疏漏，扣××%。 D.广告画面制作水平占比××% 每次活动物料的画面提前上传品牌推广部审核并评分，总分××分，取当月均值作为该项得分。总部将不定期进行考察。 E.广告物料展示效果占比××% 由门店经理经理对广告物料展示效果进行评分，总分××分，取当月均值作为该项得分。 （2）随机调整项 根据当月工作计划调整，共占比××%。 3.奖金 工龄奖金+全勤奖金（按公司人力资源部统一规定执行） 三、任职要求 1.线下活动策划出现两次以上重大疏漏影响活动进程或公司声誉的，予以调岗或解聘； 2.第二次因文案和物料准备不及时导致活动氛围营造不到位，予以警告，第三次仍出现予以调岗或解聘； 3.第三次因策划原因导致活动未达到预期效果的，予以调岗或解聘
人力行政主管	一、薪资计算公式 薪资=底薪×考勤得分%+绩效金×考核得分%+奖金 二、各薪资项目说明 1.月度考勤得分 100分制，迟到、早退每次扣××分，请假（不含调休）每半天扣××分，旷工每半天扣××分。 2.月度考核得分 100分制，考核项目分为固定考核项与随机调整项，其中固定考核项有四项，共占比××%。 （1）固定考核项 A.门店回款任务完成率占比××% 门店回款任务完成率=（门店销售回款额/门店回款任务）×100% 未完成多少比例，扣除该项未完成比例的考核分。 B.门店人员、环境、安保等对外形象占比××% 出现因人员、环境、安保等问题影响门店或品牌形象的事件，每次扣××%。 C.行政物资管理与登记、合同管理与台账登记占比××% 管理出现疏漏、登记出现不及时、错误的，每次每项扣××%。 D.人员业绩考核排查、考核评分工作跟进占比××% 工作不到位、出现疏漏而被投诉或未能按时提交相关文件、报告，每次扣××%。

续表

考核岗位	考核方案
人力行政主管	（2）随机调整项 根据当月工作计划调整，共占比××%。 3. 奖金 工龄奖金+全勤奖金（按公司人力资源部统一规定执行） 三、任职要求 1. 不能有效管理门店人员形象、环境、安保等对外形象，检查出现较大工作疏漏，予以警告；第三次出现较大工作疏漏或导致严重后果的，予以调岗或解聘。 2. 不能有效针对行政物资、促销礼品、合同等进行管理与登记的，出现较大工作疏漏或不及时予以警告；第三次出现较大工作疏漏或导致严重后果的，予以调岗或解聘。 3. 不能有效管理门店内部行政事务，出现较大工作疏漏予以警告；第三次出现较大工作疏漏或导致严重后果的，予以调岗或解聘。 4. 不能有效处理门店外联事务（如相关审批、报备等），出现较大工作疏漏予以警告；第三次出现较大工作疏漏或导致严重后果的，予以调岗或解聘
备注	公司鼓励全员营销，若非销售岗位人员产生销售，参考导购提成方案计算提成

由于家具门店销售人员工作中常常涉及外出调研、测量，以及一些不可避免的加班行为，因此也需要建立有针对性的考勤制度。

家具门店销售人员考勤制度

一、当季度无病假、事假（含产假、护理假）、迟到、早退、旷工、代打卡、漏打卡等现象，且无任何违规处罚者，给予100元奖励，随月工资结算时一起发放。

二、因公外出需提前1天填写《员工因公外出办事条》，由部门领导审批，行政备案。

三、因紧急任务需要外出，无法填写《员工因公外出办事条》者，须于返回公司当日补办相关手续，由部门领导审批，行政备案。

四、因公外出如未及时提供外出办事条，按旷工处理。

五、加班应提前填写《延长工作时间申请表》，由部门领导审批，行政备案。

六、晚上加班开始打卡的时间与下午下班的打卡时间间隔半小时。

七、加班以小时为基本计算单位，申请的最小单位为1小时。

八、加班人员须在加班起始及终止时间打卡，如无相应考勤记录，不计算入加班时间。

九、如遇突发紧急事件需要临时加班，可于第二个工作日补办《延长工作时间申请表》。

十、如因特殊原因未能打卡者，填写《漏打卡说明》，由部门领导审批，行政备案并在考勤上进行处理。

7.7.4 家具门店员工的激励

激励是家具门店必要的团队管理手段。激发员工的积极性和上进心，鼓励员工做出优异的表现，这是激励的宗旨和中心意义。激励方式虽然各有不同，但激励原则却大同小异，关键在于捕捉不同员工的不同心理特征和个性思想，参照员工的不同表现和需求，恰如其分地实施激励，从而达到激励的最佳效果。具体来看，家具门店对员工进行激励的途径主要包括以下几个方面。

（1）目标激励

目标激励就是通过目标的设置来激发、引导员工的行为，使员工的个人目标与门店的整体目标紧密地联系在一起，以激励员工的积极性、主动性和创造性。

目标是行动所要达到的预期结果，是行为的一种诱因，具有诱发、导向和激励行为的功能。因此，适当的设置目标，能够激发人的动机，调动人的积极性。所以，家具门店团队管理的主要任务之一就是不断向员工提出具有诱惑力而又切实可行的目标，以凝聚人气，激励士气，让员工永远充满希望，使门店的业绩快速增长。

（2）情感激励

情感激励就是在门店员工正因失败而害怕受谴责的时候，给予原谅和开解，并给予鼓励。这样，员工才能更加深切地体验到失败本身的意义和价值，并从门店负责人的良苦用心中获得从头再来的信心和勇气。门店管理者不能居高临下地给员工讲一些大道理，以免给员工留下"站着说话不腰疼"的印象。

（3）信任激励

管理大师史蒂夫·柯维说："信任是激励的最高境界，它能使人表现出最优秀的一面。"信任是一种双向的关系，也就是我们所说的"将心比心"。信任体现了门店负责人对员工的尊重和关心，只有充分信任员工，才能赢得员工的心，使员工感受到归属感和认同感，感受到自己对门店的巨大价值，从而焕发出熊熊燃烧的工作热情。

（4）期望效应激励

期望效应，是指要想使一个人发展得更好，就应该向他传递积极的期望。期望对人的影响是巨大的，积极的期望可以促使人向好的方向发展，而消极的期望则会使人向坏的方向发展。通俗地说，期望效应就是："说你行，你就行；说你不行，你就不行。"

在一个门店中，如果门店负责人善于对员工寄予厚望，善于赞美员工，就会使员工很开心、很快乐，从而提升他们的主人翁意识和强烈的进取精神，这样一来，员工在各方面的表现就可能是优秀的；反之，员工的表现则可能差强人意，甚至是糟糕的。因此，门店负责人要善于运用期望效应鼓励员工，从面起到有效的激励作用。

（5）竞争激励

在一个组织内部，竞争是客观存在的，在正确思想的指导下，这种内部竞争能增强组织成员的内聚力，激发组织成员的积极性，从而提高工作效率；能增强组织成员的智力效应，使组织成员的注意力集中，群策群力；能缓和组织内部的矛盾，增强组织成员的集体荣誉感。因此，门店的负责人有必要将这种竞争引入到门店内部，使之成为激励员工的一种手段。

要想成功实施竞争激励法，必须为员工提供公正公平的竞争机会，力求让每个员工都能尽情展现自我才能。对于在竞争中脱颖而出的员工，门店负责人要及时给予他们"胜利的果实"，例如晋级、加薪等；对于在竞争中暂时落后的员工，也要及时给他们打气，并给予他们合理的指导或沟通，这样才能激起他们继续前进的勇气和积极进取的心态，从而达到门店所有员工的全面进步，这便是竞争激励的终极目标，也是竞争激励的核心所在。

7.7.5 家具门店人员的培训

培训是指一定组织为开展业务及培育人才的需要，采用各种方式对员工进行有目的、有计划的培养和训练的管理活动。家具门店对员工进行培训，主要是开展员工技能培训与员工素质培训。员工技能培训主要是针对员工所在的岗位需求，开展岗位能力培训，使员工能够更快掌握该岗位所需的技能；员工素质培训主要包括心理素质、个人工作态度、工作习惯等方面的素质培训。

有效的培训能够给家具门店和家具企业的发展带来积极的影响，不但能够实现员工个人业绩的提升、有利于个人职业生涯发展，还有助于提高团队合作的默契，为门店和企业整体计划的完成提速。

就家具门店的实际来看，培训主要可以划分为两类，即入职培训与常规培训。

（1）入职培训

入职培训，是家具门店对每一个新加入的员工开展的培训。

入职培训的内容主要包括：

① 家具门店和企业的基本情况。例如家具企业和门店的发展历程、所获荣誉、管理人员、企业文化等。

② 家具门店和企业的管理制度。主要包括门店和企业的组织架构、职能划分、人事、行政、财务方面的基本制度等。

③ 员工职位的工作流程。主要包括员工的主要工作任务、权利与责任、门店内各种产品和设备的操作方式、业务开展的各项流程等。

④ 职位所需的专业知识。对于家具门店的员工来讲，主要就是家具相关的专业知识，例如家具风格、家具材料、家具保养、家具安装等方面的内容。

⑤ 员工任职的行为规范。主要是对员工工作提出的一些要求，例如考勤要求、形象要求、工作方式要求等，往往是家具企业和门店突出服务水平的体现。

⑥ 员工任职需要协调的关系。主要包括员工的汇报对象、需要直接指挥的下属、共事的同部门员工、工作需要对接的其他部门员工等。

⑦ 员工必备的安全知识。主要包括在家具门店内操作各类产品、设备应注意的安全事项、面对突发状况时的处置措施等。

新员工入职培训的目的主要体现在几个方面：让新员工对家具门店和所属的企业具有更加深入的认识；让新员工迅速熟悉自己职位，初步具备相关的专业知识；让新员工感受到门店和企业对他的欢迎，让员工获得归属感，从而更快地适应工作环境。

对于规模较大的家具企业而言，新员工培训往往由总部人力资源部统一组织，每年开展1~2次，这种形式的培训通常持续1~2周，培训内容丰富、形式多样，对新员工产生的效果较好，但同时费用相对也比较高，并且会占用较多的时间；对于一般的家具门店来讲，新员工培训一般由门店负责人及主要管理人员开展，形式主要是言传身教，培训的时间较为碎片化，并且总时长也比较短，内容也比较零散，许多内容都难以在新员工培训期间进行传授，需要新员工快速上手开展工作，并在工作中逐步摸索。

（2）常规培训

家具门店的常规培训，就是在日常经营过程中，利用完成工作的空余时间对员工开展的培训活动。

家具门店常规培训的内容主要包括：

① 基本素质培训。主要涉及接待礼仪、基础软件使用、管理能力方面的培训，着力于提高家具门店员工的基本素养。

② 职业技能培训。主要针对家具门店中的一些技术岗位开展，包括提供给家具安装和售后人员的产品安装、维修和保养培训，为设计师和一般销售人员开设的设计软件、软装搭配、销售技巧方面的培训，为活动策划、市场拓展人员提供的平面设计、活动运营方面培训等。

③ 产品培训。家具门店的产品培训主要是在有新产品进入门店时开展，主要包括产品材质、设计风格、功能特点、销售话术等。

④ 企业战略培训。企业战略培训的主要内容是家具市场的发展情况、企业的市场营销计划、企业的重点发展方向等，一般在企业年度计划出台之后就开展。通过企业战略培训，企业的市场营销战略和营销计划就能够很快实现从顶层到基层的贯通，从而增强员工的凝聚力，上下一心达成营销目标。

⑤ 安全知识培训。安全是家具门店经营的重中之重，因此安全作业、应急处置等内容也是常规培训的重要一项。

家具门店的常规培训有助于增强员工对门店、企业的归属感和责任感，推动基层员工与管理人员之间的双向沟通，提高员工的综合素质和职业素养，进而提高工作效率，更好地适应家具市场的变化。

常规培训一般一年要开展 1~2 次，通常需要全员根据职位和需要选择参加。有的家具企业自身具备强大的培训队伍，就可以采用将某一区域内门店员工集中到一个地点的形式在一年内完成对全国所有家具门店的培训工作；对于门店特别多或者不具有培训队伍的家具企业，常规培训往往会聘请专业团队通过线上培训的方式来开展；还有一些家具企业，将全国各个门店的骨干员工集中到总部进行培训，再由这些员工到门店内部进行传授。

表7.20 某大型家具企业培训内容安排

类别	序号	内容	参与者	课时	形式	主讲人
入职培训	1	企业制度与企业文化	新员工	2	远程	总部人资
	2	办公软件基本应用	新员工	2	远程	总部人资
	3	岗前培训	新员工	2	面授	直接上级

续表

类别	序号	内容	参与者	课时	形式	主讲人
职业素养	4	企业战略	全体	2	远程	总部人资
	5	企业软件应用	全体	4	远程	总部IT
	6	接待礼仪	全体	4	面授	总部人资
	7	管理人员基本素质与能力提升	管理	8	面授	外聘讲师
	8	营销数据分析	管理	4	远程	外聘讲师
职业技能	9	产品安装与维修	安装、客服	4	面授	工厂
	10	家具材料与产品保养	全体	4	面授	工厂
	11	中式家具产品知识	管理、销售	4	远程	营销中心
	12	欧美家具产品知识	管理、销售	4	远程	营销中心
	13	北欧、地中海、现代家具知识	管理、销售	4	远程	营销中心
	14	软体家具与床垫知识	管理、销售	4	面授	营销中心
	15	定制家具基本知识	管理、销售	4	面授	营销中心
	16	家居建材基本知识	管理、销售	4	远程	营销中心
培训考核	17	基于不同岗位开展	全体	4	远程	总部人资

针对门店每一次开展的培训，还要对参加培训的学员进行调研，完成培训效果调查表（表7.21），对培训的效果进行评估，从而加强门店培训体系的建设，提高培训水准。

表7.21 家具门店培训效果调查表

___年___月___日

所属部门		姓名		岗位		
课程名称		培训学时		培训讲师		
调查项目						
序号	评估项目	一般		尚可		较好
		1	2	3	4	5
1	讲师授课技巧	□	□	□	□	□
2	讲师知识渊博程度	□	□	□	□	□
3	讲师职业素养	□	□	□	□	□
4	讲师授课内容丰富度	□	□	□	□	□
5	讲师授课内容实用性	□	□	□	□	□
小计得分						
你认为本次培训是否有利于提升工作能力						
你对本次培训课程的掌握程度如何						
你对本次课程有什么建议						

7.7.6 家具门店人员的冲突

在家具门店销售工作中，销售人员的个人销售额是衡量其工作能力的主要标准，也是计算其收入的主要依据，这就不可避免地引发各员工之间的利益矛盾和冲突，这些矛盾和冲突构成了家具门店最重要的内部不稳定因素。家具门店一定要密切关注团队内部潜在的或已经发生的冲突，努力找出冲突发生的根源，并积极采取措施加以处理。

7.7.6.1 防止冲突的方法

（1）达成共识

所谓共识，即团队成员共同认可的目标、信念。家具门店的管理者在决策过程中，一定要考虑大多数团队成员的立场，争取采取大家都认同的行动方案。因为只有在团体中每一分子的目标、理念及达成任务的决心都一致的情况下，才能领导门店团队做出最完美的行动。

（2）建立良好的沟通渠道

沟通不畅是导致团队内部冲突的重要原因之一。良好的沟通可以有效地将信息传达给对方，是一种双向互动过程。每个人都有与他人分享思想与情感的需要，有效的沟通能够使团队成员之间顺畅地互相表达思想情感与有意义的信息，从而有利于融洽团队成员之间的关系，对提高门店整体工作效率大有裨益。

（3）工作分配明确、稳定

当团队成员的工作内容定义十分明确，并能够被团队成员理解和接受时，团队冲突自然就不容易发生。而当工作任务不明确、不确定时，发生冲突的可能性最大。因此，在给团队成员安排工作时，一定要理清每个团队成员的工作内容和工作职责，尽量避免权责不清。

（4）强调组织经营理念及目标

家具门店不断地向团队成员强调门店的经营理念及目标，团队成员就有可能从大处着眼，以门店整体为重，从而为实现门店的经营目标团结协作，共同努力。

（5）让团队成员有参与的机会

在门店经营过程中，要尽可能多地采取民主化及共同参与的管理方法，让所有有关人员共同参与门店计划的讨论和制定，这样做一来可减少或避免团队中不必要的不和谐音符，二来有利于搜集各方意见，以便做出更客观、更科学的决策。

7.7.6.2 消除冲突的方法

（1）分离冲突双方

当冲突双方的工作联系不是很密切，相互影响也不大时，把冲突双方分开，例如排班错开、工作区域分离等。这种方法虽然不能彻底改变冲突双方原有的态度，但是却可以争取时间来解决双方的冲突，是最快速、最容易解决冲突的一种方法。

（2）当面调解

门店负责人可以把冲突双方召集在一起，让他们面对面地讨论分歧点，通过公开讨论的方式来寻求解决之道，并将各种不同的观点进行整理、比较和优化组合，尽可能地找出双方都能接受的解决冲突的方法。

（3）调整岗位

团队经过一段时间的发展可能会出现一些小团体、小山头，不同的群体往往有不同的态度和价值观。这时候，适当调整员工的岗位就显得尤为重要。通过这些调整，能够有利于员工之间相互了解并促进交流，部分员工很有可能因为环境的不同而改变其原有的态度或价值观。

（4）制定明确的规则

制定明确的规则可以有效减少冲突的发生。门店负责人有时候必须担任仲裁者的角色，以公平公正为原则，制定相应的规则，并以此做出裁判，避免偏袒行为的发生。

（5）增加资源并平均分配

如果是因为门店资源（比如客户资源）有限而引起的冲突，门店负责人应该积极想办法增加门店资源，以满足冲突各方的需求。具体的解决方案包括：让冲突各方共同分享有限的门店资源，制定公平合理的竞争规则等。一般来说，门店的资源应该平均分配，不能厚此薄彼。在资源平均分配的条件下，团队冲突自然会大大减少。

7.7.7 家具门店人员的离职

在家具门店的经营管理过程中，人员的流动是非常常见的现象。处理员工辞职是家具门店团队管理的重要工作之一。处理得当，有利于维护良好的门店团队氛围，而辞职的员工未来也有可能还有机会与家具门店展开合作；处理不当，可能会对其他团队成员带来影响，引发连锁效应。

7.7.7.1 处理员工辞职的步骤

① 收到员工的辞职申请后，应认真了解他辞职的原因，可以通过侧面打听了解，也可以通过直接谈话了解。有时候，员工辞职的原因就隐含在他递交的辞职信里，门店负责人完全可以通过仔细分析从中了解员工离职的原因。

② 同提出辞职的员工谈话，并事先拟好要问和要说的话，力争让员工畅所欲言，纠正误会，解决不满。每个辞职的员工在未来都可能成为其他门店的骨干力量，对门店的业务造成长远影响。

③ 对于因不是犯错误而辞职的员工，门店负责人要诚恳地欢迎和邀请他有机会再效力。这不论是对于人际交往还是工作合作方面都是百利而无一害。

④ 当一个十分优秀的员工提出辞职，应该先向他们了解辞职的原因是否是盲从跟风，然后向他们表明门店的立场，请他们再三考虑之后再做决定。

7.7.7.2 阻止骨干员工辞职的方法

（1）立即反应

门店负责人在收到门店不希望流失的关键员工的辞职申请后，应在最短的时间（建议5～10分钟）内做出反应，比如中止不太重要的会议或手头的日常工作等，因为任何延误都可能使员工辞职的决心更强，挽回的可能性更小。这种即时反应，旨在向辞职员工表明其在门店负责人心目中的地位比日常工作更重要，这一举动能在很大程度上减弱员工辞职的决心，有可能为门店挽回一个骨干员工。

（2）消息保密

骨干员工提出辞职后，门店负责人应严密封锁该员工辞职的消息，或尽可能将该消息控制在最有限的范围内，这对辞职员工本人和门店负责人双方都很重要。

（3）通知更高管理层

对于一些关键性职位人员的辞职，如销售主管的辞职，门店负责人要在第一时间通知更高管理层，以便共同商讨并及时做出挽回方案。

（4）倾听员工心声

骨干员工一旦提出辞职，门店负责人要立即找一个安静的环境，和该员工进行心贴心的交谈，并仔细倾听和做记录，以便找出其辞职的真正原因，然后针对该员工说明的原因对症下药，尝试寻找挽回的措施和方案。

（5）制定挽留方案

在了解了骨干员工辞职的真正原因之后，门店负责人接下来要做的事情就是在门店和企业政策、资源许可的范围内，制定一个针对该员工的挽留方案。首先，门店负责人要让辞职员工感觉到，他的离职对门店、品牌和企业来说是一件大事；其次，门店负责人要向员工诚心诚意表达出挽留之意，说明辞职员工的重要性及其工作的价值；最后，门店负责人要向辞职员工说明，门店和企业正在着手落实解决员工们所期望的一些问题。

（6）解决员工的问题

门店负责人应该切实帮助离职员工解决他们希望解决的问题，给他们制定切实可行的发展规划。只有给予他们这些真正的"实惠"，才有可能把他们挽留下来。

（7）赶走挖墙脚的人

许多员工的辞职是因为找到了能够给予更高待遇的"下家"，如果门店负责人已经成功挽留住了离职员工，就应该让该员工及时给他的下一家应聘单位打个电话，回绝对方提供的工作，这样可以断绝该员工的去路，对三方都有好处。

（8）防患于未然

无论最后能否挽留住离职员工，门店负责人都要静下心来想一想：找到问题的症结和思路，然后对症下药，提出整改措施，也就可以防患于未然了。

7.7.7.3 辞退员工的方法

对于不称职的员工，如果无法帮助其完善自我，走上正轨，那么就应该果断辞退。辞退不称职员工要讲究方式方法，必须考虑到因此可能对门店内外关系所造成的损害，并尽量将损害程度降到最低。

（1）沟通必不可少

家具门店要想成功辞退一个员工，首先要做好事前的沟通工作。这种沟通不必拐弯抹角，而可以开门见山、直入主题。但在沟通过程中必须让员工明白辞退他只是因为工作做得不好，而不是他的人格有问题。即便他确实存在某些方面的缺点，也不能直截了当地批评，而应该委婉地指出，并根据他的实际情况给予真诚的建议，告诉员工他适合做什么，在什么样的岗位上能做得更好。

（2）健全门店考核制度

许多家具门店之所以难以辞退不称职员工，就是因为门店考核制度不健全，辞退员工时找不到令人信服的理由，让人认为是因为没有与门店负责人处理好关系造成被迫离开。通过完善的考核制度，就能够定期对员工进行评估，并对每个员工建立考核档案，这样就能够以令人信服的标准来判断员工是否称职，而考核制度对每个员工来说都应一视同仁、不偏不倚。

（3）让员工主动辞职

让不称职员工主动提出离职，是家具门店辞退员工的最佳方法，既可以减少不必要的解聘成本，又能够顾全员工的颜面。如果门店的管理者还能够申请付给员工适当的补偿，并尽力帮助他寻找新的工作，那么日后相处起来也会更为融洽。

（4）调整员工的岗位

很多家具门店常常有一些"元老级"的员工，对门店很忠诚，但是其能力无法满足门店发展的需要，这时候就应当考虑调整他们的岗位，而不是辞退他们。较高的忠诚度和对门店、品牌的了解程度都有助于他们继续积极发挥对门店的贡献作用，只是他们需要一个更为合适的岗位来提供发挥能力的平台。

（5）处理好善后事宜

被辞退员工离开以后，门店负责人一定要注意"善后事宜"的处理，要经常关注该员工的动向，并及时给予关心和帮助，如在他有困难时给予指导和帮助，当他在新工作岗位上做出成绩时给予由衷的赞扬等。这对门店、企业的口碑及内部员工的稳定都有很大的益处。

8 家具市场营销的新方向

8.1 体验式营销

8.2 个性化营销

8.3 文化营销

8.4 跨界营销

8.5 社群营销

8.6 爆品营销

8.7 电子商务

8.8 新媒体营销

8.9 全渠道营销

8.10 大数据营销

8.11 人工智能营销

近几年来，科学技术与社会经济的快速发展，加速了市场营销的发展步伐，特别是在信息时代下，以计算机技术为代表的新兴技术将许多曾经的不可能变为可能，一个一个传统行业在互联网的浪潮下被重构，众多传统行业正面临着前所未有的剧变。在这样的背景下，家具的市场营销也走上了飞速发展的快车道，家具营销模式迎来了史无前例的大变革，一系列新思维、新方法、新模式被创立并应用到家具的市场营销中，给家具行业产生了深远的影响。

8.1 体验式营销

8.1.1 体验式营销的基本理念

体验式营销最初由美国战略地平线 LLP 公司创始人小约瑟夫·派因（B. Joseph Pine II）与詹姆斯·吉尔摩（James H. Gilmore）于 1998 年提出。他们对体验营销的定义是：从感官、情感、思考、行动、关联五个方面重新定义，设计营销理念。消费者消费时是理性与感性兼备的，消费者在消费前、消费中、消费后的体验，是研究消费者行为与企业品牌经营的关键。

从现代营销的角度来看，体验式营销是通过看（see）、听（hear）、用（use）、参与（participate）的手段，充分刺激和调动消费者的感官（sense）、情感（feel）、思考（think）、行动（act）、关联（relate）等感性因素和理性因素，重新定义、设计的一种思考方式的营销方法。这种思考方法突破了传统的"理性消费者"的假设，认为消费者兼具理性和感性，消费全过程中的体验才是决定消费者购买行为的关键。

消费形态随着经济演进的过程已经经历了三个阶段，即农业经济、工业经济、服务经济，随着科技和信息产业快速发展，消费者对消费过程提出了更高的要求，体验经济于是应运而生。在体验经济时代下，企业的生产经营活动开始出现了四个方面的变化：

① 以体验为基础，开发新产品、新活动；
② 强调与消费者的沟通，并触动其内在的情感和情绪；
③ 以创造体验吸引消费者，并增加产品的附加价值；
④ 以建立品牌、商标、标语及整体意象塑造等方式，取得消费者的认同感。

家具产品由于存在大体量、高价值、长周期、低关注度等特点，消费者在购买时通常都会比较慎重。过去的家具消费者对于材质、品质、风格等理性因素关注度较高，具有良好材质和品质，并且符合消费者基本审美观的家具产品往往不愁销路。然而，随着家具市场供求矛盾逐步缓解，产品同质化现象逐步加剧，人们选择家具产品的余地也在不断增加。当前，既强调产品本身的品质，又重视消费过程的年轻一代正在形成强烈的家具购买力，家具企业要想从日益同质化的竞争环境中突围，吸引年轻消费者的目光，体验式营销就是一条值得重视的思路。

家具领域的体验式营销，主要体现在两个方面，即陈列展示的体验式营销和交易过程的体验式营销。

8.1.2 陈列展示的体验式营销

陈列展示的体验式营销,是指家具产品通过各种不同的陈列和展示方法,为消费者提供良好的购物体验,从而促使消费者形成良好的感性认识,进而推动其产生实质的消费行为。

当前,家具企业在体验式陈列展示方面进行了许多尝试,也收到了良好的效果。

8.1.2.1 样板间

样板间是家具企业最为常用的体验式陈列展示方式。不同于大型商场将产品分类堆叠展示(图8.1),而是依据展厅形状划若干个小区域,每个区域大小与目标消费群体的房间基本相同,在这些区域内按照家具产品的风格进行装修,按照房间的功能布置相应的家具产品,如客厅空间内摆放沙发、茶几、电视柜、角几等产品一套,卧室空间内摆放一张床、两个床头柜、一个大衣柜以及一套梳妆台等。

图8.1 家具产品分类堆叠展示

在绝大多数情况下,家具产品成套展出时带给消费者的代入感和冲击力明显高于单件展出,对于美式、新中式等一些风格的家具产品,如果只是单件陈列,那么就只能体现出产品本身的材质、工艺等理性属性,一旦将其成套摆放在相应的装修中并配上合适的软装,那么美式家具的富丽堂皇、新中式家具的禅意这些感性的内容就能够被展现得淋漓尽致,消费者走进这样的样板间,就能够感受到扑面而来的生活气息,仿佛置身于采用这样一些家具产品构成的家中,很容易引起消费者内心的共鸣。

在家具展厅内依据平面区域划分空间构建样板间是目前家具门店应用最为广泛,也是最为基础的体验方法,在条件更为优越的家具门店,还可以采用几种更为高级的方式:

① 对于面积足够大的家具门店,在特定的时期可以针对周边楼盘的主要户型,专门在展厅内采用轻钢龙骨隔墙搭建样板间,完全根据真实居住环境来进行简单装修,再置入家具、软装,这样形成的样板间就更加真实(图8.2)。

图 **8.2** 家具门店内的样板间

② 对于供应链整合能力较强的家具企业，在设置样板间的过程中可以整合装修和软装资源，在样板间内完全参照家庭装修和软装配饰的标准进行模拟，并测算好总体的价格、产品或服务清单等，这样消费者在样板间中体验到的不仅仅是整体感觉，更是可以直接复制到自己家中的蓝本。

③ 对于一些资金雄厚的家具企业，在主攻某一个具体小区的楼盘时可以直接租用一套房屋作为样板间（图 8.3）。一方面，房屋本身就是楼盘中的某一个具体户型，该户型的其他业主可以直接照搬方案，其他业主也可以作为参考；另一方面，家具企业自身作为业主，在楼盘内开展宣传活动时也能获得更多的便利。在楼盘入住率达到一定的指标后，再退租撤出，装修和家具可以折价处理给原业主。

图 **8.3** 某家具企业在小区内运作的样板间

8.1.2.2 虚拟陈列

即借助信息技术，通过计算机、智能手机、VR 设备等，来陈列家具产品。

在家具领域，门店的空间始终是非常有限的，一个标准的家具门店面积只有 200~300 平方米，显然不能完整地展示一个系列的所有家具产品。传统的做法是通过图片、视频等方式向消费者展示没有陈列在展厅内的家具产品。然而家具产品图册上的图片都是家具企业在摄影棚或其他专门场地拍摄，存在过度美化、角度单一等问题，这也是导致消费者拿到实际产品后投诉货不对板的主要原因。

借助先进的设备和技术，能够将平面的图像展示提升为立体的模型展示，消费者在观摩家具产品时，不仅看到的是立体的家具，并且还可以根据需要进行任意转动，与其他家具产品组合形成空间等。通过这些新技术，一方面拓展了家具展厅的展示面积，几乎所有产品都能得到展示，另一方面消费者看到的是一个立体的、生动的、真实度非常高的家具形体。

虚拟陈列这种技术手段在家具陈列展示中应用最早的体现就是效果图展示。这是装修行业最为常用的展示方式。根据消费者的实际需求，将实现由家具企业提供的家具产品模型导入到专业的效果图软件中，并按照一定的空间布局进行摆放，然后布置好灯光、饰品等，最后进行渲染后生成图片。这种展示方式一定程度上能满足消费者观看产品展示的需求，并且能够针对不同消费者进行个性化设计。然而，这种方式对技术要求非常高，一般家具销售人都难以胜任；制作时间长，一张效果图通常需要制作数小时；渲染出来的效果图本身还是一张静态图片。这种展示形式多见于定制家具的销售，成品家具领域应用并不广泛。

随着技术的进步，一些新的虚拟陈列手段逐步在家具行业得到应用。

（1）全息投影（front-projected holographic display）

是利用干涉原理记录并再现物体真实的三维图像的技术。家具门店借助全息投影设备，就能够对单件家具产品从各个角度进行较好的呈现。但由于技术的局限性，全息投影呈现的效果真实度还存在明显的不足，对于空间整体效果的展示上还存在难度，因此，这项技术主要在艺术家具或家具设计作品这一特殊门类中应用。

（2）VR（virtual reality）

即虚拟现实技术。通过计算机来模拟虚拟环境，从而给人带来环境的沉浸感，这是目前家具行业应用较为广泛的一种虚拟陈列技术。借助专门的软件，导入消费者的户型图，在此基础上建立空间，设置装修配置，摆放家具产品和软装饰品，通过渲染形成一个个的场景。消费者通过 VR 眼镜，就能够置身于场景之中，获得沉浸式的体验。然而，VR 技术的应用同样面临成本过高的问题，目前的变通方法是：每一个空间内固定 1~2 个点位，通过云计算技术渲染全景效果图。这样，整个户型只需要不到 10 张全景渲染图即可，大大节省了实时渲染所需的硬件和计算成本。当前，国内市场上已经出现了多家具有影响力的家居 VR 虚拟展示服务商，通过这些企业的努力，一般家具销售人员经过一定时间的培训后，都能够在半小时以内的时间里为消费者完成 VR 效果图的呈现。通过这样的效果图，家具门店实际上就在很短的时间里以很低的成本帮助消费者完成了"预装修"，消费者能够直接体验到选定的家具产品摆放在自己家中时的真实效果（图8.4）。

图**8.4** 通过VR技术生成的空间效果图

（3）AR（augmented reality）

即增强现实技术。将虚拟信息与真实世界巧妙融合，将计算机生成的文字、图像、三维模型、音乐、视频等虚拟信息模拟仿真后，应用到真实世界中，两种信息互为补充，从而实现对真实世界的"增强"。增强现实技术在家具陈列展示方面的表现是一些家具品牌开发了自己的APP或者小程序，将其产品置于这些软件中，利用手机摄像头捕捉消费者的家庭环境，再通过技术手段将家具产品以合适的角度放置在捕捉到的画面中，这样就实现了在真实空间中的展示。这种方式对于成品家具的营销具有重要的意义，尤其针对后期补件的消费者来说，能够很好地满足他们的需求。

8.1.2.3 产品实验

通过在展厅内对家具产品进行实验的方式，来说明产品某一方面性能的优越。

随着人们生活水平的提高，对于家具产品品质的要求也在不断提高。但由于一般消费者平时对家具产品的关注度比较低，所以家具产品品质如何，消费者自己从产品参数等理性指标难以形成形象的认识，因此一些家具企业就通过在展厅内设置一些实验来让消费者直观地体验到产品的品质。

家具展厅内通过产品实验来增加消费者体验感的方法很多，这里举几个简单的例子。

① 为了证明家具产品是纯实木制造，真材实料，或者证明软体家具的品质过硬，经久耐用，家具企业通常将一些小件家具产品切割开，将切面展示给消费者观看（图8.5）。

图 8.5 将软体家具剖面展示给消费者观看

② 为了说明产品软包部分的耐用性，一些家具企业专门安装了试验设备，通过模拟正常使用场景下对家具软包的挤压、摩擦，并统计次数，通过数万甚至数十万次的挤压和摩擦，来说明产品的经久耐用。

③ 为了展示床排骨架的承载能力，一些家具门店通过现场安排员工若干人一起站立在床上，以此来说明在正常使用状态下，排骨架拥有足够的承受能力，打消客户的疑虑。

8.1.2.4 仓储式销售

对于一些自有物业的独立家具卖场，在营销过程中可以采用"前店后仓"或者"店仓一体"的营销模式，开展仓储式销售。

在这种模式下，消费者不仅能够通过展品得到场景化的家具产品体验，同时还能看到包装好的家具产品，并在购买后直接提货自行安装。这种模式的主要优势在于：

① 没有订货周期，消费者即买即提，不需要等待产品到货；

② 将原本包含在产品价格中的送货安装成本剥离出来，对于能够自行提货和安装的消费者，这些产品的价格就具有较大优势；

③ 仓储式销售给了家具门店更多展示品牌实力的机会，更容易获得消费者的认同。

仓储式销售的模式实现了家具产品的现货销售，但也对家具门店提出了较高的要求：

① 门店必须具备较大的面积作为仓库，基于这一原因，目前国内外所能见到的仓储式销售的家具门店多为自建物业，或者开设在租金较为低廉的城郊；

② 这种营销方式要求大量备货，这就占用了大量的资金成本，因此只有具有一定规模和实力的家具门店才能使用；

③ 要实现这种模式，对产品组合也有要求，过于复杂、安装难度较大、不能拆装的家具难以适应这种模式；

④ 由于消费者能够直接进入仓储区域，并且随时要提货，这就要求家具门店拥有良好的仓储环境、美观整齐且恰到好处的产品包装、科学的库存管理，这对家具门店的管理能力构成了巨大的考验。

8.1.3 营销过程的体验式营销

营销过程的体验式营销，是在售前、售中和售后三个环节，通过超出消费者预期的营销服务，来营造良好的消费体验。在这种营销服务中，消费者体验到的不是冷冰冰的商业行为，而是真正做到实处的消费者服务，彻底让消费者没有后顾之忧，消费者真正能够感觉到自己是家具品牌的尊贵客户，从而心甘情愿、安安心心地在这里购买家具产品。

（1）售前环节

售前环节从家具门店接触到消费者开始，到消费者下达订单并付款为止。这一阶段又可以细分为引流阶段与售前营销阶段。

引流阶段的目的是解决让消费者到店的问题。从体验式营销的角度来看，就要营造吸引人的体验方式，并且解决消费者的后顾之忧，那么首先就应当摒弃传统的令人反感的引流方式，如大面积的电话营销，而是采用发邀请函、大额优惠券、召开品鉴会、冷餐会、联谊活动等方式，吸引消费者主动报名参加。主动报名参加的消费者要比被动邀请的消费者通常会更加积极地参与体验活动。在邀请消费者到店时免费提供接送服务和简餐等，充分体现门店的诚意。

售前营销阶段，重要的是要让消费者能够体验到超过预期的接待服务：统一而与家具产品风格相适应的接待礼仪、着装、话术都是有必要的；接待过程中为消费者提供的茶水饮料、点心餐点需要与家具产品的档次相呼应；消费者携带的雨具有专门的包装和存放点，雨天消费者没有携带雨具的可以提供送客服务等。

此外，重视细节也是为消费者提供超预期服务的关键。试想，一个消费者第二次来到门店，销售人员马上能够认出这位消费者并且根据其上一次交流的情况进行针对性推荐，那么这位消费者一定会印象深刻。

（2）售中环节

售中环节是指消费者付款后到家具产品送到消费者家中并完成安装该工作的阶段。售中环节是家具行业特有的一个环节，这段时间完成的主要是家具产品的生产、运输、仓储、配送、安装等工作。

许多家具企业认为，这一阶段主要的工作在于家具工厂和门店，涉及消费者的只有安装环节，因此在这一阶段的客户服务方面不够重视，这就容易给消费者造成付款前后的巨大落差感。售中环节的服务，最为关键的是同消费者保持联系，让消费者了解这期间正在发生什么，知道自己的等待是有意义的。

售中服务具体体现在可以通过短信、公众号、**APP** 等媒介随时向消费者推送订购的产品的实时动态，在产品到达家具门店仓库后主动联系消费者确定送货安装时间，并提醒消费者上门安装时应做的准备。上门安装过程中，提前在客户家门框、墙角、地面上做好防护措施，穿戴鞋套、手套进入客户家。安装完成后对家具产品进行一次保养，并带走家具产品的包装材料，做好客户家的卫生。

（3）售后环节

售后环节是家具产品在客户家中完成安装后，客户实际使用的阶段。消费者在售后环节的体验，直接关系到他们对于家具品牌、门店最终的满意程度，好的体验会直接促使消费者向其他潜在消费者推荐产品。

这一阶段的客户服务工作的重点在两个方面，其一是处理消费者的投诉，其二是长期维护与消费者的良好关系。

正常情况下，处理投诉的原则是想方设法使消费者在满意的前提下尽量减少自身的损失。当然，要做到这一点，不仅需要良好的售后服务体系，还要对产品本身的品质、售前售中的提前告知等工作提出要求，否则为了营造良好的售后服务体验，门店可能会付出高昂的代价。

在长期保持与客户的良好关系方面，家具企业首先应该放弃将家具的销售当作一锤子买卖的错误观念。在一次家具销售完成后，家具门店一般都会获得消费者的许多信息，这些信息就是宝贵的财富。根据六度空间理论，任何两个陌生人之间的距离不会超过六个人，通过客户的人际关系网络来开展营销是效益最高的手段。因此家具门店应当思考如何运用手上的客户资料将客户运营起来，通过定期的老客户回访、家具知识普及、客户运营活动，让已购客户始终保持对门店和品牌的高关注度。客户正常使用产品过程中不间断地提供一些免费和付费服务，提高客户的忠诚度。

营销过程的体验式营销，就是不断通过超出消费者预期的服务，创造良好的购买体验。这种营销方式，不仅着眼于当前这一个消费者，而且放眼其人际关系网络，从而达到事半功倍的营销效果。

8.2 个性化营销

8.2.1 个性化营销的基本理念

个性化营销也称定制化营销，本是人类最原始的营销模式，其基本做法是量体裁衣式地为客户定制其所需要的合适产品或服务，是大批生产产生之前，企业所采用的最主要的营销方式。随着现代信息技术的发展和人们消费观念的升级，一方面交易成本大大降低，企业与客户之间的实时互动成为可能；另一方面年轻消费群体对于大批量标准化的产品越来越厌倦，更加希望产品能够根据自己的个性需求而实现差异化。在这样的背景下，个性化营销又开始成为具有竞争力的营销方式。

个性化营销把对消费者的关注、消费者的个性需求的满足及消费者的个性释放推到空前中心的地位。企业与市场逐步建立一种新型互动关系，建立消费者个人数据库和信息档案，与消费者建立更为个人化的联系，及时了解市场动向和客户真正需求，向客户提供一种个人化的销售和服务。客户根据自己需求提出产品性能要求，企业尽可能按客户要求进行生产，迎合消费者个别需求和品位，以生产者与消费者之间的协调合作来提高竞争力，以多品种、中小批量柔性生产取代过去的大批量生产。这有利于缩减中间环节，降低销售成本。不仅如此，由于社会生产计划性增强，资源配置接近最优，商业出现"零库存"管理，企业的库存成本也节约了。

个性化营销的目标体现在四个方面。

（1）高效发展新客户

发展一个新客户的成本已经越来越高，大面积撒网的获客方式越来越难以为继，在这样的情况下，企业需要能够精确进行目标客户定位，理解客户的需要和需求，策划和执行高效的营销活动，通过最恰当的营销渠道和沟通策略向客户传递正确的营销意图。

（2）提高客户忠诚度

个性化的客户服务通过营销与服务流程的优化，改善客户体验，从而提高客户满意度，降低客户流失率，并能通过整合的营销沟通策略来优化与客户的关系。

（3）维持客户占有率

让客户将更多的消费集中于该企业的产品和服务上，享用企业更多的产品与服务组合，或是提高客户在某一产品或服务上的消费水平。

（4）提高投资回报率

通过理解客户的生命周期价值，根据不同的客户价值来优化并控制产品与服务的提供成本，加强营销风险管理能力等，从而以较低的成本费用来满足消费者的需求，提高企业投资的回报率。

8.2.2　个性化营销的实施

消费者个性化的需求正在成为家具市场环境的主要特点，家具企业和家具门店需要具备面向不同消费者的差异化生产和营销能力，同时还要兼顾批量生产的需要。因此，家具企业需要在消费者的个性化需求和规模效益之间找到最佳契合点。家具企业开展个性化营销，应该逐步开展四个方面的工作。

（1）建立消费者数据库

个性化营销要求家具企业对目标消费者有深入、细致的调查和了解，掌握消费者的详细信息，并构建消费者数据库，这是开展个性化营销的前提条件。消费者信息应当尽量全面，不能只有姓名、年龄、性别等基础信息，而是应当包含家庭成员情况、生活习惯、个人爱好、特殊需要等各方面的信息，从而深入认识和了解消费者。

（2）消费者差异化

个性化营销相比传统的市场营销，更加重视消费者的差异化而不是产品的差异化。消费者的差异化，主要是指不同的消费者需求不同，对企业的价值也不相同。因此，在充分掌握目标消费者信息的前提下，企业应该合理区分不同消费者。首先，这种差异化对待能够使企业的个性化营销有的放矢，集中有限的企业资源来从最高价值的消费者群体获得最大的收益；其次，企业可以根据现有的消费者数据，调整生产经营行为，从而对消费者的需求做出及时的反应；最后，对现有消费者数据库进行一定程度和一定类型的差别化将有助于企业在特定的经营环境下制定合适的经营战略。

（3）目标消费者沟通

个性化营销需要同消费者进行点对点的沟通交流，显然传统的媒介已经不能满足需要，这就要求企业开发和运用新的沟通交流手段。随着信息技术的发展，涌现出以微信、QQ、微博为代表的许多沟通方式，大大便利了企业与消费者之间的交流，也大幅节省了企业触达消费者的成本。此外，一些企业还在这些软件的基础上结合自身实际进行深度开发，实现了这些软件与企业自身CRM系统的打通，从而对消费者进行更加科学的管理。

（4）企业经营的重构

针对目标消费群体的个性化需求，企业对现有生产经营过程进行分解，划分出相对独立的子过程，再进行重新组合，设计各种基本零部件或流程，以较低的成本组装各种各样的产品以满足客户的需求；采用各种设计工具，根据客户的具体要求，确定如何利用自己的生产能力，满足客户的需要，即为单个客户定制一件实体产品或提供定制服务。

8.2.3 家具企业的个性化营销

个性化营销在许多领域已经运作得比较成熟，并且取得了良好的经济效益。然而，在家具行业，个性化营销还停留在比较原始的阶段。

绝大多数家具企业的个性化营销仅仅出现在终端营销领域，具体表现形式为消费者到店后，对自身产品体系较为了解的销售人员基于消费者提供的户型图资料以及描述的个人和家庭需求，从产品体系中挑选出一些来为消费者组合成一套配套方案。如果单件产品本身的尺寸、材质等要素无法满足消费者的需求，就只能由工厂定做，不仅需要长达 2～3 个月的生产周期，还带来了 20%～30% 的加价，这样的"个性化"对于消费者而言显然代价过高。如何平衡家具产品个性化与成本问题，是家具行业一直以来研究的重要方向，在这一方面，许多家具企业也进行了探索。

8.2.3.1 配置个性化

在产品主要部分保持不变的情况下，实现一部分配置、参数的可变更、可选配、可删减或者可定制。这种做法是传统家具企业为了满足一部分消费者的个性需求，在产品开发阶段加入可变设计，实现个性化营销的简单易行的策略。典型的配置个性化包括：在家具产品自身的基础上，根据消费者的要求涂装不同的颜色或画面（图 8.6）；柜类家具根据消费者的实际需求一定程度上定制内部空间布局；提供可选配的零部件，加装后提供额外的功能；产品本身长短、宽窄、高矮等尺寸可以调节等。

图 8.6 某品牌儿童家具通过"变装"实现配置个性化

8.2.3.2 定制家具

工业化生产之前，人们使用手工工具根据客户的需求制作家具产品，这种模式被称为"打家具"，是家具定制的雏形。在工业化生产的时代，定制家具一般是指建立在信息技术和现代化生产制造基础上，根据每一位消费者的需求量身定做的专属家具。相比成品家具，定制家具的设计不仅是功能、技术和艺术的结合，还直接牵涉到生产与营销模式：生产上，定制家具以大规模定制为核心，其本质是以大规模生产的成本与效率来满足大众化定制时长的需求；营销技术上，定制家具的核心是互联网技术的应用，虚拟现实与电子商务是常用手段。

定制家具是家具个性化营销的代表，从营销流程可见一斑。定制家具的营销流程包括导购、量尺、设计、下单、生产、安装六个环节。

（1）导购

专业的家具销售人员向消费者介绍定制家具的各方面内容，使消费者了解定制家具产品。导购的内容主要包括家具的形式、功能、品质、材质、结构等内容。

（2）量尺

在消费者确定购买意向后，由专门的设计人员到客户家上门量尺，详细确定家具产品每一个方面的尺寸，以便满足客户住宅空间的需要。

（3）设计

专业的设计人员根据客户家庭成员构成、文化背景、个人偏好、生活习惯等，从专业的角度进行家具产品的初步设计，再约见客户进行深化调整，完善设计方案。

（4）下单

定制家具门店根据客户确认的设计方案，将图纸细化为生产文件，下单到工厂。

（5）生产

定制家具工厂根据门店提交的生产文件进行进一步拆单，细化为程序可识别的图纸，交由生产线进行生产。生产完毕后进行试装、打包。

（6）安装

定制家具门店安排人员送货到客户家，并现场进行安装和调试。

定制家具实际上就是利用大量的标准零部件，通过各种不同的尺寸规格和组合形式来满足不同客户不同户型、不同生活习惯的需求（如图 8.7 所示）。在定制家具的营销过程中，存在很多门店与消费者一对一交流和服务的环节，通过不断的沟通，消费者最终获得符合自己需求的个性化的产品。

图 8.7 个性化的定制家具

8.3 文化营销

8.3.1 文化营销的基本理念

文化营销是有意识地通过发现、甄别、培养或创造某种核心价值观念来达成企业经营目标的一种营销方式，旨在从分析消费者心目中对于文化需求更高层次着眼，在消费者生活质量得到提高、社会物质生活丰富的时代，消费者的价值和满足更多地偏向于对高层次文化的追求。这对于营销者提出了更高的要求，要求营销者必须将某种企业文化在产品传递过程中表达出来。只有当企业通过产品和服务所传递出来的文化与消费者的文化需求契合时，消费者的满意才能真正实现。

简单地说，文化营销就是利用文化力进行营销，把产品作为文化的载体，通过市场交换进入消费者的意识。它在一定程度上反映了消费者对物质和精神追求的各种文化要素。文化营销既包括浅层次的构思、设计、造型、装潢、包装、商标、广告、款式，又包含对营销活动的价值评判、审美评价和道德评价。它包括三层含义：

① 企业需借助于或适应于不同特色的环境文化开展营销活动；
② 综合运用文化因素，制定出有文化特色的市场营销组合；
③ 企业借助产品，将自身的企业文化推销给广大的消费者，获得消费者的广泛接受。
企业实施文化营销表现为以下三个层次。

（1）产品文化营销
包括产品的设计、生产、使用等方面，是价值观的实体化。

（2）品牌文化营销
涵盖了整个社会对品牌的信任和保护。消费者使用名牌的行为，反映了消费者的价值选择。企业创立名牌的过程，就是不断积累品牌文化个性的过程。当品牌竞争在质量、价格、售后服务等物质要素上难以突破时，给品牌注入文化内涵，其身价就不仅仅是物质因素的综合，竞争层次也就得到了提高。

（3）企业文化营销
企业文化营销的核心在于寻求为客户所接受的价值信条作为立业之本，从而促进客户对整个企业包括其产品的认同。

文化营销并不是喊口号，文化营销的形式与内容是辩证统一的关系，不能只抓形式而忽视了内容。例如只注重包装品牌形象，却不重视产品本身的设计和品质；广告宣传大量投入，但企业行为却与之不匹配等。缺少了内容的文化营销是徒有其表，绣花枕头。此外，从系统论的角度来看，企业文化营销所包含的企业文化建设、分析和识别不同环境的文化特点以及制定文化营销组合策略是一个三位一体的有机整体，不能只制定文化营销组合策略，缺乏另外两个方面的支撑，文化营销很难取得良好的效果。

8.3.2 家具文化营销的表现形式

从家具消费者的角度来看，家具企业的文化营销在消费者购买家具产品的过程中，不仅仅是带给消费者商业化的活动,还是精神上、文化上的盛宴,让消费者发自内心地感到愉悦,从而认同家具企业、品牌和产品。

家具企业开展文化营销可选的主要方向有三类。

(1) 家具历史文化

中国家具史源远流长,明式家具更是世界家具史上璀璨的明珠。在中国历史上,家具不仅仅是一个生活用品,还是一种文化符号。普通消费者对于家具文化普遍知之甚少,但兴趣却比较浓厚,因此在营销过程中适当进行家具历史文化输出,对于家具营销,特别是实木家具、新中式家具产品的营销具有非常好的效果。输出家具文化的主要形式包括设立展板,播放相关视频、音频,品牌推广过程中融入文化,设立木作体验区、开办家具文化讲堂等,主要内容包括木文化(图8.8)、榫卯结构、中国家具史、明清家具、红木等。

图 **8.8** 某家具门店开设的木作课堂

(2) 生活美学

随着人民生活水平的逐步提高,物质生活已经相对比较富足,大家开始追求精神层面的享受,这种转变带来了一场消费升级。消费者看中的不再仅仅是家具产品的功能,而同样重视家具产品的附加值,即能够给生活带来的美。生活美学是一种态度,强调生活的诗意,让平淡的生活变得灵动起来,是热爱生活的一种体现。家具是日常生活重要的组成部分,与家具相关的生活美学涵盖的内容非常广泛,因此也受到80后、90后年轻群体的欢迎。与生活美学相关的内容有软装配饰、绘画、插花、毛毡、皮作、烘焙等。

(3) 工匠精神

工匠精神是一种职业精神,它是职业道德、职业能力、职业品质的体现,是从业者的一种职业价值取向和行为表现。工匠精神的基本内涵包括敬业、精益、专注、创新等方面的内容。在制造业领域,工匠精神往往是设计巧妙、品质优良、经久耐用的代名词,这就使消费者对产品寄予了较高的期望。近年来,一些原创设计作品以及来自日本的精巧的木制家具爆红网络,就是因为人们从这些产品上看到了工匠精神,它对家具产品价值的提高具有非常重要的意义。家具企业以工匠精神作为文化营销的内容,可以从产品的选材、设计、工艺等方面着手进行宣传,也可以采用邀请消费者到家具工厂参观的形式。

8.4 跨界营销

8.4.1 跨界营销的基本理念

跨界营销是指根据不同行业、不同产品、不同偏好的消费者之间所拥有的共性和联系，把一些原本毫不相干的元素进行融合、互相渗透，进而彰显出一种新锐的生活态度与审美方式，并赢得目标消费者的好感，使得跨界合作的双方都能够得到利益最大化的营销。可以建立"跨界"关系的双方，一定是互补性而非竞争的关系。这里所说的互补，并非功能上的互补，而是客户体验上的互补。

随着市场竞争的日益激烈，产品功效和应用范围的延伸，各个行业间界限正在逐步变得模糊，在一个大范围内的行业之间早已是你中有我、我中有你。随着新一代消费群体的崛起，他们也已经不再仅仅满足于功能上的基本需求，而更加渴望体现一种生活方式或个人价值。产品同质化现象的加剧以及市场竞争的混乱，更是倒逼企业更加关注消费者的需求，并对消费者群体进行深入而精准的细分。在这样的背景下，一个企业依托单一的品牌、单一的产品组合已经独木难支，发展跨界营销也就成为了必然。

跨界营销很大程度上能够汇聚多个品牌、多种产品或者多个企业的优势，达到强强联合的营销效果，但要开展跨界营销，也具有一定的门槛。

① 跨界营销意味着需要打破传统的营销思维模式，避免单独作战，寻求非业内的合作伙伴，发挥不同类别品牌的协同效应。

② 跨界营销策略中对于合作伙伴寻找的依据，是客户体验的互补，而非简单的功能性互补，是以客户为核心的一种营销方式。

③ 跨界营销面向的对象是相同或类似的消费群体，因此企业在思考跨界营销活动时，需要对目标消费群体做详细深入的市场调研，深入分析其消费习惯和品牌使用习惯。

④ 跨界营销对合作的双方在营销能力上提出了很多挑战。由于跨界，企业需要考虑如何通过战略上的修正，整合不同企业、不同品牌、不同行业的优势资源，获得资源利用上的协同效应。

⑤ 当品牌成为目标消费者个性体现的一部分的时候，这一特性同样需要和目标消费者身上的其他特性相协调，避免重新注入的元素和消费者的其他特性产生冲突，造成品牌印象的混乱。

8.4.2 家具产品的跨界营销

近年来，许多行业通过品牌联名、共同投资、收购兼并等多种方式开展跨界营销，也取得了许多实效，尤其是在个性化标签非常明确的客户群体中收到了良好的反馈。在家具领域，跨界营销也在如火如荼地开展。

8.4.2.1 产品层面的跨界

家具企业在产品层面的跨界通常是以家具产品作为载体，承载其他品牌或者产品的外观、功能等因素，使产品具备两个领域的优势特征，从而针对性地吸引特定消费群体。

（1）家具 × 电器

家具与电器的跨界合作是近年来较为热门的跨界形式。信息技术多年来的发展，让当代年轻群体早已习惯了数字化、自动化的生活方式，家具与电器的结合，让家具产品摇身一变，成为了"智能家具"。除了家具原本的功能以外，由于电器的加入，大大丰富了家具的附加功能。例如同时具备冰箱、音箱、充电器等功能的茶几，具有消毒杀菌、恒温恒湿功能的衣柜和鞋柜，能够起到按摩作用的沙发，以及通过调节床垫形态、温度和软硬程度来帮助人们改善睡眠的智能床垫等。

（2）家具 × 文创

家具企业跨界文创领域是近年来兴起的新的跨界形式。家具企业本身具有精湛的加工技术、齐全的加工设备、丰富而优质的原材料，成为了跨界文创领域的有利条件。在消费升级的驱动下，一些家具企业瞄准当代追求高质量生活的年轻群体，以木质工艺品和木作为突破口，发展文创事业。尤其是以生产小件家具产品和北欧家具产品的企业，以及一些原创家具品牌在这方面卓有成效（图8.9）。

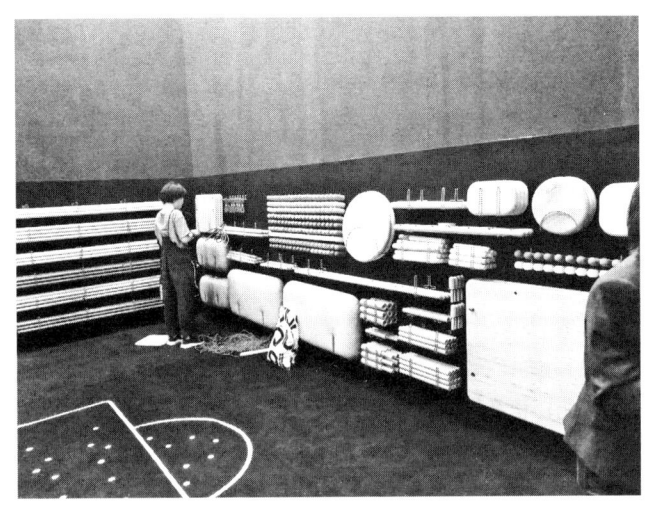

图 **8.9** 展会上的某文创家具产品

（3）家具 × 动漫

家具跨界动漫是随着80后、90后逐渐成为家具产品主要的消费群体而出现的跨界形式。家具产品在外观上借助热门动漫形象，能够打造以某个具体 IP 为主题的家居生活环境。这种跨界产品尤其能够俘获大批年轻刚需群体和儿童的目光，因此通常被一些现代风格家具企业、儿童家具企业所采用。

（4）家具 × 时装

家具与时装之间的跨界主要体现在品牌方面，例如在时尚设计展览中，将家具产品和时装放置在一起，相互映衬。此外，在家具设计过程中借鉴服装设计的经典元素，也是家具企业跨界服装的一种形式。这种跨界多见于高档、时尚的家具产品，引领家具设计的发展潮流。

8.4.2.2　上下游之间的跨界

在行业间相互渗透、融合发展的大环境下，处于大家居产业中游位置的家具行业也在不断地与上下游行业跨界发展。

（1）地产 × 家具

家具行业处于地产行业的下游，从地产商手中购买房产的消费者，通常接下来就要装修和购买家具，因此地产商手中的客户必然也就是家具产品的目标消费者。由于家具行业本身的准入门槛不高，从资源深度开发的角度出发，许多实力雄厚、品牌效应明显的地产企业纷纷组建自己的家具生产和营销团队，直接面向现成的客户群跨界开展家具营销。一方面实现了客户资源和企业资源的最大化利用，另一方面依托地产商的品牌背书，消费者相对也更加放心。

（2）装修 × 家具

由于添置家具通常是消费者紧接着装修开展的活动，并且大多数情况下装修风格与家具的风格之间存在相互制约的关系，因此装修与家具的结合出现得比较早。装修企业跨界家具的形式，可以是直接成立家具企业来研发、生产和销售自有的家具产品，也可以仅仅作为家具企业的一个分销渠道，只利用自身的资源进行家具的市场营销活动。装修企业跨界家具最大的优势在于能够将家具与装修风格进行匹配，并向消费者提供一站式服务，对于工作繁忙的消费者而言通常是一个巨大的便利。

（3）建材 × 家具

建材企业跨界家具，多出现在地板、护墙板、人造板等木质装饰材料企业上，发挥其原材料和加工能力的优势，大批量生产木质家具产品。这些企业的家具产品最大的市场优势在于材质良好，价格低廉，功能实用，因此受到中产阶层的广泛欢迎。

（4）软装 × 家具

软装即软装修、软装饰。相对于传统"硬装修"而言的概念。软装是在居室完成装修之后进行的利用可更换、可更新的产品进行的二次装饰。随着消费者生活品位的不断提高，软装设计也越来越受到重视，好的居室不仅需要良好的基础装修，也就是"硬装"，还需要改善生活氛围、提升审美品位的软装来搭配（图 8.10）。软装行业有一句常说的话："把房间倒过来，会掉下来的东西都是软装。"显然，家具也属于软装的范畴。对于一些生活档次较高的消费群体，以及展示家居生活氛围的样板间，在装修完成之后都会将剩余的工作交由软装设计师来完成，由设计师向业主提供一整套解决方案，这就给了软装企业整合家具资源创造了必要条件。

图 8.10　某品牌家具软装馆

(5)家具 × 家政

购买家具是置家过程中的重要步骤，家政是居家过程中的一项重要商业服务，看起来似乎关联不大。然而，家具产品在客户使用过程中通常需要清洁和保养，许多家具企业在客户服务项目中就包含了这样一项，这项工作同时又是家政服务的工作内容之一，这样，家具与家政之间就形成了关联。一些家具企业通过收购或合作的方式展开与家政行业的跨界，利用现有的客户资源，同时开展家具的售后服务工作并拓展家政业务。

(6)家具 × 智能家居

人工智能技术的蓬勃发展助力智能家居迎来了又一波高峰。智能家居产品已经被越来越多的消费者所接受。智能家居与家具产品的关联体现在两个方面：一方面，是一部分智能家居产品本身就是在传统家具产品基础上进行功能延伸的产物；另一方面，家具门店拥有智能家居企业最为羡慕和渴望的生活化展示场景——样板间。于是，家具企业跨界智能家居也就成为了必然。尤其是对于一些主营现代风格成品家具、适老家具、定制家具的企业而言，智能家居产品的布置提高了家具展厅的体验感，同时又有助于家具企业的客户运营，推动家具企业同客户保持长期良好的关系。

8.5 社群营销

8.5.1 社群营销的基本理念

社群，是一群有相互关系的人形成的网络，其中任何人要产生交叉的关系和深入的情感连接，才能被视为社群。社群有五个关键的构成要素，即许多营销学家所说的 ISOOC：

① 相同的爱好（Interest）。指的是对某种事物共同认可或行为一致，这是社群成立的前提条件。

② 一定的结构（Structure）。主要包括社群成员、交流平台、加入原则和管理规范等，是社群长期存活的保障。

③ 持续的输出（Output）。社群需要能够持续输出有价值的内容，这是社群生命力的重要指标。

④ 不断的运营（Operate）。通过持续不断的社群运营，建立起社群成员的仪式感、参与感、组织感和归属感，这样的社群才具有较长的寿命。

⑤ 可复制性（Copy）。社群核心的情感归宿和价值认同的可复制性决定了社群的规模。

社群营销就是基于相同或相似的兴趣爱好，通过某种载体聚集人气，通过产品或服务满足群体需求而产生的商业形态。社群营销是互联网时代的产物，将原先以流量为核心的营销方式转变成以"人"和"群"为本的营销方式，把场景化、小而美等多种针对性非常强的商业模式带到了企业面前，提高了企业的营销效率，拉近了企业与消费者之间的距离。

社群营销是一种涵盖市场调查、产品选择、人员组织、广告宣传、市场公关的全方位营销活动，是一种集宣传、推广、体验于一身的新兴营销渠道。社群营销的核心是"人"，产品和服务是次要因素，通过赋予品牌人格化的特征，企业可以使消费者保持对品牌的情怀。

社群营销最大的优势体现在三个方面，即：
① 以极低的成本实现利润的最大化；
② 以直击心灵的方式开展精准营销；
③ 以病毒式扩散的高效率口碑传播。

对于企业而言，社群营销的价值，就在于能够让消费者感受到品牌的温度，保持消费者的黏性，同时刺激产品的销售。

8.5.2 家具行业的社群营销

在高复购的快消品行业，社群营销已经出现了许多成熟案例，然而在耐用消费品领域，基于社群来开展营销的案例还不多。家具产品开展社群营销的难点主要表现在两个方面：其一是关注度低，消费者普遍对家具产品、家具品牌了解不多，购买家具以后很少有人会继续保持对家具产品的长期关注；其二是购买频次低，一般情况下，消费者购买家具产品的周期长达数年甚至数十年，因此在初次购买家具产品后的很长一段时间里消费者除了补充配套产品外都不会进行复购。基于这两方面的原因，许多家具企业将家具生意当成一锤子买卖，认为维持良好的客户关系没有太大的意义。

从产品的特征上来看，以家具为代表的耐用消费品在开展社群营销方面确实存在一些先天不足，但这并不意味着社群营销在家具领域没有发展前景。对于家具行业而言，社群营销价值最重要的体现在于传播。在当前家具门店单一客户的获客成本已经突破千元的背景下，如果能运用好社群营销这一法宝来展开宣传和引流，就能为家具企业节省大量的资金成本，将这些资金成本进一步用于回馈消费者，又能够更好地维持社群的运转。

家具领域的社群主要包括两种不同的类型：其一面向消费者开展优惠营销和知识普及的社群，其二是面向以设计师、工长、家具销售人员等专业人士的行业资讯、信息共享的社群。从家具市场的实际来看，正因为消费者对于家具的认知程度普遍较低，又希望自己能够以较为优惠的价格购买到合适的家具产品，所以在选择家具之前广泛参考亲戚朋友、小区内已购家具业主的意见，这就是面向消费者的社群创建起来的有利条件。以设计师、工长为代表的专业人员，手中握有家具企业最为渴望的客户资源，却苦于找不到合适的产品，他们也需要通过社群来实现与家具企业之间的对接，达到互惠互利的效果。

在家具领域，构建社群也应当从社群的五个关键组成要素方面考虑。

8.5.2.1 寻找共同目标

家具企业创建社群的首要步骤就是要准确定位社群成员共同认同的目标。如何精准定位这一目标，应当从社群发起人和社群参与者两个角度来进行分析。社群发起者希望通过社群得到什么，即建群的目的；社群参与者通过进群能够得到什么，即进群的动力。

（1）面向消费者的家具社群

家具企业建群的目的显然是希望能够通过社群多卖货、多传播。消费者参加这个社群的动力是希望能够以更优惠的价格获得可靠、环保、美观、实用的家具产品。因此，这一社群抓住的就是家具潜在消费者对于家具产品了解度不足的痛点，提供具体的产品信息和营销信息，为消费者实实在在地挑选好产品并节省开支。群成员之间互惠互利的点在于大家相互共享产品知识、营销信息。

（2）面向专业人员的家具社群

家具企业通常是以维持与这些专业人员的长期良好合作为建群目的，专业人员参加社群的目的在于更多地了解产品和企业，并通过社群运用手中的资源来换取收入。这种社群的核心就是要向专业人员提供可靠的产品、合适的价格以及必要的家具知识，与专业人员合作来争取到更多的客户成交。这样的社群之中，成员之间可以相互带单，互通有无，实现资源的优化配置，取得家具企业与专业人员的双赢。

8.5.2.2 规划社群结构

一个好的社群必须要建立起较为完善的社群结构，包括人员结构、社群规则等。

人员结构方面，家具领域建立起来的社群应当具有三级结构，即群主、管理员和普通参与者。群主应当具有一定的人格魅力，在某一方面能令人信服，并且有一定的号召力，能够吸引一批人加入社群；管理者需要具备良好的自我管理能力，有责任心和耐心，团结友爱，顾全大局，遇事从容淡定，能够利用社群载体的工具进行明确的赏罚；其他参与者需要尽量多元化，不能完全步调一致，只有来自不同职业、不同背景、不同层次的成员深度参与的多元化的社群才能激发整体的活跃度。

无规矩不成方圆，家具企业在建立社群过程中必须要拟定一些规则来约束成员，没有规则的社群必然会很快沦为死群或者广告群。主要的规则包括以下三个。

（1）引入规则

确定哪些人可以引入，通过什么方式引入，引入之后要做一些什么来帮助新人融入社群。

（2）交流规则

规定成员在社群中应该以什么样的方式来交流，分享资源时应当注意什么，什么内容是严格禁止的。

（3）淘汰规则

主要是避免社群盲目扩大，需要将那些一直保持沉默的、对社群贡献度很低的或者严重违反社群规则的成员清理出去。

8.5.2.3 开展社群运营

社群的运营需要借助一定的载体，即通过什么样的平台将社群成员聚拢在一起。家具领域的社群通常使用的载体包括两种：以微信为代表的即时通信软件，以APP和小程序为代表的企业自营软件。

（1）基于微信等即时通信软件运营社群

资料显示，微信在国内网民中的普及率已经超过90%，因此微信群是最主流的社群运营平台。从交流的便捷性考虑，面向消费者的家具社群几乎都应该建立在微信群的基础上，面向专业人员的家具社群以微信群为载体的也占大多数。虽然微信群的交流和传播非常方便，但其可开发程度比较低，并且相关资料的查阅也需要"爬楼"，极为不便，因此这一平台仅限于规则比较简单、成员数量不多的社群。

（2）基于企业自营软件运营社群

具有一定经营规模的大型家具企业，在运营以专业人员为主的家具社群时，也可以采用自行开发的APP或者小程序。这些软件最大的优势在于能够根据企业的实际进行深度定制开发，并且与企业ERP、CRM等系统打通，因此这种平台的信息更新通常比较及时，信息查阅也比较方便，社群运营过程中的手续办理、资金来往都非常便捷。最大的不足就是这类APP或者小程序的使用范围较窄，因此只能针对专业人员开放。

不同的社群运营平台具有不同的特点，家具企业在开展社群运营之前应该对此进行研究，结合企业自身的实际情况和建立社群的主要目的来选择合适的社群运营平台。

8.5.2.4 丰富社群输出

输出有价值的内容是社群生命力的体现。

一般来看，输出是面向消费者的家具社群最大的短板，许多家具企业运营这样的社群时就是抱着"捞一笔"的想法，针对某几个小区或者某一段时间里的意向客户建立社群，群里分享的内容基本都是营销信息，成员之间没有沟通和互动，也没有其他输出成果，一旦小区家具需求基本饱和或者这一时段的营销活动结束，这类社群就迅速崩溃。本质上来看，这种社群的目的性非常强，许多企业本就没有打算长期经营这种社群。如果这类社群要保持长期的生命力，就必须实现快速转型，从一个"卖家具"的社群转型为运营客户群体社群，例如借助社群来普及家具使用和保养知识、生活常识、开展门店运营活动等，将社群建设成为客户关系管理的工具。

对于面向专业人员的家具社群，通常是家具企业为了加深与专业人员长期合作而建立的，这类社群输出的内容相对比较丰富，可以包括营销信息、客户资源、产品信息、合作伙伴等，还可以基于社群成员的需要开展运营活动、打造爆款产品、建立品牌联盟，从而提高社群对于成员的价值。

8.5.2.5 探索社群复制

社群的规模发展到一定程度以后，就要考虑大规模复制来获得更高的效益。从社群建立的全过程来看，可以划分为0~1、1~10和10~100三个阶段。0~1阶段是社群从无到有建立起来，选定载体，建立基本的规则，并开始吸纳成员；1~10是指社群初步运营起来，并在逐渐吸纳更多的成员的过程中不断完善，形成较为成熟的运营体系；10~100就是在成熟的运营体系基础上大规模复制，达到变现的目的。

家具社群的大规模复制首先要关注的是时机，社群是否达到了可以大规模复制的条件。主要包括：运营平台即相关制度建设是否已经成熟，不能带病复制，要将扩大规模可能会引发的矛盾考虑清楚；管理团队是否已经积累了足够的经验，人员配备是否足够，因社群规模的扩大会不会导致运营水平的下降；社群内部是否已经形成了特有的观念或行动方式，即亚文化。

其次，家具社群的复制要注意避免一些问题，这些问题会导致社群的迅速衰亡：

① 短时间内快速吸收成员，新成员来不及建立起对社群的认识就迅速稀释了社群原

本建立起来的意义，导致社群整体上不够聚焦；

② 人数的增加引发管理的缺位，群主和管理员心有余而力不足，这就导致社群秩序无人维持的局面，很快就会变成广告群、死群；

③ 过于严苛的社群规则，抬高了成员的学习成本，也容易引起成员的反感，因此管理需要拿捏准确，营造和谐的社群环境；

④ 如果一个社群缺乏话题或者活动，成员没有参与感和凝聚力，这样的社群就会让人感到无聊，社群在成员心目中的存在感也会逐渐降低，久而久之，整个群就沉默下来；

⑤ 大量新成员的加入，很容易导致社群整体质量的下降，社群中能力较强的成员长期输出，而得不到收获，并且还要接受新成员反反复复的咨询，身心俱疲，逐渐降低对社群的关注，而新成员得不到回应，往往会认为群里没有干货，也逐渐开始退出。

8.6 爆品营销

8.6.1 爆品营销的基本理念

"爆品"这一概念原本是淘宝商家集体发明的营销利器，后来逐步引申和发展，成为了一种营销的思路。根据目前广泛认可的理解，爆品就是一款单品在某一细分领域做到行业的第一，使客户直接可感知并形成口碑的战略性产品。

爆品是一种产品，但与一般的产品又存在很大的不同。一般的产品以为企业创造利润为首要目的，结果在物质文明极为丰富的今天很容易就因为同质化而陷入价格战。爆品相比一般的产品，其优势主要体现在产品通过为客户创造价值来获得盈利，一款产品就能够爆卖数万件，甚至于直接颠覆一个传统行业。

8.6.1.1 爆品的特点

（1）让消费者尖叫的品质

品质是爆品的核心要素，只有抱着执着的态度精心打磨出来的极致产品，才有可能带来切中要害、令客户尖叫的极致体验，形成良好的口碑。在不断发酵的良好口碑和适当的引导下，就能迅速引爆产品。

（2）引领时代潮流的功能

社会发展的速度不断加快，人们生活品质不断提升，产品生命周期在不断缩短。消费者购买产品不仅仅是为了满足生活需求，同时还是为了迎合甚至引领时代潮流。那些站在时代前沿、发掘和改变消费者生活方式和消费观念的产品就有了成为爆品的潜质。

（3）满足消费者个性化需求

消费升级的趋势下，标准化的产品很难满足消费者的需求，而爆品面向一个细分群体实施点对点开发，使产品呈现出与众不同的特点，从而满足那一部分消费者的个性化需求，达到让一小部分精准客户爱不释手、欲罢不能的效果。

（4）夺人眼球的形象设计

造型设计是消费者接触和了解产品的重要途径，吸引人的造型设计往往能令消费者产生强烈的占有欲，这就为产品赢得了好感，很大程度上推动了消费者进一步了解和实施购买。

（5）较高的性价比

性价比是消费者实施购买行动最终会考虑的因素，取决于产品的品质与价格的比值。极致的品质是爆品的核心，因此要具有较高的性价比，在保证合理的利润空间的前提下，必须为产品确定一个令人心动的价格。

8.6.1.2 爆品思维

要想打造爆品，就必须要具有"爆品思维"。爆品思维是由单品思维、客户思维、长跑思维、品牌思维和粉丝思维共同构成的营销思维。

（1）单品思维

单品思维是指从一款单品着手，这样能够令企业的资源更加聚焦在一个点上，从而更加容易抓住产品成为爆品的关键因素。而客户从一个爆款单品来认识一家企业、一个品牌，往往印象更加深刻。

（2）客户思维

客户思维就是站在客户的角度来思考问题，找准客户的痛点，尽最大的努力去满足客户的需求，为客户创造价值。只有换位思考，以客户的思维来开发产品，才能切中要害，做到令客户尖叫的产品品质。

（3）长跑思维

长跑思维要求企业做好打持久战的准备。打造爆品一定是某种程度的创新，创新不是投机，不是一朝一夕就能成功，任何一款爆品都是建立在长时间不断打磨和运作的基础之上。缺乏一段时间的产品迭代和经验沉淀，达不到一定的品牌影响力和足够的销量数据，很难赢得消费者的认可。

（4）品牌思维

品牌思维是企业在打造爆品的同时要建立良好的品牌声誉。品牌与爆品之间的影响是相辅相成的，良好的品牌形象是爆品的可靠背书，能够为爆品带来较高的市场认可；爆品的推出又能为品牌带来良好的口碑，推动品牌的建设与宣传。

（5）粉丝思维

粉丝思维是爆品能够被引爆的重要支撑。在粉丝经济时代下，任何一款爆品都离不开粉丝的支持和传播。粉丝的推广不同于传统的广告营销，这种推广是低成本的、自发的、裂变式的。极致的产品切中了客户的要害，使他们成为产品的粉丝，这些粉丝出于心理上的满足就会在日常生活中不遗余力地以各种方式向周围的人推荐。正是由于粉丝的裂变式推荐，爆品才能被引爆。

爆品营销，就是在爆品思维的指导下，通过打造极致的产品，构建极致的运营，营造极致的体验，形成短时间内爆炸式的传播，从而实现超高的销量，同时拉动配套产品的销售，形成可观的利润的营销方式。

8.6.2 家具领域的爆品营销

在家具领域，爆品就是某一种家具产品因其独特的造型、功能或其他特点切中消费者的痛点而迅速成为所在细分品类中的佼佼者。这里的爆品可以是某一个单件的家具产品，也可以是由若干件家具组成的一小套家具，但一定不是家具企业的某一个系列的数十件家具产品。

8.6.2.1 爆品对家具企业的重要意义

对于家具企业而言，爆品带来了许多好处：

① 单款爆品大卖，能够带来高额的企业收入；
② 为家具店铺带来可观的客流量，形成良好的购物氛围；
③ 拉动其他配套产品的销售；
④ 帮助家具企业、品牌和店铺树立良好的形象。

在同质化日趋严重的家具市场上，爆品是有效拉动家具企业市场营销、盘活企业资金、培养种子客户、从激烈的市场竞争中脱颖而出的法宝。

8.6.2.2 家具企业打造爆款的前提

家具企业要实施爆品营销的战略，前提是要构建能够打造和支撑爆品的体系。这种体系主要包括企业内部体系与外部体系（图8.11）。

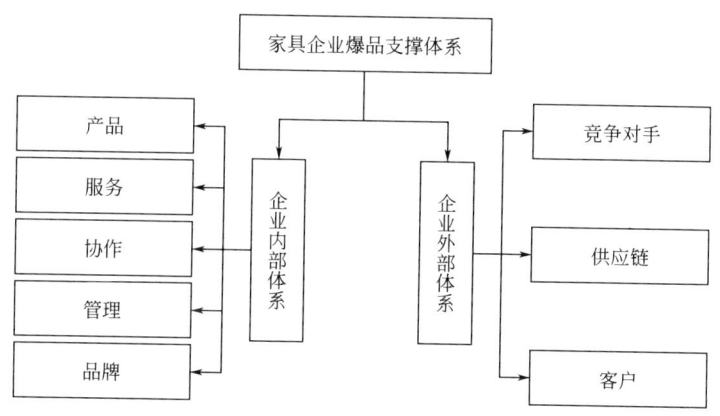

图8.11 家具企业爆品支撑体系

企业内部体系应该围绕以打造爆品为终极目标的生产体系和以产品为核心的人和物来展开，主要包括产品、服务、协作、管理和品牌。

① 产品。产品即以爆品为核心开展的技术研发和产品设计，这一方面应该建立在深入分析客户数据和痛点问题的基础之上。
② 服务。服务是将爆品的理念向服务进行转化，极致的产品与极致的服务配合，形成极致的客户体验。
③ 协作。协作要求与打造爆品相关的各个部门之间要通力协作。
④ 管理。管理是指对员工的任用和考核提出了与之前不同的要求。
⑤ 品牌。品牌是指为爆品配套吸引人的形象，同时在爆品传播过程中进行引导。

家具企业要想通过爆品在市场竞争中抢占优势，还不能忽略企业外部的影响因素。企业打造和支持爆品的外部体系主要涵盖了竞争对手、供应链和客户。

① 竞争对手。竞争对手是家具企业不可忽视的因素，正是由于不合格的竞争对手存在，才导致家具市场上抄袭成风，产品同质化严重。打造爆品，就是要先研究竞争对手，创造差异化的产品。

② 供应链。供应链是家具企业打造爆品的基本保障。许多情况下家具爆品能否实现，并不取决于家具企业的设计研发能力，而是取决于供应链的零部件供给能力和供应成本。只停留在设计图上的"爆款"是毫无意义的。

③ 客户。客户是家具企业爆款产品的使用者，爆款产品就是要抓住他们的痛点，满足他们的需要。同时客户也是爆款产品的宣传者，爆款产品要想取得爆发式增长，就离不开粉丝客户主动的宣传。

8.6.2.3 家具企业打造爆品的方法

（1）紧紧抓住消费者的痛点

打造爆品的第一步，就是要明确目标消费群体，理解消费者的需求。因此首先要基于消费者需求进行分析，以消费者一直想要而市场上还没有的产品作为开发的方向，就很有可能成为爆款。

（2）在需求的基础上不断创新

以满足特定消费人群的需求为目标，通过科学合理的方法进行创新性的研发和设计。产品开发过程中的一切创新都应该建立在满足确定的消费人群需求的基础之上，不能偏离。在这样的前提下，通过各种各样的创新活动，以巧妙的方式来营造产品的品质感。

（3）设计有吸引力的品牌形象

品牌形象涵盖了品牌的名称、标识、宣传语、宣传画面、品牌文化等，品牌形象能够让工业化的家具产品人格化，从而引起消费者心灵上的共鸣，形成差异，从而自然而然地与其他品牌区分开来。

（4）确定合理的产品价格

定价是一切产品都需要思考的问题。打造爆品归根结底还是要为企业创造利润，因此一般来讲爆品的价格首先不能低于企业的成本，除非企业能够确保通过爆品带动其他产品的销售从而平衡因为爆品亏损的部分。其次，爆品一定在其所在的品类中销量遥遥领先，这就要求价格不能过高。合理且具有一定吸引力的性价比是产品成为爆品的关键。

（5）适当进行宣传引导

爆品要想达到"爆"的效果，就离不开客户的大力宣传，只有通过客户的宣传才能使爆品呈指数级爆炸开来。在这一过程中，适当给客户提供一些可以随手传播的文案，以及对客户传播的一些激励措施就十分必要了。

（6）不断地迭代优化体验

爆品并不是一劳永逸的。首先，爆品在市场上取得了成功之后，必然会收到许多的客户反馈，这些就是进一步优化产品的客户体验、延长爆品生命力的重要依据。如果缺少了不断地更新迭代，那么这样的爆品很快就会销声匿迹。其次，在当前市场上，一件家具产品一旦成为爆品，马上会有许多类似的仿品出现，虽然通过法律手段能够维护企业的利益，但短时间内必然会对企业的声誉、产品的竞争力产生巨大影响，而如果家具企业能够针对爆品进行不断优化升级，那么就能保证产品始终具有非常强的市场竞争力，从而延续产品作为爆品的生命周期，进而为企业带来源源不断的经济效益。

8.7 电子商务

8.7.1 电子商务的基本理念

电子商务，即电商，是在互联网开放的环境下，实现买卖双方不谋面进行商业活动，实现消费者的网上购物、商户之间的网上交易和在线支付，以及各种商务活动、交易活动、金融活动和相关的综合服务活动的一种商业运营模式。电子商务是传统商业活动各环节的电子化、网络化、信息化，以互联网为媒介的商业行为都属于电子商务的范畴。从电子商务的参与者和运作模式上来看，电子商务可以划分为若干种模式，主要包括C2C、B2C、O2O、C2F、F2C、B2B、B2A等。

（1）C2C（Consumer to Consumer）

客户与客户之间通过互联网进行交易的商业模式。这里的第一个"客户"，可以是个人，也可以是在平台上开设店铺的第三方企业；后一个"个人"，通常指个人消费者。因此C2C可以是个人消费者与个人消费者之间的相互交易行为，如二手物品买卖等，也可以是在第三方平台（如淘宝）上开设店铺后借助电商平台的公信力和流量向个人消费者销售产品。

（2）B2C（Business to Consumer）

企业通过互联网平台向个人消费者销售产品和服务的商业模式。B2C电子商务最常见的形式就是以天猫、京东为代表的线上商城。随着客户消费习惯的改变以及优秀企业示范效应的促进，网上购物的客户不断增长，通过B2C开展销售的产品也越来越丰富。

（3）O2O（Online to Offline）

指的是将线下的商务机会与互联网结合，让互联网成为线下交易的平台。这一概念不是以参与的双方来命名，而是用参与的商业形式来命名。一家企业能兼备网上商城及线下实体店两者，并且网上商城与线下实体店存在相同的产品且价格一致，即可称为采用O2O模式。

（4）C2F（Consumer to Factory）

指的是消费者通过互联网向工厂定制商品的一种新型电子商务模式。年轻消费群体对于个性化定制的产品需求越来越高，在信息技术的推动下，工厂借助柔性生产技术开展大规模个性定制成为可能，这就衍生出了一种新的电子商务模式——C2F。消费者利用工厂提供的配套软件，设计、提出自己的产品需求，工厂依据消费者的需求进行小规模、低成本的产品定制并交付给消费者。

（5）F2C（Factory to Consumer）

指的是从工厂直接到消费者的电子商务模式。在这种模式下，产品生产出来之后，不经过常规的代理商、经销商、分销商、门店等多级分销渠道，而是直接通过电子商务平台销售给终端消费者。这种模式由厂家直接对产品负责，品质可靠，并且有效提高了流通效率，同时最大限度地拉低了产品的终端售价。

（6）B2B（Business to Business）

企业与企业之间通过互联网进行数据信息的交换，开展交易活动的商业模式。供应商通过 B2B 网站或移动客户端与客户紧密结合起来，借助网络的快速反应，为客户提供更好的服务，从而促进企业的业务发展。

（7）B2A（Business to Administrations）

指的是企业通过互联网与政府机构进行商业活动的商业模式，如政府采购招标等。如今，电子商务的各方面优势越来越明显，许多政府职能部门也将一部分采购招标放置在互联网平台上来开展，既提高了相关工作的效率，又降低了所需的成本和采购开支。

电子商务是互联网爆炸式发展的直接产物，是网络技术在市场营销领域最为广泛的应用。互联网本身所具有的开放性、全球性、低成本、高效率的特点，也成为电子商务的内在特征，并使得电子商务大大超越了作为一种新的贸易形式所具有的价值。它不仅会改变企业本身的生产、经营、管理活动，而且将影响到整个社会的经济运行与结构。以互联网为依托的平台为传统商务活动提供了一个无比宽阔的发展空间，其突出的优越性是传统媒介手段无法比拟的。

家具行业近年来也受到了电子商务的巨大冲击，消费者在电商的影响下改变了消费习惯与消费需求，一批传统家居企业因为无法适应互联网模式而被颠覆。一些传统家具人一度视互联网为"洪水猛兽"，因而采取抵制的措施。事实上，互联网对于家具行业而言是帮手，而不是杀手，市场上也出现了一大批成功的互联网家具企业。家具企业触网的模式多种多样，总体上来看以 B2C 和 O2O 为主，本书也将就这两种形式的家具电子商务进行展开。随着市场的不断变化，消费者需求的不断升级，一些家具企业还在努力探索 C2F、F2C 的商业模式，然而目前还不够成熟，有待市场的进一步检验。

8.7.2 家具行业 B2C 电商

B2C 电商是目前家具电子商务领域占比最大的商业模式，即家具企业通过互联网平台向终端消费者直接销售家具产品。在这种模式下，消费者到互联网平台检索自己需要的家具产品，基于商家提供的文字、图片、视频资料以及已购消费者的评价来选择合适的产品，在线上完成支付，商家在预定的时间将家具产品送到消费者家中并安装完毕。

8.7.2.1 家具 B2C 电商运作模式

家具 B2C 电商有两种运作模式，即自建平台与借助第三方平台（表 8.1）。

表 8.1 两种不同模式的家具 B2C 电商对比

项目	自建平台	借助第三方平台
平台规模	一般不大	具备很大的体量
开设成本	很高，各方面都需要自行筹资建立	较低，基础设施完善，只需开店
经营产品	以自营产品为主	以第三方商家产品为主

续表

项目	自建平台	借助第三方平台
产品管理	便捷,能够从源头把关	困难,常常掺杂假冒伪劣产品
专业度	较高,专门针对家具的市场营销来建设平台	不高,平台还需兼顾其他类型产品
配套服务	通常比较完善	需要借助第三方开展,质量难以保障
客户来源	自行引流	线上自然客流
客流量	较小	比较可观
客流精度	比较精准,一般都是有需求的客户	不够精准,客户的目的多种多样
平台主体	家具企业或合作的互联网企业	互联网企业
品牌影响	较强,能够有效树立品牌形象	不强,各种品牌都有
灵活程度	较高,自行经营	较低,需要紧跟平台的统一运营
经营难度	较高,平台和营销的一切事务都需要自行完成	较低,只需要负责营销工作即可
营销数据	完整而全面地掌握在家具企业手中	家具企业只拥有少量数据
客户信任度	一般,品牌形象起主导作用	较好,平台作为信用担保

（1）自建平台

自建平台模式,就是家具企业自行建立一个网上商城,自行负责家具产品的供应链管理、客户引流、线上运营以及配套服务。一般来讲,只有具备一定的经济实力、技术实力和品牌影响力的大型家具企业或互联网企业才采用这种方式。

通过自建平台经营家具业务,这种模式经过逐步发展就演变成为了家具领域的垂直电商模式。垂直电商是指在某一个行业或细分市场深化运营的电子商务模式。家具垂直电商平台就是专攻家具这一细分市场的电商平台。

家具垂直电商的优势体现在几个方面:

① 线上运营精细。家具垂直电商与其他形式的电商平台的最大差异,就在于家具垂直电商专注于家具产品的线上经营。由于经营的品类比较单一,因此垂直电商一般在运营和服务方面发力,将每一个环节打磨得尽善尽美,同时注重消费者的转化率和黏性,给消费者带来良好的购物体验,实现精准营销。

② 产品管理方便。家具产品由平台实施统一管理,对于家具产品的供应商具有严格的管控措施,从源头上避免了假冒伪劣产品的流入;产品的展示也具有统一的规范,大幅降低了由于各种家具产品信息描述上的歧义引发的矛盾,同时也便于消费者寻找需要的信息;产品上下线由平台进行操作,管理上也较为方便,出现问题能够第一时间下架处理。

③ 配套服务优质。家具垂直电商的线上客流通常比较有限，因此平台需要着力通过优质高效的服务来打造品牌形象，对有限的客流进行精准营销。家具垂直电商的优质服务最核心的体现就在于聚焦于家具产品的市场营销，提供或优化了与家具产品有关的一系列配套服务，全方位解决了家具消费者的痛点问题。例如通过自建或与第三方合作建立仓储物流体系，缩短到货周期，实现送货时间的精准预测和本地化的上门服务；专业化的家具产品售前与售后服务；能够准确地向消费者提供与家具有关的增值服务等。

④ 数据分析全面。家具垂直电商在数据的统计和分析上存在较大的优势。首先，平台专注于家具产品的经营，因此通常对各类家具产品具有一套完整的数据采集和管理方法，能够收集到家具产品特有的数据资料；其次，家具垂直电商平台打通了上游供应链大数据、自身营销大数据、仓储物流大数据以及消费者需求大数据，实现了数据链的贯通；最后，借助成熟的数据处理技术，可以对采集到的数据进行全方位的分析，进而实现预测。

然而，在这些优势面前，家具垂直电商也面临着运营成本过高、引流难度较大、管理复杂度高、相比平台电商竞争力不足等瓶颈。在竞争日趋激烈、流量红利逐渐降低的背景下，家具垂直电商需要更加重视数据驱动，以精准营销提高客流的转化率；加强品牌建设，形成较强的品牌影响力；扩充所经营的家具产品类别，从设计、生产、物流和营销等各个环节实现对全品类家具产品的覆盖；向全球化发展，探索国外家具产品的引入和国内家具产品的跨境输出。

（2）借助第三方平台

借助第三方平台就是指家具企业通过在开放的第三方综合电商平台上开设企业自己的品牌店铺的形式向终端消费者展开 B2C 的家具营销活动。这种模式类似于家具实体门店的"店中店"，消费者在第三方电商平台上的品牌店铺中选购家具产品，然后通过第三方电商平台提供的渠道进行付款，流水先进入平台再返还给家具企业。家具企业的营销活动需要接受平台的监管，并依据销售额向平台支付一定的引流和管理费用。目前家具企业在天猫、京东等平台上开设的旗舰店就属于这种形式。

借助第三方平台开展线上营销，其主要优势有：

① 客户流量可观。这类第三方平台往往具有综合性和高知名度，这就类似于现实中的大型家具流通服务商，能够自然吸引到巨额的流量，家具企业开设的店铺不需要耗费大量的资金和精力即可获得较高的曝光度，从而产生销售。

② 开店成本低廉。第三方平台通常已经为家具企业的进驻准备了大量的基础设施，不需要家具企业重复建设，因此在这些平台上的开店成本很低，家具企业需要做的仅仅是请专业的设计和运营人员对店铺进行"装修"。

③ 客户信任度高。第三方平台通常会设立一定的准入门槛，并且要求家具企业支付一定的保证金。这些第三方平台本身一般都具有良好的信誉和市场影响力，同时平台为消费者提供了大量保障措施，因此一般来说消费者在这些平台上购买产品相对比较放心。

然而，随着流量红利的逐步消失以及第三方平台本身的约束，借助第三方平台开展 B2C 业务的家具企业也面临引流成本不断升高、经营灵活度不足、数据分析难度大等问题。未来的这些线上家具店铺，需要着力打造更富有特色的家具产品，优化售后服务和客户体验，形成独特的核心竞争力。

8.7.2.2 家具B2C电商的总体特征

（1）品种丰富

家具 B2C 电商相比实体的家具门店，其最大的优势在于家具产品的种类繁多、品种齐全，并且产品的检索非常方便，消费者在页面上可以直观地看到琳琅满目的家具产品并进行对比。

（2）浏览方便

浏览家具产品不受时空的限制，只要能够连接互联网，消费者可以随时随地通过各种终端设备来查看、选择和购买，而不必专门花时间到现实的家具店铺中一家一家地寻找。这对于普遍时间紧张的年轻消费群体具有较大优势。

（3）价格较低

通过 B2C 模式进行家具产品的市场营销，往往不具有传统分销渠道那样多的中间环节，同时因为消费者可以在许多家具产品中直接进行比价，且没有议价空间，因此价格战极为激烈。基于这两方面的原因，相比实体门店，B2C 电商销售的家具产品价格一般会更低。

（4）体验不佳

不论通过 B2C 的哪一种具体模式开展家具销售，消费者都只能通过文字、图片、视频，以及通过已购消费者的评价和与商家的线上沟通来获取产品信息，无法直接接触家具产品实物。而这些经过过度美化的产品信息往往容易误导消费者，也容易给不法商家可乘之机。

（5）服务缺失

家具是一种对后期服务依赖程度很高的产品，家具产品的配送、安装和售后工作都需要通过家具企业安排人员来完成。B2C 家具电商一般都是面向全国市场开展业务，要覆盖全国就不得不额外在各地安排人员以开展这些服务工作，家具企业只有通过自建物流或借助第三方物流来实现这些服务。然而，前者需要大量的资金和管理成本，后者的服务水平又难以控制。这也是当前 B2C 家具电商的主要不足。

基于上述这些特点，虽然目前 B2C 家具电商已经形成了一个规模巨大的市场和一整套运作方式，也逐步得到消费者的普遍认同，但所经营的产品仍然以价格较为低廉、安装和搬运成本不高、使用寿命不长、具有一定创意的中低端家具产品为主，消费人群也表现出年轻、租房或小户型、动手能力强、购买力比较弱、追求性价比等共同特征。随着展示技术的不断发展和商业模式的不断创新，B2C 家具电商还具有很大的可完善空间。

8.7.3 家具行业O2O电商

8.7.3.1 家具O2O电商的基本情况

O2O 是互联网与线下商务的结合，指的是将线上的消费者带到现实中的店铺去，消费者在线上支付和购买商品或服务，到线下享受服务。O2O 的特点是信息流和资金流在线上，物流和商流在线下。通过 O2O 平台，消费者可以在线上获取商品的资料和服务信息，对商品或服务进行初步筛选，获得相比于线下直接消费更为便宜的价格，并享受同样放心的购买过程和售后服务，避免信用风险和物流限制；商家可以获得更多的客源和宣传机会，吸引更多的消费者到实体的家具门店进行消费。O2O 大大提升了对客户的服务能力和服务效果，降低了线下实体门店对于门店位置的要求，从而节约了大量经营成本。

家具产品的销售长期以来依赖于线下实体门店，家具产品的物流配送与售后服务工作也需要依托实体门店来开展，消费者已经形成了固有的消费模式，因此纯电商的模式在家具领域的应用受到了限制，仅仅在小件家具产品或者廉价低端的产品上取得了成功。家具领域不利于纯电商运作的原因主要包括四个方面：

① 家具品牌多且知名度普遍不高，产品品质鱼龙混杂，只通过线上的图片、视频展示不能亲身体验，其质感、触感、立体观感难以从网络中得到充分满足，这往往难以令消费者放心；

② 家具产品往往需要配套专业的售后配送安装服务，纯线上的家具店铺往往在售后服务方面存在难度，这就会给消费者带来极大的不便；

③ 不同于书籍、化妆品等商品，家具产品大多质量较重、体积较大，并且容易损坏，远距离运输成本高且难度大；

④ 消费者对于在网上购买大件高价值的产品的接受度还不高，市场还需要一定时间来培育。

O2O 模式的出现，使得家具企业能够充分利用互联网聚沙成塔的规模效应，吸引和开发线上的消费者，将互联网的广度与深度转变为客流量；同时利用线下的直接体验和服务基础，保证产品和服务的品质，用体验与服务来实现转化。O2O 模式开展家具的市场营销活动主要有以下特点。

（1）不受时空限制，提升接待能力

区别于传统卖场，O2O 家具门店无需过多考虑店面面积与营业时间，除了门店以外，还可以在线上展示和销售家具产品。这就大大方便了消费者，他们可以随时随地预先了解家具产品，然后选择合适的时间到门店详细了解。进店的消费者通常已经对品牌和产品有了一定的认知，门店销售人员就可以直入主题，这也大大提高了门店的接待能力。

（2）压缩生产成本，挤压渠道泡沫

O2O 模式一方面可以将线上与线下的销量结合起来，最大限度地发挥规模化生产的优势来降低生产成本；另一方面可以大大缩短家具企业分销渠道的长度，减少中间环节的数量，有效节省店租、渠道维护等成本，并且集中调动各种物流资源，挤出分销渠道中的泡沫，从而降低终端售价。

（3）整合数据资源，提高周转效率

通过各种途径采集消费者的线上线下行为数据，更为精确地绘制客户画像，进行精准的产品推荐；同时结合生产数据、物流数据，对产品进行统一的调度，提高产品的周转效率，降低消费者等候时间。

（4）创造极致体验，营造良好氛围

借助线上平台，能够以非常低廉的成本来实现产品的展示与传播、客户的互动与运营，与线下门店相结合又可以提供更多千人千面的定制化服务，既能够更大程度地满足消费者个性化的需求，营造极致的服务体验，又能切实提高产品和品牌的附加值，形成良好的购物氛围，为消费者的转介绍创造条件。

8.7.3.2 家具企业的O2O转型

家具的O2O模式是在传统家具和家具电商的基础上综合双方优势产生的新型营销模式，涵盖了线上与线下两部分，因此，家具企业转型O2O模式也主要从这两个方面来考虑。

（1）传统家具企业

传统家具企业在已经具备了成熟的线下营销体系的基础上发展O2O模式，就是需要配套一个与企业、产品特色匹配度比较高的线上平台。

大型家具企业在国内很多城市都按照人口密度建立了分销网点，也具备可以覆盖各种层次各种价格的多个产品系列，因此可以采用自建O2O平台的战略。在自建O2O平台的过程中，对于家具企业而言，最难解决的问题在于统一整合现有体验店的销售方法、资源和脉络，实行标准化的统一管理的同时为其制定不同的销售策略。这就需要企业综合考虑各个线下门店、销售渠道之间存在的差异。

对于中小型家具企业而言，独自建立O2O平台并进行引流所需的成本与自身产品组合所能产生的经济效益不匹配，自身的品牌影响力也不足以支撑O2O平台的流量，因此最好的办法就是加入一个较为成熟的O2O平台。这种方式对家具企业最大的考验在于自身很难掌握主动，需要不断适应O2O平台的变化，并且利润率可能会降低。

（2）家具电商

家具电商在线上已经成功运营的基础上拓展线下市场，转型O2O模式，就是要补全自身线下的营销网络，开设线下门店。家具电商开设线下门店也有两种不同的形式，即直营和加盟。

直营模式就是家具企业自行在线下开设门店，自己经营。直营模式最大的优点是家具企业对门店的控制力强，价格能够确保与线上完全统一，服务也完全按照要求来完成，线上与线下的关联非常紧密。然而这种重资产的模式带来了大量的资金和人员投入，并且对线下门店管理能力和线下市场开拓经验要求非常高，如果盲目上马，很容易造成企业的流动资金紧张。

加盟模式就是家具电商开放其自身的O2O平台和供应链资源，在计划开设门店的地区招募渠道商，由渠道商进一步在平台上的供应链资源中选择产品开设门店。这种轻资产的模式能够实现短时间内的大面积开店，迅速将线下营销网络建立起来，并且对于O2O平台的资金和人员带来的压力不大。但这种方式会带来两个方面的问题：其一是迅速扩张的门店对家具电商的供应链带来较大的压力，尤其是家具电商的产品组合普遍存在不成套、不丰富的问题，会给线下门店开拓市场造成许多困难；其二是渠道商由于自身存在利益考量，家具企业对这些渠道商很难拥有较强的控制力，这就容易造成各个地区服务水平存在差异、价格政策执行不统一等问题，更严重的还可能出现销售其他品牌产品的情况。

8.7.3.3 家具O2O的新发展

O2O模式为国内家具行业提供了一条应对日趋激烈的市场竞争的思路，也形成了一批 O2O 模式的家具平台和企业。随着对 O2O 模式研究的不断深入，家具领域的 O2O 模式也出现了一些新的发展。

（1）OAO

OAO（Online and Offline）即线下实体店与线上平台有机融合的商业模式。这种模式是 O2O 的升级。O2O 模式是将客户从互联网上汇聚而来，引流到线下门店进行体验，采用信息化的手段来达成交易，强调的是将客户引流到实体店里去，是一条明确的从线上向线下导流的路径。从市场实际来看，目前的 O2O 是以线上平台为主体，线下门店为支撑的营销模式。对于家具这种以实体为主的行业而言，显然 O2O 存在本末倒置的问题。因此，不论是传统家具企业还是纯电商家具企业，在当前的社会条件下都开始思考重新回归家具的本质，立足实体，线上线下并重，形成一个有机的整体，这就逐渐由 O2O 模式演变为 OAO 模式。

OAO 不仅强调从线上到线下，还强调从线下到线上。线上与线下之间信息互通、资源共享、立体互动、相互增值，从线上吸引的消费者可以引流到线下进行体验，线下市场开拓出来的消费者也可以引流到线上了解更多的产品信息和参与运营活动。通过人机交互、人网交互，实现实体商业线上线下信息融合、交易融合、结算融合和客户融合，达到线上网店和线下实体店的整体融合，使消费者无论线上还是线下都能获得一致的信息，都能下单购买，都能交易和支付，甚至实现线上线下查询、购买、交易、支付的"交叉融合"。比如，客户在线上平台下单或获取优惠券后，可先到线下实体店内查看真实商品，再在实体店使用优惠券和支付购买。

（2）新零售

新零售（New Retailing）是在商业信息化深度发展的背景下提出的新概念，即个人、企业以互联网为依托，通过运用大数据、人工智能等先进技术手段，对商品的生产、流通与销售过程进行升级改造，进而重塑业态结构与生态圈，并对线上服务、线下体验以及现代物流进行深度融合的零售新模式。

新零售可以理解为电子商务在 OAO 的基础上的进一步深化和扩充，主要包括线上、线下和物流，其核心是以消费者为中心的会员、支付、库存、服务等方面数据的全面打通。新零售的核心要义在于推动线上与线下的一体化进程，其关键在于使线上的互联网力量和线下的实体店终端形成真正意义上的合力，从而完成电商平台和实体零售店面在商业维度上的优化升级，同时促成价格消费时代向价值消费时代的全面转型。

传统的线上电商从诞生之日起就存在着难以补平的明显短板，线上购物的体验始终不及线下购物是不争的事实。相对于线下实体店给客户提供商品或服务时所具备的可视性、可听性、可触性、可感性、可用性等直观属性，线上电商始终没有找到能够提供真实场景和良好购物体验的现实路径。因此，在客户的消费过程体验方面要远逊于实体店面。不能满足人们日益增长的对高品质、异质化、体验式消费的需求将成为阻碍传统家具电商实现可持续发展的"硬伤"。特别是在我国居民人均可支配收入不断提高的情况下，人们对购物的关注点已经不再仅仅局限于价格低廉等家具电商曾经引以为傲的优势，而是愈发注重对消费过程的体验和感受。

从目前各大电商平台的获客成本来看，线上流量红利已经到顶，线上零售遭遇了天花板。因此，探索运用"新零售"模式来启动消费购物体验的升级，推进消费购物方式的变革，构建零售业的全渠道生态格局，必将成为传统电子商务企业实现自我创新发展的又一次有益尝试。新零售被认为是电子商务与传统门店未来的走向。

8.8 新媒体营销

8.8.1 新媒体营销的基本理念

新媒体是数字化时代到来之后出现的各种媒体形态，凡是利用数字技术、网络技术，通过互联网、宽带局域网、无线通信网等渠道，以及计算机、手机、数字电视等各种数字或智能终端向客户提供信息和服务的传播形态都可以称之为新媒体。进入互联网时代后，各种新媒体层出不穷，但需要认识到的是，不同的新媒体覆盖的人群不同、场景不同，不同的新媒体其风格调性也存在较大差异。

新媒体是一个随着科学技术和社会文化不断发展的概念，并且其发展速度非常快，从互联网门户网站开始到今天这二十多年时间里，新媒体的形式已达数十种，并且还在以更快的速度产生和发展。

伴随着新媒体的不断发展，消费者接受信息的方式出现了许多变化：

① 读者的阅读过程越来越交互化，希望阅读什么内容，需要读者一步一步进行选择，因此精彩的内容还需要有合适的形式才能抓住读者的注意力；

② 随着智能手机的普及，人们由固定时间和地点阅读转变为在碎片化的时间里和移动场景下进行阅读；

③ 读者阅读时不仅仅满足于接收信息，还希望通过点赞、评论、弹幕、投票、分享等方式进行互动，参与度越来越高；

④ 互联网强化了人与人之间的链接，因此信息传播上对渠道流量的依赖越来越低，而社交化传播变得越来越重要；

⑤ 内容的形式逐步由单纯的文字、图片向短视频发展；

⑥ 信息流由原始的时间顺序向基于算法的内容推荐转变，这就对作者的活跃程度、内容的原创程度提出了要求；

⑦ 新媒体与营销的关系越来越密切，通过新媒体的宣传和链接，读者可以直接购买产品或获取线下电子卡券。

新媒体营销，就是利用新媒体平台和手段，开展营销和推广，进而获取企业所需要的销售线索，或者提升品牌曝光度、知名度。基于传统媒体展开的营销追求的是覆盖量，这一概念在报纸杂志上的体现就是发行量，在电视、电台上的体现就是收视率、收听率。新媒体营销突破了传统的营销模式，借助互联网技术手段，不仅能够精确地获取访问量，还能够收集整理出访问的来源、访问的时间、受众的年龄、地域以及生活、消费习惯等各种丰富的数据，从而使企业能够针对性开展营销活动。新媒体营销本质上是企业软性渗透的商业策略在新媒体形式上的实现，通常借助媒体表达与舆论传播使消费者认同某种概念、观点和分析思路，从而达到企业品牌宣传、产品销售的目的。

8.8.2　新媒体营销的特点

新媒体营销相比传统媒体的营销，具有四个方面的特点。

（1）成本低廉

① 新媒体需要投入的资金较低。创建一个新媒体营销的平台所需的固定成本相比其他营销渠道要低廉，而运营新媒体营销所需要的文字、图片、视频等表现形式对产品、服务进行描述，需要消耗的成本相对也比较低。

② 技术使用成本低。虽然新媒体营销是科学技术发展到一定程度的产物，其技术含量很高，但由于互联网的规模效应，企业使用这些新媒体的技术成本不高，许多新媒体平台的注册和使用费用为零，只需要企业承担数个维护人员的费用即可。

③ 时间成本低。通过新媒体平台发布和传播营销信息，不需要经过复杂的审批流程，并且由于网络信息传递的互动性使得营销信息能够获得"一传十，十传百"的效果，因此这种便捷式的传播方式，使得新媒体营销时间成本自然降低。

（2）应用广泛

随着新技术和新思维的层出不穷，新媒体营销的传播渠道非常之多，新的应用领域也络绎不绝。网络社区、搜索引擎、博客、公众号、网络视频、移动电视等各种各样的渠道覆盖了人们生活的方方面面，囊括了绝大多数客户群体，几乎没有人能够置身新媒体营销之外。不同的新媒体平台能够触达不同的消费者群体，达到不同的营销效果。

（3）模式成熟

随着新媒体营销应用领域的不断开拓，新媒体营销模式也不断成长和成熟。当前，已经形成了健全的营销模式，并且经受了市场检验的新媒体营销渠道包括 SNS 社交网络营销、LBS 位置营销、网站营销、基于搜索引擎的营销、视频营销等。

（4）前景广阔

随着不断演化的混媒时代的到来，产生了众多基于新媒体的营销机遇。企业应当把握潮流方向，理解并且顺应新媒体格局的变化，促使营销理念升级。

新媒体使得单向传播演变为双向传播，每一个信息的接受者都有可能成为信息源或者信息的传递者。这一特点大大提升了新媒体营销的传播速度和广度。

渠道碎片化的背景下，消费者对于新媒体营销信息的接收更加多元化、便利化，同时营销信息对消费者的影响也由显性向隐性转变，从刻意和被迫接收转变为无意、主动的接收。

新媒体营销与受众之间存在良好的互动性，客户规模近年来一直呈爆发式增长趋势，但相对于网民基数而言，新媒体营销还存在很大的发展潜力。

8.8.3　家具产品的新媒体营销形式

8.8.3.1　企业官网营销

企业官网是代表企业，体现其意志想法，实现信息公开的一种网站。企业官网是企业在互联网上进行网络营销和形象宣传的平台，相当于企业的网络名片。基于官方网站，企业可以发布产品资讯、企业动态、招聘信息等，还可以直接开展线上营销活动。官网是企业通向互联网的平台和门户，是企业开展网络营销的重要条件。

在家具行业，企业官网通常是消费者判断家具企业或品牌实力的重要依据。消费者在通过互联网了解一个原本不熟悉的家具品牌时，首先都希望通过企业官网这种渠道。无法查找到官网的品牌，首先就给消费者带来了一种小品牌、杂牌、后续服务很难保证的印象。因此，企业官网对于一个家具企业而言是非常重要的新媒体营销形式。

家具企业的官网一般包含下面几个组成部分。

（1）主页

企业官网的第一张脸，决定了消费者对这个企业的第一印象。主页一般要干净、清爽、易读，要有可点击的链接来引导你的客户访问网站的其余页面。主页要紧跟时代的步伐，不能长期沿用老旧过时的排版和风格，否则会给人疏于维护、效益不佳的印象。

（2）最新动态

根据时间倒序展示企业最近的动态，说明企业的发展近况，树立企业良好的形象，主要包括产品动态、经营动态、管理动态、宣传动态等。

（3）产品和服务

主要用于展示家具企业的家具产品与配套服务，包括单品图册、场景效果、主要案例等。这一部分是家具企业展示产品的窗口，首先要分类明确、层次清晰，便于消费者查询检索；其次，产品和服务应有合适的展示形式，如图片、视频等，以实拍效果最佳，尽量不选用渲染效果图；再次，这些产品的产品信息应当比较明确，例如型号、规格、材质等，便于消费者查询；最后，产品和服务应及时更新，不能展示已经不再销售的产品。

（4）销售渠道

主要呈现的是家具企业的分销渠道。对于本身兼具线上销售职能的官网，这一板块就可以直接引向产品销售页面；如果企业官网不直接承担销售职能，可以设置链接将消费者引流到开设在电商平台的家具店铺；如果企业的分销渠道集中在线下，那么这一部分就应该用于展示企业产品的线下销售网络，最好可以依据消费者的 IP 地址和定位信息，为消费者推荐最近的门店。

（5）关于企业

主要展示的是企业的基本信息，如发展历程、企业宗旨、企业荣誉、联系方式、企业地址、企业社交平台链接等。

8.8.3.2 搜索引擎营销

搜索引擎（Search Engine）就是根据客户需求与一定算法，运用特定策略从互联网检索出指定信息反馈给客户的一门检索技术。目前国内应用比较广泛的搜索引擎包括百度、360、搜狗等。消费者通过互联网查询其想要知道的信息时，搜索引擎是最重要的查询工具。然而，由于计算机、手机等终端设备屏幕大小的限制，一次展示出来的搜索结果不可能很多，而消费者通常只会浏览前几页的搜索结果，所以对于企业而言，如何让自己的信息出现在搜索结果中容易被消费者发现的地方，就成为了关键。

搜索引擎营销（Search Engine Marketing，SEM），就是基于搜索引擎的算法，通过一定的方式让企业的有关信息出现在搜索结果中的显眼位置，是利用人们对搜索引擎的依赖和使用习惯，在人们检索信息的时候将信息传递给目标客户。目前搜索引擎营销的主要方法有两种：PPC 与 SEO。二者的特点对比如表 8.2 所示。

（1）PPC

PPC 即按点击付费（Pay Per Click），就是企业通过竞价排名的形式购买关键词资源，在消费者检索这些被购买的关键词时，相应企业的信息出现在首页最为显眼之处，消费者大概率会点击进入，从而给相关企业带来流量。一般而言，PPC 的检索结果后都会标注为"广告""推广"等字样，点击这些链接通常都会进入到企业专门为消费者打造的承接页面、线上店铺等，搜索引擎按照点击次数来向企业收取费用。

PPC 的优势在于：只要付费，关键词的数量不设限制；效果立竿见影，能够立即显示在对应关键词的搜索结果中；通过竞价软件，可以清楚地控制每日的成本；关键词的选取和更换非常灵活。

PPC 的劣势在于：关键词随时有可能被其他企业以更高的价格获得，效果也就降低了；竞争非常激烈，尤其对于一些热门关键词，许多企业不断竞价，这就造成成本的提高；同行出于竞争的需要，可能会雇佣"水军"恶意点击，给企业带来大量损失。

（2）SEO

SEO 即搜索引擎优化（Search Engine Optimization），利用搜索引擎的算法规则，提高网站在有关搜索引擎内的自然排名。由于搜索引擎是通过网络爬虫、检索排序、网页处理、大数据处理、自然语言处理等技术，从互联网上数以亿计的网页中抓取内容，并按照一定的顺序呈现出来，于是企业就可以基于搜索引擎的算法规则对自身网页内容和关键词进行优化，从而使企业自己的信息在搜索结果中的排名前移。

SEO 的优势在于：通过优化内容获得的排名，不容易被其他企业取代；排名是自然搜索的结果而不是付费的推广，也没有"广告""推广"等标注，在消费者心目中的可信度比较高；基于 SEO 的运营更有利于企业形象的树立；通过这种方式运营的时间越长，成本越低。

SEO 的缺点在于：效果无法立刻显现，通常需要两三个月的时间，排名才能前移；对内容的最佳优化很难精准预估，对 SEO 运营人员的经验要求比较高；这种优化建立在搜索引擎的自然排名规则的基础上，一旦检索规则的变更，搜索结果就会出现颠覆性的变化，因此 SEO 不是一劳永逸的。

表 8.2　PPC 与 SEO 特点对比表

项目	PPC	SEO
见效周期	短，立竿见影	长，需要数周或数月时间
投入成本	高，按点击次数持续收费	低，几乎免费

续表

项目	PPC	SEO
排名稳定性	较弱，容易被替代，停止投入立即失效	较强，排名在一段时间内不会有大幅变动
作用范围	仅作用于某一特定搜索引擎	对所有搜索引擎都起作用
人员要求	较低，操作简单	较高，需要大量经验
运营周期	短，一次性操作即可	长，需要持续维护
可信度	较低，一般标注有"广告""推广"字样	较高，为自然排名
精准度	高，点击进入的多为潜在客户	低，面向所有客户，潜在客户比例不高

8.8.3.3 社交媒体营销

社交媒体是人们彼此之间用来分享意见、见解、经验和观点的工具和平台，现阶段主要包括社交网站、微博、微信、博客、论坛、贴吧、问答等。社交媒体在互联网的沃土上蓬勃发展，爆发出令人眩目的能量，其传播的信息已成为人们浏览互联网的重要内容，不仅制造了人们社交生活中争相讨论的一个又一个热门话题，更进而吸引传统媒体争相跟进。

社交媒体包含了大批网民自发贡献、提取、创造和传播新闻资讯。众多的人数和自发的传播是构成社交媒体的关键要素。社交媒体的产生依赖的是 WEB2.0 的发展，如果网络不赋予网民更多的主动权，社交媒体就失去了群众基础和技术支持，失去了根基。如果没有技术支撑那么多的互动模式、那么多互动的产品，网民的需求只能被压制而无法释放。如果没有意识到网民对于互动的、表达自我的强烈愿望，也不会催生那么多眼花缭乱的技术。社交媒体正是基于群众基础和技术支持才得以发展。

社交媒体有以下多种形式。

（1）社交网络

如微博、微信等，这些平台通过简单的文字、图片和视频内容发布，借助评论和点赞来与其他客户发生交互。内容的发布者可以是自然人，也可以是企业、组织、政府机关等。

借助社交网络，家具企业可以传播企业品牌和及时发布产品最新信息；能够与消费者进行更多的直接沟通；更贴近消费者的生活方式，让信息传播更到位；可以开发新客户，同时提升老客户的忠诚度，促进销售；可以让信息传播更自由，把握信息的主动性和时效性。

（2）视频平台

如优酷、抖音、快手等。不同时长的视频是这些平台的核心内容。这些平台又划分为传统视频平台和短视频平台，如表 8.3 所示，二者的运作模式存在显著的差异。

表8.3 传统视频平台与短视频平台对比表

项目	传统视频平台	短视频平台
内容长度	长视频为主	60秒以内短视频为主
拍摄工具	专业设备为主	智能手机为主
操作难度	比较难	随手拍
后期加工	大量专业的后期处理	拍完立即进行简单处理
上传方式	上传到视频网站	直接分享
传播渠道	网站流量	社交媒体
内容质量	较高	较低
丰富程度	不高	很高
消费人群	少	多
消费总时长	短	长
总体成本	较高	较低
分发方式	中心分发	算法分发
感染力	高	低

家具企业使用传统视频平台进行营销，可以委托专业机构拍摄一些关于家具设计、生产、文化、材料有关的视频，并在视频中适当植入一些品牌信息展开宣传，或者直接在传统视频平台上针对观看特定类型的视频的观众投放广告。一般来讲，使用传统视频平台开展营销活动可能都会面临较高的企业成本。

家具企业通过新兴的短视频开展营销活动，就是利用当前短视频火爆的热度和便利的传播来获得更高的品牌曝光度，从而取得更多的关注和引流。短视频想要得到更多的播放量、点赞量、评论量和转发量，需要抓住几个关键：要与观看者的利益相关，能够引起观看者的认同和共鸣，引发观看者的思考，或者引起人们的好奇心和求知欲，达到人们的某种幻想、期望或者感官上的刺激，或者能够提供对观看者有价值的信息等。短视频更加重视的是内容的精彩程度，而对于拍摄技术和拍摄设备的要求不高，这种较低的门槛迅速将许多非专业视频拍摄人士转变为"拍客"，许多企业就充分发动员工的主观能动性，鼓励员工拍摄，然后通过自己的社交圈进行传播。这种群策群力拍摄的短视频内容可以是较为直接的产品介绍、产品测试、产品活动等，也可以是在家具门店、工厂中拍摄的实际场景，甚至可以是员工拍摄的一些与家具毫不相关但有产品或品牌露出的有趣内容。只要内容足够有特点，并且在法律法规的框架之内，就有可能实现传播效果。

（3）即时通信

即时通信（Instant Messaging，IM）是一个允许两人或多人使用网络即时地传递文字、文档、语音与视频的软件。即时通信是目前最为流行的互联网通信方式，包括个人IM、商务 IM、企业 IM、行业 IM 等。各种各样的即时通信软件也层出不穷，在国内市场上，QQ、微信、钉钉、阿里旺旺等都是众所周知的即时通信软件。此外，企业官网上供消费者与企业展开交流的平台、企业内部员工信息交流的平台等也是即时通信的一种类型。随着技术的进步，这些即时通信软件的各项功能也越来越丰富。

基于即时通信来开展营销是新媒体营销的重要手段，这种营销方式克服了信息传递的滞后性，实现了商家与消费者之间的无延迟沟通交流，是目前大多数企业客户服务的重要工具，也是挖掘商机、开展裂变式营销的重要手段。即时通信营销的优势在于三个方面：互动性强，营销效率高，传播范围大。基于即时通信来开展营销，就是要充分发挥这种营销手段的优势。

家具企业开展即时通信营销，应当基于即时通信的优势来考虑。首先，每一种即时通信软件都拥有庞大的客户群体，将品牌和产品主动展示给企业的目标客户群体，就要充分利用即时通信软件提供的各种交互应用（如小程序、小游戏等），不动声色地进行品牌和产品宣传；其次，家具企业通过分析即时通信软件客户的注册信息，可以从中得到客户的兴趣点或需求，从而缩小范围，再针对这些目标消费群体进行针对性宣传，并且这种宣传不受地域的限制，是直接发送到客户的终端设备上的；最后，即时通信软件本身是人们与外界联系的一种工具，使用这些软件的人群通常具有一定的共性，因此家具企业还要充分利用即时通信软件的传播能力，通过良好的内容和一定的激励措施将接触到企业推广信息的客户作为新的信息源，通过即时通信软件在客户的关系网中进行口碑宣传。

（4）论坛社区

论坛社区是指包括线上论坛、贴吧、问答等形式的线上交流空间。同一主题的网络社区集中了具有共同兴趣的访问者，对于一些规模较大的综合性网络社区，还会根据不同的兴趣爱好和需求进行细化分类，每一个类别中讨论和沟通的话题都比较集中。国内常见的网络社区包括天涯论坛、猫扑、百度贴吧、百度知道、知乎，文学领域的红袖添香、IT 领域的 DoNews、汽车领域的汽车之家等。这些网络社区通过不同的运作模式，开辟了简单的互动沟通环境，是网民聚集的地方。

在对家具产品不熟悉，但又有购买家具的需求的情况下，许多网民都会通过网络社区来进行提问，例如询问家具产品如何选择、如何避免上当受骗等。许多网络社区引入了社交网络服务，强化了人、话题和问题之间的联系，从而邀请到最适合的人来回答这些问题，对于一些大众普遍关心的问题，还会形成一些具有指导意义的总结。一般而言，这些回答都是网民的经验或者专业人士的知识输出，通过较为中立的语言进行表达，相比具有明显目的性的销售人员，这些网民的回答更容易得到信任。

对于面向全国范围展开市场营销的家具品牌，关注网络社区也具有明显的意义。一方面通过网络社区可以监控舆情，提前发现营销风险；另一方面能够树立品牌形象，提升网民对该品牌产品的好感，潜移默化中对网民产生一定的影响，从而间接提高产品的知名度，降低客户引流的难度。基于网络社区进行的营销推广内容被称为"软文"，即软性的推广，通过在这些网络社区中以较为中立的口吻回答相关问题、撰写家具产品科普文章，附带进行一些适度的品牌宣传，实现文章内容与广告的完美结合，这样不会引起读者因强制接收广告引发的不适感，从而达到广告宣传效果。许多中大型家具企业特别是具备互联网特征的企业，都已经开始重视通过在网络社区来辅助市场营销活动，并设置专人专岗，将这项工作开展起来。

新媒体营销是当前比较火爆的营销方式，每一种不同的新媒体营销方式都具有不同的特点。以上简要地介绍了几种具有代表性的新媒体营销方式，随着技术水平的高速发展，新媒体的新形式还在不断涌现，现有的新媒体渠道也在不断升级，家具企业应当基于自身的运营能力、产品特色、营销渠道来选择和开发家具产品的新媒体营销形式。

8.9 全渠道营销

8.9.1 全渠道营销的基本理念

全渠道营销就是企业通过随时随地满足消费者的个性化需求，为消费者提供丰富多元的场景体验，将实体渠道、电商、移动电商进行高度整合，为客户提供优质而完善的购物服务的商业模式。消费者通过各种社交媒体可以自由地选择购物终端，商家所有的渠道进一步融合，前台、后台实现一体化，各个渠道的客流、资金流、物流、信息流实现互联互通，为消费者带来联动的无缝化购物体验。从本质上来看，全渠道营销是电子商务和跨渠道营销的进一步拓展。

伴随着科学技术的发展，消费者获取商品信息的渠道、消费者需求以及消费者的购买选择都呈现多元化趋势。在这样的背景下，全渠道消费群体迅速崛起，并成为企业发展过程中不可忽视的驱动力。企业选择销售渠道时，应该以消费者的需求为核心，这也就客观上推动了全渠道营销的产生。

全渠道营销具有"三全"的特征，即全程、全面和全线。

（1）全程

全程是指一个消费者从接触一个品牌到最后购买的过程中，会有五个关键环节：搜寻、比较、下单、体验、分享。企业必须在这些关键节点保持与消费者的全程零距离接触。

（2）全面

全面是指企业可以跟踪和积累消费者购物全过程的数据，在这个过程中与消费者及时互动，掌握消费者在购买过程中的决策变化，给消费者个性化建议，提升其购物体验。

（3）全线

全线是指全渠道营销覆盖了实体渠道、电子商务渠道、移动商务渠道等多种购物渠道，实现了线上与线下的全面融合。

在全渠道营销的理念日益普及的过程中，不难发现：零售的本质没有发生改变，仍然是为了提供售卖、娱乐和社交三个基本功能，只是不同渠道的营销中这三个基本功能所占比重存在差异；零售流依然是由客流、信息流、资金流、物流和店流构成。这些是客户感知品牌的关键要素，营销升级本质上就是这五流的规划和结构调整。

虽然零售的本质和零售流在全渠道转型过程中没有发生改变，但零售流的内容却发生了巨变：

① 全渠道营销的趋势下，客流的观念和行为出现了巨大的变化，消费者在寻找和选择产品的阶段不再以实体门店为主，而是在各种碎片化的时间里通过各种不同的媒介来实现深度了解；

② 信息流的来源不再以实体店的实体商品为主，消费者随时随地可以通过各种终端设备了解到商品的信息，而门店的客流信息、物流信息、产品信息、资金信息等各种信息不再孤立，而是全面互通；

③ 资金流建立在可靠的信息流基础之上，可以与物流分离，可以是货到付款，也可以是付款后等待送货，而不再"一手交钱一手交货"；

④ 物流方面，许多情况下消费者都不用负责产品的长途运输、短途配送和安装售后，这些都可以由商家或物流服务商在指定的时间以指定的形式来完成；

⑤ 实体门店虚拟化、二维化、移动化，突破了原有的空间限制，伴随着客流移动起来，与客户如影随形。

这些巨变是时代发展的必然，店铺已经由有形转向无形，零售已经由商品传递转向信息传递。企业必须紧跟时代发展的潮流来调整营销策略，进行渠道功能的整合，发挥各种零售渠道的优势，避开其劣势，形成新的多渠道零售的组合或整合模式。

8.9.2 家具的全渠道营销

8.9.2.1 家具企业全渠道营销的价值

长期以来，消费者对家具产品了解不多，他们更希望能够通过某种客观公正的渠道全面、便捷而系统地了解家具的产品资料和选购指南。通过传统的家具门店来获取有关家具产品的信息，存在耗时长、成本高、产品不齐全、信息真实性存疑、销售人员服务水平参差不齐等诸多问题，严重阻碍了消费者的信息获取，这是家具消费者通过各种其他渠道了解家具的根源。

然而，家具产品毕竟是一种非常强调体验的产品，买家具就像买衣服，产品质量如何、使用起来是否舒适、实物是否与图片一致、服务是否可靠等一系列问题都无法通过商家的文字、图片、视频介绍来证明，需要消费者实地进行验证。因此，家具消费行为又无法彻底摆脱实体门店的体验。

正是由于这两方面的原因，家具的全渠道营销成为了必然的发展方向。消费者在实地考察家具产品之前，利用乘车、散步、睡前等碎片化的时间，通过科普网站、网络社区、电商平台等各种渠道，预先对家具产品进行一定的了解，具备一些对家具的基本认知，初步选定一些家具产品。在这些步骤完成后，再到所选产品的线下门店进行实地考察，确认所选产品是否与描述一致，是否符合自己的使用习惯，门店服务水平如何等。这样就能够节约大量的时间和成本，同时不容易被销售人员误导。

消费者通过这种全渠道的方式来接触和选择家具产品，也就意味着每一条渠道所获得的消费者关注大大降低。如果家具企业还是同往常一样将营销资源全部倾注于少数几个传播渠道，那么营销信息被消费者捕获的概率就大大降低了。因此，家具企业也就应该通过全渠道的方式来营销。

对于家具企业而言，全渠道营销的具体价值体现在三个方面：

① 全渠道为家具企业拓展了线上虚拟商圈，让家具企业不再受限于门店营业时间和陈列空间的限制，并进一步实现了产品和服务的跨地域延伸；

② 实体渠道、电商渠道、移动电商渠道的整合为家具企业带来了企业资源的深度优化，将原本独立的各个平台关联起来，实现资源的优化配置；

③ 掀起家具企业经营理念的革命，从以产品为核心、终端门店为核心转向以消费者为核心，企业的定位、渠道建立、终端建设、服务流程、商品规划、物流配送、生产采购、组织结构等全部围绕消费者来展开。

8.9.2.2 家具企业实施全渠道营销的基本步骤

实施全渠道营销，可以说是中大型家具企业在市场基本饱和的新常态下面临互联网带来的冲击时的必然选择。目前来看，还没有哪一个家具企业真正做到了全渠道营销，也还没有形成一套成熟的家具全渠道营销运营体系，家具行业在全渠道领域还处于摸索阶段。对许多家具企业而言，即便还没有实现全渠道营销，目前所运营的多渠道营销就已经为企业带来了强大的竞争力，可见全渠道营销未来的发展潜力之巨大。

从市场实际来看，家具企业全渠道营销应该分成"五步走"的实施策略。

（1）第一步，精准定位产品和消费者

家具企业必须根据自身的研发能力、生产能力和营销能力，明确自身的产品和服务位于家具市场中的哪一个细分领域，解决"我是谁"的问题。明确产品的目标消费人群是哪一个细分类别，解决"我卖给谁"的问题。

（2）第二步，建立大数据库

大数据库是全渠道营销的核心内容，包括客户数据、订单数据、产品数据、店铺数据、物流数据等，只有掌握了各种数据，才能够实现精准营销。在这些数据中，家具企业还应该重点关注客户数据中的客户行为数据。这些数据存在数据量大、价值密度低的特点，通过人工的方式很难开展分析，而借助计算机就能够较为容易地从庞杂的数据库中挖掘有价值的内容。

（3）第三步，建立目标客户模型，形成营销方案

基于大数据库对目标客户群体进行聚类，形成若干种不同类型的客户群体，并清晰地描绘对应的客户画像，然后根据客户画像所代表的每一个客户群体的接触点、偏好和消费行为特征定制不同的产品组合、价格策略、传播渠道和服务方案。

（4）第四步，整合营销渠道，实施精准营销

对家具企业所使用的各种接触消费者的媒介资源进行整合，并重新梳理营销的内容。通过极具特点的产品、极富情感的内容以及个性化的方案来引起消费者的共鸣，进而实现精准营销。这种营销是面向价值型客户开展的互动式双向营销、嵌入式营销，依靠口碑来进行传播，与传统的单向、轰炸式推广存在本质上的差别。

（5）第五步，维系与客户的长期关系

利用各种能够触达客户的渠道，构建客户服务与追踪系统，定期对客户进行回访与关怀，了解产品的使用状况；通过各种渠道将客户运营起来，加强与客户的互动，维持客户对家具企业、品牌、门店和产品的高关注度。基于大数据与全渠道同客户建立长期的关系，增强客户的忠诚度，以口碑营销来进行大面积传播。

8.10 大数据营销

8.10.1 大数据营销的基本理念

（1）数据营销

讨论大数据营销之前，首先要探讨数据营销这一概念。数据营销就是利用客户数据来进行营销。这些客户数据来源于企业的内部生产过程、外部采购等多种渠道。数据应用的方式也多种多样，但最终目的都是通过分析客户数据来推动企业的销售提升和业务变革。

数据营销的架构如图 8.12 所示。

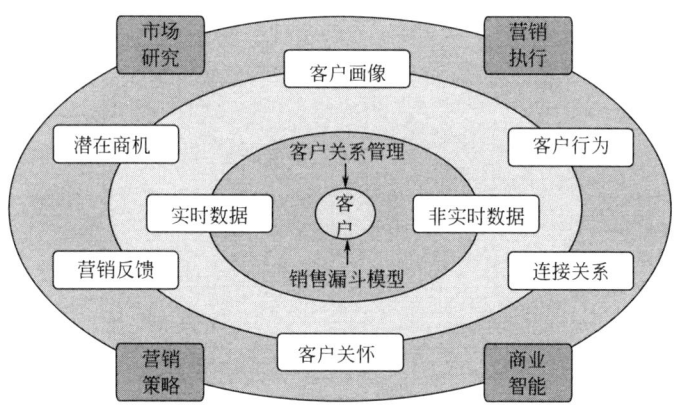

图 8.12 数据营销基本架构

数据营销最为基础的理论是客户关系管理理论，强调企业的组织架构、产品设计、销售模式等都需要以客户为中心。在执行层面，销售漏斗模型又是数据营销非常重要的理论依据。

数据营销需要建立一套系统来存储、管理和分析客户数据，这一系统就是 CRM 系统。CRM 系统中的数据以客户数据为中心，将海量的客户数据整合成简单易懂的"客户画像"帮助市场营销人员在正确的时间，以正确的方式、正确的促销策略来推送正确的营销内容。

CRM 系统中的数据包括两大类，即非实时数据和实时数据。非实时数据是指那些不容易发生变化的数据，如客户姓名、联系方式等；实时数据主要是指那些变化幅度较大的客户行为数据，如客户访问网站的 IP 地址、Cookie ID 等。从市场营销的角度来看，客户最有价值的数据主要包括：客户基本信息（姓名、电话、微信号、地址等）、购买记录（历史购买的产品、价格、渠道等）、客户关联（客户与客户之间的关系）、营销反馈（客户收到企业的营销信息后的反应）、客户行为（客户在互联网上的浏览行为、在线下门店的参观行为等方面的数据）、业务数据（依据不同行业收集的客户其他相关数据，对于家具行业，可以包括客户的户型、家庭组成、生活习惯等）。

数据营销对于企业的职能主要体现在五个方面：

① 结合内外部数据帮助企业制定战略方向；
② 利用数据将企业策略落地到营销策略；
③ 通过数据模型和可视化帮助在业务层面进行商业决策；
④ 营销活动中利用客户数据提升营销效率；
⑤ 对于经营有电商的企业，利用数据向电商平台提供优质流量并开展运营分析。

（2）大数据营销

大数据营销是指通过互联网采集大量的行为数据，帮助找出目标消费群体，并以此对营销资源的投放进行预判与调配，最终实现针对特定消费者的市场营销。大数据营销本质上是新兴技术发展下数据营销的全面升华。

相比数据营销，大数据营销借助新兴技术大大丰富了数据采集的手段和方法；更多数据设施的出现，实现了营销的个性化、实时化和程序化；对于客户的识别手段在传统姓名、电话的基础上得到了极大的丰富；大数据营销更加重视客户的行为数据，从而能够构建全方位的客户数据；企业逐步开始共享数据，形成数据应用生态圈；一批拥有客户数据的专业第三方降低了企业获取和使用客户数据的成本；大数据营销实现了客户行为的可追踪，使端到端衡量营销效果成为可能。

大数据营销的核心优势在于：

① 方便地采集市场和客户数据，分析目标市场和消费群体的特征，预测市场趋势的变化；
② 便于开展更加精准的客户分析，筛选出企业核心客户群体进行针对性服务；
③ 针对性发送营销信息，提高消费者的接受度和传播的有效性，实现精准营销；
④ 借助市场大数据来分析竞争对手，以便企业针对性调整营销策略；
⑤ 通过营销大数据来指导产品的研发生产，并优化营销策略；
⑥ 在产品设计中应用大数据技术，为消费者提供更多智能化的功能，改善消费体验；
⑦ 实时监测品牌危机，帮助企业快速发现和应对。

8.10.2 家具大数据营销

随着国内家具市场消费逐步趋于理性，家具企业粗放式营销的疯狂时代已经一去不返，在经济新常态下，家具企业必须由"以生产为中心"转向"以客户为中心"，通过精准营销来发挥企业的优势，充分利用企业资源，使企业效益最大化。借助大数据开展营销活动就是家具企业的必由之路。

8.10.2.1 家具企业开展大数据营销的意义

① 通过广泛收集客户数据,为家具企业挖掘大量潜在的客户资源,帮助家具企业与客户建立联系,从而缓解家具门店门可罗雀的局面。

② 通过研究和分析客户行为,找准目标客户群体的偏好和痛点,通过多种运营方式推动客户二次到店,针对性推荐产品和服务,切实提高意向客户的转化率。

③ 基于客户数据开展客户关怀和老客户运营活动,不断丰富已购客户的售后体验,维系老客户与家具企业的良好关系。

④ 通过采集和分析家具市场营销数据、目标消费群体需求数据以及现有客户使用数据,精准定位消费者痛点,从而优化现有产品结构,改善家具产品的设计。

⑤ 基于大数据资源展开精准营销,集中优势资源实施点对点营销,缩减大面积推广带来的高昂成本。

⑥ 通过大数据资源展开市场营销活动,有利于家具企业规避涉及客户个人隐私的法律风险。

8.10.2.2 家具大数据的重要工具——销售漏斗模型

漏斗模型最初是针对生产系统中的计划与控制而提出的一种系统模型。"漏斗"是为了研究问题的方便而作的形象化描述。如果把企业的营销、销售和服务部门看作是一个漏斗的话,那么客户就可以看作是在漏斗中流动的水,在流动中,客户与企业的关系得以改变。企业要使尽多的客户进入漏斗,加强与漏斗中客户的关系,增加漏斗中处于良好关系状态的客户数量。

客户关系管理中的漏斗模型,称为客户漏斗。客户漏斗是科学反映机会状态以及销售效率的一个重要的销售管理模型。通过对销售流程中各种要素的定义,形成客户漏斗管理模型;通过对客户漏斗的分析可以动态反映销售机会的状态,预测销售结果;通过对各项营销指标进行评估分析,可以准确评估销售人员的销售能力,发现销售过程的障碍和瓶颈;同时,通过对客户漏斗的分析可以及时发现销售中的异常现象。

家具企业市场营销的客户漏斗模型如图 8.13 所示。

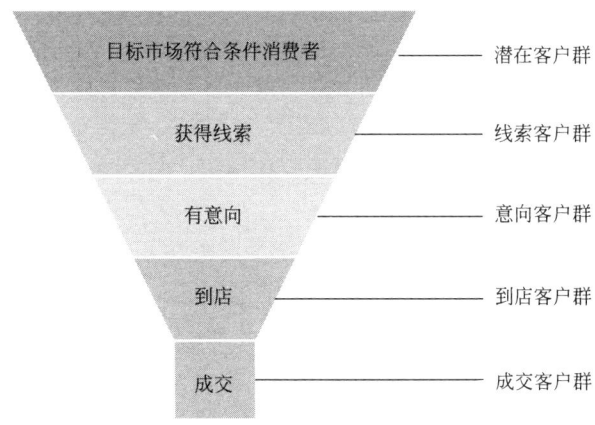

图 **8.13** 家具企业市场营销的客户漏斗模型

（1）第一级——潜在客户群

家具企业基于自身产品、营销的特点，从目标市场的消费者群体中筛选出符合条件的消费者作为企业潜在的消费群体，这就形成了客户漏斗的第一级。

（2）第二级——线索客户群

通过分析潜在消费群体的特点，并针对性开展营销活动，从这一消费群体中寻找到对本企业产品、品牌感兴趣的消费者，借助各种手段来获取这些消费者的联系方式，就形成了一条一条的线索，这是客户漏斗的第二级。

（3）第三级——意向客户群

家具企业的销售人员与获取到联系方式的消费者逐一进行接触，并通过各种方式如电话、DM 单、微信、公众号、新媒体运营平台等与消费者展开互动，使消费者进一步了解企业的产品，并从中挖掘出有意向购买产品的客户，这就形成了客户漏斗的第三级。

（4）第四级——到店客户群

借助各种激励措施（小礼品、促销活动、免费接送等），鼓动意向客户到家具企业的实体门店或线上门店直接参观产品、了解产品，而真正到店参观了解的客户就构成了家具企业客户漏斗的第四级。

（5）第五级——成交客户群

对于到店的客户，家具企业的销售人员就要想尽一切办法，促使消费者采取消费行为，成交的这些客户就是家具企业客户漏斗的最后一级。

客户漏斗的每一级都由若干个不同的消费者构成，这些消费者分别构成了一个群体，即潜在客户群体、线索客户群体、意向客户群体、到店客户群体、成交客户群体。从前往后每一个客户群体都在从前一个客户群体中挖掘客户，每一个客户群体的规模都在收窄，而越往后的客户群体的成交意向就越高。并且每一个客户群体向下一个客户群体转移的比例都可以通过数据分析来得到，这就实现了基于数据的运营。家具企业只要抓住这些向下转移的比例不放松，对于每一级的客户针对性采取措施来提高这些比例，就能够有效地提高整体的成交概率，从而取得良好的经济效益。

> 以某 O2O 模式的家具企业为例，其基本的经营模式是通过线上和线下两条渠道来分别获取消费者的电话号码（即客户线索），然后通过电话的形式与消费者进行初步接触并邀请客户到店参观，然后促成成交。那么这一过程中可以找到下列若干个数据。
>
> 线索量：通过线上和线下方式获得的不同的电话号码数量。
>
> 拨打量：家具企业销售人员拨打的不同的电话号码数量。
>
> 接通量：接通了销售人员拨打的电话并聆听了销售人员的产品介绍的客户数量。
>
> 应邀量：对销售人员的介绍体现出了兴趣，并接受销售人员的邀请，答应到店参观的客户数量。

到店量：实际上到店参观了解家具产品的客户数量。

成交量：最终达成交易的客户数量。

来源	线索量	拨打量	接通量	应邀量	到店量	成交量
线上	63740	62597	27386	8801	3873	1045
线下	51541	51368	13537	7546	5613	1084

在这一客户漏斗中最为关键的几个转化指标分别是拨打率、接通率、应邀率、到店率、成交率和线索转化率，计算方法如下：

拨打率＝（拨打量/线索量）×100%，反映的是营销人员对线索的处理能力。该指标长期达到100%说明线索量不足，人员工作量不饱和；该指标过低，就说明线索量太多，现有销售人员处理不过来，资源出现浪费。

接通率＝（接通量/拨打量）×100%，反映的是线索的质量，消费者是否愿意通过这种方式来与家具企业取得联系，过低说明获取的线索质量不高，可能存在假线索、电话被屏蔽、消费者不愿意接听等情况。

应邀率＝（应邀量/接通量）×100%，反映的是拨打电话的销售人员的沟通能力、话术水平的高低以及产品对消费者的吸引力。如果过低就要考虑是销售人员交流存在问题，话术不能引起兴趣，还是产品与消费者需求完全不吻合。

到店率＝（到店量/应邀量）×100%，反映的是店铺吸引力与到店激励措施的效果，如果较低就说明店铺可能由于过远、过偏或者消费者没有时间等原因店铺未能成功吸引到消费者。

成交率＝（成交量/到店量）×100%，反映的是销售人员的销售水平以及产品满足消费者需求的能力。如果这一指标偏低，有可能是销售人员能力不足，也有可能是产品最终没有达到消费者的期望。

线索转化率＝（成交量/线索量）×100%，反映的是线索整体的情况，一般用来衡量家具企业整体的市场营销效果。

据此可以得到该家具企业客户漏斗各级之间的转化效果：

来源	拨打率	接通率	应邀率	到店率	成交率	线索转化率
线上	98.21%	43.75%	32.14%	44.01%	26.98%	1.64%
线下	99.66%	26.35%	55.74%	74.38%	19.31%	2.10%

通过对这些数据进行分析就能发现，该家具企业的接通率普遍不高，线上获取的线索应邀率与到店率都很低，线下引流的客户成交率不到五分之一。整体上看，这家企业从100个客户中才能挖掘1~2个成交客户。这些分析能够很方便地了解到当前家具企业的短板在哪一个环节，从而针对性采取措施。

8.10.2.3 家具企业的大数据营销转型

大数据营销是传统的家具企业在新经济时代下求得生存并谋求转型升级的重要抓手。可以说，是否实施大数据营销，关系到家具企业的市场营销活动是否能够以较高的管理效率、较准的战略规划、较低的经营成本、较少的资金占用、较小的法律风险、较好的客户体验来开展。缺乏大数据的支撑，家具企业的营销活动必然在市场竞争中落于下风，注定只能成为时代的落伍者，而不是弄潮儿。

企业实施大数据营销转型并不是一件容易的事，这是一项牵涉范围大、技术含量高的系统工程，这不仅意味着家具企业市场营销的工具将会发生革命性的变化，还要求家具企业必须建立起与之相匹配的组织结构，营销人员需要从思想上到行动上都被大数据武装起来。从当前市场实际来看，家具企业的大数据营销转型需要把握这样几个重点。

（1）业务流程的厘清

开展大数据营销的第一步，就是要从当前的营销实际出发，全面而系统地厘清家具企业当前的所有业务流程，包括全部的组织架构、产品分类、分销渠道、供应链资源、终端门店、客户管理等，并对这些业务流程进行整理、规范，形成标准，优化不科学、不合理的业务流程。清晰的业务流程是开展大数据营销转型的基础和前提，不能在业务流程尚未整理清晰的情况下就盲目上马大数据项目。

（2）基础数据的采集

传统家具企业大数据转型的一个难点，就是数据的采集问题。不同于互联网上的各种数据，传统家具企业的大量数据尚未实现数字化，许多数据尚且需要通过员工手工进行收集，这显然不能满足数据真实性、完整性和丰富性的要求。因此要解决基础数据的采集问题，需要重点攻克基础数据的数字化问题和采集问题。一方面，家具企业要制定相关企业标准，将各种研发数据、生产数据、物流数据、产品数据、单据数据、客户数据等全面编译成计算机可识读的信息；另一方面，要运用先进的数据智能技术，大规模实现数据的智能采集，对于难以实现自动采集的数据，要尽量使用客观的手段来收集，以避免人为因素造成的偏差。

（3）统一的数据后台

许多家具企业在企业信息化的潮流下引进了各种各样的信息系统，例如OA、ERP、MES、CRM等，然而这些系统之间彼此独立，信息孤岛的现象比较严重，这也是目前一些中大型家具企业面临的严峻形势。大数据营销要求企业的产供销数据链实现贯通，这样才能确保数据之间的关联性不被割裂，这些数据才是家具企业实际情况的真实反映。

（4）科学的建模分析

数据收集起来的各种数据只是对企业经营情况的复现，还不能对家具企业的市场营销提供指导，要想这些数据发挥出最大的价值，还要依赖于数据分析工作。家具企业的大数据分析是一项不亚于产品研发的高难度、高技术含量的工作，要求分析人员不仅熟悉各种数据分析方法和软件，还要对家具产品、家具市场以及家具企业的市场营销非常熟悉，只有具备这些素质，才能针对家具企业的现状建立起最为贴切的数据模型，从而进行模拟和深度分析。

（5）不断优化调整

家具企业大数据体系的建立不是一蹴而就的，也不可能通过几个月的努力就建设完成。即便有了现成的模式可供参考，也需要根据不同企业、不同时期家具市场的具体情况进行个性化调整。大数据营销转型是一个长期的过程，在转型过程之中要保持对整个系统的监控，从而不断地发现问题、解决问题、优化系统。

8.11 人工智能营销

8.11.1 人工智能营销的基本理念

人工智能（Artificial Intelligence，AI），是研究、开发用于模拟、延伸和扩展人的智能的理论、方法、技术及应用系统的一门新的技术科学，是计算机科学的一个分支。人工智能试图了解智能的实质，并生产出一种新的能以人类智能相似的方式做出反应的智能机器，该领域的研究包括机器人、语言识别、图像识别、自然语言处理和专家系统等。人工智能可以对人的意识、思维的信息过程进行模拟。

人工智能营销，就是在营销过程中运用人工智能技术，通过基于机器的自我检测、判断和提升的能力，来回答问题、提供推荐和做出预测。在营销领域，人工智能的主要意义体现在这样一些方面：

① 对消费者的基础数据和行为数据进行深度分析，获得可供基层市场营销人员作为营销活动依据的客户画像，从而改善客户服务；

② 利用人工智能的敏锐洞察力开展客户关系管理，从而留住客户，提高客户的忠诚度；

③ 人工智能能够实时对多渠道多客户进行互动，及时接受客户的反馈，倾听客户的声音；

④ 实时采集和分析客户数据，帮助营销人员准确理解客户，在合适的时间向客户传递具有针对性的营销信息；

⑤ 面向精准的目标客户群体开展自动化的市场营销，大幅节省企业的营销成本；

⑥ 针对不同的消费者提供量身定制的解决方案，实现营销内容和产品的千人千面。

8.11.2 家具的人工智能营销

随着人类社会的发展和科技的进步，家具市场也在不断发生变化。从最初的自给自足和物物交换，到基于货币的家具流动交易行为，再到固定地点开设的家具店铺，再到运用互联网开展家具的网络营销，最后到今天看到的结合线上与线下优势的新零售。家具领域经历了由分散到集中、由供不应求到市场饱和、由标准化产品到大规模个性定制。家具产品的市场营销正在由传统的以产品为中心转向以客户为中心。随着消费者对于产品和服务的要求越来越高，作为耐用消费品的家具企业面临着前所未有的大变革。

人工智能是当前最前沿的科技领域，从 20 世纪 50 年代被提出以来，人工智能已经在诸多领域得到了良好的应用，近年来互联网技术的高速发展更是为人工智能插上了翅膀，呈现出飞跃式发展的态势。在家具领域，人工智能也已经展现出了惊人的发展潜力。人工智能技术不仅仅体现在家具产品的功能上，还贯穿了家具的研发设计、生产制造、物流运输、市场营销、售后服务的全过程。虽然目前人工智能在家具领域的应用还处于初级阶段，但其未来的发展前景不可小觑。

（1）家具门店的人脸识别

人脸识别是基于人的脸部特征信息进行身份识别的一种生物识别技术，是人工智能技术的一项衍生应用。这项技术经过数十年的发展已经趋于成熟，许多家具门店都配备了人脸识别设备。当客户进入门店时，人脸识别摄像头会快速捕捉动态中的人脸，自动识别新客户与老客户，并记录性别、年龄、行为等数据，形成一份专属的客户画像数据。这些数据极大方便了销售人员针对性采用不同的销售手段。同时，客户的信息也会同步于同一品牌下的其他店面。当客户进入这些门店时，销售人员能够迅速了解客户之前的行为数据，从而更快地定位客户偏好，引导客户消费，最终提高客户的转化率。此外，这项技术还能够识别特定的客户，可以用于防范竞争对手和不法分子。

（2）家具产品推荐系统

推荐系统，是通过分析客户的行为，找到客户的个性化需求，从而将一些长尾商品个性化推荐给相应的客户，帮助客户找到自己想要但尚未察觉的产品。推荐系统也是人工智能的一项应用，比较典型的应用场景是：消费者在线上平台浏览商品或者线下门店体验产品后，下一次再进入线上平台时系统就会根据之前的行为数据推荐一些相似产品或关联产品。家具推荐系统应用的算法主要是依据客户留下的注册信息、在家具线上平台浏览各种产品时的点击次数、停留时长等，以及与家具线下门店所进行的交互数据等各种不同的行为数据，来推导出客户可能感兴趣的商品，并推荐给客户（图8.14）。

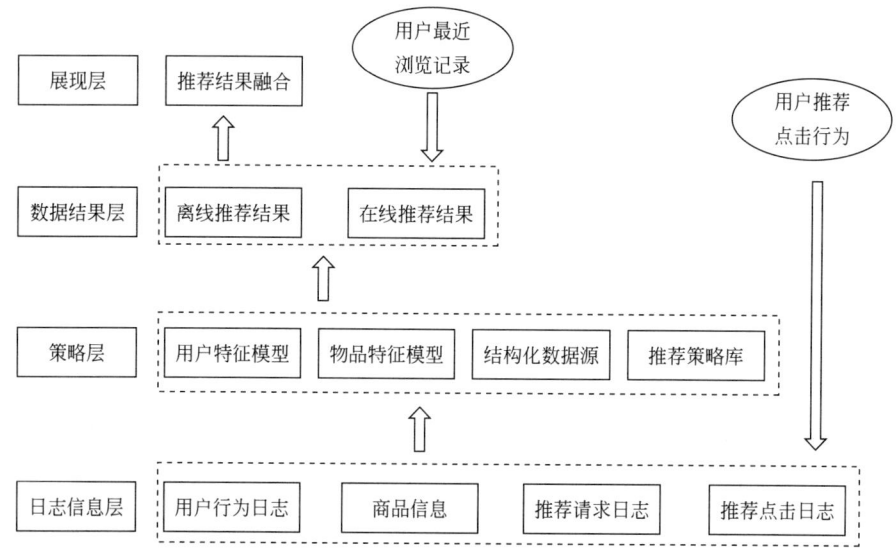

图8.14　家具产品推荐系统层次模型

（3）新型人工智能软件

随着房地产寒冬以及家具行业市场的日益饱和，许多的家具厂商除了在生产中提高生产效率，节约成本，在销售方面也在另辟蹊径，寻找新的零售方式。在新零售浪潮的涌动下，家具线上商城的数量日渐壮大，解决了引流问题，但家具对于场景及真实体验的要求较高。新型冠状病毒疫情的爆发，对线下家具门店造成了极大的冲击，而目前的线上商城又很难完成客户所需的体验，因此如何将线上商城场景化以及引流固流成本降到最低，从而提高业绩是每个家具公司及渠道商亟待解决的问题。而市场需求决定着新的发展方向，也为新事物的产生增加了催化剂。谁能抢占先机，谁便会更早地掌握话语权。

随着消费者需求越来越个性化，以及户型结构的千变万化，定制家具市场逐渐显露红利。虽然随着市场的饱和，定制家具的增速也逐渐平稳，但相较于成品家具仍具有优势。当前定制家具的交易过程还面临流程烦琐、人工成本高企等问题，运用人工智能和算法赋能定制家具的设计与销售，可以实现减少人员成本、快速零成本地给客户推荐符合其个性化需求的方案、快速锁单、打通前后端，为定制家具开辟了一条新的零售道路。

以下是美宅科技（Decor.AI），一家人工智能企业，运用人工智能赋能某品牌定制衣柜门店营销的典型案例。

在某品牌的门店里，到店顾客通过在软件前端输入衣柜的尺寸、使用者人数、年龄、性别等信息，和对于长衣区、叠衣区、裤架区等功能的需求，以及衣柜门板、材料等外观的需求等，组合成客户画像信息，系统通过算法就能快速生成多个符合客户需求的定制衣柜方案供客户选择。客户在选择一个自己最中意的方案后，再进行细化调整，从而形成自己预想的定制衣柜样式，并能够将此衣柜放入自己虚拟的家中观看效果（图8.15）。这种方式打破了以往需要设计师才能为客户出方案的现象，大大提高了形成方案的效率，降低了形成方案的成本，而且所推荐出的方案符合客户的个性化需求。当客户保存方案后，这一方案就与客户ID进行了绑定，成为了机器学习的样本。当数据量积累到一定程度，便能够支撑这一软件更加智能化以及更加精准地为客户推荐方案。

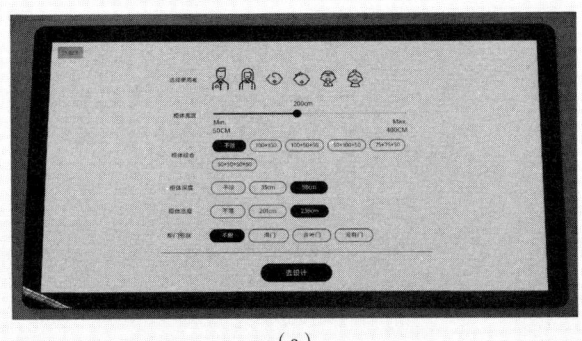

（a）

图 **8.15**

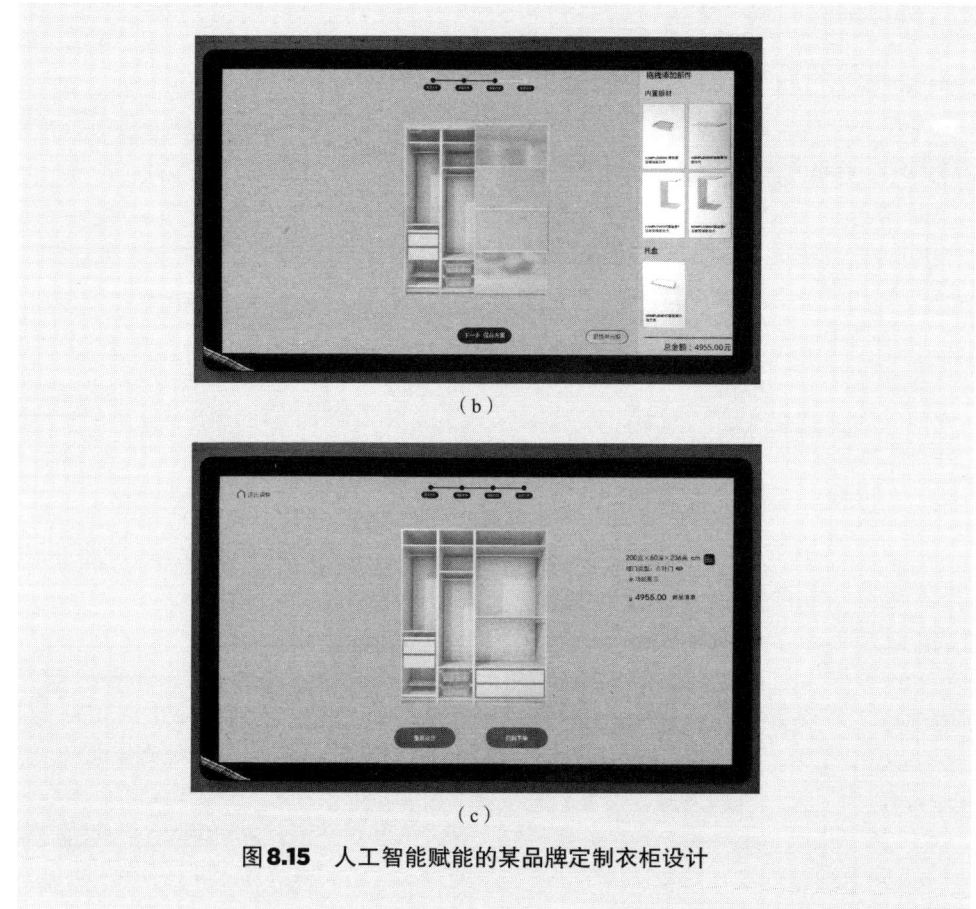

(b)

(c)

图 8.15 人工智能赋能的某品牌定制衣柜设计

（4）新型人工智能体验营销平台

美宅科技（Decor.AI）将人工智能应用到了大居行业中，创建了集地产、装修、家具、软装企业以及消费者于一体的大型体验式电商平台。地产商提供引流、家居企业提供产品、平台提供技术支撑，依赖于人工智能及算法流程，通过客户画像，实现一站配剂、所见即所售的新型家居销售模式。客户前端输入自己的户型和相关需求，选择风格、档次等信息，浏览中意的家具品类，平台就能快速设计出多套室内设计方案，并通过 3D/VR 供客户浏览，同时支持细节的调整，最终完成自己的设计方案。这一平台既解决了由地产商到家具企业的精准流量投放问题，又解决了电商平台的体验问题，还为消费者提供较大的便利并节省了开支，实现了产业链的大融合（图 8.16）。

无论是定制家具，还是整个大家居，在人工智能技术的支撑下，新的营销模式已经崭露头角。客户不需要较高的学习成本就能够获得符合其需求的家具与室内设计方案。从厂商和经销商的角度，承担了销售人员及设计师的一部分工作量；从客户角度，则解决了对设计师的依赖，从而为家居行业的零售注入了新的活力，也为人工智能赋能家居零售开启了革命的征程。

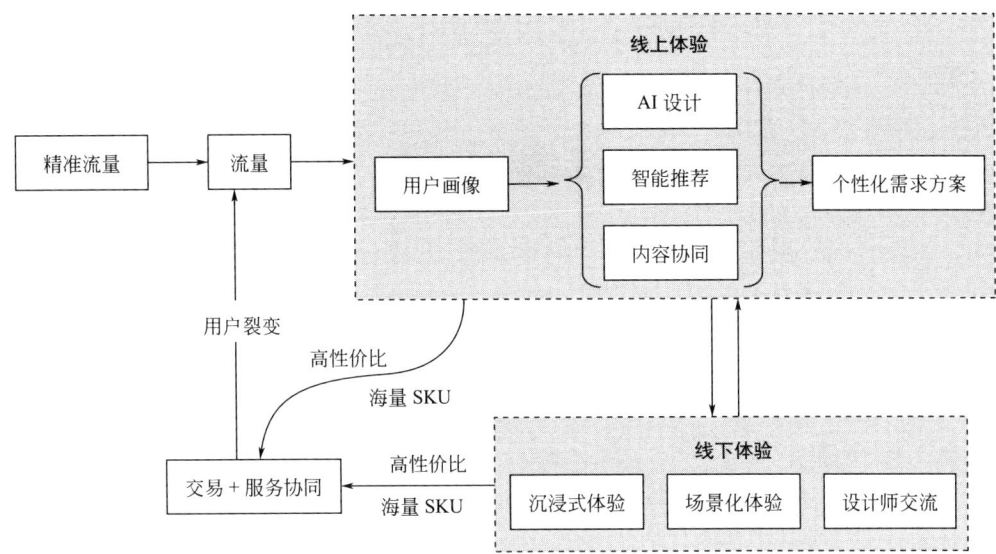

图 8.16 基于人工智能的某人工智能企业精准流量分发平台营销流程

科技源于行业痛点并服务于行业创新场景，其价值体现在赋能于各个领域。人工智能技术在家具市场营销领域的初露头角，也正是顺应了时代发展的潮流。随着人工智能技术的发展以及家具市场需求的不断演化，传统的时间、地点、效率都有局限性的销售方式会逐渐被新型的高效的销售方式所代替。科技无止境，未来可能有着许许多多的新技术新方向的出现，在这一浪潮之下，家具企业需要顺应时代的发展，接受新事物，整合新技术，开辟新道路，抓住机遇，才能抢占时代的先机。

参考文献

[1] 钱大可.市场营销学[M].杭州：浙江大学出版社.2018.

[2] 吴建安，钟育赣.市场营销学[M].北京：清华大学出版社.2018.

[3] 钟和平.市场营销学[M].上海：复旦大学出版社.2012.

[4] 李林.市场营销学[M].北京：北京大学出版社.2018.

[5] 吕一林，陶晓波.市场营销学[M].北京：中国人民大学出版社.2019.

[6] 李先国，史振厚.营销管理基础[M].北京：清华大学出版社.2018.

[7] 徐军委.市场营销学[M].北京：企业管理出版社.2019.

[8] 元博.金牌店长这样当[M].北京：中国纺织出版社.2013.

[9] 理想·宅.定制家具设计与制造[M].北京：中国电力出版社.2018.

[10] 李迅.SEM深度解析：搜索引擎营销及主流网站分析实战[M].北京：人民邮电出版社.2018.

[11] 勾俊伟，刘勇.新媒体营销概论[M].北京：人民邮电出版社.2019.

[12] 李世化.社群营销：引爆粉丝经济[M].北京：中国商业出版社.2016.

[13] 于勇毅.大数据营销：如何利用数据精准定位客户及重构商业模式[M].北京：电子工业出版社.2017.

[14] 秦阳，秋叶.社群营销与运营[M].北京：人民邮电出版社.2017.

[15] 李桥林.爆品营销[M].天津：天津科学技术出版社.2019.

[16] 陈亮年轻派，等.做爆品：传统企业转型互联网的商业解决方案[M].北京：化学工业出版社.2016.

[17] 杨洋，李鲆.爆品密码[M].北京：台海出版社.2018.

[18] 潘宣诚.爆品战略：做爆品+投爆品，3年10亿元市值的成长路径[M].北京：人民邮电出版社.2016.

[19] 王先庆，彭雷清，曹富生.全渠道零售：新零售时代的渠道跨界与融合[M].北京：中国经济出版社.2018.